REVISTA
DE CONCORRÊNCIA
E REGULAÇÃO

ANO I • NÚMERO 1
JANEIRO – MARÇO 2010

REVISTA DE CONCORRÊNCIA E REGULAÇÃO

direcção
JOÃO ESPÍRITO SANTO NORONHA • LUÍS SILVA MORAIS

presidência do conselho científico
EDUARDO PAZ FERREIRA • MANUEL SEBASTIÃO

presidência do conselho de redacção
PAULO DE SOUSA MENDES

REVISTA DE CONCORRÊNCIA E REGULAÇÃO
Ano I • Número 1
Janeiro – Março 2010

PROPRIETÁRIOS
AUTORIDADE DA CONCORRÊNCIA
Av. de Berna, 19
1050-037 Lisboa
NIF: 506557057

IDEFF
FACULDADE DE DIREITO
Alameda da Universidade
1649-014 LISBOA
NIF: 506764877

EDITOR
EDIÇÕES ALMEDINA, SA
Avenida Fernão Magalhães, 584, 5.º andar
3000-174 Coimbra, Portugal
T: 239 851 904
F: 239 851 901
editora@almedina.net
www.almedina.net

EXECUÇÃO GRÁFICA
G.C. GRÁFICA DE COIMBRA, LDA.
Palheira – Assafarge
3001-453 Coimbra, Portugal
producao@graficadecoimbra.pt

Preço avulso desta Revista € 25,00
Assinatura anual da Revista (4 números) € 90 (desconto de 10%)

JANEIRO 2010

DEPÓSITO LEGAL
304538/10

TIRAGEM
500 EXEMPLARES

Os dados e as opiniões inseridos na presente publicação são da exclusiva responsabilidade do(s) seus(s) autor(es).

Toda a reprodução desta obra, por fotocópia ou outro qualquer processo, sem prévia autorização escrita do editor, é ilícita e passível de procedimento judicial contra o infractor.

ÍNDICE

7 EDITORIAL

17 DOUTRINA

19 Doutrina Geral

21 Manuel Sebastião – *The Portuguese Competition Authority and the Portuguese Competition and Regulation Journal – A meeting of the minds*

31 Eduardo Paz Ferreira – *Em torno da regulação económica em tempos de mudança*

55 João Espírito Santo Noronha – *Algumas reflexões na perspectiva de uma reforma da Lei da Concorrência*

63 Luís Silva Morais – *Evolutionary Trends of EC Competition Law – Convergence and Divergence with US Antitrust Law in a Context of Economic Crisis*

101 António Gomes – *Minority Shareholders and Merger Control in Portugal*

119 Dossier Temático I
O dever de colaboração e o princípio nemo tenetur se ipsum accusare

121 Paulo de Sousa Mendes – *As garantias de defesa no processo sancionatório especial por práticas restritivas da concorrência confrontadas com a jurisprudência do Tribunal Europeu dos Direitos do Homem*

145 Helena Gaspar Martinho – *O direito ao silêncio e à não auto-incriminação nos processos sancionatórios do Direito da concorrência – Uma análise da jurisprudência comunitária*

175 Vânia Costa Ramos – *Nemo tenetur se ipsum accusare e concorrência – Jurisprudência do Tribunal de Comércio de Lisboa*

199 Catarina Anastácio – *O dever de colaboração no âmbito dos processos de contra-ordenação por infracção às regras de defesa da concorrência e o princípio nemo tenetur se ipsum accusare*

237 Augusto Silva Dias – *O direito à não-inculpação no âmbito das contra-ordenações do Código dos Valores Mobiliários*

267 Dossier Temático II
O abuso de posição dominante

269 Miguel Moura e Silva – *A tipificação do abuso de posição dominante enquanto ilícito contra-ordenacional*

297 João E. Gata/Jorge Rodrigues – *Uma perspectiva económica sobre abuso de posição dominante – A distribuição de gelados de impulso a nível europeu*

319 Harry First – *Netscape is Dead – Remedy lessons from the Microsoft Litigation*

365 LEGISLAÇÃO

367 Legislação Nacional – 2009

375 JURISPRUDÊNCIA

377 **Comentário de Jurisprudência Comunitária**

Acórdão do Tribunal de Primeira Instância de 8 de Julho de 2008 – Processo T-99/04 (Os conceitos de autor e cúmplice de uma infracção ao artigo 81.º TCE) – João Matos Viana

403 **Jurisprudência Geral**

Jurisprudência nacional de concorrência – 2009

Jurisprudência nacional de regulação (CMVM) – 2009

Jurisprudência comunitária de concorrência – 2009

415 **Jurisprudência Temática de Referência**

Direito ao silêncio

Abuso de posição dominante

423 BIBLIOGRAFIA

425 **Recensões**

425 Silke Bramme, *Co-operation between national Competition Agencies in the Enforcement of EC Competition Law*, 2009.

433 Eugène Buttigieg, *Competition Law: Safeguarding the Consumer Interest – A Comparative Analysis of US Antitrist Law and EU Competition Law*, 2009

439 Orit Dayagi-Epstein, "The Evolution of the Notion of Consumer Interest in the Light of the Modernization of Article 82 EC", in *Article 82: Reflections on its Recent Evolution*, 2009.

447 ACTUALIDADES

459 NOTAS CURRICULARES

467 **Colaboração com a** *Revista de Concorrência e Regulação*

469 **Órgãos Sociais**

EDITORIAL
João Espírito Santo Noronha
Luís Silva Morais

A *Revista de Concorrência e Regulação* nasce neste início de 2010 como um projecto assumidamente original, tendo como ponto de partida a cooperação científica entre um Instituto Universitário (o Instituto de Direito Económico Financeiro e Fiscal da Faculdade de Direito de Lisboa – IDEFF) e a Autoridade Portuguesa da Concorrência (ADC). Independentemente desse ponto de partida, trata-se de um projecto aberto à colaboração activa de todas as entidades de alguma forma envolvidas – a título individual ou institucional – na elaboração científica e na análise de problemas de direito da concorrência e de regulação sectorial da economia.

Esta origem do projecto encontra-se também associada – não por coincidência – à sua matriz editorial e orientação de fundo. *Pretende-se combinar a investigação científica rigorosa nos domínios do direito da concorrência e da regulação da economia e a exposição ou discussão crítica a par e passo dos seus resultados com a análise assente na própria experiência de aplicação das normas em causa e do desenvolvimento concreto das respectivas políticas de concorrência e regulação.*

Esta segunda vertente leva-nos a convocar essa experiência de concretização ou de *law in action* das normas de concorrência e regulação por parte das Autoridades envolvidas nesse processo – *v.g.* da ADC, como um dos promotores do projecto, conquanto num plano de reflexão crítica absolutamente independente em colaboração com o universo académico, que não pode ser confundido com a esfera de actuação institucional de supervisão e sancionatória desta entidade – bem como por parte de todas as entidades envolvidas nessa mesma experiência, compreendendo empresas destinatárias da aplicação das referidas normas e os seus consultores jurídicos ou económicos (para além de outras entidades reguladoras, em Portugal, na UE e até num plano internacional mais alargado tendo presente a experiência actual da denominada *International Competition Network* – ICN).

Numa palavra, trata-se de convocar a experiência crítica de *law in action* de uma hoje já ampla *comunidade jurídico-económica* que acompanha as matérias de concorrência e regulação da economia (a qual, apesar da inegável expansão que tem conhecido em Portugal nos últimos anos, não tem tido entre nós à sua disposição um fórum especializado de discussão, permitindo o tratamento actualizado dos principais temas que vão marcando a agenda de tais processos de aplicação do direito da concorrência e da regulação da economia). Ao trazer-se, assim, à colação essa cada vez mais rica experiência de aplicação do direito da concorrência e de regulação da economia – fazendo confluir num quadro de reflexão crítica global a experiência nacional, a experiência da UE, que muito directamente a vem inspirando, e até a experiência norte-americana, que apresenta hoje profunda interacção com o contexto europeu em que nos situamos – pretende-se, nas páginas da nova Revista, tirar todas as consequências das características dessas áreas do direito.

Referimo-nos aqui à essencial *dimensão casuística* do direito da concorrência (que também se verifica no essencial em relação à regulação sectorial da economia, aqui tomada transversalmente como um todo, em função das características comuns do fenómeno regulatório nos vários sectores da economia). Na realidade, se faz sentido no presente referenciar uma *teoria económica da concorrência* e até uma *teoria jurídica da concorrência* – a que a Revista pretende dar expressão – é inegável que a *dimensão teórica* no domínio da concorrência se apresenta indissociavelmente ligada a uma densa *praxis* de concretização das respectivas normas (a qual conduz ao desenvolvimento de originárias regras com um conteúdo preceptivo muito genérico, envolvendo conceitos indeterminados e fixando as mais das vezes meros princípios orientadores, por forma a gerar *normas* através da sua própria *aplicação a situações concretas*). A Revista e o respectivo projecto editorial reflectem, pois, essa inevitável *dimensão casuística* do direito da concorrência e da regulação, a qual não deve, contudo, ser confundida com qualquer défice de conceptualização e de elaboração científicas. Daí o seu apelo à participação de todos os envolvidos no processo de aplicação das respectivas normas, tendo como pressuposto para tal uma aptidão ou vocação para oferecer sínteses científicas das suas experiências diversificadas, gerando uma discussão global e contribuindo para a consolidação, em Portugal e – seja-nos permitida também essa ambição de partida – na UE, de uma verdadeira *cultura jurídico-económica de concorrência*.

Uma outra dimensão essencial do direito da concorrência e da área da regulação da economia marca também o nosso projecto editorial. Reportamo-nos aqui ao essencial carácter *interdisciplinar* do direito da concorrência e da regulação. Se o direito da concorrência já foi sugestiva e algo provocatoriamente descrito como uma espécie de terra de ninguém entre as trincheiras dos juristas e dos economistas, a nova Revista pretende contribuir para a interacção e confluência interdisciplinares entre a reflexão científica de base jurídica e de base económica. Não se ignorando, por um lado, a inegável *dimensão normativa* dos princípios estruturantes do direito da concorrência e até dos respectivos processos de aplicação – o que por vezes tende a ser esquecido no presente, tal a força do pilar económico da concorrência desenvolvido ao longo dos últimos três decénios – importa, por outro lado, reconhecer que essa dimensão não sobrevive sem uma componente de análise económica que lhe ofereça base de sustentação.

Trata-se, pois, de uma *síntese* rara entre áreas de saber científico que oferece um especial elemento aliciante para o seu tratamento, mas ao mesmo tempo aumenta a sua complexidade (e cria também dificuldades em termos da sua recepção por um público mais vasto, que pode ser desencorajado por mensagens mais herméticas, que combinem as terminologias jurídica e económica, assim prejudicando a afirmação de uma política de concorrência por vezes redutoramente apresentada com um instrumento de modelos económicos neo-liberais). A nova Revista propõe-se, assim, reflectir essa *síntese* única – *jurídico-económica* – como sucede já no conteúdo deste seu número inaugural, e como se verifica também na composição dos seus órgãos (designadamente no seu Conselho Científico).

Noutro plano, o projecto que ora se empreende visa suprir uma lacuna que ainda persiste em Portugal nos domínios do direito da concorrência e da regulação da economia, em virtude do desenvolvimento tardio entre nós dos valores de defesa da concorrência, genericamente afirmados é certo desde a adopção da Constituição de 1976 – embora num quadro de origem compromissório e híbrido marcado pela desconfiança em relação à economia de mercado e fruto do período revolucionário que proporcionou a ruptura com a constituição económica do Estado Novo – mas apenas desenvolvido por influência da nossa adesão à então Comunidade Económica Europeia (CEE) em 1986 (com o primeiro regime geral de defesa da concorrência a vigorar efectivamente entre nós a ser aprovado em 1983, já no contexto das negociações da adesão à CEE). Desde então, e sobretudo desde a reforma ainda próxima no tempo de 2003, os progressos registados foram significativos e a confluência com o direito da concorrência da UE – a ponto de se justificar o estudo conjunto de normas nacionais da concorrência e da UE – acentuou-se. Não existirá, contudo, exagero na afirmação de que persistem lacunas essenciais entre nós no tratamento dos temas de direito da concorrência que urge colmatar. Para além disso, persiste difusamente uma relação contraditória com os valores de defesa da concorrência por parte de um conjunto apreciável de agentes intervenientes na actividade económica produtiva.

O programa subjacente ao lançamento da *Revista de Concorrência e Regulação* alimenta o propósito, de através da discussão crítica dos temas centrais da concorrência e da regulação – e da exposição e saudável confronto dialéctico de teses distintas – afastar alguns desses equívocos que rodeiam um *enforcement* mais vigoroso e ainda por consolidar das normas relevantes nesses domínios. A este respeito, importa notar que tais equívocos não são um exclusivo nacional, necessariamente ligado à juventude e menor amadurecimento desses temas entre nós (ou até a uma subterrânea desconfiança em relação à disciplina jusconcorrencial salvaguardando o livre funcionamento do mercado, que sobrevive ainda a partir do modelo subjacente à constituição económica do Estado Novo e à sua cultura de condicionamento industrial). A discussão em torno da adopção de um novo Tratado Europeu que permitisse contornar o impasse gerado pelo Tratado da Constituição Europeia e que veio a desembocar no Tratado de Lisboa – em vigor desde 1 de Dezembro de 2009 – evidenciou que os potenciais equívocos em torno dos valores de defesa da concorrência, do seu alcance e suas consequências para os cidadãos, persistem à escala europeia (determinando receios quanto a um suposto modelo económico excessivamente liberal que poderia gerar reacções desfavoráveis dos cidadãos europeus e conducente à eliminação das normas iniciais do Tratado Relativo ao Funcionamento da União Europeia do objectivo geral de *concorrência não falseada no mercado interno*, anteriormente consagrado no artigo 3.º, n.º 1, al. g) do Tratado CE).

Impõe-se também reconhecer que não existe um modelo unívoco de defesa da concorrência e que o próprio modelo da UE, que tem determinado quer a criação, quer a evolução de um moderno direito da concorrência entre nós, vem conhecendo profundas adaptações ou mutações nos últimos anos. Ora, esse reconhecimento, longe de representar uma crise ou menor solidez do direito da concorrência, reforça ainda mais a necessidade de promover discussões críticas alargadas sobre as diferentes perspectivas de dar corpo ou expressão aos valores fundamentais de defesa da concorrência, sem fugir ao confronto de *juízos de valor* que se encontram na base do próprio tecido normativo do direito da concorrência.

Em súmula, move-nos a expectativa de que o conhecimento alargado destas matérias, compreendendo visões alternativas da defesa da concorrência, contribuirá para a afirmação geral de uma *cultura jurídico-económica de concorrência*, afastando ideias difusas que a pretendam associar a excessos do neo-liberalismo (tendência ou risco que se agrava circunstancialmente em períodos de crise como o que ora vimos atravessando).

Finalmente, este projecto assenta ainda no reconhecimento da plena inserção do direito nacional da concorrência no modelo de defesa da concorrência da UE, face a um verdadeiro processo de harmonização voluntária (*soft harmonization*) dos ordenamentos da concorrência dos Estados-Membros com o direito da concorrência da UE (na maior parte dos domínios de regulação sectorial da economia esse processo é ainda mais intenso, sendo os contornos essenciais da regulação de diversos sectores ditados por regras de *harmonização em sentido próprio* no quadro da UE). Para além disso, no actual contexto de *mundialização* das relações económicas em que se assistiu à proliferação de regras de concorrência na generalidade dos Estados da comunidade internacional – movimento impressivo nos últimos quinze a vinte anos – verifica-se também uma crescente interacção entre aqueles que vêm representando indiscutivelmente os modelos de referência de defesa da concorrência (o modelo norte-americano e o modelo da UE). As páginas de análise da *Revista de Concorrência e Regulação* dedicarão, assim, como já sucede neste número inaugural, uma atenção continuada a essa interacção entre o direito da concorrência norte-americano e da UE e aos seus respectivos corolários (bem como atenção à articulação entre os modelos de regulação da economia nos dois lados do Atlântico).

Todo este conjunto de aspectos norteando o projecto nascente da Revista de Concorrência e Regulação *determinam características específicas desta publicação que a individualizam no contexto nacional das publicações científicas jurídicas (e jurí-*

dico-económicas no sentido interdisciplinar acima assinalado) ou até num contexto mais alargado.

Entre outras características diferenciadoras justifica-se destacar três que se encontram desde logo inequivocamente expressas neste número inaugural.

Em primeiro lugar, impõe-se referir o *plurilinguismo* da publicação, traduzido num estatuto editorial que contempla a publicação de artigos em Português, Francês ou Inglês (devendo reconhecer-se, no actual contexto internacional de discussão dos temas fundamentais de concorrência, um peso essencial a prazo dos trabalhos científicos a publicar em língua inglesa). Trata-se, assim, de assumir na sua plenitude uma vocação de internacionalização da discussão destes temas, desde logo no quadro de referência da UE, mas alargando essa discussão a outros espaços em que o direito da concorrência e a regulação da economia vêm conhecendo expansão (sem esquecer aqui, em relação a uma publicação como esta, com origem em Portugal, o universo latino-americano, que se quererá também ver representado nas páginas da Revista e no qual se pretende vir a convocar um público leitor alargado).

Esta vocação para a discussão internacional dos principais temas tratados poderá vir também a encontrar expressão – a prazo – na publicação especial, com periodicidade mais espaçada, de números da Revista integrando, como destaques, alguns dos principais textos publicados em língua inglesa nos números com periodicidade regular da Revista.

Em segundo lugar, importa referir a vocação ou enfoque interdisciplinar da Revista, encontrando-se as suas páginas abertas à publicação de textos científicos de índole predominantemente jurídica ou económica, bem como de textos que fazem a síntese entre essas vertentes (espelhando a dimensão complexa, *jurídico-económica*, do direito da concorrência e também do fenómeno regulatório geral). Uma vez mais, essa opção é muito intencionalmente acolhida desde logo neste número inaugural, que compreende – como sucederá nos números subsequentes – artigos assinados por juristas e por economistas ou assumindo uma síntese entre esses dois domínios (privilegiando-se formas de facilitar esse diálogo científico, *v.g.* através da tendencial remissão de elementos complementares de demonstração quantitativa ou de análise matemática para *anexos* dos artigos, sem prejuízo da compreensão autónoma dos textos principais e tendo presente o exemplo de John Maynard Keynes, neste ponto muitas vezes esquecido, cujos textos económicos integravam um número relativamente reduzido de fórmulas matemáticas ou outros elementos correspondentes de demonstração quantitativa).

Em terceiro lugar, como forma de combinar, por um lado, a captação de artigos de valia junto de uma comunidade internacional ampla e diversificada de cultores do direito e da teoria económica da concorrência (bem como da regulação da economia) e, por outro lado, um crivo de elevada qualidade científica dos textos de análise a publicar, a *Revista de Concorrência e Regulação* inscreveu no seu estatuto editorial a adopção de um sistema de *peer review*, que se pretende consolidar no mais breve prazo (o qual se assume como inovatório, pelo menos no contexto das publicações periódicas jurídicas nacionais, embora corresponda a um modelo há muito assimilado em termos de publicações científicas no plano internacional). As condições para a utilização desse sistema encontram-se – no essencial – asseguradas através da composição do Conselho Científico da Revista, cujos membros intervirão para avaliar cientificamente as decisões de publicação dos textos (tendo-se assegurado nessa composição do Conselho Científico a participação de múltiplos nomes de referência no plano nacional e internacional, que representam à partida um especial estímulo e alento para os promotores do projecto, mas também um factor acrescido de responsabilização do qual nos encontramos cientes).

Em termos temáticos, há que assinalar a coincidência de a Revista de Concorrência e Regulação *nascer num momento de especial encruzilhada para a evolução e afirmação do direito da concorrência e da regulação da economia.*

Na realidade, após um período em que o movimento de expansão destes normativos e das políticas de concorrência parecia imparável – no quadro da reforma das anteriores economia de direcção centralizada e da adopção de modelos de abertura económica ao exterior por parte da generalidade dos Estados em vias de desenvolvimento – esse *acquis* recente e, em muitos casos, ainda precário, parece posto em causa pela crise económica internacional verificada em 2008 e 2009 (e iniciada em 2007).

O carácter sistémico que essa crise assumiu, fazendo recordar depois de um período prolongado de *exuberância* económica dos mercados – para ir buscar uma conhecida expressão de Alan Greenspan – as falhas e limitações do funcionamento do mercado e, por outro lado, o receio, mais circunstancial, de criar obstáculos à recuperação económica em perspectiva, podem conduzir a múltiplas pressões no sentido de um menor intervenção jusconcorrencial. O anterior Comissário Europeu da Concorrência Mário Monti referia sugestivamente a esse propósito o risco de, após um verdadeiro *eldorado* da política de concorrência em termos internacionais nos últimos anos, se assistir com a crise e no rescaldo desta a um crepúsculo dessa política. Em contrapartida, e algo paradoxalmente, as condições excepcionais desta crise económica e a dimensão também excepcional – e porventura única em termos históricos – das *medidas de intervenção pública* dirigidas a evitar a passagem de uma recessão a uma depressão, tornam ainda mais necessária a aplicação rigorosa de instrumentos de direito da concorrência que possam prevenir todo o tipo de distorções no funcionamento da economia. Pensamos aqui em especial no controlo dos auxílios de Estado no plano da UE – *maxime* controlo e acompanhamento dos massivos auxílios autorizados em condições muito particulares ao sector financeiro – matéria a que se dedicará um dossier temático num dos próximos Números da *Revista de Concorrência e Regulação*.

Para além disso, tais condições excepcionais da crise económica, conduzindo à saída do mercado de múltiplas empresas, tendem também, reflexamente, em importantes sectores da economia, a gerar fenómenos de reforço por vezes considerável do poder de mercado das empresas que sobreviveram mais ou menos incólumes, ou até com dimensão acrescida, às convulsões desses sectores. Tal realidade, conduz a uma necessidade acrescida de escrutínio jusconcorrencial rigoroso de potenciais práticas de abuso de posição dominante – ou de *monopolization* no contexto do direito *antitrust* norte-americano – por parte de tais empresas. A importância que tal escrutínio assume conduz-nos a dedicar neste número inaugural da Revista um dossier temático à figura do *abuso de posição dominante* (reflectindo também sobre as divergências que se têm feito sentir nesse domínio de controlo de práticas unilaterais por parte de empresas detentoras de elevado poder de mercado entre a aplicação de normas norte-americanas de concorrência e da UE, as quais podem ter começado a ser corrigidas ou invertidas pela Administração Obama através de novas iniciativas assumidas já no decurso de 2009 no domínio do regime de *monopolization*).

Necessidades acrescidas de escrutínio jusconcorrencial em determinados domínios fazem avultar, em contrapartida, a necessidade de adequadas garantias de defesa e salvaguarda dos potenciais infractores, em ordem a uma aplicação equilibrada das normas de concorrência. Nesse contexto, dedicou-se também neste número inaugural da Revista um dossier temático à matéria sensível do *direito ao silêncio do arguido em processos de contra-ordenação por infracções a regras de defesa da concorrência*.

No plano da regulação sectorial da economia – matéria sobre a qual o número inaugural da Revista já integra uma reflexão tendente a um diagnóstico do seu actual momento evolutivo – também a crise económica gerou interrogações múltiplas e por vezes desencontradas sobre a verificação de graves *falhas de regulação* e a sua possível extensão. Tal tem conduzido a movimentos de reforma da regulação que vêm conhecendo a sua maior expressão no domínio da *regulação e supervisão do sector financeiro* (quer na UE, na sequência do Relatório Larosière, quer nos EUA, quer no plano internacional). A *Revista de Concorrência e Regulação* impõe-se como objectivo acompanhar esses movimentos de reforma, dedicando desde logo um dossier temático à *reforma da regulação financeira* num dos seus próximos Números.

Por uma curiosa coincidência, as pressões reformistas do direito da concorrência e da regulação sectorial da economia no plano da UE e internacional, em virtude da crise, conjugam-se com um momento em que se pode prefigurar um processo de reforma do regime nacional de defesa da concorrência, consagrado na Lei n.º 18/2003 (de 11 de Junho). Na realidade, o próprio artigo 60.º desta Lei n.º 18/2003 estabeleceu um princípio de *revisão do regime* após um período inicial de vigência, com vista à sua *adaptação para ter em conta a evolução do regime comunitário*. A desenhar-se essa primeira revisão de fundo no regime nacional de defesa da concorrência saído da reforma de 2003, a Revista constitui-se também no objectivo de funcionar como um fórum de discussão dos contornos dessa revisão das normas da concorrência.

Em súmula, e para parafrasear uma afirmação que marcou o princípio do fim da última grande crise internacional nos anos trinta do século XX, mesmo em tempos de incerteza e indefinição nada se deve temer senão o receio dessa própria incerteza (que paralisa e conduz à estagnação ou ao agravamento das dificuldades). O Projecto agora nascente da Revista de Concorrência e Regulação *assume como propósito não recear as incertezas que se perfilam no nosso actual horizonte e, pelo contrário, assume-as como uma oportunidade para gerar o aperfeiçoamento continuado dos meios de defesa do funcionamento equilibrado dos mercados, gerando os maiores e mais alargados benefícios possíveis para a comunidade dos cidadãos. A chave para a boa utilização dessa oportunidade reside na discussão científica, crítica, exigente e plural dos principais problemas nos domínios da concorrência e da regulação económica. Essa discussão representa todo o programa da Revista neste seu ano inaugural e nos próximos anos.*

DOUTRINA

Doutrina Geral

Dossier Temático I
O dever de colaboração e o princípio nemo tenetur se ipsum accusare

Dossier Temático II
O abuso de posição dominante

DOUTRINA GERAL

THE PORTUGUESE COMPETITION AUTHORITY AND THE PORTUGUESE COMPETITION AND REGULATION JOURNAL – A MEETING OF THE MINDS

Manuel Sebastião[1]

ABSTRACT: *Competition law and economics in an EU Member State such as Portugal is multi-faceted. This paper will focus on one particular facet of this matter: the activities of an independent competition authority and the potential, mutually beneficial interaction with an independent academic journal related to competition and regulation issues. The paper provides an overview of the work undertaken between April 2008 and November 2009 in five areas of the Portuguese Competition Authority (PCA) activity: competition cases; market studies and competition advocacy; international agenda; institutional building; and other matters. And it puts into a better perspective why the PCA is so committed to teaming up with the Institute of Economic, Financial and Tax Law (IDEFF) to edit the new Portuguese Competition and Regulation Journal.*

SUMMARY: 1. Introduction. 2. Competition cases. 3. Market Studies and Competition Advocacy. 4. International Agenda. 5. Institution building. 6. Other topics. 7. Conclusion.

1. INTRODUCTION

The launching of a new academic journal as a result of the team work between a competition authority and a law school is a time to celebrate and a time to take stock.

It is a time to celebrate the joint effort of the Portuguese Competition Authority (PCA) and the Institute of Economic, Financial and Tax Law

---

[1] Manuel Sebastião is President of the Portuguese Competition Authority.

(known for its Portuguese acronym IDEFF).[2] This joint effort made the dream of a Portuguese academic journal on competition and regulation come true. And it is indicative of how important competition matters have become in the Portuguese society. But as always happens in this kind of initiative, publication of the first issue is no more than the end of the beginning of a long journey. Among other innovations that the future may bring, the journal is open to future partnerships.

It is also a time to take stock of past work and draw lessons that could help us pave the way for the future. As in many human endeavors, more than the past, what counts most are the present and the future. Hence, the PCA wants to be an institution that fulfils its mission–to defend, to protect and to promote competition in Portugal–in a way that makes it always proud of its past, always engaged in its present, always committed to its future.

Competition law and economics in an EU Member State such as Portugal is multi-faceted. It is comprised of legal and economic theory and analysis, empirical economic studies, competition advocacy, enforcement activities, case law, as well as legal and institutional frameworks and interface with the European Commission and the other EU National Competition Authorities (NCAs). This paper focuses on one particular facet of this matter: the activities of an independent competition authority and the potential, mutually beneficial interaction with an independent academic journal related to competition and regulation issues.

Despite being only seven years old, the PCA's enforcement and advocacy track record speaks for itself. This record can be seen into two phases. Phase I spanned the creation of the PCA to the end of its first five years. This phase corresponded with the tenure of the first Board of Directors. Phase II commenced twenty months ago when the current Board of Directors began their work.[3]

In short, Phase I can be described as the "taking off and climbing phase" – the phase during which the PCA was created from scratch as an independent regulatory institution, recruited most of its human capital, and put

---

2 IDEFF is an Institute of the Classical University of Lisbon Law School.

3 The present Board of Directors of the Portuguese Competition Authority was sworn in on March 25, 2008, with a 5-year mandate. The board comprises Mr. Manuel Sebastião, President, and two Members, Mr. Jaime Andrez and Mr. João Espírito Santo Noronha. The previous board, whose tenure lasted from March 2003 to March 2008, comprised Mr. Abel Mateus, President, and two Members, Mr. Eduardo Lopes Rodrigues and Ms. Teresa Moreira.

its name on the map, at home and abroad. During Phase II the institution, having reached its cruising altitude and speed, has to engage in the serious institution-building necessary to ensure its appropriate functioning and the work of its staff, prioritise investigations, enhance the quality and timeliness of its decisions, and cope with major challenges regarding market studies and competition advocacy.

This paper provides an overview of the work undertaken between April 2008 and November 2009. It will touch on key aspects in five areas of the PCA activity: competition cases; market studies and competition advocacy; international agenda; institutional building; and other matters. And it puts into a better perspective why the PCA is so committed to teaming up with IDEFF to edit the new Portuguese Competition and Regulation Journal.

2. COMPETITION CASES

To achieve the goal of enhancing the quality and timeliness of PCA decisions and taking into account that staff resources are always limited, it is critically important to pursue, at any given time, only the number of cases that can be dealt with in a timely manner by the available staff. To this end, the following three-pronged strategy was adopted:

a. In the Merger Control Department, as of September 18, 2008, the number of notifications under assessment was reduced to a single digit. This number has not been exceeded since 2008. An electronic merger notification system was also introduced.
b. In the Antitrust Department, a backlog of cases, dating back to 2001, was reduced. Remaining cases were prioritized.
c. The mandate of the Legal Department was reinforced and enlarged. A new Head of Department was hired from outside of the organization and a more sound approach to court proceedings was adopted.

During the period under review, 93 merger operations were notified and 103 final merger review decisions were adopted, 5 of which were under the phase II review process. The PCA blocked one merger case and imposed remedies on 7 other (5 in the phase I review process and 2 in the phase II review process). Two notified mergers were withdrawn by the notifying parties. One of these notified mergers was withdrawn as the PCA was concluding the phase II review process.

The Merger Department was the first department to reach a PCA Phase II objective: to permanently maintain a portfolio of less than ten active cases (a single digit portfolio). This goal was achieved in September 2008 and has been maintained ever since. In reaching this objective, a number of instrumental decisions were made quickly and efficiently. In particular, the department completed a phase II review process decision in record time. The decision, which cleared the soft drinks producer Sumolis' acquisition of rival Compal in August 2008, was taken in the midst of the summer holiday season, just 30 days after the PCA investigation moved to the phase II review process, beating the previous record of 57 days. The speed and efficiency of mergers decisions was recognised in the 2009 Global Competition Rating of the PCA, which stated "... *sources across the board are impressed by the authority's merger work, which, they say, is improving rapidly. The average length of merger reviews has decreased to two months in simpler cases and three to five months for complex deals.*

Reducing the backlog of antitrust cases required a two-step approach. First, the PCA identified longstanding investigations with no results to date. Second, the available evidence was evaluated in order to determine whether or not each investigation should be kept open. As a result of this process, the PCA no longer keeps inactive, outstanding cases on its books. This major effort allowed the PCA to redeploy its resources to more productive investigations and priority cases. Ultimately the PCA aims to keep open cases that are no more than 2-3 years old. The Antitrust Department plans to achieve this objective during 2010.

PCA case prioritization is guided by the principle of legality, which requires the agency to consider all complaints concerning possible infringements of competition rules. Therefore, it is critically important to make a reasonable assessment of actual and potential evidence during the early stages of each investigation in order to avoid tying up resources in cases where evidence is not clear cut and may be inconclusive.

During the period under review, 12 new antitrust investigations were launched. In the same period, 34 decisions were taken. Of these, 4 involved fines, 3 involved commitments, and 27 were closed due to insufficient evidence.

In 2008, 2 infringement decisions were taken, resulting in combined fines of approximately €3.3 million levied on the Association of Lisbon Bakers, for a price fixing cartel, and on Portugal Telecom for an abuse of dominant position involving a discount policy in circuit leasing.

In January 2009, the PCA also adopted for the first time interim measures against the ZON Group in order to prevent it from abusing its dominant position in the movie exhibition market. This measure took into account ZON Group's position in the associated cable pay TV market. The interim measure concerned a fidelity card for ZON cable pay TV clients, which entitled holders to free movie tickets up to 52 times a year (as long as earmarked seats were available).

In September 2009, the PCA imposed its largest fine ever in a case regarding the abuse of dominant position (margin squeeze) in the wholesale and retail broadband access markets. Portugal Telecom Group (PT Group) and ZON Group were fined for infringing the Portuguese Competition Law. Infringement of Article 82 of the EC Treaty was also considered an aggravating circumstance. The companies were fined a little more than €45 million and €8 million respectively. Both groups appealed the PCA decision in the Commercial Court of Lisbon.

Court proceedings are extremely important for the success of a competition authority. Besides introducing new leadership in the Legal Department, the PCA addressed this issue by thoroughly revising and resubmitting cases to the Commercial Court of Lisbon. These cases were under appeal on procedural grounds and had been returned to the PCA. The PCA decided not to appeal one decision of the Commercial Court of Lisbon because it was likely that the higher court would come to the same decision.

During the period from April 2008 to November 2009, there were 12 appeals against PCA decisions. The PCA won 4 cases and lost 1. The remaining 7 cases are pending.

3. MARKET STUDIES AND COMPETITION ADVOCACY

Advocacy efforts were at the cutting edge of PCA activities during the period under review. It is in this area that the joint effort between the PCA and IDEFF to edit the Portuguese Competition and Regulation Journal gains full meaning.

In June 2008, the PCA published a preliminary report on fuel markets in Portugal, including an analysis of the different components making up the retail price of liquid road fuels, following a legal based request by the Minister for Economy and Innovation. In December 2008, and as an in-depth follow-up to the June report, the PCA concluded an Interim Report on the Liquid Fuel and Bottled Gas Sectors in Portugal, with its final version being completed end-March 2009. The reports are available on the PCA website in Portuguese and in English.

The three reports were produced entirely in-house, which bears testimony to the PCA staff's professionalism, technical expertise, and capacity to work under pressure. The PCA was a pioneer in analysing the impact of the 2008 oil shock on the domestic prices of liquid fuels. In fact, no other competition authority from the EU or the OECD has completed such a comprehensive market study. The study includes state-of-the-art statistical and econometric analysis of the two price transmission mechanisms in these markets–from Brent to Platts and from Platts to domestic pre-tax prices.

The Final Report provides a structural description of the liquid fuel and bottled gas sectors in Portugal. Particular attention is paid to storage, transportation, and sales to final consumers at service stations. Moreover, the Final Report identifies and assesses the main competition issues, as well as the asymmetries in the adjustment process of liquid fuel domestic pre-tax prices to international prices for crude (Brent) and refined products (Platts) across the EU. The final report also presents a set of recommendations aimed at fostering competition in the liquid fuel and bottled gas markets.

In a nutshell, the PCA market study concluded that the liquid fuel sector in Portugal is a tradable goods sector where retail prices fundamentally reflect international prices and taxes. Besides a number of regulatory and behavioural recommendations, structural measures may enhance competition if they expand imports and storage facilities as well as making these facilities more accessible to potential competitors.

The liquid fuel market in Portugal behaves in a similar way to other EU and OECD countries. Ex-refinery or imported liquid fuel prices follow the previous week's Rotterdam prices (Platts CIF NWE) plus activity-specific spreads. The close relationship between these domestic prices and international prices is economically consistent with the fact that Portugal is a small, open market economy and liquid fuels are tradable goods.

Further to these three reports, the PCA initiated in September 2009, the publication of Monthly Liquid Fuel Statistics. The Monthly Bulletin containing these statistics complements the quarterly Newsletters on liquid fuels and bottled gas that the PCA has been publishing since 2004. The Monthly Bulletin is published on the PCA website and provides regular statistics with a shorter time-lag than the quarterly Newsletters. Information is provided regarding liquid fuel prices and quantities. By adding these monthly statistics to the quarterly Newsletter, the PCA seeks to continue contributing to a better understanding of the market, based on data, rather than unsubstantiated opinion.

The PCA is now engaged in another major market study on the purchasing power of supermarkets vis-à-vis their suppliers. The interim report is due in December 2009 and the final report in June 2010. Other reports are in the pipeline and will be issued as they are concluded.

A series of open seminars has also been hosted by the PCA on competition law and economics, enforcement, advocacy, and institutional matters. Most seminars have been presented by international guest speakers, both from academia and competition agencies.

4. INTERNATIONAL AGENDA

The international agenda of the PCA reflects its strong commitment to work closely with the European Commission Directorate General for Competition (EC DG COMP), the Organization for Economic Cooperation and Development (OECD), the International Competition Network (ICN), the Latin-American Forum, the Ibero-American Forum, and the United Nations Conference on Trade and Development (UNCTAD). During the period under review, the PCA was involved in major international activities on all fronts, including the organisation of a three-day ICN Cartel Workshop, which was held back-to-back with an international conference entitled *"Cracking cartels: recent international developments,"* in October 2008. These activities reflect the PCA's commitment to following international best practices.

At the bilateral level, the PCA signed a Memorandum of Understanding (MOU) with the Turkish Competition Authority in March 2009, participated in the 4th Iberian Competition Forum with the Spanish Competition Authority in May 2009 and organised the 1st meeting between the French and the Portuguese Competition Authorities in July 2009.

The PCA will host the III Lisbon Conference on Competition Law and Economics in January 2010. This conference will serve as a platform for the exchange of ideas and experiences on the various aspects of competition enforcement and advocacy. The quality of the speakers and moderators, along with the topics chosen for debate ensure that it will be an excellent international conference that attracts highly qualified participants from different areas such as politics and business, regulators, the judiciary, private and public legal practice, academia and the media. The agenda includes the five following topics: two-sided markets, energy, competition policy in times of crisis, intellectual property and single-firm conduct.

5. INSTITUTION BUILDING

Steering the PCA into Phase II required setting the strategic goals and operational objectives for the five-year term of current Board of Directors. The goals and objectives are consistent with the PCA's new motto: *"In the service of competition."* There was also a thorough institution-building process, which included redesigning and simplifying the organisation of the PCA as well as approving the internal rules and regulations necessary for the proper functioning of the agency. The new organisational framework was necessary to provide PCA staff with a more efficient working environment, to enhance the quality and timeliness of PCA decisions, and to prioritise PCA investigations.

The new organisation is comprised of three departments, which deal with competition cases (the Mergers Control Department, the Antitrust Department and the Legal Department), two smaller horizontal departments (the Economic Research Bureau and the International Relations Bureau), as well as an IT unit and the Administrative and Financial Department, which handles human resources, financial management and procurement.

Putting the new organisation into place required some staff reassignments and was followed by a new and selective recruitment process, which resulted in the hiring of 3 new lawyers and 3 new economists.

Another major institutional change concerned the evaluation of staff performance. Annual staff evaluations are now a meaningful exercise, with 50% of staff performance rated as average, 35% above average, and 15% as outstanding. It is worth noting that an average performance at the PCA is equivalent to above average performance at many other institutions.

As of the end of November 2009, the PCA consists of 89 staff members and 3 board members. Among the staff members, 13 are managers (heads and deputy heads of department and heads of unit), of which 9 assigned to front office departments (the three competition case departments and the two horizontal bureaux). There are 47 competition officers. The PCA is a unique institution in the sense that all its teams of case handlers have to be staffed evenly by lawyers and economists. Finally, there are 29 other professionals and administrative personnel.

The PCA has pursued a policy of transparency, which involves explaining all major decisions concerning competition cases or market studies. Press releases and extensive Question and Answer documents are issued simultaneously with the announcement of all major decisions. This ensures that all stakeholders and the public at large understand how the PCA works and the rationale behind its decisions.

Exceptional circumstances also required the current PCA President to attend 8 Parliamentary hearings in the first 15 months of his mandate, 4 of which concerned gasoline prices, where he had the opportunity of presenting the full range of PCA activities. For an independent regulatory authority as the PCA, Parliamentary hearings are the appropriate forum where the Authority's President reports the activity and decisions of the institution.

6. OTHER TOPICS

The 2008 economic and financial crisis highlighted the advantages of having convergent state aid rules among National Competition Authorities (NCAs) in the EU. The application of exemptions to the general prohibition of state aid rests exclusively with the European Commission. In this context, governments notify state aid cases directly with the European Commission (Directorate General for Competition, DG COMP), thus ensuring a level playing field when DG COMP assesses this issue in different Member States.

Following an internal stocktaking of the PCA experience in dealing with and deciding on antitrust and merger control cases, as well as an assessment of case-law regarding appeals against PCA decisions, an internal working paper was drawn up. The paper identifies possible amendments to the *Competition Act*, which are deemed necessary to increase the effectiveness of PCA decisions. The latest IMF Article IV Mission to Portugal (December 2009) identifies amendments to the *Competition Act* as one measure that could improve the performance of the Portuguese economy.

7. CONCLUSION

In conclusion, competition is an evolving field of law and economics, which never gets old. It requires constant adaptation to new challenges. It requires continuous efforts in applying current knowledge to competition cases, advocacy, and market studies. It requires both engagement in the present and openness to future innovation within Portugal, the European Union and elsewhere.

Modern societies prosper under the rule of law and the smooth functioning of sound institutions. The PCA strives to be this type of institution. It is a regulatory agency, which is equally committed to the professionalism of its work and the independence of its decisions.

Independence is a common thread of the PCA and the new Portuguese Competition and Regulation Journal, which welcomes input from all segments of the competition and regulatory fields, provided that authors fulfil all procedures typically associated with an academic journal.

The new Competition and Regulation Journal is a much welcome initiative in Portugal at this time. It fills a void. It provides the ideal forum for the debate of ideas, policy decisions, competition cases and case law, competition advocacy, market studies, legal and institutional issues. It bridges the gap between present and future knowledge. It benchmarks domestic practices with international best practices. For all these reasons, the PCA is proud of being one of the driving forces behind this initiative.

EM TORNO DA REGULAÇÃO ECONÓMICA EM TEMPOS DE MUDANÇA
Eduardo Paz Ferreira[1]

ABSTRACT: *This article covers the development of economic regulation in Portugal over the recent years, reviewing its foundations and assessing general features common to the regulation of different economic sectors. It puts the Portuguese regulatory process in context, considering the transition from the economic constitution of 1933 to the economic constitution arising from the 1976 constitution (and its subsequent changes). It briefly analyses the statutory framework of several independent regulatory authorities which have been established in Portugal in some of the most important economic sectors (namely the financial sector or the energy and electronic communications sectors). Furthermore, it analyses the interplay between the competition authority and the multiple sectoral regulators.*

SUMÁRIO: 1. Considerações Introdutórias. 2. A regulação económica em Portugal: origem e fundamentos. 3. Regulação e Constituição Económica. 4. Dos estatutos dos reguladores. 5. Autoridade de concorrência e reguladores. 6. Reflexões conclusivas.

1. CONSIDERAÇÕES INTRODUTÓRIAS

A Revista nasce num momento em que todas as atenções se encontram voltadas para a regulação, especialmente na dimensão financeira, uma vez que, depois de encarada como sério obstáculo ao desenvolvimento do sistema financeiro, passou a ser vista como panaceia para todas as ineficiências do mercado. Re-

---
[1] Professor Catedrático da Faculdade de Direito de Lisboa, Presidente do Instituto de Direito Económico, Financeiro e Fiscal da FDL e Director da *Revista de Finanças Públicas e Direito Fiscal*.

flexamente, os inconvenientes que, também noutras áreas, eram apontados à regulação pública tenderão a ser desvalorizados, elevando-se a instrumento por excelência da maximização do bem-estar social.

Não é propósito deste artigo analisar as propostas que se têm multiplicado quanto à regulação e supervisão financeira, mas tão só passar em revista algumas ideias gerais em torno do desenvolvimento do fenómeno regulatório em Portugal, procurando determinar traços identificadores, ao mesmo tempo que se procede a uma tentativa de identificação daquilo que pode ser considerado como uma boa regulação, capaz de contribuir eficazmente para a ultrapassagem da crise e para a estabilização e desenvolvimento económico.

Naturalmente que o forte abanão sofrido pelas concepções e práticas neoliberais criou, seguramente, um ambiente mais favorável à regulação, bem atestado na produção académica crescentemente interessada numa área que chegou a parecer ter sido remetida para zonas bastante periféricas dos estudos jurídicos[2].

Uma exacta compreensão do fenómeno implica, desde logo, a distinção entre regulação e regulamentação – especialmente facilitada nas línguas latinas – e que se apresenta como fundamental para a caracterização da regulação económica que se não confunde com formas de intervenção pesada do Estado na actividade económica, que podem ser reconduzidas à noção de regulamentação.

As várias definições doutrinárias que foram sendo ensaiadas estão, por outro lado, longe de ser unânimes, colocando cada uma o acento tónico em aspectos parcelares do fenómeno, o que me levou a procurar, mais do que uma definição rigorosa, uma caracterização genérica que permitisse avançar na apreciação desta problemática. Utilizo, assim, um conceito operativo de regulação económica, entendida como uma forma de intervenção através da qual se procura essencialmente preservar o equilíbrio económico de determinado sector que não seria logrado sem essa intervenção.

Encontramo-nos, aqui, em presença de um conjunto de técnicas de intervenção pública no mercado que deve ser entendida como um controlo prolongado e localizado exercido por uma entidade pública sobre uma acti-

---

[2] Vd. Paz Ferreira *et al.* (2009) e, posteriormente, Otero & Gonçalves (2009). Naturalmente que não é possível esquecer a fundamental contribuição de Vital Moreira, quer através da sua dissertação de doutoramento (Moreira, 1998), quer da intensa actividade do CEDRIP.

vidade à qual a comunidade atribui uma especial relevância social. Ou seja, o essencial da actividade reguladora concentra-se na ideia que a adopção de medidas pelas entidades públicas é susceptível de provocar uma situação diversa daquela que existiria na sua ausência, através do estímulo à adopção de determinados comportamentos em paralelo com o desestímulo de outros.

Por isso, Luis Morais e eu próprio avançámos já que o conceito geral de regulação jurídica da economia pode ser enunciado como "o desenvolvimento de processos jurídicos de intervenção indirecta na actividade económica produtiva – indirecta, porque se exclui a participação pública directa na actividade empresarial – incorporando algum tipo de condicionamento ou coordenação daquela actividade e das condições do seu exercício, visando garantir o funcionamento equilibrado da mesma actividade em função de determinados objectivos públicos" (Paz Ferreira & Morais, 2009: 22).

A origem da ideia regulação parece encontrar-se nas ciências mecânicas, mas trata-se, aqui, de analisar o fenómeno na sua transposição para a economia, impondo-se sublinhar que a regulação está associada a um determinado modelo económico que é necessariamente o da economia de mercado, numa das suas diferentes modalidades de funcionamento.

Da mesma forma deve ser posto em relevo que a regulação comporta em bom rigor dois aspectos distintos, envolvendo quer o estabelecimento de um conjunto de regras destinadas a assegurar o controlo de um sector de actividade, por forma a garantir certos valores – aquilo que podemos chamar o *regime regulatório* – quer um outro conjunto de regras ou práticas que visam tornar efectivo o regime regulatório e que podemos designar por *processo regulatório*.

Estamos, em qualquer caso, longe das concepções amplificadoras da regulação económica que a tendem a identificar com qualquer forma de intervenção pública, ou até de produção legislativa, o que não implica, no entanto, que se pense estarmos em presença de uma solução que se traduz num total apagamento da intervenção pública.

Muito pelo contrário, aquilo que está em causa é a garantia de que o desaparecimento da produção pública de bens – actuando, em regra, em regime de monopólio – é acompanhado pela atribuição ao Estado de um papel de árbitro com poderes para fixar determinadas regras em coerência com os valores considerados desejáveis, ao mesmo tempo que são asseguradas as vias para assegurar o seu respeito.

Essa sobreposição dos valores definidos pelo Estado, a quanto resultaria do funcionamento do mercado sem essa intervenção, vai estar na base de muitas das críticas que são dirigidas à regulação, entendida como uma forma de preservar a orientação pública da economia e objecto, como tal, de vivos ataques das correntes neo-liberais.

A regulação económica seguiu um percurso de alguma forma irónico, uma vez que tendo surgido como uma ideia cara aos defensores de um modelo liberal, na medida em que permitia avançar os processos de privatização, acabou por ser recuperada pelo pensamento intervencionista que aqui vê a última trincheira de defesa das concepções que acreditam que o interesse geral nunca é o somatório dos vários interesses particulares, necessitando sempre a sua afirmação de uma arbitragem pública.

Ou, como escreveu Majone (1995), a regulação independente está em vias de se tornar a "nova fronteira" das políticas públicas e da administração pública um pouco por toda a Europa. Essa percepção levou, de resto, a que alguns autores de pendor mais liberal tendessem a considerar superada a fase do estado Regulador em benefício de um Estado incentivador, pós-regulatório (Silva, 2009). Trata-se, em qualquer caso, largamente de um jogo de palavras que melhor corresponde à separação, muitas vezes formulada, entre regulação forte e fraca.

Na distinção entre a regulação e a regulamentação – por vezes designada por regulamentação de estilo antigo – há que partir do princípio que, em ambos os casos, nos encontramos em presença de soluções que implicam a definição de regras de jogo económico, mas que nas experiências reguladoras essas regras são formuladas de modo relativamente aberto, comportando soluções técnicas para a sua prossecução que, muitas vezes, implicam formas de diálogo entre os interessados.

Mas, se a definição de regras de jogo claras é o primeiro elemento importante da regulação não nos podemos esquecer do segundo que corresponde à existência de um organismo regulador encarregado de zelar pelo cumprimento das regras e, em larga medida de as definir, sendo para tanto dotado dos necessários poderes de autoridade.

Subjacente à criação deste organismo está a consagração da sua independência, que pode ser entendida de várias formas e assentar em diferentes soluções organizativas, bem como a atribuição de poderes de autoridade que lhe são expressamente conferidos com vista a tornar a regulação efectiva.

Inserem-se, assim, as entidades reguladoras na problemática mais ampla das autoridades administrativas independentes de raiz norte-americana[3].

Mais difícil se apresenta a tarefa da identificação do universo coberto pela actividade de regulação, ainda que se possam apontar exemplificativamente alguns aspectos normalmente envolvidos, tais como a fixação dos preços, das quantidades de produtos ou serviços, do número de agentes económicos a quem é permitida a actuação, das taxas de rentabilidade, dos investimentos a realizar, dos padrões de qualidade e das garantias de transparência empresarial.

Da mesma forma, não se pode ignorar que os objectivos apontados para a regulação económica são muito diversos e que, por isso mesmo, se torna especialmente difícil estabelecer um padrão normativo do que é uma boa regulação, uma vez que tal padrão é decisivamente influenciado pela própria concepção de sociedade de cada autor.

Ainda assim, tem-se assistido a uma tentativa de definir critérios objectivos para aferir da adequação do sistema de regulação, sendo porventura especialmente interessantes os avançados por Baldwin & Cave (1999) para quem estaríamos em presença de uma boa regulação quando esta respondesse positivamente a questões como a da existência de um quadro legal correctamente definido, a presença de um sistema apropriado de responsabilização – "accountability" –, o recurso a procedimentos justos, acessíveis e abertos, a suficiente competência técnica dos agentes reguladores e a eficiência do regime.

Na análise da regulação económica em Portugal, devemos nortear-nos pela preocupação de determinar se pelo menos aqueles que podemos considerar serem os pontos fundamentais – clara definição do regime legal e existência de formas de responsabilidade efectiva – se encontram reunidos.

2. A REGULAÇÃO ECONÓMICA EM PORTUGAL: ORIGEM E FUNDAMENTOS

A exacta percepção dos contornos da regulação económica entre nós exige, naturalmente, a consideração de algumas questões prévias, entre as quais assume especial relevo a sua *novidade*, à semelhança, aliás, do que sucede na generalidade dos países europeus.

Consequência dessa novidade é, também, seguramente a circunstância de ser patente a *indefinição* que se sente no universo regulatório, expressa quer na diversidade dos modelos organizativos ou das missões e poderes atribuídos às

---

3 Para uma apreciação desenvolvida dessa realidade, vd. Cardoso (2002).

entidades reguladoras, quer, sobretudo, nas evidentes dificuldades em encontrar o ponto de equilíbrio no relacionamento entre os organismos reguladores e o Governo e demais instâncias políticas.

O facto de se falar de novidade do fenómeno regulatório deve, todavia, ser encarado com alguma prudência, uma vez que não nos podemos esquecer que essa novidade se insere num pano de fundo que é o da pré-existência de uma regulamentação económica pesada, presente desde sempre na economia portuguesa, como na da generalidade dos países europeus.

Portugal tem seguramente uma das mais significativas tradições de intervenção pública na economia, que representa uma constante da nossa história apenas quebrada com o interregno liberal. Naturalmente que essa intervenção se foi revestindo de diferentes características ao longo do tempo, impondo--se, recordar que, se em geral o Estado se encarregou de definir uma ordem pública e de a implementar, outras vezes, como ocorreu na Idade Média, optou pela atribuição dessa tarefa a corpos organizados da sociedade, que efectuavam aquilo que modernamente se designaria por auto-regulação, com a entrega da regulação profissional às corporações [4].

A afirmação de uma ordem económica pública veio encontrar uma expressão especialmente significativa no quadro da constituição económica de 1933, cujos traços de novidade e ruptura com os textos constitucionais do liberalismo português são evidentes e se encontram devidamente estudadas.

Pode-se dizer, para os efeitos que agora nos ocupam, que a constituição económica de 1933 se caracterizava por uma regulamentação extremamente minuciosa do mercado e, nalguns casos, mesmo pela sua substituição por soluções administrativas.

É na vigência da Constituição de 1933 que surge, por outro lado, a primeira referência expressa a regulação económica, com a criação das chamadas comissões de regulação económica, que representaram um papel de especial importância na organização económica corporativa, ainda que a análise das suas funções nos obrigue a concluir que, para além da semelhança semântica, estávamos longe daquilo que hoje conhecemos por regulação, antes se devendo entender que nos encontrávamos em presença de uma regulamentação ao estilo antigo moldada pelas especificidades da organização política e económica da constituição corporativa.

---

4 Martinez (1973).

Não se visava, de facto, corrigir certas formas de imperfeição do mercado, mas sim de o substituir na definição das quantidades dos bens a importar, impedindo totalmente o funcionamento dos mecanismos de concorrência, em coerência com a atribuição de um papel central ao Estado em matéria de relações económicas internacionais.

Em Portugal, como na generalidade dos Estados, a regulação veio substituir uma ordem económica pesadamente regulamentada, a ela se sobrepondo, por vezes, num processo de fronteiras indefinidas, que não deixa de projectar a sua sombra nas soluções concretas encontradas para cada sector sujeito a regulação. Para sublinhar essa transição há até quem fale num processo de desregulamentação a que seguiu um outro de re-regulação, destinado a estabelecer um novo equilíbrio.

Também se não poderá esquecer que, se é certo que não havia uma tradição europeia de regulação económica, o mesmo não pode ser dito da produção pública de bens que se pode considerar constituir um elemento integrante da cultura económica do Continente, em acentuado contraste com aquilo que ocorria nos Estados Unidos.

Importa sublinhar que, à semelhança do que sucedeu nos restantes países comunitários, a criação de entidades reguladoras surgiu, entre nós, profundamente influenciada pela acção da Comissão Europeia. Tal actuação da Comissão constituiu um resultado do desenvolvimento da política de concorrência que, ainda que não colocando em questão a possibilidade de existência de empresas públicas, acabou por determinar ou ser acompanhada por extensos processos de privatização como forma de garantir a liberdade de acesso da iniciativa económica privada a sectores tradicionalmente confinados a monopolistas estaduais.

Para amenizar de alguma forma o choque cultural resultante dessas transformações, a Comissão procurou uma solução de transição pilotada, em que a regulação funcionasse, simultaneamente, como a garantia do respeito pelas obrigações de serviço público, que poderia não resultar do funcionamento espontâneo do mercado, e como instrumento de pressão no desmantelamento dos monopólios, ainda que o segundo aspecto aparecesse como determinante.

A origem comunitária do fenómeno de regulação fica bem patente na circunstância de a primeira instituição com funções claramente de regulação na área dos serviços públicos entre nós ter sido a Entidade Reguladora do Sector Eléctrico (ERSE), criada pelo Decreto-Lei n.º 182/95, de 27 de Julho, e que veio a entrar em funcionamento em 1997.

A ERSE que viria, depois, a ser rebaptizada como Entidade Reguladora do Sector Energético pelo Decreto-Lei n.º 97/2002, em consequência do seu alargamento também ao sector do gás natural, é uma consequência da Directiva n.º 96/92/CE do Parlamento e do Conselho, de 19 de Dezembro, que estabeleceu as regras relativas ao mercado interno de electricidade, baseadas na progressiva abertura à concorrência e no direito de acesso de produtores e consumidores às redes de transporte e distribuição, sem prejuízo das obrigações de serviço público, como, de resto, se assinalava no preâmbulo do Decreto-Lei n.º 182/95.

A criação de entidades reguladoras independentes foi também adoptada no sector da electricidade e do gás (Directiva n.º 96/92/CE do Parlamento Europeu e do Conselho, de 19 de Dezembro e Directiva n.º 98/30/CE do Parlamento e do Conselho, de 22 de Junho) facto que esteve na origem da transformação da ERSE, bem como nas telecomunicações (Directiva n.º 2002/21/CE do Parlamento e do Conselho de 7 de Março, a que Portugal deu cumprimento através da transformação do Instituto de Comunicações de Portugal em Autoridade Nacional das Telecomunicações (ANACOM) – Decreto-Lei n.º 309-2001, de 7 de Dezembro – e da Lei das Comunicações Electrónicas (Lei n.º 5/2004, de 10 de Fevereiro).

Pode-se, assim, dizer que existe uma injunção comunitária no sentido da criação pelos Estados membros de entidades reguladoras independentes, o que implica não só a obrigação de criar tais entidades, mas também a de assegurar a sua independência e de as dotar dos meios necessários ao cumprimento da sua missão.

O impulso resultante do modelo regulatório seguido na liberalização de serviços de interesse geral por força das imposições comunitárias, veio a manifestar uma forte tendência expansiva, recorrendo-se à mesma técnica em diversas outras áreas da actividade económica.

Mas, se a regulação na área dos serviços públicos começa por corresponder ao cumprimento de uma orientação comunitária e a um modelo imposto pelo exterior, não nos podemos esquecer que o modelo vai florescer noutra área especialmente importante – o sector financeiro – onde se reveste, de resto, de uma especial intensidade.

Neste caso e ainda que a influência da legislação comunitária tenha sido importante, deve-se sublinhar que se trata de uma regulação que se desenvolve por razões internas e até em resultado de uma injunção constitucional.

De facto, logo em 1976, o legislador constituinte preocupou-se especialmente com a tutela pública sobre a formação e aplicação de capitais, definindo no artigo 105.º, correspondente ao actual 101.º, o princípio de que "o sistema financeiro será estruturado por lei, de forma a garantir *a captação e segurança das poupanças* bem como a aplicação dos meios financeiros necessários à expansão das forças produtivas, com vista à progressiva e efectiva socialização da economia".

Essa preocupação com a tutela da poupança viria a ser substancialmente reforçada com a redacção daquela norma constitucional actualmente em vigor – expurgada da referência à socialização da economia.

Não se poderá, de resto, esquecer que a solução constitucional dá sequência a uma concepção, que vem muito detrás, no sentido de que os poderes públicos se não podem desinteressar da actividade financeira, antes nela devendo intervir ao serviço de dois objectivos – o da garantia dos direitos patrimoniais individuais e o do bem-estar económico e social geral – cuja importância relativa tem variado profundamente ao sabor das concepções económicas e políticas prevalentes.

Não foi, no entanto, o legislador constituinte ao ponto de impor qualquer orientação concreta ao legislador ordinário quanto à forma da sua concretização, antes lhe conferindo uma ampla margem de discricionariedade na definição dos métodos para alcançar os objectivos assinalados.

Mas, se é certo que a exigência constitucional de tutela dos mercados financeiros não implica qualquer orientação concreta ao legislador não se pode deixar de pensar que envolve a necessidade de que este proceda a uma ponderação aprofundada da experiência histórica e dos conhecimentos económicos dominantes, por forma a criar o quadro institucional que se revele mais adequado.

Ora, ainda que nalguns casos a experiência dos bancos centrais seja relativamente recente – como ocorre, de resto, entre nós – o que é certo é que a existência de uma instância reguladora dos mercados monetários – pese embora alguma contestação das escolas liberais – parece demonstrar que os melhores resultados económicos são conseguidos quando existem entidades reguladoras – hoje absolutamente generalizadas – e quando essa entidades são dotadas de garantias de independência.

Naturalmente, no entanto, que o sector bancário está longe de esgotar a totalidade dos mercados financeiros e que hoje em dia uma parcela muito significativa da actividade financeira se concentra nos mercados de capitais e no sector dos seguros.

O cumprimento integral da injunção constitucional exigiu, assim, o desenvolvimento, também em relação a estes sectores, de formas de regulação do mercado, o que levou a que aos poderes de regulação do Banco de Portugal se juntassem aqueles que são exercidos pelo Instituto de Seguros de Portugal e pela Comissão de Mercado de Valores Mobiliários, numa solução que pode ser criticada pela dispersão de entidades com competências de regulação num universo em que é patente a integração dos grupos financeiros, aspecto a que o legislador procurou responder com a criação do Conselho dos Supervisores Financeiros.

A crise financeira e a verificação generalizada da incapacidade dos mecanismos de regulação existente para com ela lidarem levaram à procura de novas soluções, quer na Europa, quer nos Estados Unidos, assentes em reflexões aprofundadas e de grande qualidade e que levarão a uma modificação orgânica e a um significativo reforço de poderes. O caminho já anunciado pelo Governo Português parece merecer claro apoio.

Se as directivas comunitárias em matéria de liberalização de serviços públicos e a disposição constitucional referente aos mercados financeiros surgem como as raízes fundamentais do desenvolvimento da regulação em Portugal, não se pode esquecer que, recentemente, uma terceira ordem de razões parece estar associada ao aparecimento de novas soluções regulatórias. Trata-se da busca de formas mais satisfatórias para garantir a eficácia dos serviços públicos, aproximando-os do funcionamento da actividade económica privada, dento de um movimento de esbatimento de fronteiras a que temos vindo a assistir[5].

Foi, de facto, este movimento que teve tradução entre nós com a criação da Entidade Reguladora do Sector da Saúde (ERS), pelo Decreto-Lei n.º 309/2003, de 10 de Dezembro, que surge como uma consequência da opção por formas diversificadas de prestação dos cuidados de saúde previstos no Serviço Nacional de Saúde.

A variedade das experiências em curso, que comportam desde a manutenção dos hospitais tradicionais até às parcerias público-privadas, passando pela criação de empresas públicas hospitalares, deu origem a um fenómeno que, de alguma forma, se assemelha à criação de um mercado de cuidados de saúde,

---

5 Vd. Paz Ferreira (2004).

mesmo no âmbito do Serviço Nacional de Saúde que, à semelhança de outros mercados, levanta problemas de padrões de qualidade, de preços a praticar e de protecção dos utentes/consumidores.

Se esta experiência confirma a força expansiva do fenómeno regulatório, sendo de assinalar o seu carácter pioneiro em termos europeus, atesta também as dificuldades na sua formulação que levam a que uma apreciação do respectivo estatuto possa levar a defender que nos encontramos algures a meio caminho entre uma entidade reguladora e um provedor de justiça do sector, outra das formas participativas que caracterizam o movimento de renovação do sector público.

Já a área da comunicação social, igualmente sujeita a regulação pela ERC, Entidade Reguladora para a Comunicação Social, criada pela Lei n.º 53/2005, de 8 de Novembro, convoca-nos para questões da maior relevância, mas que se afastam da regulação económica.

Este primeiro relance pela área da regulação em Portugal permite-nos concluir pela sua especial intensidade na área dos serviços de interesse público e no sector financeiro, o que corresponde a uma situação paralela à que vamos encontrar se procedermos a comparações internacionais, designadamente com os países da OCDE. Pode-se, por outro lado, afirmar que a regulação se estendeu a uma maior número de serviços públicos do que na generalidade dos restantes países, ainda que, algumas vezes, à custa da opção por soluções institucionais débeis.

3. REGULAÇÃO E CONSTITUIÇÃO ECONÓMICA

A expansão que o fenómeno da regulação económica conheceu entre nós não permite, no entanto, prescindir da indagação sobre a sua compatibilidade com a constituição económica portuguesa, tanto mais quanto é sabido que esta é dotada de alguns traços distintivos peculiares que apontam num sentido contrário ao da regulação, privilegiando as antigas formas de regulamentação e mantendo-se próximo do paradigma tradicional da intervenção do Estado na economia.

Vimos já que a regulação dos mercados financeiros encontra um respaldo forte no próprio texto constitucional, mas para além dessa área poderá colocar-se a dúvida sobre se o avanço para aquilo que alguns autores consideram ser um Estado regulador é ou não compatível com o papel que a Constituição económica reserva ao mercado, uma vez que sabemos já que o fenómeno regulatório se liga intimamente ao modelo de economia de mercado.

Tal dúvida é especialmente pertinente se nos recordarmos que a ordem constitucional anterior ao 25 de Abril de 1974 não favorecia especialmente a liberdade de funcionamento do mercado, situação que se não viria a inverter com a pré-constituição económica de que falam Sousa Franco & d'Oliveira Martins (1993), a propósito das tentativas de ordenação anteriores à entrada em vigor da Constituição de 1976, nem com a primeira versão do texto constitucional democrático.

Só as revisões constitucionais – com destaque para a de 1989- e a prática legislativa foram invertendo essa situação de base que, no entanto, ainda hoje se faz sentir no excesso de regulamentação económica existente em muitos sectores e nalguns casos esquecida ou caída em desuso, mas nunca formalmente revogada. Não é, no entanto, possível ignorar a sua importância e, sobretudo, a prática legislativa infra-constitucional de sentido liberalizante que permite falar de uma *constituição real* caracterizada por um modelo de economia mista semelhante ao da generalidade dos Estados membros da Comunidade Europeia em que o traço distintivo pode ser encontrado na especial ênfase dada aos direitos sociais e numa certa nostalgia de outros modelos que perpassa numa ou noutra passagem sem que, no entanto, seja possível daí retirar quaisquer consequências significativas[6]. Mas decisiva para a apreciação da constituição económica portuguesa tal como existe hoje é a sombra da constituição europeia, de cariz fortemente liberalizante e que neutraliza quaisquer veleidades mais intervencionistas da Constituição portuguesa[7].

Mas, mesmo, a análise do texto da Constituição permite-nos concluir com alguma tranquilidade estarmos em face de uma economia social de mercado. Recorde-se, a este propósito que, entre as tarefas fundamentais do Estado, se encontra a de garantir o funcionamento eficiente dos mercados (alínea e) do artigo 80.º, consagrando-se na alínea c) a "liberdade de iniciativa e de organização empresarial no âmbito de uma economia mista"). Tais disposições coexistem com outras como as dos artigos 81.º e 86.º, n.º 1 que expressamente prevê a fiscalização do Estado sobre as "empresas que prossigam actividades de interesse económico geral".

Ora, destas e de outras normas, que é impossível aqui acompanhar, resulta claramente que o Estado continua, por imposição constitucional, a dispor de

---

6 Paz Ferreira (1995) para uma apreciação sintética desses desenvolvimentos.

7 Como observei em Paz Ferreira (1996).

um papel central na orientação da actividade económica, papel esse que se tem vindo a desenvolver não através do favorecimento do sector produtivo público ou da opção por formas radicais de intervenção sobre a actividade económica privada, mas antes pela atribuição de um papel central à instância pública na gestão dos equilíbrios.

Tal gestão resulta, em primeiro lugar, da obrigação de assegurar o funcionamento regular dos mercados, devendo para tanto ser adoptada – com já foi – legislação de concorrência adequada, bem como criados mecanismos para a sua implementação – como já sucedeu igualmente – e, em segundo, do recurso a outras formas de relacionamento que permitam preservar os valores económicos e sociais consagrados constitucionalmente.

É nesse último domínio que se parece abrir um vasto campo para o desenvolvimento de formas de regulação que coabitam, aliás, com outros instrumentos de política económica, como o planeamento, a concertação social, a atribuição de estímulos à actividade produtiva e a promoção de políticas de redistribuição social, sendo de prever uma reanimação destes mecanismos em face da evolução da situação económica.

Dir-se-ia, assim, que a regulação, nos termos genéricos em que ficou entendida, não é incompatível com a actual constituição económica, antes parecendo conformar-se bem com a evolução no sentido de uma intervenção no sentido cada vez mais aligeirado da presença do Estado na economia, que tem vindo a ser definida em sucessivas revisões constitucionais.

Nada disso se confunde, em nossa opinião, com a tentativa de construção da figura de um Estado Regulador, que teria substituído o Estado intervencionista. De facto, a regulação tem vindo a ganhar uma importância grande, mas tal não significa que o Estado tenha aberto totalmente mão de outros instrumentos de política económica relevante.

Da mesma forma, não é possível esquecer que o texto constitucional quase não atenta no fenómeno regulatório e nas suas instituições, ainda que a revisão constitucional de 1997 expressamente tenha incluído uma disposição – o artigo 267.º, n.º 3 – que prevê a possibilidade de serem criadas por lei entidades administrativas independentes.

A ausência de regulamentação expressa desse tipo de entidades tem sido ultrapassada pela circunstância de se poder admitir que os termos amplos em que a Constituição regula o poder regulamentar e o poder sancionatório da Administração Pública permitem aceitar a atribuição a estas entidades deste tipo de poderes, sem necessidade de grande debate.

Às dificuldades, a nosso ver não insuperáveis, de aceitar que o modelo constitucional é compatível com a regulação económica, acresce que a experiência de regulação comporta múltiplas dificuldades e ambiguidades, que dificultam a tentativa de a erigir em chave interpretativa do modelo económico-constitucional português.

Aceite a compatibilidade do fenómeno de regulação económica com a ordem económica constitucional, nem por isso deve deixar de se assinalar que o seu desenvolvimento se tem confrontado com problemas significativos que resultam quer da ausência de tradição destes procedimentos, quer da falta de um modelo global no que respeita aos seus objectivos, aos procedimentos, bem como às próprias características das entidades encarregues da regulação.

Um primeiro aspecto que se afigura de assinalar é o de que a Constituição aparentemente não estabelece qualquer limite quanto à possibilidade de criação de entidades desse tipo.

Esta é, todavia, uma afirmação que tem de ser interpretada com algum cuidado, uma vez que seria estranho que uma solução que o texto constitucional praticamente ignora pudesse generalizar-se a toda a actividade económica, ao mesmo tempo que parece claro que os valores prosseguidos na tarefa de regulação não podem ser contraditórios com os objectivos da própria Constituição.

É, no entanto, patente, por exemplo, no anteprojecto de lei de Moreira & Maçãs (2003) a dificuldade em estabelecer fronteiras de constitucionalidade mais precisas.

É certo que noutras ordens jurídicas se tem ido mais longe na contestação da constitucionalidade das soluções regulatórias. É o caso, por exemplo, de sectores da doutrina alemã que recorrem aos potenciais efeitos anti-concorrenciais da regulação para sustentar que em certos casos a sua utilização pode limitar a propriedade e iniciativa privada, excedendo o que seria um razoável princípio da proporcionalidade na actuação pública.

Para além de se traduzir numa interpretação que arranca excessivamente de um preconceito contra a regulação, seria difícil sustentar a sua adequação ao ordenamento constitucional português.

Porventura mais adequado a esse ordenamento é o raciocínio desenvolvido por Luciano Volante no sentido de que uma excessiva proliferação de autoridades reguladoras pode atrasar os processos mais amplos de ajustamento com reflexos no crescimento económico e nos interesses dos consumidores ao pôr em causa as transformações que as inovações tecnológicas podem induzir em sectores tradicionais que tendem a transformar-se[8].

É entretanto inquestionável que o governo ou sucessivos governos foram sensíveis às vantagens desta solução, como resulta do grande desenvolvimento das instituições reguladoras, mas sem nunca se chegar a definir um paradigma claro e isto tanto no que respeita aos objectivos, poderes e estrutura das entidades reguladoras.

4. DOS ESTATUTOS DOS REGULADORES

Não existindo em Portugal, uma lei-quadro das autoridades reguladoras – apesar da elaboração de um anteprojecto da autoria de Vital Moreira e Fernanda Maçãs que não chegou a ser convertido em lei – torna-se necessário partir da apreciação dos estatutos destas entidades para fixar os objectivos da regulação, bem como os poderes que lhe estão implícitos e os modelos organizativos.

A circunstância de existirem elementos de trabalho de qualidade e fácil consulta[9] permite-nos, no entanto, não alongar excessivamente essa análise, concentrando-nos nalguns pontos que aparecem como especialmente significativos.

Um primeiro aspecto a reter é o que se prende com o facto de o Decreto-Lei n.º 10/2003, de 18 de Janeiro, que procedeu à criação da Autoridade da Concorrência, ter incluído, no artigo 6.º, n.º 4, uma lista daquilo que designa por entidades reguladoras sectoriais, admitindo expressamente a possibilidade de a lei vir a criar novas autoridades de regulação para além das expressamente referenciadas – Banco de Portugal, o Instituto de Seguros de Portugal, a Comissão de Mercado de Valores Mobiliários, a Entidade Reguladora dos Serviços Energéticos, o ICP – Autoridade Nacional de Comunicações, o Instituto Regulador das Águas e Resíduos, o Instituto Nacional de Transporte Ferroviário, o Instituto Nacional de Aviação Civil e o Instituto do Mercado de Obras Públicas e Particulares e do Imobiliário – às quais haverá que juntar as Entidades Reguladora da Saúde e a da Comunicação Social, de criação posterior.

Trata-se de uma nebulosa que integra realidades muito distintas e que, por isso mesmo, justifica uma análise mais pormenorizada, como a que é inten-

---

8 Para uma síntese deste tipo de posições, vd. Amato & Laudati (2001).

9 Vd. Paz Ferreira *et al.* (2009) e a ampla bibliografia aí referenciada.

tada no conjunto de estudos que tive o grato prazer de coordenar com Luís Morais e Gonçalo Anastácio.

Por um lado, encontramos formas de regulação às quais continua associado o objectivo de passagem de uma situação de monopólio para uma abertura de mercados, como sucede com a ERSE, pelo menos em relação ao sector do gás natural, a par com outras em que o objectivo é o da minimização dos inconvenientes resultantes de situações de monopólio, caso da ERSAR, através do qual se procura criar um mercado de competição virtual que leve o operador a agir em conformidade com o interesse público sem pôr em causa a sua viabilidade.

Nalguns casos, encontramos sectores da actividade económica integralmente regulados, enquanto que noutros a regulação só se estende a certas parcelas do sector, como sucede com a energia eléctrica.

Se encontramos reguladores entre cujas atribuições se encontra não só expressamente referida a regulação do sector, mas também a definição das condições de acesso ao mercado, de fomento da concorrência, de garantia da competitividade e de protecção dos consumidores (ICP-ANACOM, ERSE), noutros casos o legislador ficou-se apenas por uma referência genérica à regulação entre as atribuições dos organismos, não fazendo acompanhar essa referência de uma adequada atribuição de poderes (caso, por exemplo, do INTF).

Se compulsarmos os estatutos dessas diversas entidades reguladoras, e deixando de parte a grande diversidade terminológica (comissões, entidades, institutos), o primeiro aspecto que sobressai é o que se relaciona com a própria variedade das formas organizativas e do seu relacionamento com o Governo.

Assim, encontramos um conjunto de entidades reguladoras, cujo estatuto aponta no sentido de uma independência reforçada, como sucede desde logo com o Banco de Portugal e a CMVM, mas também com a ERSE ou o ICP-ANACOM que, com diversos graus, pode-se dizer que tomam as suas decisões sem possibilidade de interferência governamental, a par com outras, como a ERSAR, antigo IRAR, expressamente definido no artigo 1.º do Estatuto aprovado pelo Decreto-Lei n.º 277/2009, de 2 de Outubro, como "um instituto público integrado na administração indirecta do Estado, dotado de autonomia administrativa e financeira e património próprio".

No que respeita às garantias de independência, convirá sublinhar que o problema não se cinge apenas à questão da tutela, envolvendo a apreciação de outros aspectos, tais como os que se reportam ao processo de nomeação dos responsáveis; às condições de exercício do mandato e à forma de financiamento.

O primeiro destes aspectos é talvez o que encontra uma resposta mais uniforme, na medida em que em todos os casos, incluindo o Banco de Portugal, a nomeação depende exclusivamente do Governo, excluindo-se e mal a intervenção de qualquer outro órgão de soberania.

Os estatutos não criam, em geral, um quadro especialmente limitativo para a escolha dos gestores das entidades reguladoras, encontrando-se, no máximo, previsões nos Estatutos da ERSE, da ERS, da CMVM e do ISP no sentido de que a escolha seja feita de entre personalidades com reconhecida idoneidade e competência técnica e profissional e indo o estatuto do ICP-ANACOM um pouco mais longe, ao envolver igualmente uma exigência de garantias da independência.

Quanto às condições de exercício do mandato, define-se um princípio da inamovibilidade dos gestores que apenas cessa pela prática de falta grave cometida no exercício das funções e invocada pelo Conselho de Ministros.

Também a possibilidade de dissolução dos órgãos é limitada, encontrando-se no estatuto do ICP-ANACOM a especificação das duas situações que lhe podem dar origem: graves irregularidades no funcionamento do órgão e considerável excesso das despesas realizadas sobre as orçamentadas.

Quanto à forma de financiamento, encontramos como ponto comum e mais saliente o de em praticamente em todos os casos estar previsto recurso a taxas que na sua generalidade são devidas pelas entidades sujeitas a regulação[10], receitas a que acresce, ainda, por regra uma participação nas multas ou coimas aplicadas e, nalguns casos, financiamentos do Orçamento do Estado.

É talvez no plano da orgânica que se encontra uma maior semelhança entre as diferentes entidades reguladoras que, na sua generalidade, dispõem de um conselho de administração (ou conselho directivo), conselho fiscal (ou fiscal único) e conselho consultivo, dispondo ainda a ERSE de um conselho tarifário e não existindo conselho consultivo no caso da INACA.

No que respeita ao regime de gestão patrimonial e financeira, depois de um período em que a resposta dominante ia no sentido da aproximação das empresas públicas, é patente que as entidades reguladoras têm vindo a ser, também elas, atingidas pela orientação centralizadora do Ministério das Finanças que as procura assimilar ao universo dos fundos e serviços autó-

---
10 Vasques (2008).

nomos, opção que teve também expressão no regime jurídico definido para a Autoridade da Concorrência (artigo 29.º do Estatuto).

A apreciação dos diversos estatutos leve-nos a concluir pela existência de dois modelos – o dos reguladores fortes – susceptíveis de serem enquadrados na categoria das autoridades administrativas independentes – e os reguladores fracos – mais próximos das formas tradicionais de administração pública.

5. AUTORIDADE DE CONCORRÊNCIA E REGULADORES

A exacta compreensão dos contornos do fenómeno regulatório implica, por outro lado, que se proceda à apreciação das relações entre regulação e concorrência, bem como à forma como interagem as autoridades reguladoras e as entidades responsáveis pela política da concorrência[11].

De facto, ainda que a regulação e a disciplina da concorrência correspondam a um mesmo paradigma de Estado de economia de mercado não é irrelevante a preferência dada à regulação sectorial ou à disciplina da concorrência.

Não se pode, de facto, ignorar que enquanto com a defesa da concorrência se procura apenas o funcionamento do mercado nas melhores condições possíveis, com a regulação visa-se quer assegurar a criação dos mercados, quer garantir objectivos que não resultariam apenas do funcionamento do mercado em condições de total liberdade, quer até substituir o mercado, criando uma espécie de "mercado virtual".

Se a política de defesa de concorrência implica já um certo paradoxo em relação ao pensamento liberal, como gostava de sublinhar o meu mestre e amigo Franco Romani, na medida em que vai proibir determinados comportamentos que correspondem ao funcionamento normal da actividade económica privada, a adopção de mecanismos regulatórios vai muito mais longe condicionando, por vezes pesadamente, o funcionamento e até o próprio acesso ao mercado (Romani, 1988: 487 e segs).

Ou seja, a regulação traduz-se na adopção de regras de direito público que vão condicionar a forma como os agentes económicos se podem comportar, não se limitando a uma avaliação *a posteriori*, como sucede, por via de regra, com o direito da concorrência.

Com a regulação, o Estado visa prosseguir um conjunto de objectivos assumidos como desejáveis, tais como a protecção dos consumidores, a liberalização, a transparência, o desenvolvimento tecnológico e a garantia de padrões

---

11 Sobre este ponto vd. a excelente síntese de Pinto Correia (2009: 721 e segs).

mínimos de qualidade, que poderiam não resultar apenas do funcionamento espontâneo dos mercados.

Por outro lado, importa assinalar que a regulação, pelo menos na sua forma mais perfeita, implica um poder das autoridades reguladoras de editarem regulamentos vinculativos para os agentes económicos que actuam no sector, enquanto que as autoridades de concorrência, por regra, se limitam a aplicar a lei existente, uma vez que o seu poder regulamentar quando existe se traduz essencialmente em aspectos de auto-organização ou de procedimento.

Dito isto, naturalmente que se não poderão ignorar as intimas relações entre os dois fenómenos que, com frequência, se entrecruzam e entrechocam, tanto mais quanto a regulação é entregue a diversas entidades independentes as quais dispõem de competência em mercados específicos, enquanto que a disciplina da concorrência fica a cargo de uma única entidade com competência transversal que se pode ocupar de todos os mercados, incluindo aqueles que estão sujeitos a uma disciplina regulatória.

A grande questão que se coloca é, então, a de saber se, nesses mercados objecto de regulação, vão prevalecer as entidades reguladoras ou as que têm a seu cargo a defesa da concorrência, questão durante muito tempo praticamente iludida na legislação portuguesa e, ainda agora, objecto de uma resposta não isenta de dúvidas, podendo, designadamente, questionar-se, nos casos em que as opiniões não sejam coincidentes, qual deverá prevalecer: a da autoridade reguladora, o que terá como consequência uma severa restrição do campo de actuação da entidade de defesas da concorrência, ou a desta última, correndo-se o risco de esvaziar as competências dos reguladores sectoriais e introduzir elementos de incoerência no quadro regulatório.

Não se poderá esquecer que a literatura económica e as orientações internacionais relativas à reforma da regulação – e designadamente as veiculadas pela OCDE – vão no sentido de um crescente apagamento da regulação e do reconhecimento da política de concorrência como um mecanismo apto a assegurar o máximo de bem estar.

Nesse processo assume um especial relevo a proposta de Demsetz, já nos finais dos anos sessenta do século passado, e depois retrabalhada designadamente por Baldwin & Cave (1999) segundo a qual para além da concorrência no mercado, poder-se-ia em certas situações promover uma concorrência para o mercado que asseguraria que apenas os agentes mais eficientes teriam acesso ao mercado, esgotando-se aqui as funções das entidades reguladoras e deixando depois funcionar o mercado livremente.

Por outro lado, não pode ser esquecido o importante filão de literatura que veio pôr em relevo as falhas da solução regulatória, acentuando que ela pode ser ineficiente ou conduzir a ineficiências no funcionamento de certos sectores ou aumentar os custos de transacção.

Do mesmo modo, os custos por vezes significativos da regulação têm sido outro aspecto a merecer ponderação, bem como a circunstância de, por vezes, os agentes económicos na expansão das suas actividades acabarem por ser confrontados com diversos reguladores, solução indesejável pela incerteza que provoca e susceptível de conduzir a uma incorrecta afectação de recursos.

Arranca daqui uma tendência para suprimir as agências reguladoras ou, pelo menos, para reduzir em muito o seu impacto, favorecendo a aplicação da legislação geral sobre concorrência.

A prática portuguesa, com relevo para a OPA da SONAE sobre a PT, parece demonstrar a clara prevalência da Autoridade de Concorrência sobre os reguladores sectoriais, quando as questões devam ser objecto de dupla análise.

6. REFLEXÕES CONCLUSIVAS

Chegados a este ponto, estamos em condições de ensaiar uma apreciação global da forma como a regulação se tem desenvolvido entre nós, procurando responder à questão inicialmente colocada sobre se estaremos em presença de uma "boa regulação".

A dificuldade fundamental na resposta a esta questão encontra-se, por um lado, na ausência de estudos económicos suficientemente sólidos e, por outro, na ausência de uma definição clara dos objectivos da regulação e da existência de *benchmarks* que permitissem a comparação entre objectivos e resultados alcançados, o que leva a concentrar em dois aspectos básicos: a existência de uma clara definição do regime legal e a previsão inequívoca de formas de responsabilização.

Um primeiro aspecto negativo já anteriormente referenciado é o que se prende com a *independência das entidades reguladoras*, questão que não parece encontrar-se satisfatoriamente resolvida entre nós.

De facto, a problemática da independência tem-se centrado efectivamente de forma excessiva na possibilidade de as entidades reguladoras tomarem decisões que não estão sujeitas à tutela governamental, mas aquilo que se nos afigura é que a consagração da independência implica, em primeiro lugar, uma clara definição de um mandato para essas entidades, que lhes permita conduzir a sua actividade apenas em função desse quadro traçado legislativamente, o que, como já vimos, está longe de constituir a regra em Portugal.

Também impressiona no que respeita ao relacionamento deste tipo de entidade com o Executivo, a circunstância de ficarem frequentemente a seu cargo funções como as de "coadjuvar o Governo na definição das linhas estratégicas ou de emitir pareceres e elaborar projectos de legislação" (artigo 6º, n.º 1, alínea a) do Estatuto da ANACOM), tarefas que, ainda que não envolvendo uma sujeição dessas entidades ao Governo, parecem implicar um grau de proximidade alheio à ideia de entidade reguladora.

Do mesmo modo, não pode ser esquecido que a consagração da independência destas entidades deve ser entendida apenas no sentido restrito de as pôr à margem da política partidária, mas não da responsabilização perante os agentes políticos, sem o que se levantariam importantes questões quanto à compatibilização desta solução com os mecanismos do Estado democrático e com a legitimação de agentes não eleitos para prosseguirem objectivos fundamentais da governação, problema que classicamente se tem posto a propósito da independência das entidades monetárias.

A única resposta a este tipo de problemas parece encontrar-se na criação dos necessários mecanismos de "respondência" ("accountability") dessa entidades designadamente assegurando uma mais estreita ligação ao Parlamento quer no que toca à designação dos titulares dos órgãos, quer sobretudo na prestação de contas, aspecto até agora só muito tenuemente salvaguardado e que parece merecer um escasso interesse da ciência política, em contraste, por exemplo, como o que ocorre no Brasil e é atestado no interessante debate orientado por Floriano Marques Neto e publicado na *Revista de Direito Público da Economia*, sob o título "Há um Défice Democrático nas agências reguladoras?" (Neto, 2004: 163-224).

Não se poderá finalmente esquecer que na questão da independência se coloca não só em relação ao poder político mas aos grupos de interesses, como tem vindo a ser acentuado através dos estudos sobre a "captura dos reguladores"[12].

Ora, também quanto a este ponto, se afigura que a melhor resposta é a que é dada pela definição clara, à partida, dos objectivos da regulação e do controlo dos seus resultados. Parece, por outro lado, que seria possível ir mais longe do que se tem ido nos estatutos no sentido de impedir a passagem

---

12 Vd. o clássico Stiegler(1971).

dos responsáveis por entidades de regulação para empresas reguladas ou para evitar o recrutamento nesse mesmo horizonte profissional, questão apenas abordada nos mais recentes estatutos.

Outro ponto que há que levar em consideração é o que se prende com a possibilidade de a regulação nos termos em que se efectua estar a ser excessivamente pesada, sobretudo na medida em que se mantém muitos antigos mecanismos de regulamentação, especialmente visíveis nos casos em que as novas entidades reguladoras herdaram poderes anteriormente atribuídos a direcções-gerais (ICP-ANACOM), e naqueles em que a regulação se conserva largamente nos Ministérios (INTF, INACA)

Uma resposta possível a este peso excessivo da regulação pública seria o desenvolvimento de formas de auto-regulação, objecto de especial atenção na regulação do sector financeiro e em particular no caso das entidades sujeitas à supervisão da CMVM, para praticamente não encontrar espaço noutras áreas.

É, todavia, certo que a auto-regulação – pese embora o profundo fascínio intelectual que pode exercer – não tem mostrado por regra capacidade de responder aos problemas com a necessária independência e os excessos de corporativismo a que, por vezes se assiste, por parte de certas ordens profissionais – domínio por excelência da auto-regulação – estão aí para nos alertar para os riscos.

A maior dificuldade com que o fenómeno regulatório se encontra entretanto confrontado é a que resulta da erosão do quadro nacional, confrontado com a crescente integração de mercados que vem colocar a questão do nível ideal para o exercício das funções regulatórias e da eventual incompatibilidade dessa regulação com o interesse nacional.

A questão tem-se colocado com especial acuidade em relação à Comunidade Europeia que GianDomenico Majone já pôde apelidar de Estado regulador e que tem vindo a chamar a si crescentemente o papel de definição de regras económicas e de controlo da sua execução.

Por outro lado, haverá que ter presente que o Livro Branco sobre a Governança Europeia previa a criação de agências reguladoras europeias em áreas como a alimentar, a da segurança marítima e a da segurança aérea.

A recente crise económica veio, por outro lado, acelerar um processo de reforço dos poderes de supervisão a nível comunitário, ainda que sem questionar a permanência da regulação nacional. É, no entanto, precisamente no domínio financeiro que mais evidentes se tornam os limites da regulação nacional, confrontada com uma volatilidade extrema dos capitais no quadro da mundialização da economia que necessariamente terá de evoluir no sentido da definição de regras válidas universalmente ou pelo menos do aprofundamento da harmonização das formas de regulação.

O futuro da regulação joga-se, pois, na capacidade de articulação de mecanismos internos e supra-nacionais. Enquanto se não consegue o consenso político para a criação de instituições internacionais dotadas dos poderes adequados importa aperfeiçoar os mecanismos internacionais.

O nosso trabalho, enquanto universitários, é perscrutar essas tendências de evolução e contribuir para ajudar à definição das melhores soluções possíveis. Neste aspecto muito haverá a esperar da Revista que agora inicia a sua publicação e à qual me orgulho especialmente de estar associado.

BIBLIOGRAFIA

AMATO, Giuliano & LAUDATI, Laraine (ed.)
2001   *The Anticompetitive Impact of Regulation*, Londres: Elgar.
BALDWIN & CAVE
1999   *Understanding Regulation, Theory, Strategy and Practice*, New York: Oxford University Press.
CARDOSO, José Lucas
2002   *Autoridades administrativas independentes e Constituição*, Coimbra: Coimbra Editora.
MADJONE, Giandomenico
1994   The European Community as a Regulatory State, published by Nijhoff in the Series of Lectures of the Academy of European Law, V/1, 321-419, Collected Courses of the Academy of European Law.
MARTINEZ, Soares
1973   *Manual de Direito corporativo*, Lisboa, Manuais da Faculdade de Direito de Lisboa.
MOREIRA, Vital
1998   *Auto regulação profissional e administração pública*, Coimbra: Almedina.
MOREIRA, Vital & MAÇÃS, Fernanda
2003   *Autoridades reguladoras independentes – estudo e projecto de Lei Quadro*, Coimbra: Coimbra Editora.

NETO, Floriano Marques
2004 «Há um Défice Democrático nas agências reguladoras?», in *Revista de Direito Público da Economia*, vol. 2, n.º 5, Jan-Mar, Belo Horizonte, pp. 163-224.
OTERO, Paulo e GONÇALVES, Pedro (ed.)
2009 *Tratado de Direito administrativo especial*, vol.I e vol.II, Coimbra: Almedina.
PAZ FERREIRA, Eduardo
1995 *Lições de Direito da Economia*, Lisboa, AAFDL.
1996 «A Constituição económica portuguesa. Que reste-t-il de nos amours?» in *Perspectivas constitucionais : nos vinte anos da Constituição*, vol I, Coimbra : Coimbra Editora.
2004 *Ensinar finanças públicas numa Faculdade de Direito*, Coimbra: Almedina.
PAZ FERREIRA, Eduardo *et al.* (ed.)
2009 *Regulação em Portugal: novos tempos, novo modelo?*, Coimbra: Almedina.
PAZ FERREIRA, Eduardo & MORAIS, Luis
2009 «A regulação sectorial da Economia – introdução e perspectiva geral», in Paz Ferreira, Eduardo et al. (ed.) *Regulação em Portugal: novos tempos, novo modelo?*, Coimbra: Almedina, pp. 7- 38.
PINTO CORREIA, Carlos
2009 «As relações entre a Autoridade de Concorrência e os reguladores sectoriais», in Paz Ferreira, Eduardo *et al.* (ed.) *Regulação em Portugal: novos tempos, novo modelo?*, Coimbra: Almedina, pp. 721- 736.
ROMANI, Franco
1988 «Appunti per una Legislazione Liberale a Tutela dellla Concorrenza», in *Rivista delle Società*, ano 3, n.ᵒˢ 2-3, pp. 487 e seguintes.
SILVA, Susana Tavares da
2009 *O sector eléctrico perante o Estado, incentivador, orientador e garantidor*, dissertação de doutoramento, Coimbra: inédita.
SOUSA FRANCO & d'OLIVEIRA MARTINS, Guilherme
1993 *A Constituição económica* portuguesa, Coimbra: Almedina.
STIEGLER, Georges
1971 «The Theory of Economic Regulation», in *The Bell Journal of Economics and Management Science*, vol. 2 (1) Spring, pp. 3-21.
VASQUES, Sérgio (ed.)
2008 *As taxas de regulação económica em Portugal*, Coimbra: Almedina.

ALGUMAS REFLEXÕES NA PERSPECTIVA DE UMA REFORMA DA LEI DA CONCORRÊNCIA
João Espírito Santo Noronha[1]

ABSTRACT: *Almost seven years after the entry into force of the current Portuguese Competition Act, it is time to make the balance on its application. This paper identifies some positive aspects as well as insufficiencies of the Competition Act and debates ways in which it could be improved, concerning its structure and both substantive and procedural aspects of the regimes pertaining antitrust and merger control.*

SUMÁRIO: I. Aspectos gerais. II. Práticas proibidas. III. Controlo de concentrações de empresas. IV. Estatutos da Autoridade da Concorrência.

I. ASPECTOS GERAIS

A Lei da Concorrência (Lei n.º 18/2003, de 11 de Junho) sucedeu – é sabido – a dois regimes jurídicos da concorrência, o primeiro, aprovado pelo DL n.º 422/83, de 3 de Dezembro, que antecipou a adesão de Portugal à então *Comunidade Económica Europeia*, e, o segundo, aprovado cerca de dez anos depois, constante do DL n.º 371/93, de 20 de Outubro.

Antecipando a aprovação da Lei n.º 18/2003, de 11 de Junho, no início do ano de 2003 foi criada a Autoridade da Concorrência, através do DL n.º 10/2003, de 18 de Janeiro, que, em anexo, aprovou os respectivos Estatutos.

---
[1] Vogal do Conselho da Autoridade da Concorrência.

Decorridos que estão quase sete anos de vigência da Lei n.º 18/2003, a experiência colhida na sua aplicação – que permitiu evidenciar as suas virtudes, mas também detectar as suas insuficiências – admite já equacionar a necessidade de uma reforma legislativa.

Idealmente, um novo Regime Jurídico da Concorrência deveria ser estruturado considerando uma planificação global, que, partindo do núcleo que corresponde à disciplina da Lei n.º 18/2003, projectasse igualmente as alterações ditadas pela coerência sistemática no que respeita aos Estatutos da Autoridade da Concorrência e ao regime da dispensa ou atenuação especial da coima que seria aplicada por infracção às normas da concorrência (Lei n.º 39/2006, de 25 de Agosto). Um exemplo: estabelece-se nos Estatutos da Autoridade (art. 38.º) que as respectivas decisões, proferidas em processos de contra-ordenação, são susceptíveis de impugnação judicial; a melhor colocação sistemática da norma é no núcleo adjectivo do Direito da Concorrência, no qual, de facto, surge (art. 50.º da Lei n.º 18/2003), gerando uma duplicação normativa destituída de sentido.

De um outro quadrante, se em sede de práticas restritivas da concorrência vier a admitir-se uma redução da coima aplicável, caso o arguido reconheça expressamente as imputações que lhe são feitas na nota de ilicitude, a regra teria que ser conjugada, num todo harmónico, com o referido regime jurídico da dispensa e da atenuação especial da coima em processos de contra-ordenação por infracção às normas da concorrência

Numa perspectiva *de iure condendo*, advoga-se frontalmente a alteração da estrutura sistemático-normativa da vigente Lei da Concorrência. Na sua actual configuração, a lei separa as questões substantivas e adjectivas em dois grandes blocos normativos, sendo que cada um deles trata simultaneamente todas as áreas de intervenção da Autoridade da Concorrência, designadamente as atinentes a práticas restritivas da concorrência e ao controlo de operações de concentração de empresas. Segundo cremos, o regime ganharia muito em clareza com uma orientação sistemática diversa, que fizesse corresponder a capítulos diferentes os poderes sancionatórios, de supervisão e de regulamentação que legalmente são atribuídos à Autoridade da Concorrência. Dentro de cada um dessas áreas temáticas, deveriam conter-se, por um lado, as normas aplicáveis às questões substantivas, e, por outro lado, o seu enquadramento adjectivo. Em verdade, essas áreas de intervenção correspondem a compartimentos relativamente autónomos, obedecendo a lógicas jurídicas diversas. Afigura-se, por isso, aconselhável que ao intérprete-aplicador seja facultado um *instrumentário normativo integrado*. Nesse sentido, permitir-se-ia – no âmbito de um processo de controlo de concentração de empresas, por exemplo – que o intérprete pudesse tendencialmente fixar-se na aplicação de um único capítulo da lei, regulando de forma exaustiva todo o processo.

II. PRÁTICAS PROIBIDAS

Na Lei n.º 18/2003 não há disposições sobre a constituição de arguido e o respectivo estatuto. As questões inerentes a essa temática regulam-se, assim, pela eventual aplicação subsidiária, em 2.ª via de remissão, do Código de Processo Penal. Como não poderia deixar de ser – crê-se –, a inexistência de um regime próprio sobre tais matérias, no âmbito do Direito da Concorrência, tem suscitado dúvidas sobre a amplitude dos direitos do arguido nos processos de contra-ordenação instaurados por indícios de práticas restritivas da concorrência.

Independentemente da discussão que possa travar-se sobre as fronteiras entre os deveres de cooperação do arguido com a Autoridade da Concorrência e a prerrogativa de não auto-incriminação (ou auto-inculpação), sempre seria clarificador que um futuro regime jurídico da concorrência criasse um elenco próprio dos *direitos e deveres do arguido* no âmbito dos processos por contra-ordenação de carácter anticoncorrencial. Recorde-se, a esse propósito, que no Acórdão de 18 de Outubro de 1989 (Processo 347/87, Orkem *vs.* Comissão), o Tribunal de Justiça das Comunidades Europeias declarou que a empresa estava obrigada a fornecer à Comissão toda a informação necessária estritamente factual, mesmo que pudesse ser usada contra ela, sendo-lhe embora reconhecido o direito de não responder a perguntas que implicassem uma admissão de práticas anticoncorrenciais.

A bem de uma saudável clarificação do regime adjectivo, advoga-se ainda que sejam definidos os casos de *obrigatória constituição de arguido*, que deveria passar a constituir objecto de acto formal, com comunicação e indicação dos direitos e deveres respectivos.

Um outro aspecto que merece reflexão no actual regime jurídico da concorrência prende-se com as circunstâncias que determinam a Autoridade da Concorrência à abertura de um inquérito. Nos termos do artigo 24.º da Lei n.º 18/2003, a Autoridade deve proceder à abertura de um inquérito sempre que tome conhecimento de "eventuais práticas proibidas". No quadro geral de uma realidade económica cada vez mais vasta e sofisticada, a consagração rígida do princípio de legalidade mostra-se excessivamente onerosa para o exercício da actividade de qualquer entidade administrativa que tenha como atribuição legal a defesa do processo concorrencial. Em boa verdade, aquela rigidez nenhuma margem consente às referidas entidades para a apreciação da idoneidade e robustez dos indícios de práticas proibidas que chegam ao seu conhecimento e que a obrigam à abertura de um inquérito. E porque razões de racionalidade e de eficácia devem permitir um diferente tratamento entre o que é essencial e o que o não é, impõe-se – julga-se – que seja legalmente consagrada alguma flexibilidade da entidade administrativa na aferição da seriedade dos indícios que justificam a abertura de um inquérito, sendo tal devido apenas quando se esteja perante factos que *indiciem razoavelmente* práticas restritivas da concorrência.

No que se refere à conclusão da instrução e ao consequente encerramento do processo, julga-se que seria ainda de clarificar a forma como as diversas possibilidades de actuação da Autoridade da Concorrência podem ser articuladas entre si. Assim, deveria estabelecer-se, por um lado, que a declaração da existência de uma prática restritiva da concorrência pode ser acompanhada quer da aplicação de uma coima e das demais sanções previstas na lei, quer da imposição de medidas consideradas indispensáveis à cessação daquela prática. Mais se advoga a possibilidade, estabelecida em vários ordenamentos jurídicos e à qual a Comissão Europeia também recorre, da imposição de *medidas de carácter estrutural*, muito embora se admita a sua limitação aos casos em que outro tipo de medidas, de conduta, se mostrem ineficazes para a obtenção do efeito pretendido.

Outro aspecto que deveria merecer consideração legal expressa é a possibilidade de a Autoridade da Concorrência arquivar o processo *com condições*, isto é, mediante a aceitação de compromissos propostos pelo arguido, que entenda serem susceptíveis de eliminar os efeitos sobre a concorrência decorrentes das práticas sob investigação.

Com essa possibilidade poderia substituir-se – sempre que considerado adequado – a aplicação de uma coima, a que a experiência demonstra seguir-se normalmente um longo período de litígio judicial, durante o qual o problema concorrencial pode continuar a verificar-se, pela sua resolução imediata. Sempre que tal seja possível e adequado, as vantagens para o arguido e, sobretudo, para o mercado são indubitáveis. Numa outra perspectiva, deverá, porém, ser salvaguardada a possibilidade de a Autoridade da Concorrência poder reabrir um processo sempre que os compromissos não forem cumpridos ou quando se verificar uma alteração das circunstâncias que fundaram a decisão de arquivamento.

A matéria do acesso aos processos contra-ordenacionais por práticas restritivas da concorrência a correr termos junto da Autoridade da Concorrência é de grande sensibilidade e importância para o arguido, mas também para eventuais terceiros com interesse na sua consulta, e, bem assim, para a própria Autoridade da Concorrência.

A Lei n.º 18/2003 é omissa nesta matéria, pelo que a sua regulamentação decorre da aplicação subsidiária do art. 371.º do Código Penal e do Código de Processo Penal, bem como da aplicação directa da Lei n.º 46/2007, de 24 de Agosto (Lei de Acesso aos Documentos Administrativos). Essa aplicação subsidiária tem suscitado várias dificuldades e incertezas. As dificuldades agudizaram-se com o início da vigência da Lei n.º 48/2007, de 29 de Agosto, que alterou o Código de Processo Penal, nomeadamente em sede de *segredo de justiça*. As dúvidas suscitadas sobre a aplicação das novas disposições do Código de Processo Penal aos processos a correr termos junto de autoridades de natureza administrativa deram mesmo origem a um Parecer pela Procuradoria-Geral da República, no qual se procurou adaptar o disposto naquelas disposições legais à natureza específica dos processos de contra-ordenação instruídos por aquelas entidades.

Uma vez que se trata de matéria especialmente sensível, é de toda a conveniência que sejam eliminadas, tanto quanto possível, as dúvidas de interpretação das normas relevantes e, bem assim, a incerteza jurídica daí decorrente, suscitadas pelo recurso por via subsidiária ao Código de Processo Penal. Advoga-se, assim, que a matéria seja objecto de regulação expressa numa perspectiva de reforma legislativa.

III. CONTROLO DE CONCENTRAÇÕES DE EMPRESAS

No âmbito do controlo de operações de concentração, a lei não pode pretender abranger toda e qualquer alteração duradoura que se efective no mercado. Se, idealmente, todas as operações de concentração deveriam poder ser objecto de escrutínio, a verdade é que a maioria delas não representa qualquer problema de natureza concorrencial. A verificação deste facto permite concluir pela necessidade de concentrar os esforços da administração na análise das operações que possam ter efeitos nefastos para a concorrência.

Nesse sentido, advoga-se a eliminação do critério da quota de mercado enquanto elemento que determina a obrigatoriedade de notificação prévia de uma operação de concentração [critério actualmente consagrado na alínea *a)* do n.º 1 do artigo 9.º da Lei n.º 18/2003].

A vigente solução legal oferece desvantagens. Antes de mais, o correcto exercício da definição de mercado relevante, pela sua potencial complexidade, pode revelar-se particularmente difícil para as empresas, aumentando a incerteza e a insegurança jurídicas quanto à existência, ou não, da obrigatoriedade de notificação prévia de uma operação de concentração, apenas com base nesse critério. Além disso, uma rigorosa definição do mercado relevante poderá, em certos casos, exigir a consulta de outros operadores, reguladores sectoriais ou outras entidades, o que só a Autoridade da Concorrência pode fazer.

Mais do que isso, a eliminação do critério da quota de mercado, enquanto requisito para aferir a obrigatoriedade de notificação prévia, apresenta vantagens significativas. A mais evidente é que permite aumentar o grau de certeza e segurança jurídicas, bastando às empresas potencialmente notificantes determinar qual o volume de negócios em causa – critério objectivo – para saberem se deverão notificar, ou não, determinada operação. Num outro plano, a solução avançada permite que o controlo de concentrações seja redireccionado para a análise das operações de concentração que, efectivamente, poderão ser geradoras de preocupações concorrenciais, podendo esperar-se uma redução dos tempos de análise dos processos e uma maior segurança na apreciação técnica, com claras vantagens para todas as partes envolvidas.

Por último, não será despiciendo atentar no facto de o critério da quota de mercado inexistir actualmente na maioria das jurisdições, operando-se desta forma uma harmonização da legislação portuguesa, desde logo, com a legislação comunitária aplicável.

Uma segunda proposta de alteração legislativa prende-se com a elevação do montante mínimo do volume de negócios que cada empresa em causa deve realizar – actualmente fixado em dois milhões de euros – para poder considerar-se a operação notificável. Tendo presentes os objectivos que subjazem ao controlo de operações de concentração de empresas enquanto instrumento de política de concorrência, importa actualizar os critérios existentes perante a realidade verificada pela experiência anterior.

O objectivo da imposição daquele limiar mínimo individual é o de impedir que um grande grupo seja obrigado a notificar a aquisição de empresas muito pequenas, sem qualquer impacto significativo na estrutura de mercado e na economia nacional. Sendo esse o objectivo, o critério a adoptar – estabelecendo um limiar mínimo – poderá sempre comportar alguma margem de incerteza, devendo porém, tanto quanto possível, acompanhar a realidade e o desenvolvimento económico do país.

Advoga-se também a modificação do critério que norteia a apreciação de uma qualquer operação (artigo 12.º da Lei n.º 18/2003, que consagra a *dominância* enquanto elemento que deverá presidir a qualquer apreciação jusconcorrencial de uma operação de concentração). Assim, propõe-se a substituição o *teste da dominância* pelo critério dos *entraves significativos à concorrência efectiva*. Esta alteração permitiria a harmonização com o critério hoje vigente no direito comunitário – números 2 e 3 do artigo 2.º do Regulamento n.º 139/2004 – e, sobretudo, possibilitaria uma resposta eficaz aos oligopólios não colusivos (situações em que uma operação de concentração não gera uma posição dominante, mas origina efeitos nocivos para a concorrência).

Em termos práticos, e à semelhança, aliás, do que sucede nos países que adoptaram este teste ou na própria Comissão Europeia, a análise empreendida em sede de controlo de operações de concentração de empresas continuaria a processar-se da mesma forma, mas deixaria de estar circunscrita à obrigatoriedade de demonstrar que os entraves significativos para a concorrência resultam, necessariamente, da criação ou do reforço de uma posição dominante.

IV. ESTATUTOS DA AUTORIDADE DA CONCORRÊNCIA

No que respeita aos Estatutos da Autoridade da Concorrência, há aspectos substantivos que merecem reflexão cuidada, designadamente o da composição quantitativa do Conselho (art. 12.º, n.º 1) e a regra do *desencontro de mandatos* (art. 13.º, n.º 2). Em boa verdade, a redacção do art. 13.º, n.º 2, permite a leitura de que tal desencontro só se imporia em relação ao primeiro Conselho nomeado. Mas, ainda que se entenda que o espírito legislativo foi o de assegurar esse desencontro em qualquer Conselho da Autoridade, sempre a eficácia da regra deveria ser equacionada em função da possibilidade de uma sucessão de Governos da mesma tendência política; o mesmo se diga da possibilidade da renovação do mandato de mais curta duração e da manutenção no exercício de funções prevista no n.º 6 do art. 15.º.

A reforma da administração pública a que assistimos desde o início de 2008 e que tem o seu núcleo na Lei n.º 12-A/2008, de 27 de Fevereiro, comporta alterações no ordenamento jurídico que têm igualmente reflexos nos Estatutos da Autoridade da Concorrência. Com efeito, se, num primeiro momento, a delimitação objectiva da Lei n.º 12-A/2008 permitiu a dúvida sobre a inclusão no seu âmbito das entidades reguladoras independentes (art. 3.º), esta foi esclarecida no sentido negativo pela Lei do Orçamento para 2009 (Lei n.º 64-A/2008, de 31 de Dezembro; art. 23.º). Assim, se, por um lado, este aspecto clarificou as relações de mobilidade de recursos humanos entre a Autoridade e as instituições abrangidas pela Lei n.º 12-A/2008, que é de cedência de interesse público (art. 58.º), por outro lado, desarticulou o normativo estatutário em relação ao actual regime de vinculação de trabalhadores à administração pública (veja-se o art. 28.º, n.º 2). Seja como for, os Estatutos da Autoridade necessitam de sofrer as modificações tornadas necessárias pela convergência regimental imposta pelo art. 23.º, n.º 1, da Lei n.º 64-A/2008, de 31 de Dezembro.

EVOLUTIONARY TRENDS OF EU COMPETITION LAW – CONVERGENCE AND DIVERGENCE WITH US ANTITRUST LAW IN A CONTEXT OF ECONOMIC CRISIS

Luís Silva Morais[1]

ABSTRACT: *This article covers the recent evolution of EU competition Law, identifying and briefly analysing its main evolutionary trends over the recent years. It emphasizes the main points of convergence and of remaining divergence with US antitrust Law. The focus is put in the field of unilateral practices by dominant undertakings and in some aspects of merger control (particularly conglomerate or vertical mergers). It also reviews possible reasons for such divergence and analyses possible recent shifts in the US that may bring the treatment of unilateral practices closer to the EU approach. Finally, it briefly refers the different EU and US approaches on the control of public intervention in the context of the current economic crisis.*

SUMMARY: 1. General Overview of the Evolutionary Trends of EU Competition Law. 1.1. Main Evolutionary Trends of EU Competition Law. 1.2. Key Aspects Regarding New Teleological Priorities and Changes of Legal Methodology of EU Competition Law – Critical Issues in Connection with Unilateral Practices. 1.3. Some Major Precedents Illustrating Points of Divergence Between the EU and the US in the Fields of Merger Control and Unilateral Practices. 2. Enforcement Issues that Contribute to Remaining Areas of Divergence Between the EU and the US. 2.1. General Overview. 2.2. The Interplay Between Differing Enforcement Systems and Instruments and the Competition Law Scrutiny of Unilateral Practices. 2.3. Issues Regarding the Private Enforcement of Competition Law. 3. The Control of Unilateral Practices and Public Intervention and the International Economic Crisis. 3.1. General Overview. 3.2. New Developments and Remaining Shortcomings in terms of Control of Unilateral Practices – A Brief Comparative View Between the EU and the US. 3.3. The Control of Public Intervention and the International Economic Crisis.

---

[1] *Law PhD (Doctor in Law) – Lisbon Law University (FDL); Professor at Lisbon Law University (FDL); Vice-President of the Institute of Economic Financial and Tax Law of Lisbon Law University (IDEFF): Attorney-at-Law.*

1. GENERAL OVERVIEW OF THE EVOLUTIONARY TRENDS OF EU COMPETITION LAW

1.1. Main Evolutionary Trends of EU Competition Law

1.1.1. The purpose of this Article[2] is to briefly analyse the evolution and prospects of evolution of EU competition law and policy. In that process we also purport to identify possible points of *convergence* with US competition law. Conversely, we shall try to assess the possible *limits of that convergence*.

Our starting point lies in establishing a global and systematic view about the current status of EU competition law '*vis a a vis*' US competition law. On that basis, we think it may be useful to apply in this field a thought often put forward in the field of political and diplomatic relations between the EU and the US: It is perhaps time to, on the one hand, identify and consolidate points of *convergence* in the areas of competition law and policy and, on the other hand, to 'agree' in some specific areas of disagreement – or, to put it mildly, of *lack of convergence* – between the two sides of the Atlantic. In fact, while the *convergence* process is largely desirable on the whole, it certainly has its limits, that should be acknowledged as such.

1.1.2. Taking into consideration this general *leit motif* for our analysis, let us start by identifying what we consider as the major evolutionary trends of EU competition law and policy in the latest years.

On the whole, we think that *as regards the recent and prospective evolution of EU competition law, four major trends may be identified* (which we shall try to describe, justify and put into context *infra*, in the course of our analysis).

Some of these trends, particularly the first and second ones, may also be considered in the context of the evolution of national competition Laws of the EU Member States (including, naturally Portuguese Law), bearing in mind the process of *soft harmonization* that has been consistently taking place between EU competition Law and such national competition Laws.[3]

- **(i)** *Firstly, a shift in the teleological priorities of EU competition law and policy;*

---

2 This Article was initially based on a presentation in a Competition Panel of the International Conference on Legal and Economic Relationship between the US and the EU, put together by IDEFF in June 2008 (of which the author was co-organizer). The text also benefited from subsequent presentations at several Workshops and was substantially reviewed and updated until December 10, 2009.

3 On the idea of *Soft Harmonization* that has been taking place between EU competition Law and EU Members national competition Laws, see, *inter alia*, Drahos (2001).

- **(ii)** *Secondly, and strictly connected with the former aspect, a profound change of the legal methodology of EU competition law;*
- **(iii)** *Thirdly, a significant change of the institutional model or system of application of EU competition law, initiated with the decentralisation process*[4] *and, somehow, continued, with the current initiatives towards the development of processes of private enforcement of EU competition law;*
- **(iv)** *Fourthly, a liberalization and re-regulation process of former state monopolies under article 86 of the EC Treaty [article 106 of the Treaty on the Functioning of the European Union (TFEU)],*[5] *which has allowed the EU to expand its regulatory powers and has even contributed in the field of some utilities to the establishment of a broad new area of regulatory 'competition' law, that does not merely complement competition law but, in some domains, may even represent a rival body of law or, at least, a regulatory body of law whose boundaries and interplay are sometimes difficult to determine.*[6]

Beside those aspects, attention should also be given **(v)** to the *possible differing answers – in terms of competition policy – to the international economic crisis*, which erupted in 2007 and had its fullest expression in the last quarter of 2008 and in the course of 2009 (following the bankruptcy of Lehman Brothers, in October 2008).[7]

1.2. Key Aspects Regarding New Teleological Priorities and Changes of Legal Methodology of EU Competition Law – Critical Issues in Connection with Unilateral Practices

1.2.1. There is no space in the context of this analysis to cover extensively or even equally these points. We shall briefly review them and, as regards each of

---

4 On the *decentralization* process regarding the enforcement of EC competition law and started with the *"White Book"* of 1999, see, *inter alia*, C.D. Ehlermann (2005).

5 Considering that the Treaty of Lisbon is to be applied from 1 December 2009, we shall recurrently refer to the relevant competition provisions according to the articles of the Treaty on the Functioning of the European Union (TFEU), since the former EC Treaty competitions provisions were thus renumbered. In various passages in which we are putting into an historic context of evolution the relevant competition provisions, we may refer to the former EC Treaty provisions as well, under an abbreviated form, 'EC', for instance article 81 EC meaning article 81 of the EC Treaty (mentioning then the correspondence to the current provisions of the TFEU, as resulting from the Treaty of Lisbon).

6 In general, about these *liberalization* processes, and the subsequent regulatory processes, which have essentially started with the telecommunications sector, see, *inter alia*, Jordana & Levi-Faur (2004).

7 About the international economic crisis, see, in general, Blundell-Wignall (2008); Neven (2008).

those topics [*supra*, **1.1.2.**, **(i)** to **(iv)**], we shall specially emphasise *convergence* or *divergence* aspects between EU and US competition law, as the case may be.

In that process, we shall also endeavour to identify some apparently paradoxical aspects, arising from elements of *divergence* between the European Union and the US.

Considering, in first place, the shift in the main goals of EU competition law and policy [*supra*, **1.1.2.**, **(i)**], it should be referred that such process has been largely influenced by the consolidation of the internal market which, in turn, has determined that the formerly overriding goal of promoting economic integration through competition law has no longer the same importance.[8] On the other hand, we clearly have to acknowledge here a significant influence of the US Chicago School of Economics (although somehow mitigated or adjusted by the rise of the post-Chicago thinking in economics[9]).

That influence has gradually determined that *economic efficiency*, especially in the form of *allocative economic efficiency* and *consumer welfare* is a key factor in guiding the interpretation and enforcement of competition law. This aspect should be taken into consideration with the proviso that it is not always clear – even in the in the US antitrust environment – what actually represents, in substantive terms, the *efficiency standard* (meaning, *eg.*, the realities which have been termed has *total welfare* or, alternatively, *consumer welfare*[10]).

Actually, recent analysis – such as the critical review of the Chicago School carried out by Fox (2008) in the context of comprehensive studies of the evolution of US antitrust law and policy after two republican administrations with a clear conservative focus and agenda (coordinated by Pitofsky) -[11] correctly emphasize that there are several economic definitions of *efficiency* as a driving force of the interpretation and enforcement of the very general rules and principles of competition Law.

Furthermore, Fox (2008) also points out that the more conservative approaches based on a stricter reading of Chicago School assumptions often

---

8 On this topic see Morais, (2010, forthcoming) (especially Part IV).

9 We refer to what is largely known as 'Post-Chicago Economics' in terms of competition theory. See on this topic Brodley, (1995: 683). For a comprehensive analysis of some of the excesses generated by the Chicago School in the field of antitrust, see, in general, Pitofsky (Editor), (2008).

10 On the discussion of the welfare of efficiency standard for the purposes of competition law, see, *inter alia*, Neven & Röller (2000); Motta (2004).

11 See the analysis of Fox (2008: 75) comprehended in the collective work Edited by Pitofsky (aforementioned).

lead to oversimplifying the evaluation of market conduct and market structures (leading to negative results in numerous cases).

In particular, the economists debate the possible differences between a *consumer welfare standard* and a *total welfare standard*, with a considerable group of economists – and also of *interdisciplinary legal and economic analysis* – showing a marked preference for the idea of *total welfare*[12] (even if that implies some minimum requirements in terms of safeguarding *certain levels of consumer welfare*, frequently envisaged as the goal of *maximizing consumer surplus over time*, in dynamic terms; however, in that case, the need to take into account a rather diffuse process of distribution of benefits to consumers over the medium term, in the form of innovation and even of income derived by citizens from firms, will somehow blur the dividing line between consumer and total surplus).[13]

In connection with the aforementioned *shift of teleological priorities*, we have witnessed a fundamental *change in the legal methodology of EU competition law* [*supra*, **1.1.2.**, **(ii)**]. It is a change leading to an increasing importance of *economics* in competition law analysis and decisions. That gradual and consistent incorporation of economic analysis and criteria in the process of interpretation and enforcement of EU competition law has been rather loosely referred as the development of an *effects based analysis*.[14]

In short, it corresponds to an analytical process which intrinsically combines legal methodology parameters with economic criteria or factors, while placing a major emphasis on assessment of *market power* of undertakings (or factors directly related with such market power).[15]

To be more precise, the overriding factor is the critical assessment of what should be called the *long lasting market power* on the part of certain undertakings. This has led, particularly in the field of anticompetitive cooperation – meaning here the discipline of article 101 of the TFUE (article 81 EC) or the *corresponding rules in terms of national competition law of the EU Member States* –[16] to a decisive emphasis on the control of horizontal agree-

---

12 On these issues, see, *inter alia*, Geradin, Elhauge, (2007). See also Morais (quoted), especially Part IV.

13 On this point, see, *inter alia*, Motta, (quoted: 21).

14 About this rather loose concept see Ridyard, (2009).

15 On the overriding importance of market power, see Azcuenaga (1992: 935).

16 In terms of Portuguese competition law, we refer here to articles 4 and 5 of Law n.º 18/2003, of 11 June. Taking into consideration the intense process of soft harmonization of national competition Laws,

ments (especially cartels[17]) and to the replacement of the old legalistic Block Exemption Regulations with new generations of Block Exemption Regulations[18] and Guidelines, which embody a more economic approach.

1.2.2. However, we can argue that this new *effects based* and economic approach has been largely developed in the field of 101 of the TFUE (article 81 EC – anticompetitive cooperation between undertakings) but not as much – at least comparatively – in the field of article 102 of the TFUE (article 82 EC – abuse of dominant position).

In fact, as regards abuse of dominant position and (anticompetitive) unilateral conduct on the part of undertakings, we still have a major gap – a major difference – with the US framework of monopolisation.[19]

Also, while it is to be reckoned that there is growing convergence in the analysis of *horizontal effects of mergers* between EU and US competition laws and policies, major, if not fundamental, differences seem to remain in the fields of assessment of *vertical* and *conglomerate effects* of mergers. There are perhaps three cases in the last fifteen years which, somehow, epitomise or illustrate possible divergences in the these fields of *unilateral conduct of undertakings* and *merger control* in the European Union and the US.

We refer to the **(a)** "Boeing-McDonnell Douglas" merger case,[20] to the **(b)** "GE/Honeywell" merger case[21] and to the **(c)** "Microsoft" case (in the field of

---

comprehending Portuguese competition Law, the aspects assessed above are to be applied *mutatis mutandis* to the relevant provisions of Portuguese competition Law.

17 On the concept of cartel and on the priority which has been given to its antitrust scrutiny, see, in general, Siragusa & Rizza (2007).

18 A process which has started with the Block-Exemption Regulation covering vertical restrictions (EC Regulation 2790/1999 – OJ L336 of 29 December 1999). The Commission has in the meantime initiated a first review of this first new generation block-exemption Regulation and the associated Guidelines in July 2009.

19 It should be reckoned from the start that *there are important differences between the EC abuse of dominant position regime and the US monopolization regime*. However, beyond such normative differences, a significant part of the current divergence between the US regime of monopolization and the EU regime of abuse of dominant position results from different parameters of interpretation and enforcement. On the US regime of *monopolization*, see, in general, Fox (2007: 329).

20 See *"Boeing-McDonnell Douglas"* merger case as decided in the US and the EU. In the US – Explanatory Letter of July 1, 1997, of the FTC, deciding not to challenge the merger [Chairman PITOFSKY and Commissioners JANET STEIGER, ROSCOE STARK III, CHRISTINE VARNEY, 5 Trade Reg. Rep. (CCH), par 24,295, at 24, 123 (July 1, 1997)]. In the EU see Commission Decision IV/M.877 of 30 July, 1997.

21 See *"GE/Honeywell"* merger case as decided in the US and the EU. In the EU see Commission Decision *"GE/Honeywell"* (COMP/M 2220) and CFI/GC Judgment of December 2005 (T-210/01).

abuse of dominant position in the EU and of monopolization in the US).[22] Also, although on a somehow different stand, we could refer as well to the more recent "Intel" case.[23]

1.2.3. Although we shall produce – *infra*, **1.3.**, some very succinct comments on those important precedents, we do not purport to critically analyse in great detail those cases. Anticipating and summarising some of the most important issues arising from such cases, we may argue that the most significant dividing line between EU Competition law and policy and US antitrust law and policy lies, nowadays, in the area of unilateral conduct of dominant firms.

The differing approaches between the two sides of the Atlantic in this particular domain are also very starkly illustrated in two recent Court cases in the US and European Union (again very briefly mentioned)

In the US, the Supreme Court in the "Trinko" case[24] emphasised that the mere possession of monopoly power and the concomitant charging of monopoly prices is not an unlawful practice and, on the contrary, it may be deemed as an important, if not decisive, element of the free market system. The US Supreme Court went on to consider the existence of a particular risk of undue condemnations with respect to unilateral conduct, thus affecting undertakings with market power that in numerous situations may be merely competing on the merits, while taking advantage of such market power (which may also be potentially advantageous for consumers).[25]

Also, in the more recent "linkLine" case,[26] the US Supreme Court, in the context of alleged price-squeeze practices,[27] considered again problematic

---

22 See *"Microsoft"* cases as decided in the US and the EU. In the US see, in particular, *US v. Microsoft Corp, 97 F Supp 2d 59 (D DC 2000)"*. In the EU see Commission Decision of March 24, 2004 (COMP/C-3/37.792) and CFI/GC Judgment of September 17, 2007 (case T-201/04).

23 See *"Intel"* case – Commission Decision of 13 May 2009 – COMP/37.990.

24 See *"Trinko"* case of the US Supreme Court – *"Trinko, 540 US. at 414"*. About this case, Schoen (2005: 1625); Lao; (2005: 171).

25 On this analytical perspective developed by the US Supreme Court in the aforementioned *"Trinko"* case, see again Schoen (already quoted).

26 See this precedent of the US Supreme Court – *"Pacific Bell Telephone Co v linkLine Communications Inc., 555 US, slip op (February 25, 2009)"*; see also *"linkLine Communications, Inc. v. California, 503 F.3d 876 (9th Cir. 2007)"*.

27 See, in general, about the anticompetitive practices of *price-squeeze* developed by undertaking with high market power – or dominant position in terms of EC competition Law – which there is no room here to characterise, Mosso et al. (2007: 313).

the potential liability of undertakings with market power, on account of the excessive risks of qualifying as anticompetitive practices several forms of unilateral conduct that correspond to a legitimate use of market power (with price benefits for consumers). Particularly sensitive and objectionable in the Supreme Court's view would be the fact that such undertakings with market power would have no safe harbour for their pricing practices even if they were seeking to avoid price-squeeze antitrust liability ["(...) most troubling, firms that seek to avoid price-squeeze liability will have no safe harbour for their pricing practices (...)"[28]].

Differently, the European Court of First Instance (CFI) [currently the General Court (GC), after 1 December 2009 with the Treaty of Lisbon],[29] in the aforementioned "Microsoft" case [*supra*, **1.2.1.**, **(c)**], emphasised that dominant undertakings have a special responsibility,[30] irrespective of the causes of that market position. That special responsibility carries with it particular duties of refraining from any conduct that is prone, due to the large market power of the undertaking at stake, to impairing and distorting competition in the common market.

Understandably, in the context described above the CFI (GC) "Microsoft" Judgment of September 2007 met with a considerable criticism on the part of an important sector of the US doctrine and even of the US public antitrust enforcers.[31] This was followed by the adoption of an important Report by the US Antitrust Division of the Department of Justice (DOJ) on unilateral conduct under Section 2 of the "Sherman Act". This Report arose from previous Joint DOJ-Federal Trade Commission (FTC) Hearings on Section 2. We refer here to the DOJ Report "Competition and Monopoly: Single Firm Conduct under Section 2 of the Sherman Act" (September 2008).[32]

---

28 See – *"linkLine Communications Ink"*, slip op. at 13. This risk of undue condemnation with respect to the unilateral conduct was also especially emphasized by the Supreme Court in the *"Trinko"* case.

29 *The 'Court of First Instance' (CFI) created in 1989 corresponds from 1 December 2009 onwards – with the application of the Treaty of Lisbon – to the current 'General Court' (GC). We shall recurrently use the two denominations, referring in principle on a cumulative basis to the former denomination (CFI) as regards jurisprudence previous to 1 December 2009.*

30 About the idea of a *special responsibility* on the part of dominant undertakings, particularly in case of overwhelming market power on the part of certain undertakings see again Faull, Nikpay, (Editors),(2007).

31 On that rather critical reception of the CFI/GC Microsoft decision of September 2007, see Hawk (Editor) (2008: 613).

32 On this DOJ Report *"Competition and Monopoly: Single Firm Conduct under Section 2 of the Sherman Act"* (September 2008), see, *inter alia*, Oliver (2009: 27).

Significantly, even considering what seemed at the time prevailing views towards less intervention on the part of public antitrust (federal) agencies in the field of unilateral conduct, this September 2008 Report proved controversial. In fact, the FTC did not follow the DOJ in the adoption of such Report, which established a series of safe harbours concerning specific circumstances and situations that would allow the pursuit of certain conducts by undertakings with monopoly power without the risk of being considered anticompetitive by the DOJ (under Section 2 of the Sherman Act). In short, the guiding principles or parameters endorsed in the Report, for the purposes of antitrust evaluation of unilateral conduct carried out by undertakings with monopoly power, somehow discouraged a more active enforcement of Section 2 of the Sherman Act towards those undertakings. It adopted a very conservative view about the actual possibilities of distinguishing beneficial competitive conduct by such undertakings from harmful exclusionary or predatory conduct by the same undertakings.[33]

The emphasis and particular concern in avoiding "overly broad prohibitions that suppress legitimate competition", on the part of undertakings with monopoly power, somehow led to a form of benign neglect in terms of Section 2 enforcement.

If, on the one hand, a significant part of the forms of exercising market power by undertakings with monopoly power – that would be qualified *'mutatis mutandis'* as dominant undertakings in the field of EU competition Law – should be regarded as competition on the merits and, on the other hand, the distinction between such beneficial competitive conduct from harmful exclusionary or predatory conduct proved especially difficult, then, on balance, only a reduced number of cases should be prosecuted as anticompetitive.

Beside that, it may be argued that this conservative view about either the justification or the feasibility of negative antitrust evaluations of conduct and market situations regarding undertakings with monopoly power also led indirectly to a more permissive orientation as regards the potential consequences of the creation or reinforcement of dominant positions for the purposes of merger control. This, in turn, may explain the more significant cases of transatlantic divergence that we identify and very succinctly comment in

---

33 See the aforementioned DOJ Report (September 2008), esp its *Executive Summary* and the basic principles articulated in Chapter 1 of the Report.

this article, both in the field of unilateral conduct and merger control or concentration control, if we use the EU legal terminology (see the cases briefly referred and discussed *infra*, **1.3.**).

It is, therefore, striking that less then a year after the adoption of the DOJ Report "Competition and Monopoly: Single Firm Conduct" the new Assistant Attorney General in charge of the DOJ Antitrust Division, under President OBAMA administration, CHRISTINE VARNEY, announced in May 2009 the withdrawal of such Report, stating that it would no longer be DOJ antitrust policy.[34] More remarkably still, such position was accompanied by the express statement of "aggressively pursuing cases where monopolists try to use their dominance in the market place to stifle competition and harm consumers". It is a global shift in the policy and forms of antitrust scrutiny to be adopted towards the unilateral conduct of undertakings with monopoly power, pursuing an overall purpose of a more vigorous enforcement of Section 2 of the Sherman Act to those undertakings (while recognising and not underestimating the particular hermeneutical and enforcement challenges that such a policy implies).

Theoretically, this pronounced shift in US antitrust enforcement policies may represent a rather unexpected form of convergence of US competition Law with EU competition law, which has maintained a more vigorous scrutiny of abusive behaviour by dominant undertakings (unexpected in the sense that in the recent past most of the convergence process had implied some form of assimilation of US principles of patterns by EU competition law). However, it remains to be seen how the US Courts will react to the new orientation by the DOJ (particularly if we take into consideration the more conservative precedents that the US Supreme Court has produced in the field of Section 2 enforcement).

Conversely, on the EU side the adoption, in December 2008, of the European Commission's "Guidelines" referring to the "application of Article 82 of the EU Treaty to abusive exclusionary conduct by dominant undertakings"[35] – following a complex, not too consensual, and long process of debate after

---

34 See the DOJ Press Release of May 11 2009 – *"Justice Department Withdraws Report on Antitrust Monopoly Law"*.

35 We refer here to the "Guidelines on the *application of Article 82 of the EU Treaty to abusive exclusionary conduct by dominant undertakings*" – C (2009) 864 final (9 February 2009).

the "Discussion Paper" presented by the Commission in December 2005[36] — seems '*prima facie*' to have represented a major step in the direction of an economic and effects based approach to exclusionary conduct.

However, when closely and extensively analysed the EU 2008 "Guidelines" have serious shortcomings and areas of potential uncertainty (which do not contribute to make clear what will be the medium term impact of the "Guidelines"). Also, the recent case law of the GC (CFI) in the field of article 102 TFUE (article 82 EC) does not seem to imply so far that the Court is ready to accept a more flexible view or mitigated conception about the special responsibility of the dominant undertakings[37] [which, beside the undisputed normative differences between Section 2 of the Sherman Act and article 102 TFUE (article 82 EC), contributed to a stricter enforcement of this provision in comparison with US antitrust law].

In this context, we seem to be confronted in the past eighteen months with a double movement from both sides of Atlantic, which could be construed as a shift to a somehow unexpected degree convergence between US and EU competition Law in the field of unilateral practices by undertakings holding high market power (monopolists or dominant undertakings on the basis of the legal terminology to be applied in the US and the EU).

On the one hand, EU Competition Law seems to be shifting to a more economic and effects based approach in this field under an undeniable influence of US Law (which is epitomised by the adoption of the December 2008 "Guidelines"). On the other hand, US antitrust Law seems to be leaving behind the more extreme and conservative rigours of the 2008 DOJ Report "Competition and Monopoly: Single Firm Conduct", which is being repelled by the new Assistant Attorney General of the DOJ Antitrust Division, CHRISTINE VARNEY (as per the aforementioned May 2009 announcement). This latter movement may, in turn, be construed as having been, to some extent, influenced by the EU more vigorous scrutiny of unilateral conduct by dominant undertakings.

It is still premature, nevertheless, to take as granted such process of convergence and its possible extension. The EU move towards a more effects

---

36 See *"EC Commission DG Competition Discussion Paper on the Application of Article 82 of the Treaty to Exclusionary Abuses"* (Brussels, December 2005).

37 About the difficulty of reconciling a more flexible view of article 102 of the TFEU (article 82 EC) with the relevant jurisprudence in this field, see, *inter alia*, Gerber (2008).

based approach is far from clear or consolidated. The new disposition of the US Federal antitrust enforcers under the OBAMA administration needs to be translated into specific enforcement actions that, in turn, will have to be submitted to judicial scrutiny in terms that may possibly overcome a more conservative line adopted by US Courts and particularly the Supreme Court[38] in recent years. In any case, a new form of interplay between US antitrust Law and EU competition Law in the field of unilateral conduct is about to emerge. Its contours are to be critically discerned and evaluated in the coming times.

1.2.4. Up to know, and considering the developments which preceded the very recent (May 2009) withdrawal of the DOJ Report "Competition and Monopoly: Single Firm Conduct", a clearly different view had been maintained in the two sides of the Atlantic about the incentives to innovate. As far as that fundamental issue is concerned, we may argue that perhaps some of the differences at stake may result from the timeframe through which innovation and incentives to innovate are assessed.

We would venture to argue that in the EU one tends to look at innovation more from a medium term perspective, which takes into account possible 'gatekeeper effects'.[39] We mean here negative effects for the competition process and dynamics, preventing the development of new competitors in new and especially dynamic markets, since dominant companies tend to reproduce their initial dominant positions in those new markets.

Furthermore, there is also reason to think that, beside qualitative differences in economic theory – economic theory of competition and corresponding differences in terms of competition policies –[40] most probably some of the apparent divergence in this field may be due to the actual economic conditions of US and the European Union markets.

In fact, it may be argued that the US markets are, '*in concreto*' more economically integrated and more dynamic then the EU markers. Accordingly, the US markets tend to be more easily self-correcting, while in Europe self-

---

38 On the more conservative line adopted by US Courts and particularly the Supreme Court in the antitrust area over the recent years see, *inter alia*, Pitofsky (Editor),already quoted; Desanti (2007).

39 About the concept of *'gatekeeper effects'* in new and especially dynamic markets, see, *inter alia*, O'donoghue, Padilla, (2006: 194, 491).

40 About the concept and implications of *economic theory of competition* see in general Motta, already quoted (esp Chapters 1 and 2).

correction of the markets takes more time or may even not occur at all in some situations.

1.3. Some Major Precedents Illustrating Points of Divergence Between the EU and the US in the Fields of Merger Control and Unilateral Practices

1.3.1. In spite of the somehow differing approaches followed in the US and the EU in the treatment of situations involving significant market power, especially as regards unilateral conduct but also – perhaps more indirectly – as regards concentration control, the precedents in which divergent positions have prevailed as surprisingly scarce (particularly in a context of economic globalization, implying that major groups of undertakings will often have to deal simultaneously or successively with US antitrust rules and with EU competition rules or even EU Member States rules deeply influenced by EU Law).

That may be largely attributed to the practices of intense cooperation between US and EU authorities that have been developed in the latest two decades[41] and also to new ways of sharing values which are increasingly common, even if the legal formulae and terminology differs.

Anyway, in the course of that period some precedents – if not numerous – have somehow epitomised the remaining points of divergence between US and EU rules and deserve to be very briefly mentioned (since they may illustrate or clarify to extent and actual significance of such divergence).

1.3.2. The "Boeing/McDonnell Douglas" merger in the mid-1990s has represented one of the cases in which the allegedly divergent visions between US and EU competition law enforcement has been more publicized and commented (even in a political sphere, taking into consideration the important ties between the commercial aircraft industries and the State and the world dimension of such markets in terms of geographic market definition).[42]

In brief, this merger transaction was evaluated in both sides of the Atlantic, with the FTC taking US antitrust authority for reviewing the concentration,[43] and with the same operation meeting the threshold crite-

---

41 On those practices of increasing cooperation, see, *inter alia*, Majoras (2008: 2).

42 On this *"Boeing/McDonnell Douglas"* merger case, see, in particular, Kovacic, (2001: 805 ss.); see also Fox (1998:30).

43 In fact, in the US the FTC and DOJ have adopted *"Clearance Procedures"* for the purposes of deciding which Agency will be responsible for reviewing a merger and, in this case, allegedly a sensitive political debate took place over who would review the Boeing/*McDonnell Douglas"* merger and preceding the decision to award authority to the FTC.

ria of the EU Merger Control Regulation and therefore being subjected to European Commission jurisdiction.[44]

In the US, after a lengthy investigation, the FTC decided not to challenge the merger and, accordingly, published a brief explanatory letter (on July 1, 1997). In the EU the Directorate General of the European Commission undertook an extensive investigation of the notified concentration, following which, on July 4 1997, a fifteen member advisory panel unanimously recommended that the Commission blocked the merger. That stance originated an unusual war of words and tension[45] that was finally overcome when Boeing made several last minute concessions, that made possible an approval of the concentration by the Commission, on July 23 2007, subject to undertakings (conditional approval).

There is no room here to any lengthy analysis of the differing evaluations of the concentration in the US and the EU.[46] However, some particular points may be emphasized on account of their significance. On the one hand, it may be considered that US Law places a greater concern on the likelihood of oligopolistic pricing in a concentrated market. On the other hand, it may be considered that EU Law places a greater focus on the likelihood of a market leader achieving and using significant market power. As regards this first perspective, the US authorities have taken into consideration McDonnell Douglas pre-merger inability to compete, therefore implying that the merger would not adversely affect the prices to be paid by consumers. On the contrary, US authorities have especially value the supposed efficiencies created by the merger that could translate in lower prices for consumers.

As regards the second perspective, the European Commission particularly focused its attention on the changes that would be produced in the market structures and their dynamics and the associated increase of the dominance of the leading commercial aircraft manufacturer (those concerns were highlighted in the case by perceived long term supply relationships with the leading firm, that could undermine the capacity of the rivals to attract customers, thus producing negative repercussions for the competitive process

---

44 Thus originating Commission Decision IV/M.877 of 30 July 1997.

45 On that tension, which even originated statements produced by President CLINTON, see Brian Coleman, *"Clinton Hints US May Retaliate if EU Tries to Block the Boeing-McDonnell Deal"*, in Wall Street Journal, July 18, 1997, at A2.

46 For that purpose, see, Kovacic and Fox, quoted *supra* (41).

in the global market). At the same time, the European Commission had a more sceptical view about the extent of economic efficiencies generated by the merger and, above all, about the fact that any cost savings would actually benefit consumers on the long run.

In fact, on a fundamental issue – the acquired undertaking's competitive role in the market – the FTC and the European Commission managed somehow to agree [both agencies recognised that McDonnell Douglas ('MDD') was no longer a real force in the market]. However, the European Commission went on to consider the position of MDD not on a stand alone basis but in terms of effects to be produced simultaneously on Boeing – "absorbing Douglas Aircraft's supply and maintenance commitments (…)"[47] – and on Airbus (contributing to some extent to a foreclosure of the market as regards Airbus).[48]

On the whole, it may be argued that the FTC failed to appreciate Boeing's increased market power arising from privileged access to new customers and suppliers on account of the new market structure and its underlying dynamics. Conversely, the European Commission may have failed to consider the extent of welfare effects arising from the merger. In an oversimplified and too linear view this could be construed as some form of protection of the competitors and competition structures (Airbus and its position in the competitive structures of the market) and not of competition itself. The reality is more complex and both agencies have probably focused excessively in particular areas of concern, thus affecting a more 'nuanced' evaluation of the situation (and reflecting some prevailing views in US Law and in EU Law that would gain from a proper critical combination).

1.3.3. Also in the field of concentration control, the more recent "GE/Honeywell" case represents another problematic precedent, comparable – as regards the wave of discussion and criticisms it generated – with the "Boeing/McDonnell Douglas" case.[49]

The "GE/Honeywell" case[50] was one of the two concentration operations involving essentially US companies that have been blocked by the European

---

47 See, emphasizing this point Kovacic, in the aforementioned (2001: 831).

48 On this point see also, Muris (2001).

49 Emphasizing this fact see also, Veljanovsky, (2004: 15).

50 See "GE/Honeywell", already quoted. On this case see Fox (2001: 257).

Commission (the other being "MCIWorldCom/Sprint",[51] with the difference that this case was also blocked in the US). Again, we have no room here to examine the details of the case. Furthermore, the potential elements of divergence may be here more straightforward then in the "Boeing/McDonnell Douglas" case.

In fact, this case particularly reflected the EU more interventionist line with regard to conglomerate issues raised by certain concentration transactions. As far as such conglomerate concentrations are concerned, the European Commission has developed a conceptual framework that contributes to the identification of significant anticompetitive consequences of the concentrations (which tend not to be envisaged as such by the US antitrust agencies). We refer here, in particular, to the portfolio effects theories developed by the Commission and especially applied in several mergers in the beverage sector (*inter alia*, in the cases "Coca-Cola Amalgamated Beverages GB", "Coca-Cola/CarlsbergA/S" or "Guinness/Grand Metropolitan"[52]).

In the "GE/Honeywell" case the concentration allowed the combination of products that were complements (e.g., GE's aeroengineering and Honeywell's avionics systems), thus giving rise to a possible leveraged dominance across two or more separate product markets and, in turn, creating the conditions in the future for possible forms of exclusionary behaviour on the part of the entity resulting from the concentration. The final outcome of the case is somehow curious and leaves significant questions unanswered, since the CFI (GC), in its 2005 decision ("General Electric v. Commission"[53]), on the one hand recognised in principle the legal grounds of the Commission's portfolio effects theories, but, on the other hand, determined that the Commission had failed to produce adequate proof to establish a competition law violation on such grounds.[54]

Again, we would venture to suggest that this outcome somehow means that there is a middle ground to be covered between the more extreme positions that have surfaced in the enforcement of US and EU competition rules. Some attention on the dynamics of market structures and forms of possible

---

51 See *"MCIWorldCom/Sprint"* – Case COMP M.1741 (2000).

52 See *"Coca-Cola Amalgamated Beverages GB"* (Case N.º IV/M.794), *"Coca-Cola/CarlsbergA/S"* (Case N.º IV/M.833) or *"Guinness/Grand Metropolitan"* (Case N.º IV/M.938).

53 See CFI/GC decision *"General Electric v. Commission"*, Case T-210/01 (2005).

54 On this CFI/GC decision *"General Electric v. Commission"* see, *inter alia*, Weinberg (2006: 153).

leveraged dominance arising from the combination of complementary lines of products or services may be in order and should not be entirely dismissed (as it may happen sometimes in terms of US enforcement). Conversely, the standards of proof for identifying alleged anticompetitive consequences of conglomerate concentrations, on the basis of portfolio effects theories, should be more demanding then the Commission tends to assume in its practice.

1.3.4. Moving now to the field of unilateral practices, as such, the decisions adopted in the EU on the "Microsoft" case epitomise more than any other recent case the state of the art divergences between the US and the EU competition jurisdictions (although things may quickly change in this area, as referred above, taking into consideration the new positions of principle assumed by the DOJ under the new OBAMA administration).

The EU "Microsoft" case is widely familiar and needs not being addressed here in any detail.[55] As it is known, the Commission's March 24 decision of 2004 found that Microsoft had abused its dominant position in client operating systems and that such abuse was twofold. On the one hand, the Commission found that Microsoft had unlawfully refused to provide certain computer protocols that would enable competing server operating systems to interoperate with Microsoft's Windows client and server operating systems (a situation that was identified on the basis of a complaint lodged by Sun with the European Commission[56]). On the other hand, the Commission found that Microsoft had tied Windows Media Player to Microsoft's Windows client operating system (this situation being identified on the basis of a self-initiated investigation by the Commission).

Microsoft tried to have the Commission's decision annulled by the CFI (GC), but on September 17, 2007, this Court rejected Microsoft's application and confirmed the legal grounds on which the Commission had adopted the decision [the CFI (GC) merely annulled a part of the decision that concerned the appointment of a trustee to administer the protocol licensing program]. In the end, Microsoft decided not to appeal to the European Court of the Justice (ECJ) on October 22, 2007.

---

55 We refer to the Commission Decision of March 24, 2004 and CFI/GC Judgment of September 17, 2007 (both aforementioned *supra*, note 21). On this EC *"Microsoft"* case, see, *inter alia*, First (2008); Ahlborn, Evans, (2008). See also First's Article in this Number of the Review (2010).

56 This fact is relevant because it suggests that in the context of divergent views in the field of *unilateral practices* a somehow positive spill over effect may arise from such situation with competitors reacting in one of the jurisdictions at stake. On this view of possible positive spill over effects see Baker (2009: 145).

Even in the EU, the CFI (GC) decision originated a fierce debate and some very critical evaluations, according to which such Microsoft Judgment would have allegedly followed a "traditional ordoliberal analysis"[57] (in detriment of an effects based analysis). While we consider that line of criticism clearly excessive, we tend to recognize that the CFI (GC) Microsoft Judgment, on the one hand, entrusted the European Commission with a wider margin of appreciation for evaluating exclusionary abuses, and, on the other hand, it somehow softened the requirement of elimination of competition in order for the competition authorities to intervene in these types of situations.

Once again, we believe that one of the deciding factors for the adoption of such perspective has to do with the more prospective line of reasoning retained at EU level in comparison with the evaluation of unilateral practices in the US. In the Microsoft case, the Commission and the CFI acted out of concern with an elimination of the competition in the future [which, if based on objective factors able to sustain a solid prospective judgment, will translate in an idea of elimination of effective competition, for article 102 of the TFEU (article 82 EC) purposes, even if at a given present moment an undertaking does not actually eliminate all competitors].[58]

Furthermore, considering the prospective risks of elimination of competition and the relative intensity within which such risks are valued that may also translate in different ways of applying an effects-oriented standard (even in a context where such a standard tends to be invoked and applied by both US and EU competition authorities). In fact, when the prospective risks are particularly taken into consideration – as it happens in the EU – that will imply that the quantum and type of evidence that the competition authorities or the courts will require to find present and actual anticompetitive exclusionary effects is bond to be different.

1.3.5. Also in the field of unilateral practices the very recent "Intel" case, in which the European Commission imposed a record fine, is well representative of the current differences between the US and the EU (although in a context of possible and rapid change).

We refer here to the Commission's decision of 13 April 2009,[59] whereby the Commission heavily fined Intel Corporation for violating article 102 of

---

57 For that line of critical evaluation see, again Ahlborn, Evans (already quoted).
58 On this point, see, in particular points 561 to 563 of the CFI/GC *"Microsoft"* Judgement.
59 See *"Intel"* decision, already quoted.

the TFEU (article 82 EC), abusing its dominant position in a determined (worldwide) market for computer chips and central processing units for computers (CPUs). This decision, even if it did not provoke the same high level political and institutional turbulence between the US and the EU as it happened in the aforementioned "Boeing/McDonnell Douglas" case (*supra*, **1.3.2.**), gave rise to some vigorous controversial reaction on the US side.

Two Congressional Letters were sent in September 2009, both to the Assistant Attorney General – Antitrust Division CHRISTINE VARNEY and to the Chairman of the FTC, JONATHAN LEIBOWITZ, criticizing the Commission's "Intel" decision as an exercise in "regulatory protectionism" and, on the whole, the line of action underlying such decision as Commission's efforts at "exporting its competition policy to emerging markets".[60] While this type of positions seems to have not found any resonance with the DOJ and FTC, it still echoes anyhow a certain perception of the differences between the US and the EU as regards the treatment of unilateral practices (even after DOJ May 2009 Statement, withdrawing the previous DOJ Report "Competition and Monopoly: Single Firm Conduct").

In this "Intel" case the Commission found that Intel Corporation, holding at least 70% market share in a particular CPU market, had engaged in two specific abusive (exclusionary) practices. On the one hand, Intel would have given wholly or partially hidden conditional rebates to computer manufacturers (depending on their buying all or almost all their CPUs to Intel); on the other hand, Intel made payments to computer manufacturers in order to halt or significantly delay the launch of products containing competitors' CPUs and to limit the sales channels available to those products as well (furthermore, according to the Commission's investigation, Intel also made payments during a considerable period of time to a major retailer on condition it stocked only computers with Intel CPUs).

While part of the aforementioned business practices developed by Intel may have led to lower prices for consumers for certain periods of time – a fact acknowledged by the Commission on account of the rebates practiced by Intel – that did not avoid a finding of infraction, since the rebates practiced by such dominant undertaking were conditional on buying less of a rivals'

---

60 We refer here to a letter sent by twenty two members of the US Congress to the DOJ and the FTC on the 23 rd September 2009 expressing concern about at how, allegedly, the European Commission would be treating the US companies, on account of the "*Intel*" decision.

products or not buying them at all, which, in turn, would lead to reduced choices for consumers (and, we may imply, would also lead in future to higher prices if the exclusionary practices at stake were successful).

Once again, we may verify that, in terms of EU competition law enforcement in the field of unilateral practices, the decisive focus is not put on immediate or short term price reductions to consumers – as it may tend to happen more frequently in the US context – but on a range of various effects on the market functioning and on consumers over a certain period of time (bearing in mind a time frame which may comprehend medium term effects). Also, in the US context there tends to exist an overriding concern about hypothetical over-enforcement of Section 2 of the Sherman Act (monopolization) having a negative effect on innovative and risk-taking undertakings as Intel. In the EU context, conversely, more attention is given to the scrutiny of innovators – that should not be deprived of incentives to innovate on account of an excessive burden of responsibility attached to their dominant position – and also to the proper incentives to innovate, not only in a dominated market (or monopoly market) but in dependent and interconnected markets as well.

2. ENFORCEMENT ISSUES THAT CONTRIBUTE TO REMAINING AREAS OF DIVERGENCE BETWEEN THE EU AND THE US

2.1. General Overview
2.1.1. There is no doubt, at the current stage of evolution of US antitrust Law and EU competition Law, that different procedural frameworks influence, to a certain extent, different enforcement options, that, in turn, play a part in the maintenance of appreciable areas of divergence between those two bodies of Law. While different procedures were always bound to influence the substantive definition of multiple legal institutes, that aspect is especially relevant in the field of competition law (a body of law whose rules are predominantly dependent, as regards its extent and legal meaning, on casuistic processes of enforcement).

The US antitrust system was clearly built upon a common law basis, which fundamentally differs from an administrative system as the one that has been underlying EU competition law (and national competition Laws in a significant part of the Member States with civil law systems).

In short, the system of enforcement of US federal antitrust law relied essentially on the Courts, which have played a major part in building fundamental legal parameters – e.g. the rule of reason parameter. Although the US Federal Government was given significant powers of enforcement – through the DOJ and the FTC –[61] it has never had the margin for intervention and decision and the discretion of the Commission (acting as EU competition Law enforcer) or of most of the national Competition Authorities of the EU Member States. Furthermore, private parties were also given broad powers of enforcement, which were particularly enhanced by specific legal instruments as treble damages or one-way cost recovery. That explains why, historically, some of the most important US antitrust precedents were created in private cases (although this tended to happen above all in earlier cases and has somehow drastically changed in more recent years).

As regards the Federal Agencies antitrust investigations in civil cases, the final role in determining facts and liabilities belongs to Courts – which have shown themselves increasingly conservative in this field – and that, in turn, may explain a more cautious or even conservative approach on the part of those Agencies (in comparison with the European Commission). It is striking to notice that in recent years fewer cases brought up by the US Federal Agencies have ended up in trials (with the DOJ/FTC assuming more frequently a role of amicus curiae supporting the defendants in private cases).[62] Again, that may somehow change presently, on account of a more interventionist stance of the antitrust agencies in the context of the new OBAMA Administration (but it is too soon to make an accurate estimate and up to now the trend is as aforementioned described).

2.1.2. Conversely, in the field of cartels, the US Federal antitrust agencies – namely the DOJ – have extensive criminal enforcement powers that the European Commission does not possess (nor most of the national antitrust enforcers of the EU Member States possess, although things may change soon, since criminal competition law statutes have recently been enacted in

---

61 There is no room here to going into details about the institutional system of enforcement of US antitrust Law in comparison with the EU system. On those topics see, in general, Doern & Wilks (1996).

62 Beside an overly cautious approach on the part of the US Federal antitrust agencies – especially the DOJ – has indeed led to fewer cases initiated by such Agencies and ending in trials. In the field of unilateral practices the "*Microsoft*" case (aforementioned) in 2000 was practically the last case brought to trial. Beside that, even in the domain of private enforcement, which originated in the past expansive precedents, most cases in recent times have led to negative results for the antitrust plaintiffs with "*Eastman Kodack v Image Technical Services, 504 US 451 (1992)*" being the last Supreme Court victory for a private antitrust plaintiff.

the UK and Ireland and other States seem to be considering reforms in that line as well).[63]

It is noteworthy, and curious at the same time, that in the field of criminal prosecution of cartels the court procedures involved – in contrast with what happens in the field of unilateral practices – do not represent a weakness or a constraint leading the Federal agencies to a more cautions or timid approach. The US judicial system is notably equipped with instruments to aggressively investigate and enforce criminal antitrust offences (including, e.g. wiretapping and a considerably secretive US grand jury system), that would be strange to the European judicial culture (both in terms of the specific Courts of the EU and the national Courts of the Member States, even if at EU level or national level hardcore cartels were to be criminalised through new statutes).[64]

2.1.3. Another factor which has allowed the European Commission an important intellectual leadership in terms of enforcement priorities and of defining in a particular light and considering a number of overreaching objectives certain legal institutes in EU competition Law – with no parallel in terms of US system of enforcement characterised by the intervention of diverse players (Federal Agencies, different Federal Courts up to the Supreme Court and other public enforcers) – has to do with the appreciable degree of centralization that was underlying EU competition policy until the major reform of Regulation 1/2003.

That centralization arose from a lack of solid competition culture in most of the EU Member States and although it was fundamentally corrected after the 2003 reform – initiating what we have *supra* referred to as one of the four major trends of recent and prospective evolution of EU competition Law [see **1.1.2., (iii)**] – we can sustain that, even in the context of the new institutional model of enforcement of EU competition Law, a more coordinated basis for defining priorities and new legal understandings still lies with the European Commission (within the European Network of Competition

---

63 On the criminal prosecution of cartels under US antitrust law, see, in general, OECD (2003); International Competition Network (2008).

64 On these issues, see also in general, Furse (2006: 466).

Authorities, notwithstanding the lack of a solid normative or institutional basis for that Network or other lacunae it may have).[65]

2.2. The Interplay Between Differing *Enforcement* Systems and Instruments and the Competition Law Scrutiny of *Unilateral Practices*

There is another curious factor that should not be overlooked, which has to do with enforcement practices and the type of effective remedies that can be used to tackle monopolistic abuses.

In the US, public authorities are essentially limited to civil injunctions and divestitures whose adoption – as already referred in general terms – effectively depends on Courts. This judicial arm of the system, in turn, tends to be – at least in the course of recent years – very conservative.[66] Differently, in the context of the EU competition law system, more use is made of enforcement instruments such as large fines and other remedies which are very actively promoted by administrative agencies and not wholly dependent on Courts (either the European Commission, acting as the EU Competition Authority, either the Member States Competition Authorities in the framework of the European Network of Competition Authorities).

What is curious or even paradoxical here is that, despite Europe's legal activism in the field of article 102 of the TFEU (article 82 EC unilateral practices by dominant undertakings), it is the US that has effectively used in the past what we may call the 'atom bomb', meaning the basic structural remedy of divestiture. In fact, while article 7, par. 1, of EU Regulation 1/2003 has expressly established a power to adopt structural measures necessary to end the infractions to competition Law,[67] the fact remains that the Commission or the EU Regulators do not actually use such structural remedies in situations involving article 102 of the TFEU infringements (or do not even have

---

65 We have no room here to analyse the *decentralisation process* arising from Regulation 1/2003 and the creation of *the European Network of Competition Authorities*. See, in general, Ehlermann (2000: 537); Hawk (2007: 41).

66 This, of course, may change although at this point the general trend of the Supreme Court in the antitrust area seems to be steadily conservative. On this context and on the prospects concerning such jurisprudence see, inter alia, Harber (2007); Elhauge (2007: 59).

67 On this sensitive point, see, *inter alia*, about *structural measures*, comparing the US and the EU regimes, Shelansky, Sidak (2001, p. 1); Rochefordiere (2001: 11).

in itself the power to impose such structural measures, as it happens, in our view, e.g., with the Portuguese Competition Authority[68]).

As regards the more recent hurdles that in the US seem to be on the way of a more active application of Section 2 of the Sherman Act to unilateral practices – by the Federal agencies and by the Courts – some attention should also be given to the private enforcement factor (to which we shall briefly refer *infra*, **2.3.**). In fact, WILLIAM KOVACIC has rightly emphasized that there may be a concern on the part of US Courts with possible excesses of private rights that could be developed if the liability standards in the area of unilateral practices were somehow lowered.[69] (a type of concern that would be virtually unknown in the EU).

Considering the potential for some excesses of private antitrust litigation in the US context, a measured concern for the consequences of lowered antitrust liability standards in the area of unilateral practices and adverse effects on innovation that would arise from that process may actually be understood. Those concerns, in turn, should not be magnified to the point of making innovative dominant undertakings virtually immune form antitrust enforcement in the area of monopolisation. It is indeed striking in this field that, after prosecuting the "Microsoft" case in the District Court in 2000,[70] the US Federal antitrust agencies have not brought to Courts a single Section 2 (monopolisation) case in the subsequent seven years. Underlying this peculiar situation are Supreme Court precedents in the (already mentioned) "Trinko" case and also in the "Credit Suisse" case,[71] which have severely constrained the margin for antitrust liability under Section 2.

2.3. Issues Regarding the Private Enforcement of Competition Law

As regards the systems of enforcement of competition rules and the substantive elements of divergence that may arise from such procedural aspects, we have

---

68 On this specific point concerning Portuguese competition law see Morais (2006: 127).

69 See Kovacic (2008).

70 See *US v. Microsoft Corp, 97 F Supp 2d 59 (D DC 2000)*. Curiously, the DOJ won then a significant victory before the District Court, although followed by a rather different judicial decision of the DC Circuit (on account of a serious lack of study and relevant hearings on the part of the District Court). However, the more aggressive DOJ approach involving a divestiture plan would not be pursued by the BUSH Administration in 2001.

71 See the US Supreme Court precedent in the *"Credit Suisse"* case – *"Credit Suisse Sec (USA) LLC v Billing, 551 US 264 (2007)"*.

already referred incidentally above that one of the chief differences between the US and the EU has to do with the major importance of the elements of private enforcement in the US, with no correspondence in the EU.

Again, the historical context of formation and development of each of those bodies of Law plays an important part in that contrasting procedural framework, which we shall not discuss here.[72] US judicial culture created the conditions over the years for a peculiar and distinctive form of private rights of action, with mandatory treble damages, broad rights of discovery, class actions, jury trials and other elements. The EU judicial landscape is entirely different, especially in the Continental Member States. Furthermore, EU competition Law was developed and nurtured on the basis of a centralised policy of enforcement – having the European Commission as its axis – that only recently (2003) has been adjusted. Such centralised and administrative option in terms of enforcement policy was not only originated on the basic characteristics of the legal systems that more decisively influenced the EU legal system, but also derived from a lack of a disseminated competition culture at European level.

Accordingly, at the moment in which the consolidation of an European competition culture has made possible the decentralisation reform of 2003, consideration was also given, almost immediately, to the creation of new conditions that could foster a dimension of private enforcement of competition Law. Hence, the analysis proposed by the European Commission in the "Green Paper" of December 2005, closely followed by the "White Paper" of 2008.[73]

Although major judicial precedents – namely the Court of Justice of the EU cases "Courage and Creham" and "Manfredi"-[74] and the considerable discussion associated with the "Green Paper" and "White Paper", of 2005 and 2008 have paved the way to new developments in terms of private enforcement, we maintain that there are clear limits as to what Europe can do in this field (at least, in comparative terms with the US).

---

72 On this historical context see, in general, Grady (2006: 515).

73 See *"Green Paper on Actions of Compensation for competition law infringements"* – COM (2005) 672 final, Brussels, 19,12,2005, and *"White Paper on Indemnity Actions for competition law infringements"* – COM (2008) 165 final, Brussels, 2, 4, 2008. On the perspective of *private enforcement of competition Law* in the EU see, in general, Komninos, (2008).

74 See *"Courage and Creham"* (C-453/99) case, of the Court of Justice of the EU, and *"Manfredi"* case (C-295/04 and others) of the same Court.

In other words, we believe that, even if some movement towards private enforcement of EU competition rules may be initiated – e.g., on the basis of one or more Directives to be proposed and approved after the discussion of the 2008 "White Paper" – it will always be a limited one and the US and the EU will continue to live in two separate worlds in this area (accordingly, the idea that, in time, EU Courts may follow US Courts in their concern with excessive liability to be established under certain competition rules, inviting thereby an overreach in terms of private enforcement, has no support in the prevailing legal context, at least for the foreseeable future).

3. THE CONTROL OF UNILATERAL PRACTICES AND PUBLIC INTERVENTION AND THE INTERNATIONAL ECONOMIC CRISIS

3.1. General Overview

The non consolidated parameters of enforcement and interpretation of the regimes of monopolization and abuse of dominant position in the two sides of the Atlantic do not benefit from the conditions of the current economic crisis arising from the credit crunch. On the whole, this systemic crisis has led to major doubts about the repercussions of such a serious economic disruption on competition law and policy, breaching somehow the consensus that had apparently been generated around the core objectives of competition policy, either around the US antitrust model, either around the EU competition model [a consensus epitomised by the works and membership of the International Competition Network (ICN) over the last decade and the transition from the XX to the XXI century].

There has been, in fact, widespread speculation about a possible major shift in terms of safeguards of market values and competition on account of the rather extreme economic conditions occurred in the course of 2009, despite the signs of economic recovery in the last quarter of the year (which are yet to be confirmed).[75]

As far as we are concerned, we do not share views sustaining a major paradigm shift in this domain due to the conditions of the economic crisis. Conversely, we admit that these conditions may affect, in different ways, certain areas of enforcement of competition Law (leading to contradictory pressures, either to more or less intervention of competition authorities).

---

75 On that widespread discussion – which we have no room here to develop – see, *inter alia*, Freeman OECD (2009); Vickers (2008).

Furthermore, a recession period, increasing the fragility of some undertakings and expelling some undertakings from the market, is bound to reinforce the market power of the remaining undertakings in some markets (or the dominant position of undertakings which were able to adjust in time to the new conditions). In some of the more affected economic sectors – as the financial sector which has been at the centre of the crisis – the rapid return to high profits, and in some cases to extremely high profits, of a restricted group of undertakings,[76] may well signify that such undertakings are having ideal conditions for monopolising or abuse of dominant position practices that should be carefully scrutinised despite the context of economic crisis.

In other cases, public intervention in the context of the crisis may even facilitate or lead certain undertakings with dominant positions and with special connections to the State to incur in abusive practices [which are to be scrutinised under the cumulative application of article 102 of the TFEU (article 82 EC) and article 106, par. 1, of the TFEU (article 86, par. 1 EC)].

In general, we may consider that the peculiar conditions of the economic crisis and subsequent exit strategies to the crisis may induce or facilitate abusive conducts of the exclusionary type. The downturn period may, even, facilitate predation strategies, reducing the short term costs and increasing the long term expected gains. However, the conditions of such downturn will significantly increase the difficulties in identifying predation strategies or other exclusionary strategies (because apparently more aggressive commercial conducts may just represent a response to the drop in demand or to other economic troubles). In this context, and given these difficulties, the differences between application of competition rules to unilateral practices associated with exclusionary conduct in the US and the EU may assume disproportionate importance and induce undesirable distortions in the process of economic recovery in the two sides of the Atlantic.

3.2. New Developments and Remaining Shortcomings in terms of Control of Unilateral Practices – A Brief Comparative View Between the EU and the US

3.2.1. Regardless of the peculiar circumstances of the downturn, it should be stressed that in the EU, in the course of the latest years, there were some specific factors dictating a more interventionist approach in terms of mono-

---

76 We may refer as a particular example, among others, the exceptionally positive results obtained by financial institutions like Goldman Sachs or JP Morgan in the second semester of 2009.

polisation and control of exclusionary conducts and enlarging, somehow, the divide with the US.

We may, in fact, consider that in the EU there was something of a 'momentum' in terms of abuse of dominance control, which was brought up through the overriding goal of actively controlling former state monopolies transformed in dominant firms in a recently liberalised environment.[77]

This overriding goal and the corresponding 'momentum', or activism in terms of a more intense enforcement of article 102 of the TFEU (article 82 EC), has, somehow, been channelled to an intense scrutiny of the market practices carried out by the biggest global undertakings in multiple economic sectors, comprehending also major north American entrepreneurial groups companies, which nowadays tend to receive a more benign treatment in the US (in this context, it is to be emphasized, for instance, that the EU "Intel" case was originated or fuelled by US complainants, which, by the way, developed litigating procedures in US Courts, in order to ascertain elements of proof that could be presented to the European Commission).

US undertakings and competitors to potentially monopolising firms have, thus, reacted to the narrow approach followed in the US towards monopolies and its unilateral practices, whereby issues of public control over monopolies tend to be entrusted to sectoral regulators with the exclusion of antitrust agencies or courts.

On the contrary, in the EU the liberalization and re-regulation process of former state monopolies under article 86 EC (article 106 of the TFEU) – corresponding to the fourth major evolutionary trend of EU competition Law, referred *supra*, **1.1.2., (iv)** – has led to an *active interplay between sectoral regulation and competition rules*. Such interplay generates some undeniable issues of coordination between the interventions of sectoral regulators and competition authorities,[78] but with the fundamental merit of maintaining, and even enhancing in the course of time, the scrutiny of these situations, on the basis of competition rules and reducing, in due time, the requirements

---

77 On this connection between active control of incumbent companies with dominant positions in certain sectors and resulting from former state monopolies in the context of the liberalization of a fundamental group of economic sectors in the EU, see, *inter alia*, Geradin (2000). See also Ferreira Morais (2009: 7 ss.).

78 On this interplay and its complexity, Geradin (2004).

of sectoral intervention (as the evolution of the electronic communications sector after its liberalisation epitomises in the EU[79]).

3.2.2. What would be of paramount importance in this EU context would be to ensure that the legal activism of the Commission – or even of a significant part of the Member States Competition Authorities – towards an intense and demanding control of abuse of dominant position is duly counterbalanced by an effective and consistent scrutiny by the EU Courts [in particular by the GC (CFI) as regards Commission activities).

We refer here, in particular, to an adequate and balanced scrutiny by the GC (CFI) of the factual economic aspects which are relevant for the legal assessment of cases. In this field, while it should be recognised that the GC (CFI) has shown in previous years some signs of a willingness to assert that control, that judicial scrutiny is by no means consolidated (in terms of article 102 of the TFEU enforcement and ensuring a minimum of predictability to undertakings in this area).

Beside that, it would also be important to achieve in this field a minimum degree of consolidation of an effects based approach and predictable tests regarding the assessment of exclusionary practices covered by the prohibition established under article 102 of the TFEU (article 82 EC). However, the follow up of the December 2005 "Discussion Paper" of the Commission towards possible "Guidelines on exclusionary abuses"[80] has, on the one hand, taken too much time and, on the other hand, it has not produced results that may be deemed as entirely satisfactory and ensuring an actual and stable level playing field for dominant undertakings or for undertakings affected by the practices of the former entities.

As we have already referred (*supra*, **1.2.3.**), the Commission December 2008 "Guidelines on the application of Article 82 of the EU Treaty to abusive exclusionary conduct by dominant undertakings", have serious shortcomings which may reduce their apparent contribute to a less formal analysis of abusive conducts. It is to be acknowledged that the "Guidelines", at face value, establish fundamental principles in this field, e.g. when stating that what really matters is protecting the competitive process and not simply protecting competitors, which "may well mean that competitors who deliver less

---

79 On the paradigm that the process of liberalization and re-regulation of the electronic communications sector has represented in the EU see, in general, Bavasso, (2003).

80 On the debate generated by the December 2005 *"Discussion Paper"* see, *inter alia*, Gerber (2008).

to consumers in terms of price, choice, quality and innovation will leave the market (...)".[81] In accordance with this essential principle, the "Guidelines" introduce a distinction between 'foreclosure' of the market and 'anticompetitive foreclosure' (the later implying some form of harm to consumers).

Furthermore, the "Guidelines" introduce a dichotomy between price and non price abuses, establishing a particular benchmark which is limited to the former category and which corresponds to the "equally efficient competitor" (with the less efficient competitors in principle not being entitled to competition law protection in the context of the enforcement of abuse of dominant position regimes).

Despite the apparent signs of positive revaluation of commercial conduct aimed at maximizing profits in the short term, and taking advantage for that purpose of the efficiencies underlying some forms of market power – following an apparent line of convergence with US treatment of unilateral conduct by firms with market power – the "Guidelines", on the whole, do not provide a clear and consistent model of analysis.

We do not have room here to an *ex professo* analysis of the "Guidelines", but considering only its potential role as the basis for a distinctively EU more interventionist model of scrutinizing abusive conduct, following an intermediate perspective, not excessively dependent on formal parameters of evaluating the behaviour of such undertakings – something of a middle ground between the recent US non interventionist and benign antitrust stance in terms of Section 2 and the traditional EU enforcement of article 82 EC (current article 102 of the TFEU) – the aforementioned "Guidelines" are not up to that role and may have represented a missed opportunity (which is to be negatively emphasized after such a long period of debate as the one that followed the Commission's "Discussion Paper" of December 2005).

In the first place, the "Guidelines", in the important field of price abuses, establish cost tests and parameters for assessing rebates that are prone to operational and practical difficulties. In line with those practical difficulties for enforcing the model cost tests, the language and concepts used in a significant part of the "Guidelines" may be considered excessively vague (particularly when covering more complex economic assessments). Bearing in mind the sensitive and thin line dividing conduct leading to innovation and potentially beneficial to consumers from anticompetitive exclusionary be-

---

81 See Guidelines, par. 6.

haviour reproducing dominance in several related markets, it would have been useful guidance to establish same safe harbours to undertakings (although a group of much more limited safe harbours that the ones established in the DOJ 2008 Report on Section 2).

Moreover, the "Guidelines" also use an excessive number of exceptions to the general principles established and supposedly based on substantive economic criteria (e.g. as regards the aforementioned "equally efficient competitor test"). While in complex legal assessments based on economic factors and criteria, some exceptions would have to be retained, in order to preserve some flexibility of analysis, a more balanced use of such legal technique of exceptions should have been made (an aspect which is aggravated by the lack of practical examples that could somehow enhance the coherence and illustrative power, in terms of induction analysis, of the analytical models to be offered by the "Guidelines").

Due to those shortcomings, the "Guidelines" pave the way for a more substantive and economically driven analysis of exclusionary abuses, but at the cost of a serious uncertainty and lack of legal security to the undertakings. This new instrument may have the merit, notwithstanding those drawbacks, of initiating the discussion of an effects based and less ordoliberal approach in the field of article 102 of the TFEU, that may in time lead to a more balanced analytical model.

What is also particularly striking is that, in contrast with what happened in the recent past with several Commission "Guidelines" on the interpretation and enforcement of article 101 of the TFEU, the 2008 "Guidelines" on exclusionary abuses are only scarcely intertwined with the Court of the EU and the GC (CFI) jurisprudence in this field (which enhances the problems of uncertainty that plague most undertakings in this field and are highly undesirable as such).

Without multiplying the examples here, it is undeniably hard to conciliate an effects based approach in the field of article 102 of the TFEU with recent Court precedents, such as the "Michelin II" or the "British Airways" cases.[82] The least that can be said here is that there is a long road ahead in order to progressively build – through an active interplay of, on the one hand, precedents and refinements of analytical models by the Commission and, on the other hand, the jurisprudence of the Court of the EU and the GC (CFI) – a

---

82 See *"Michelin II"* case (T-203/01) and *"British Airways v. Commission"* case (T-219/99 and C-95/04).

new paradigm in terms of interpretation and enforcement of article 102 of the TFEU. That new paradigm would ideally correspond to an EU model of treatment of unilateral practices in convergence with the US – such convergence coming from an expected and desirable dual movement, involving more effects based analysis in the EU, in line with what happens in the US, and a less lenient approach in the US, more in line with the EU stance, following the May 2009 withdrawal of the DOJ 2008 Report on Section 2.

3.3. The Control of Public Intervention and the International Economic Crisis

Considering the EU 'momentum' – briefly stated above (**3.1.** and **3.2.**) – in terms of article 102 of the TFEU (article 82 EC) enforcement to incumbent undertakings that correspond to former state monopolies – sometimes in conjunction with article 106 of the TFEU (article 86 EC), which reinforces the scrutiny of entrepreneurial practices under article 102 – it is curious to verify that the EU, being allegedly more prone to public interventionism, has put in place effective means to curb state or public intervention, that, conversely, the US is deprived of. This is the result of the Supreme Court having established a "state action doctrine", which, somehow, limits the action of competition agencies as regards forms of antitrust monitoring of State created monopolies.[83] Accordingly, the US antitrust regime has no counter part whatsoever to the EU state aids rules or even to the regime on public intervention in the economy of article 106 of the TFEU (article 86 EC).[84]

While some renowned authors, like Kovacic (2008: 10) refer in this field an alleged "shared suspicion of government restraints on competition" on the part of US and EU competition agencies, and even consider – although with some caveats – this area as an area of "substantive similarity" between US and EU competition rules and cultures, we strongly disagree with such views.

This divergence is especially important in the current context of economic crisis, since, while both the US and the EU have engaged in massive public interventions of financial assistance to the financial sector and to certain industrial sectors (e.g., the car industry) -albeit in different forms and intensities, as the EU responses were less coordinated and more State driven due

---

83 On the so called *state action doctrine*, see, *inter alia*, the precedent that somehow stated it – "*Parker v Brown, 317 US 341 (1943)*".

84 On this point and emphasizing this contrast see Sappington, Sidak (2003: 479).

to the limitation of European integration – the potential competition distortions associated with such interventions are to be actively monitored in the EU and that will not essentially happen in the US.

In fact, in the EU context we may even consider a potential paradox here, because, although the crisis undeniably puts under strain the market mechanisms and forces and the legal instruments that safeguard it – as it typically happens with competition rules – conversely the conditions of the downturn have led to a 'de facto' tremendous expansion of the monitoring powers of the European Commission, acting as the EU competition authority.

We refer here, in particular, to the domain of state aid control and, more specifically, to state aid control related with the financial sector, with the Commission defining an extensive framework in order to monitor complex restructuring processes that are imposed to financial institutions beneficiaries of state aid (as the one which arises from the important "Commission Communication on the return to viability and the assessment of restructuring measures in the financial sector in the current crisis under State aid rules").[85] The fact that the US has no corresponding schemes or instruments to monitor competition distortions potentially arising from public financial assistance of such magnitude may be a further and undesirable element of imbalance in the exist strategies to the crisis followed in the two sides of the Atlantic.

REFERENCES

AHLBORN, Christian, EVANS, David
2008   «The Microsoft Judgment and its Implications for Competition Policy Towards Dominant Firms in Europe», Working Paper Series, April, available at SSRN (Social Science Research Network) – http://ssrn.com/abstract=1115867 (Accessed, November, 10, 2009).

AZCUENAGA, Mary
1992   «Market Power as a Screen in Evaluating Horizontal Restraints», in *Antitrust Law Journal*, vol. 60, pp. 935-975.

---

85 See *"Commission Communication on the return to viability and the assessment of restructuring measures in the financial sector in the current crisis under State aid rules"* – OJ C 195/9 of 19, 8, 2009.

BAKER, Donald
2009 «An Enduring Antitrust Divide Across the Atlantic over Whether to Incarcerate Conspirators and When to Restrain Abusive Monopolists», in *European Competition Journal*, vol. 5, n.º 1, pp. 145-199.

BAVASSO, Antonio
2003 *Communications in EU Antitrust Law – Market Power and Public Interest*, The Hague/London/New York: Kluwer Law International.

BLUNDELL-WIGNALL
2008 «The Subprime Crisis: Size, Deleveraging and some Policy Options», in *Financial Market Trends*, vol. 1, nº 94, Paris, pp. 24-45.

BRODLEY, Joseph
1995 «Post-Chicago Economics and Workable Legal Policy», in *Antitrust Law Journal*, vol. 63, pp. 683-712.

DESANTI, Susan
2007 «Whither Antitrust in the Supreme Court?», in *www.theantitrustsource.com* (Accessed, March,10, 2009).

DOERN, Bruce & WILKS, Stephen Editors,
1996 *Comparative Competition Policy*. Oxford: Clarendon Press Oxford.

DRAHOS, Michaela
2001 *Convergence of Competition Laws and Policies in the European Community*, The Hague/London/New York: Kluwer Law International.

EHLERMANN, C.D.
2000 «The Modernization of EC Antitrust Policy: A Legal and Cultural Revolution», in *Common Market Law Review*, vol. n.º 37, pp. 537-590.

ELHAUGE, Einer
2007 «Harvard, Not Chicago: Which Antitrust School Drives Recent Supreme Court Decisions», in *Competition Policy International*, vol. n.º 2, Autumn, pp. 59-82.

FAULL & NIKPAY, Editors,
2007 *The EC Law of Competition – Article 82*, Oxford: Oxford University Press.

FERREIRA, Eduardo Paz, MORAIS, Luís Silva
2009 «A Regulação Sectorial da Economia – Introdução e Perspectiva Geral», in PAZ FERREIRA, Eduardo *et al.* (ed.), *Regulação em Portugal – Novos Tempos, Novo Modelo?*, Coimbra: Almedina, pp. 7-38.

FIRST, Harry
2008 «Strong Spine, Weak Underbelly: The CFI Microsoft Decision», in *New York Law and Economics Research Paper*, n.º 08-17-April.

Fox, Eleanor
1998 «Antitrust Regulation Across National Borders: The United States of Boeing Versus the European Union of Airbus», in *Brookings Review*, vol. 16, Winter, pp. 30-32.
2001 «GE/Honeywell: The US Merger that Europe Stopped – A Story of the Politics of Convergence», in *Columbia Business Law Review*, 257, pp. 331-360.
2007 «Monopolization and Dominant Position: US and EU Views», in Mateus, Abel & Moreira, Teresa (ed.), *Competition Law and Economics – Advances in Competition Policy and Antitrust Enforcement*, The Hague / London / New York: Kluwer Law International, pp. 329-342.
2008 «The Efficiency Paradox», in *How the Chicago School Overshot the Mark – The Effects of Conservative Economic Analysis on US Antitrust*, Oxford: Oxford University Press, pp. 75-110.

Freeman, Peter
2009 «Competition Night?», in *Concurrences*, n.º 1-2009, pp. 1-2.

Furse, Mark
2006 «Issues Relating to the Enforcement and Application of Criminal Laws in Respect of Competition», in Mardsen, Philip (Editor), *Handbook of Research in Trans-Atlantic Antitrust*, Cheltenham / UK-Northampton / MA, USA: Edward Elgar, pp. 466-492.

Geradin, Damien,
2000 *The Liberalization of State Monopolies in the European Union and Beyond*, The Hague / London / New York: Kluwer Law International.
2007 *Global Competition Law and Economics*, Oxford / Portland, Oregon: Hart Publishing.

Geradin, Damien (ed.)
2004 *Remedies in Network Industries: EC Competition Law vs. Sector Specific Regulation*, Antwerp / Oxford: Intersentia.

Gerber, D.J.
2008 «The Future of Article 82: Dissecting the Conflict», in Ehlermann, CD & Marquis, M. (ed.), *European Competition Law Annual 2007: A Reformed Approach to Article 82 EC*, Oxford – Portland, Oregon: Hart Publishing, pp. 56-91.

Grady, Kevin
2006 «Lessons Learned from the US Experience *in Private Enforcement of Competition Laws*», in Marsden, Philip (ed.), Handbook of Research in Trans-

Atlantic Antitrust, Cheltenham,UK-Northampton,MA, USA: Edward Elgar, pp. 515-540.

HARBER, Pamela Jones
2007 «The Supreme Court's Antitrust Future: New Directions or Revisiting Old Cases?», *www.theantitrustsource.com* (Accessed, December, 2, 2009).

HAWK, Barry
2007 «EC Modernisation and Antitrust Law», in Mateus, Abel & Moreira, Teresa (ed.), *Competition Law and Economics – Advances in Competition Policy and Antitrust Enforcement – Part I – Antitrust Enforcement: The Modernisation Package*, The Hague / London / New York: Kluwer Law International pp. 41-60.

HAWK, Barry (ed.)
2008 *Fordham 2007 Competition Law Institute – International Antitrust Law & Policy, PANEL DISCUSSION – Remedies and Sanctions for Unlawful Unilateral Conduct*, Huntington, NY: JurisPublishing, pp. 613-651.

International Competition Network
2008 Cartel Settlements – Report to the ICN Conference, Kyoto, Japan.

JORDANA & LEVI-FAUR (ed.)
2004 *The Politics of Regulation in the Governance of the European Union*, Cheltenham, UK-Northampton,MA, USA: Edward Elgar.

KOMNINOS, Assimakis
2008 *EC Private Antitrust Enforcement – Decentralised Application of EC Competition Law by National Courts*, Oxford – Portland, Oregon: Hart Publishing.

KOVACIC, William
2001 «Transatlantic Turbulence: The Boeing-McDonnell Douglas Merger and International Competition Policy», in *Antitrust Law Journal*, vol. 68, pp. 805-831.
2008 *Competition Policy in the European Union and the United States: Convergence or Divergence?*, Bates White Fifth Annual Antitrust Conference, Washington DC.

LAO, Marina
2005 "Aspen Skiing and Trinko: Antitrust Intent and 'Sacrifice'", in *Antitrust Law Journal*, vol. 73, pp. 171-208.

MAJORAS, Deborah Platt
2008 «Convergence, Conflict and Comity: The Search for Coherence in International Competition Policy», in *2007 Competition Law Institute – Fordham University School of Law – International Antitrust Law & Policy*, pp. 1-24.

MORAIS, Luís
2006 «La Défense de la Concurrence au Portugal – Les Relations entre l'Autorité de Concurrence et les Autorités de Régulation Sectorielle – Les Sanctions en Cas d'Atteintes à la Concurrence», in *Estudos em Homenagem ao Professor Doutor Marcello Caetano no Centenário do seu Nascimento*, Coimbra: Coimbra Editora, pp. 127-149.
2010 (forthcoming) *Joint Ventures and EU Competition Law*, Oxford – Portland, Oregon: Hart Publishing.

MOSSO, Carles Esteva *et al.*
2007 *The EC Law of Competition – Article 82*, Oxford: Oxford University Press.

MOTTA, Massimo
2004 *Competition Policy – Theory and Practice*, Cambridge: Cambridge University Press.

MURIS, Timothy
2001 *Merger Enforcement in a World of Multiple Arbiters*, Remarks before the Brookings Institution Roundtable on Trade and Investment Policy, Washington DC, December.

NEVEN, Damien
2008 «Managing the Financial Crisis in Europe: Why Competition Law is Part of the Solution, Not Part of the Problem», in *Global Competition Policy* (online magazine).

NEVEN, D. & RÖLLER, L-H
2000 «Consumer Surplus versus Welfare Standard in a Political Economy Model of Merger Control», in WZB Working Paper FS IV 00-15.

O'DONOGHUE, Robert & PADILLA, Jorge
2006 The Law and Economics of Article 82 EC, Oxford – Portland, Oregon: Hart Publishing.

OECD
2003 Hardcore Cartels: Recent Progress and Challenges Ahead, Paris: OECD
2009 Competition and the Financial Crisis, Paris: OECD.

OLIVER, Geoffrey
2009 «The EU Commission's Guidance on Exclusionary Abuses: A Step Forward or a Missed Opportunity», in *Concurrences*, n.º 2-2009, pp. 27-29.

PITOFSKY, Robert, Editor
2008 *How the Chicago School Overshot the Mark – The Effects of Conservative Economic Analysis on US Antitrust*, Oxford: Oxford University Press.

ROCHEFORDIERE, Christophe de la
2001 «Structural versus Behavioural Remedies: American Hesitations in the Telecommunications Sector», in *Competition Policy Newsletter*, N.º 2- June, pp. 11-14.

SAPPINGTON, David & SIDAK, Gregory
2003 «Competition Law for State Owned Enterprises», in *Antitrust Law Journal*, vol. 71, pp. 479-523.

RIDYARD, Derek
2009 «The Commission's Article 82 Guidelines», in *European Competition Law Review*, Volume 30, Issue 5, pp. 230-236.

SCHOEN, Frank
2005 «Exclusionary Conduct After Trinko», in *New York University Law Review*, vol. 80, n.º 5, pp. 1625-1660.

SHELANSKY, Howard & SIDAK, Gregory
2001 «Antitrust Divestiture in Network Industries», in *University of Chicago Law Review*, vol. n.º 68, pp. 1-99.

SIRAGUSA, Mario & RIZZA, Cesare, (ed.),
2007 *EU Competition Law*, Volume III, *Cartel Law*, Leuven, Belgium: Claeys & Casteels.

VELJANOVSKY, Cento
2004 «EC Merger Policy after GE/Honeywell and Airtours», in *The Antitrust Bulletin*, vol. n.º 1, pp. 152-185.

VICKERS, J.
2008 «The Financial Crisis and Competition Policy: Some Economics», in *Global Competition Policy*, Release: Dec-08(1), pp. 1-10.

WEINBERG, Jeremy
2006 «Judicial Review of Mergers in Europe: Tetra Laval, GE Honeywell and the Convergence Towards US Standards», in Marsden, Philip (ed.), Handbook of Research in Trans-Atlantic Antitrust, Cheltenham,UK-Northampton, MA, USA: Edward Elgar, pp. 153-194.

WILS, Wouter
2005 *Principles of European Antitrust Enforcement*, Oxford-Portland, Oregon: Hart Publishing.

MINORITY SHAREHOLDINGS AND MERGER CONTROL IN PORTUGAL
António Ferreira Gomes[1,2]

Abstract: *This paper discusses the competitive effects of minority shareholdings and their role in Merger Control in Portugal. The existence of common shareholders in competing firms is also discussed, as it may imply considering, under certain circumstances, those firms as one economic unit, for the purposes of the application of competition rules. We also present a case of remedy implementation, where minority shareholdings on the merged entity were considered to assess the independent nature of a company which was proposed to manage a power plant.*

Summary: Introduction. Unilateral Effects of Minority Shareholdings. Coordinated effects of Minority Shareholdings. Minority Shareholdings in Portuguese Merger Control. Common Shareholders in Competing Firms. Minority Shareholdings in Remedy Implementation. Conclusion.

INTRODUCTION

Recently, in 2008, the OECD Competition Committee[3] debated the topic of minority shareholdings and interlocking directorates[4], as there may be negative

---

[1] Director, Merger Department, Portuguese Competition Authority; Assistant Professor, Universidade de Aveiro, Portugal.

[2] The author gratefully acknowledges the helpful comments of Ana Sofia Rodrigues, and the help of Paulo Gonçalves in reviewing the paper. The views expressed are those of the author and do not necessarily represent those of the Portuguese Competition Authority.

[3] OECD, Policy Roundtables – Minority Shareholdings, 2008, www.oecd.org/dataoecd/40/38/41774055.pdf [date of access: 15.11.2009].

[4] Interlocking directorates refer to situations in which one or more companies have one or more members of their respective board in common.

effects on competition both on an unilateral perspective, through the reduction of individual incentives to compete, and on a coordinated perspective, by facilitating collusion.

The relevance of the topic to merger control relates to the possible existence of an enforcement gap. In fact, in most jurisdictions, minority shareholdings are only taken into account in merger control review in so far as these shareholdings allow for some type of control over the undertaking at stake. Although minority shareholdings may have an impact on the structure of competition between the players in the market, these are often not duly considered when analysing the possible negative effects on competition resulting from a merger.

A shareholder has a minority shareholding or partial ownership whenever it holds less than 50% of the voting rights or equity rights of a company, the target company. This minority shareholding may or may not entitle the shareholder to exercise control over the company, i.e., the ability to exercise decisive influence over its strategic decisions.

Hence, minority interests may be active, if they entitle the owner to exercise some sort of control or influence over the target company, or passive, if the shareholder is only entitled to a share in the profits or losses of the target. Competition concerns may, however, arise from both active and passive minority shareholdings[5].

In this paper we will give a short overview on the possible unilateral and coordinated effects of minority shareholdings, and will discuss these issues in the context of Portuguese merger control. Common shareholders in competing firms will also be analysed, as it has been considered in a merger case review by the Portuguese Competition Authority (PCA). Finally, we also present a situation of remedy implementation, where minority shareholdings were relevant, particularly in the assessment of the independent nature of a company which was proposed to manage a power plant, in consequence of a remedy imposed on EDP[6], following a merger review by PCA.

---

5 Most equity investments are benign and can generate efficiencies, as they can contribute to reduce and diversify risks, to develop, manufacture, and market new products, to gain access to markets, to improve managerial practices, to enhance technological capabilities through research and development (R&D), and so on. However, when these investments involve actual or potential competitors, possible competition concerns might arise, which ought to be balanced with the benefits.

6 EDP accounts for most electricity production capacity in Portugal.

UNILATERAL EFFECTS OF MINORITY SHAREHOLDINGS

Focusing on unilateral effects as a consequence of minority shareholdings, economic theory shows it is possible that, for example, when a firm owns equity in a competitor, the firm will have an incentive to unilaterally reduce output and increase prices. Profit maximization by the firm will take into consideration the profit of the competitor, in which it has a passive shareholding, producing a positive correlation among their profits.

In the context of a modified Cournot Model, with identical firms producing homogeneous products at constant marginal costs, which considers that entry is blockaded or it is a difficult and lengthy process, Reynolds & Snapp (1986) show that, independently of increased opportunities for collusion, there are structural effects of partial equity interests, when the firms involved are actual or potential competitors.

The losses in sales incurred, as a result of unilateral output restrictions by the investing firm, may be partially recovered through the minority share in the participated firm, and firm's incentives to compete are reduced. Market output will be a declining function of the extent to which firms are linked, because these equity investments link the profits of the firms involved, and thus have an effect on their profit maximisation. On the contrary, with ease of entry, new firms would be attracted by the increased profits in the markets, and any rents would be eliminated.

If only a few firms are linked and the links are small, it is expected that output will not be restricted significantly. However, when all the firms in the market are linked, the reduction in output may be significant[7]. Reciprocal links will enhance output restriction in the market. Additionally, the higher the level of the ownership interests, the higher the incentives for output reduction.

The unilateral effects that may arise from minority shareholdings will depend on several factors, starting with the structure of the market. An oligopolistic structure, with few firms, and high barriers to entry, increases the likelihood of unilateral price rises. However, one must also give particular attention to the size of the minority interest, the market share of the target, the degree of substitutability between the investing firm and the participa-

---

7 Reynolds & Snapp (1986: p. 146) examined the output effects of widespread ownership linkages, using quantitative estimates. As an example, the authors show that "if five Cournot competitors had ten percent equity interests in each other, equilibrium market output would be 10.0 percent less". Moreover, when ownerships interests are at the maximum level, regardless of the number of firms in the market, firms will produce the monopoly output.

ted firm, the diversion ratio between the two firms, and the firm's respective variable costs and margins.

The mere existence of minority shareholdings will not necessarily lead to unilateral effects, given that the likelihood that a price increase will be profitable depends on several factors. When assessing the effects of such structural links between competing firms, competition agencies should take into consideration both the structural and the transaction specific variables which may influence the profit maximisation of firms in the market.

Additional factors to consider may be the inability to capture the benefits associated with the minority stake, potentially conflicting incentives of management (particularly when it is not the firm which directly owns an equity interest in its competitors, but it is an indirect interest by a controlling shareholder), the inability to influence the target's management decisions or incomplete information on the target, which should all be looked at with caution.

In the presence of minority shareholdings linking competitors, the usual Herfindahl-Hirschman concentration index (HHI)[8] will understate the level of concentration in the market. Bresnahan & Salop (1986) have developed a Modified Herfindahl-Hirshman Index[9] (MHHI[10]) to take into account partial equity acquisitions, which can be used to identify possible competition concerns involving minority shareholdings, albeit, just as with the HHI, this index should only be the first indicator and not a sufficient tool to conclude competition concerns will in fact arise.

If we were in the presence of a full merger between two firms in the market, the MHHI delta would be twice the product of the firms' market shares, which would be exactly the same as the HHI delta. In the case of the acquisition by

---

8 The HHI index corresponds to the sum of the squared market shares of the firms in the market. The difference between the pre and post merger HHI is given by the so-called *delta*. For the use of HHI, see, for example, the 1992 Guidelines of the US FTC and DOJ on Horizontal mergers and the European Commission Guidelines on the Assessment of Horizontal Mergers (OJ C 31, 5.2.2004).

9 The MHHI was developed in the context of horizontal joint ventures, within the standard non-cooperative oligopoly model. The authors looked at different financial interest and control mechanisms which might govern joint venture agreements: silent financial interest (where the parents have no control over the pricing or output decisions of the joint venture); control by one parent with silent financial interest; full ownership by one parent; financial interest plus joint control; and financial interest plus competitor-based escalator clauses. The work of Bresnahan & Salop (1986) was further developed in O'Brian & Salop (2002) and O'Brian & Salop (2001).

10 The European Commission has used the MHHI in its Decision on Case No IV/M.1383 – Exxon/Mobil, §256, 29.9.1999; and on Case COMP/M.2283 – Schneider/Legrand, §18, 30.1.2002. In Portugal, the MHHI has not been used. For an application on the MHHI, see also "A powerful competition policy", Report No. 1/2003 of the Nordic Competition Authorities.

one firm of a pure equity interest, the MHHI delta equals the equity interest times the product of the two firms' market shares. This will be lower than in the case of a full merger, but the acquisition of a non-controlling minority shareholding would not be captured by the HHI delta (which would be zero), where the MHHI would be higher than the HHI.

The MHHI can still be adjusted for control, i.e., taking into account the degree of control that can be exercised by a minority shareholding. One way to adjust the MHHI is to use the Banzhaf power index which is based on the idea that the voting power of a member reflects how often the voting share can be used to swing a losing coalition into a winning one[11]. One may also use the Shapley-Shubik index (also known as Shapley value), a measure of a player's power in any voting game, to take account for control, which measures how often a player contributes to the creation of a winning coalition[12].

COORDINATED EFFECTS OF MINORITY SHAREHOLDINGS

Structural links between competitors, through minority shareholdings, may also cause coordinated effects, as they may facilitate tacit or explicit collusion. Three conditions are necessary for coordination[13]: there must be sufficient market transparency in order to monitor whether or not the firms are adopting the common policy; the retaliation or punishment in case of deviation must be severe and credible; the foreseeable reaction of actual and potential competitors, as well as of consumers, must not jeopardise the common policy.

Passive investments may, in some circumstances, contribute to the conditions for the establishment or the stability of collusion, by increasing transparency or negatively affecting the incentives for competition among firms.

These equity interests may allow the investing firm to access sensitive information on the business strategy of the target, such as prices or investments, increasing transparency and facilitating monitoring of common policy. This can be enhanced if the investing firm is able to appoint board members or senior managers.

The existence of links between the companies may also change their pay-offs, which affects their incentives to compete. The investing firm, for example,

---

11 For an application, see the Report No. 1/2003 of the Nordic Competition Authorities.

12 For an application, see Campos & Vega (2004).

13 These conditions were highlighted by the Court of First Instance in the case Case T-342/99, Airtours plc v Commission of the European Communities, before the Court of First Instance of the European Communities (Fifth Chamber) [2002] ECR II-02585.

may refrain from price-cutting on a collusive price, as it would suffer part of the losses the target firm would incur. Coordinated effects may be particularly relevant when a maverick firm invests on a competitor, as it signals to the companies in the market its intention of not competing vigorously. The industry maverick, which could be making collusion unstable before the equity investment, would be signalling its commitment not to price-cut.

MINORITY SHAREHOLDINGS IN PORTUGUESE MERGER CONTROL
Merger Control in Portugal follows closely the European Union regime[14], based on the notion of "concentration", which occurs when there is a lasting change in control over the target business. According to article 8 (3) of the Portuguese Competition Law[15], control results from the ability to exercise a decisive influence over the activity of a company, and can be a *sole* or a *joint control*, exercised on a *de jure* or a *de facto* basis.

In the case of acquisitions of joint control, the PCA has in the past blocked mergers[16], as a dominant position would be created or reinforced, resulting in significant impediment to competition in the relevant markets.

Through the acquisition of a minority shareholding, the acquiring firm may be able to exercise control over the target company. These acquisitions of control, as long as notification threshold are met, are under Portuguese merger control jurisdiction, as there can be joint control[17] over the company, or even sole control[18].

---

14 See Council Regulation (EC) No. 139/2004 of 20 January 2004 on the control of concentrations between undertakings; Official Journal L 24, 29.01.2004.

15 Law No. 18/2003, of 11 of June.

16 See Case Ccent. 37/2004 – Barraqueiro / Arriva, 25.11.2005; and Case Ccent. 22/2005 – Brisa / AEA / AEO, 07.04.2006.

17 The Portuguese Competition Authority has analysed several acquisitions of joint control, involving the acquisition of minority shareholdings, under 50% of the voting rights or equity rights of a company; see, for example, cases Ccent. 20/2003 – KONONKLIJKE PHILIPS ELECT, NV / ACCTON CORP – APWN, 03.07.2003; Ccent. 53/2003 – CTT / MAILTEC HOLDING, 26.02.2004; Ccent. 36/2004 – PETROCER / PARPÚBLICA, 23.12.2004; Ccent. 2/2004 – CGD * BES / LOCARENT, 04.03.2004; Ccent. 41/2004 – ES Viagens / Sonae Turismo / Ibéria / Mundo VIP, 01.02.2005; Ccent. 48/2004 – EMBRAER / EADS / EMPORDEF (OGMA), 17.02.2005; Ccent. 50/2005 – NATUREZA / JULIAN MARTIN / CAJA DUERO, 29.09.2005; Ccent. 58/2005 – IBERSUIZAS e OUTROS / SELENIS, 09.11.2005; Ccent. 45/2006 – Inter-Risco / Serlima Gest / Serlima Services, 23.11.2006; Ccent. 80/2005 – Farmindústria / JMP II / Alliance Santé / Alliance Unichem, 31.01.2007; Ccent. 1/2007 – SAG GEST – Nuno Lobo / AUTOLOMBOS, 23.02.2007; Ccent. 57/2008 – Change / Mundo VIP, 24.10.2008; Ccent. 29/2008 – MOTA ENGIL / ES CONCESSÕES / ASCENDI, 19.06.2008; Ccent. 22/2009 – ES TECH Ventures * Caixa Web * Portugal Telecom / PT Prime Tradecom, 23.07.2009.

18 See Case Ccent. 39/2009 – Unicer / NewCoffee II, 30.10.2009, where the acquisition by Unicer of a shareholding of [30-40]% was considered to constitute the acquisition of negative sole control over NewCoffee II.

However, the acquisition of passive minority shareholdings, i.e., non-controlling minority shareholdings, do not constitute a concentration, according to Article 8 of the Portuguese Competition Law, and, as such, the PCA has no jurisdiction over those transactions in what concerns *ex-ante* scrutiny.

When a transaction constitutes a concentration, passive minority shareholdings are not taken into account for the purpose of calculating the turnover of the undertakings concerned[19], and thus are not considered when verifying whether the turnover threshold is met. These passive shareholdings are also not considered for the purposes of market share threshold verification.

One should note, however, that the Portuguese notification form[20], in its section 3.3., requires information from the notifying parties concerning situations in which the notifying parties have one or more members of their respective board in common with companies which operate in the same relevant markets, and requires them to list the companies in which they hold a minority shareholding, which operate in the same relevant markets. In some cases, the same information may be required concerning companies active in related markets.

This means that the PCA, whenever a concentration meets the notification thresholds, and is subject to review, may take into account the holding of minority shares by the notifying parties, as part of its assessment of the case. This can be the case of an acquisition of control over a company, even when there is no vertical or horizontal overlap with the activities of the acquirer, when the acquirer already owns minority shareholdings in the same relevant markets or in related markets.

The Portuguese Competition Law establishes a dominance test for merger review. As such, in the presence of minority shareholdings, it is important to verify if those shareholdings may contribute to the creation or strengthening of a dominant position, unilateral or collective, which results in significant impediment to effective competition. Notwithstanding, up to present the PCA has not contested a merger on the basis of existing minority shareholdings in competing firms.

If the role of minority shareholdings in Portuguese merger control is similar to the European regime, other jurisdictions allow for a more relevant role. This is the case of the United States, Germany, Austria, United Kingdom or Norway.

---

19 See Article 10 of the Portuguese Competition Law (Law No. 18/2003, of 11 of June).

20 Regulamento No. 120/2009, of 17.03.2009, available at www.concorrencia.pt [date of access: 15.11.2009].

In the United States, according to Section 7 of the Clayton Antitrust Act, which governs mergers and acquisitions, antitrust authorities are granted jurisdiction over partial acquisitions of horizontal competitors, even if the acquisition does not allow for control over the target company, and independently of the size of the shareholding acquired ("the whole or any part of the stock or other share capital"), as the effect of such acquisition may be substantially to lessen competition[21]. As stated in Section 7, "[t]his section shall not apply to corporations purchasing such stock solely for investment and not using the same by voting or otherwise to bring about, or in attempting to bring about, the substantial lessening of competition". Even though it is not necessary that an acquisition of control occurs, for the application of Section 7, it is required a certain degree of influence over the actions of the target firm, such as the ability to appoint a member of the target's board, or access, by the acquirer, to sensitive information regarding the activities of the target company.

Merger provisions in Germany and Austria also apply to passive minority shareholding acquisitions, given that all acquisitions of at least 25% shareholding in a company are under the jurisdiction of the Bundeskartellamt[22] and the Austrian Federal Competition Authority.

The United Kingdom has a voluntary notification regime, which allows for vigilance on minority shareholdings acquisitions without increasing the burden on companies. A mere passive investment by non-competing firms will generally not be notified or lead to an *ex-officio* intervention by the OFT. However, non-controlling minority stakes may be subject to scrutiny[23] as there can be a material influence of the target company which may raise substantive issues.

---

21 Issues relating to interlocking directorships are covered by Section 8 of the Clayton Act.

22 See, for example, Decision of the Bundeskartellamt of 27.02.2007, B5-27742 Fa 198/07, A-Tec/Norddeutsche Affinerie, where the acquisition of a 13.75% shareholding of Norddeutsche Affinerie by the Austrian copper manufacturer and rival A-Tec, including the right to appoint three members of the supervisory board, was prohibited on the basis that it would have created a dominant position on the EEA market for oxygen-free copper billets.

23 See, for example, Case BSkyB/ITV, where the acquisition of a 17.9% shareholding in ITV by Sky was ultimately blocked by the Competition Comission ("CC"), as the CC concluded that BSkyB would have the ability materially to influence the policy on ITV and would exercise its ability so as substantially to lessen competition in the market for all-television services (Acquisition by British Sky Broadcasting Group Plc of 17.9 percent of the shares in ITV Plc Report sent to Secretary of State (BERR) 14 December 2007). For an analysis on this case and on the ruling of the Competition Appeal Tribunal ("CAT"), see also Cartlidge & Broderick (2009). In this case, the CC considered that a divestment of shareholding to a level below 7.5% would be effective in remedying the substantial lessening of competition and the adverse effects resulting from the acquisition.

Under the Entreprise Act 2002, UK merger jurisdiction deals with three levels of ownership interest: (i) a "controlling interest", known as *de jure* or legal control (greater than 50% share of voting rights); (ii) the "ability to control policy", known as *de facto* control (shareholdings below 50%); and (iii) the "ability materially to influence the policy" of the target company, known as material influence. "A shareholding conferring on the holder 25 per cent or more of the voting rights in a company generally enables the holder to block special resolutions; consequently, a 25 per cent share of voting rights is likely to be seen as presumptively conferring the ability materially to influence policy – even when all the remaining shares are held by only one person. The OFT may examine any case where there is a shareholding of 15 per cent or more in order to see whether the holder might be able materially to influence the company's policy. Occasionally, a holding of less than 15 per cent might attract scrutiny where other factors indicating the ability to exercise influence over policy are present"[24].

Scrutiny is on a case-by-case basis, and to assess whether there is an acquisition of "material influence", the OFT will take into account: "the distribution and holders of the remaining shares; patterns of attendance and voting at recent shareholders' meetings; the existence of any special voting or veto rights attached to the shareholding under consideration; and any other special provisions in the constitution of the company conferring an ability materially to influence policy" as well as "whether the acquiring entity has or will have board representation" and "whether any additional agreements with the company enable the holder to influence policy"[25].

In the case of Norway, notwithstanding the harmonization of the Norwegian competition law with the European Union merger control rules, in its revision of 2004[26], the Norwegian Competition Authority maintained the possibility to intervene against an acquisition of shareholdings in an undertaking even if the acquisition will not lead to control of that undertaking.

The acquisition of minority shareholdings is a concern in Norway in particular due to the structure of the Norwegian electricity market, characterized by high concentration of ownership and extensive direct and indirect owner-

---

24 See OFT Mergers – Substantive Assessment Guidance (2003), §2.10.

25 *Ibidem*.

26 Act on Competition between undertakings and control of concentrations, 5 March 2004 (Competition Act 2004).

ship relations between different companies (minority shareholdings, cross-ownership and joint ownership)[27].

Considering the different regimes of merger control, some of which, as described above, apply merger rules to the acquisition of minority shareholdings independently of the acquisition of control, may be important to discuss whether the Portuguese Competition Law should evolve to allow for acquisitions of non-controlling minority shareholdings to be under the PCA's merger jurisdiction.

In 2001, the European Commission addressed the issue of passive investments in the Green Paper on the Review of Council Regulation (EEC) No 4064/89, recognizing that "a minority shareholding (potentially coupled with interlocking directorships) may alter the linked companies' incentives to compete and thus have an impact upon market conditions"[28].

The Commission considered, however, that it would seem disproportionate to subject all acquisitions of minority shareholdings to the *ex ante* control of the Merger Regulation, as "it appears that only a limited number of such transactions would be liable to raise competition concerns that could not be satisfactorily addressed under Articles 81 and 82 EC"[29]. Moreover, the Commission questioned "whether an appropriate definition could be established capable of identifying those instances where minority shareholdings and interlocking directorships would warrant such treatment".

The EC Merger Regulation (ECMR)[30] of 2004 still limits the application of merger control to acquisitions of control, as the Commission and the Member States considered that an *ex-ante* notification mechanism would impose an unnecessary burden on companies, and that Articles 81 and 82 EC were adequate to address the competition concerns that could arise from passive investments.

Ezrachi & Gilo (2006) discuss how Articles 81 and 82 EC may fill the gap left by the ECMR in the regulation of passive investments. The analysis of the

---

27 See Singh & Skjeret (2006). See also the Report No. 1/2003 of the Nordic Competition Authorities.

28 See Green Paper on the Review of Council Regulation (EEC) No 4064/89, §107.

29 *Idem*, §109.

30 Council Regulation (EC) No 139/2004 of 20 January 2004 on the control of concentrations between undertakings.

Philip Morris case[31], the BT/MCI case[32] and the Olivety/Digital case[33] seem to point to a narrow application of Article 81 EC, as the European Court of Justice, in the Philip Morris case, has focused on cooperation and influence. As stated by the Commission in the BT/MCI case, "[a]s a general rule, both the Comission and the Court of Justice have taken the view in the past that Article 85(1) does not apply to agreements for the sale or purchase of shares as such. However, it might do so, given the specific contractual and market contexts of each case, if the competitive behaviour of the parties is to be *coordinated* or *influenced*". Consequently, as highlighted by Ezrachi & Gilo (2006), "Article 81 EC could potentially cover cases where passive investments failing short of establishing *control*, facilitate coordination or enable *some* influence. Yet, it is not applicable to passive investments which give rise mainly to unilateral anticompetitive effects"[34].

In what concerns the application of Article 82 EC, Ezrachi & Gilo (2006) consider it is rather limited, as it only applies to minority shares when involving a dominant acquiring firm, and when those shares enable the dominant company to indirectly influence (a *de jure* or *de facto* influence, falling short of the notion of control) the behaviour of its rival.

Considering there is a regulatory gap which enables passive investments which result in pure unilateral effects to be unchallenged, Ezrachi & Gilo (2006) suggest an *ex-post* review for acquisitions of non-controlling minority shareholders, which would be pursued by the Commission in exceptional cases, when market concentration and characteristics indicate that such investments may be substantially harmful for competition[35]. This would have the advantage of not increasing the burden on firms and the Commission that would result from an *ex-ante* review, and, when necessary, a de-merger would not be a difficult exercise, as it would only involve the sale of the minority shareholding.

---

31 Cases 142/84 and 156/84, *British American Tobacco Company Limited and R. J. Reynolds Industries Inc. V E.C. Commission (Philip Morris Inc. and Rembrandt Group Limited intervening)* before the Court of Justice of the European Communities (6th Chamber) [1987] ECR 4487; [1988] 4 CMLR 24.

32 Case IV/34.857, *BT/MCI* [1994] OJ L 223/36.

33 Case IV/34.410, *Olivetti/Digital* [1994] OJ L 309/24.

34 Ezrachi & Gilo (2006: 342).

35 This would require the definition of thresholds for intervention, in terms of the level of concentration of the markets and the level of the passive investment.

As referred by the authors, the economic analysis on the effects of passive investments is very similar to the analysis of horizontal mergers, both on its unilateral and coordinated effects. Furthermore, the substantive test underlying the ECMR could also be extended to cover passive investments. The inclusion of an *ex-post* assessment in the ECMR would also have the advantage of flexibility, compared to the application of Articles 81 and 82 EC.

Taking into consideration that most passive investments are benign, it would seem disproportionate to introduce the need for mandatory notification of those acquisitions in a future review of the Portuguese Competition Law, as it would impose unnecessary burden on undertakings and on the PCA, in detriment of the capacity to review acquisitions of control. One should also note that the notion of control is not limited to *de jure* control but also to *de facto* control, encompassing already a broad scope, allowing merger control to capture the ability to exercise a decisive influence on an undertaking.

Articles 4 and 6 of the Portuguese Competition Law would also allow addressing the competition concerns originated by passive investments, at least partially, if one applies a similar reasoning as in Ezrachi & Gilo (2006). For those situations which might not be captured by the present merger regime or by Article 4 or 6, perhaps a discussion on the merits of an *ex-post* solution, as suggested by Ezrachi & Gilo (2006), should be undertaken in the context of a revision of the Portuguese Competition Law.

COMMON SHAREHOLDERS IN COMPETING FIRMS

A recent case[36] analysed by the PCA raised the issue of whether common shareholders in competing firms could lead to considering the two companies as a single economic unit, under the concept of undertaking, given by Article 2 of the Portuguese Competition Law[37].

Until November 2007, Portugal Telecom (PT), Portugal's largest telecommunications operator, held a 58% share of PT Multimedia. The two firms were active in the same relevant markets (namely broadband Internet services

---

36 See Case Ccent. 56/2007 – CATVP/BRAGATEL/PLURICANAL, 21.11.2008.

37 Article 2 (1) states: "For the purposes of this Act, an undertaking is considered to be any entity exercising an economic activity that consists of the supply of goods and services in a particular market, irrespective of its legal status or the way in which it functions"; which is complemented by article 2 (2): "A group of undertakings is considered as a single undertaking if, though legally distinct, they make up an economic unit or maintain ties of interdependence or subordination among themselves arising from the rights or powers set out in Article 10 (1)".

and voice telephony) or in related markets in the telecoms sector. Given the interdependence between the two firms and the existing legal link of subordination, the PCA has considered they constituted a single economic unit, and a sole undertaking[38], for the purposes of application of the competition law.

Following a decision by PT's general assembly of shareholders, PT pursued the spin-off of PT Multimedia, in November 2007, with the distribution to its shareholders of its interest in PT Multimedia. At the time, the PCA was analysing the acquisition by PT Multimedia (presently ZON) of two cable operators, notified in August 2007.

Initially, as stated in the final decision of the merger case[39], the presence of a set of reference shareholders, which were common to both firms, did not allow the PCA, when deciding to proceed to in-depth investigation, to rule out the possibility that the two firms still constituted one same undertaking, according to Article 2 of the Competition Law. The PCA identified certain factors, given the significant overlap in ownership of both firms, which could lead to this possibility: the voting by shareholders with qualified participations in both companies had been enough to approve relevant matters in general assembly; the existence of common interests between common shareholders; the Boards of Administration of both firms were previously proposed by the same shareholders, which could happen in the future; there were interdependence relationships, namely in what concerns service contracts.

Nonetheless, in the final decision, the PCA, having analysed the effectiveness of the spin-off, concluded the two firms would be considered two independent undertakings, in line with the understanding expressed by the sector regulator, ICP-ANACOM. The PCA considered, also taking into account the evolution of shareholders' positions after the spin-off, that there was no concrete proof of common interests between shareholders, and that one would have to wait for the next election of the board of Zon to see how the choice of the board members would occur. Moreover, part of the contracts between the two companies had already been terminated and others were about to be terminated. Legal and accounting separation of the two firms, together with the observed market behaviour, with the launching of competing offers by the two companies, led the PCA to conclude for the separation of PT and Zon, in the application of competition rules.

---

38 See, for example, Case Ccent. 08/2006 – Sonaecom / PT, 22.12.2006.

39 See Decision on Case Ccent. 56/2007 – CATVP/BRAGATEL/PLURICANAL, §17, 21.11.2008.

Although it might be juridically controversial, the existence of common minority shareholders in competing companies may lead to considering those companies to integrate the same economic unit, for the purposes of applying competition law. There is an economic rationale to support such a position, as is well expressed in Brito, Cabral & Vasconcelos (2008), on "Duopoly Competition with Common Shareholders".

Building on the work of Reynolds & Snapp (1986), Bresnahan & Salop (1986), and Flath (1992), which was concerned with the case when firms own shares in rival firms, Brito, Cabral & Vasconcelos (2008) consider the case of shareholders who hold positions in more than one firm. In a duopoly setting, the authors develop a methodology for evaluating competition and welfare when shareholders hold (partial) positions in more than one competitor, either directly or through cross-holdings.

The paper develops a Cournot model (capacity competition) and a Hotelling model (to take into account differentiated products), considering shareholder weight (both in terms of share holdings and of voting rights). In a situation where several shareholders hold partial shares in both competitors, market performance will be somewhere between the extremes of monopoly (the case if one shareholder owns or controls both firms) and duopoly with totally independent firms.

It is assumed that each firm will maximize a weighted sum of all of its shareholders' payoffs, where ownership shares are the weights considered. The firm's maximization will take into account that there are shareholders with direct and indirect interests in both firms. The study shows that an increase in common holdings (shareholder k owning shares in firms i and j) or in cross holdings (firm i owning shares in firm j) leads to a decrease in welfare.

The authors have applied the model to the spin-off of PTM by PT, considering the shareholder composition just after the spin-off, and concluded that it hardly improved the conditions for market competition, if at all. On the contrary, if PT would have sold its share on PTM to independent shareholders, it would have considerably improved consumer welfare through increased competition. An additional improvement, they state, would have been obtained by completely separating the set of shareholders in PT and PTM.

Irrespective of the conclusion on the PT and PTM separation, competition agencies should be aware of the implications of common shareholders in competing firms, which may, in some particular cases, lead to consider those firms as one economic unit for the application of competition rules.

MINORITY SHAREHOLDINGS IN REMEDY IMPLEMENTATION

Structural links and interlocking directorates, in the context of merger assessment, may raise competition concerns which are only removed by the imposition of remedies[40]. However, even when a merger does not pose such concerns, the implementation of remedies may require an analysis on the existing equity interests. This may be the case when, for instance, a remedy consisting on the divestiture of a business or assets was imposed and the competition agency has to evaluate the independent nature of the potential acquirer, or its ability to compete effectively in the market, as the acquirer may have equity interests in the merged entity.

In June 2008, in order to allow for a clearance decision by the PCA concerning the acquisition of EDIA Assets[41], EDP Produção, the main energy company in Portugal, proposed a remedy which consisted in a temporary lease agreement for 5 years, to an independent third party, for the management of the hydro power plants of Aguieira and Raiva.

Both the manager and the lease agreement where subject to the PCA's approval. The third party proposed by EDP for the celebration of the Lease agreement was Iberdrola, the Spanish energy group, which holds a shareholding of 9.5% on EDP.

One of the issues covered in the analysis developed by the PCA, towards the approval of the candidate manager, was the impact of this minority shareholding of Iberdrola on EDP in terms of the management of the leased power plant.

The issue at stake, which was also raised by a third party in a letter addressed to the PCA later on, was whether one could assure that Iberdrola would manage Aguieira and Raiva independently of EDP.

---

40 The European Commission has considered, in several mergers, as a remedy, the divestment of minority shareholdings or the abandoning of interlocking directorates. See, for example, Case M. 1080 – Thyssen / Krupp, 2.6.1998; Case M. 1712 – Generali / INA, 12.1.2000; Case M. 1980 – Volvo / Renault, 1.9.2000; Case M. 3696 – E.ON / MOL, 21.12.2005; Case M. 3653 – Siemens / VA Tech, 13.7.2005.

41 See Case Ccent. 06/2008 – EDP / Activos EDIA (Pedrógão*Alqueva), 25.06.2008. By means of this merger, notified to the PCA in January 2008, EDP Produção, part of Grupo EDP, the largest electricity company in Portugal, active at the level of electricity generation, distribution and supply, was acquiring assets of the public company EDIA – Empresa de Desenvolvimento e Infra-Estruturas de Alqueva, S.A., namely the exploration rights for the hydroelectric component of the infra structures of EFMA – Empreendimento de Fins Múltiplos de Alqueva (Alqueva and Pedrógão's hydro-power plants), together with the right to proceed with a private exploration of the public hydro domain for the production of electricity and implementation of infrastructures for that purpose.

Even if no concerns could be raised regarding the independence of Iberdola and EDP in terms of control relationships, the same conclusion was not immediately straightforward in what concerned the economic incentives that would dominate in the management by Iberdrola of Aguieira and Raiva power plants.

One of the dimensions that were important in the assessment of the remedy, in terms of its impact in mitigating the increased market power that EDP would enjoy as a result of the merger[42], was the fact that the power plants to be leased were hydro power pants. Given the price-setting nature of hydro energy in Portugal, Aguieira and Raiva (both hydro power plants) were likely to have a stronger impact in mitigating EDP's market power following the merger than base load power plants[43].

However, Iberdrola's minority shareholding on EDP, the main electricity wholesale supplier – accounting for the majority of the electricity traded in Portugal –, raised issues in terms of the incentives of Iberdrola.

By managing Aguieira and Raiva independently of EDP, Iberdrola would obtain the profits for trading the electricity produced in those power plants. On the other hand, Iberdrola could manage Aguieira and Raiva strategically, by withholding electricity, in order to drive price increases. This price increase would apply to all the electricity traded by EDP in wholesale markets, thereby increasing the profits of EDP and, as such, Iberdrola earning's with its 9.5% shareholding. Given the fact that the energy traded by EDP is of various orders of magnitude higher than the electricity produced by Aguieira and Raiva, the issue was which of these effects would dominate in terms of the incentives driving Iberdrola's management of the two power plants.

The analysis conducted by the PCA demonstrated that Iberdrola's profit obtained by optimising its production in Aguieira and Raiva independently of EDP would always outweight the expected increase in the earnings associated with its 9.5% share in EDP, that would follow a strategic withhold of energy at the two power plants.

Independently of the final assessment on this particular case, this is an illustrative example of how minority shareholdings, even small, can drive

---

42 The competition concerns arising from the merger were related to the fact that EDP already accounts for the most part of the electricity production capacity in Portugal, endowing it with the ability to strongly influence the wholesale price of electricity.

43 See Federico & Lopez (2009) for the theoretical argument behind this statement.

economic incentives to an appreciable extent, and should be regarded with caution by competition authorities.

CONCLUSION

Merger Control in Portugal follows closely the European Union regime, and there is no jurisdiction over transactions which involve the acquisition of non-controlling minority shareholdings. However, this does not mean minority shareholdings have no role to play in merger control in Portugal. In fact, these minority shareholdings may be considered, for example, whilst analysing a notified merger (such as when a company which owns a passive interest in a company acquires control over a competing firm), or in the design and implementation of remedies. Minority shareholdings may also be relevant when there are common shareholders in competing firms, which, under certain circumstances, may imply considering those firms as one economic unit, for the purposes of the application of competition rules. We also presented a case of remedy implementation, where minority shareholdings in the merged entity were relevant in the assessment of the independent nature of a company which was proposed to manage a power plant, following a remedy imposed on EDP in a merger review by PCA.

REFERENCES

BRESNAHAN, Timothy & SALOP, Steven
1986 «Quantifying the Competitive Effects of Production Joint Ventures», in *International Journal of Industrial Organization*, vol. 4, No. 2, pp. 155-175.
BRITO, Duarte, CABRAL, Luís & VASCONCELOS, Hélder
2008 «Duopoly Competition with Common Shareholders», *mimeo*.
CAMPOS, Javier & VEGA, Gilberto
2008 «Concentration Measurement under Cross-Ownership: The Case of the Spanish Electricity Sector», in *Journal of Industry Competition and Trade*, vol. 3, No. 4, pp. 313-335.
CARTLIDGE, Howard & BRODERICK, Dervla
2009 «BSkyB/ITV: Competition Appeal Tribunal dismisses BSkyB's Appeal», in *Utilities Law Review*, vol. 17, No. 2, pp. 47-53.
EZRACHI, Ariel & GILO, David
2006 «EC Competition Law and the Regulation of Passive Investments Among Competitors», in *Oxford Journal of Legal Studies*, vol. 26, No. 2, pp. 327-349.

FEDERICO, Giulio & LOPEZ Angel Luis
2009   «Divesting Power», *IESE Business School Working Paper No. 812*, available at: http://ssrn.com/abstract=1434831 [date of access: 15.11.2009].

FLATH, David
1992   «Horizontal Shareholding Interlocks», in *Managerial and Decision Economics*, vol. 13, No. 1, pp. 75-77.

O'BRIAN, Daniel & SALOP, Steven
2000   «The Competitive Effects of Partial Ownership: Financial Interest and Corporate Control», in *Antitrust Law Journal*, vol. 67, No. 3, pp. 559-614.
2001   «The Competitive Effects of Passive Minority Equity Interests: Reply», in *Antitrust Law Journal*, vol. 69, No. 2, pp. 611-625.

REYNOLDS, Robert & SNAPP, Bruce
1986   «The Competitive Effects of Partial Equity Interests and Joint Ventures», in *International Journal of Industrial Organization*, vol. 5, No. 2, pp. 141-153.

SINGH, Balbir & SKJERET, Frode
2006   «Ownership relations and cooperation in the Norwegian power market», *SNF Report No. 35/2006*, Institute for Research in Economics and Business Administration (SNF), available at: http://bora.nhh.no:8080/bitstream/2330/1553/1/R35_06.pdf [date of access: 15.11.2009].

DOSSIER TEMÁTICO I

O *dever de colaboração e o princípio* nemo tenetur se ipsum accusare

AS GARANTIAS DE DEFESA NO PROCESSO SANCIONATÓRIO ESPECIAL POR PRÁTICAS RESTRITIVAS DA CONCORRÊNCIA CONFRONTADAS COM A JURISPRUDÊNCIA DO TRIBUNAL EUROPEU DOS DIREITOS DO HOMEM

Paulo de Sousa Mendes[1]

ABSTRACT: *The legal regime on the competition infringement proceedings stays apart, in various aspects, from the defense guarantees of the criminal proceedings and of the general framework for regulatory offences proceedings, namely in what refers the privilege against self-incrimination. In this paper, the Author debates the undertaking's duty to cooperate against the defense guarantees within the competition infringement proceedings, under the light of the case-law of the European Court of Justice, the European Court of Human Rights and the Lisbon Commercial Court.*

SUMÁRIO: Introdução. I. As formas de processo sancionatório. II. O dever de colaboração e a prerrogativa de não auto-incriminação. 1. A prerrogativa de não auto-incriminação no processo penal. 2. A prerrogativa de não auto-incriminação no processo de mera ordenação social. 3. O *nemo tenetur* como garantia do direito sancionatório público? 4. O dever de colaboração à luz da jurisprudência comunitária nos processos sancionatórios perante a Comissão Europeia. 5. O *nemo tenetur* à luz da jurisprudência do TEDH: *a)* Entrega de documentos; *b)* Valoração em processo-crime do silêncio do arguido; *c)* Valoração em processo-crime de declarações anteriormente prestadas sob coerção; *d)* Informação inadequada; *e)* Valoração em processo-crime de provas materiais extraídas à força do organismo do suspeito; *f)* Outros; *g)* Síntese. IV. Lições da jurisprudência do TJCE e do TEDH. V. O dever de colaboração à luz da jurisprudência do Tribunal de Comércio de Lisboa. Conclusão.

---

[1] Professor Auxiliar da Faculdade de Direito da Universidade de Lisboa. Director do Departamento Jurídico e do Contencioso da Autoridade da Concorrência. Atendendo ao tema do presente trabalho, é devido ressalvar aqui que as opiniões expressas não vinculam, de forma alguma, a Autoridade da Concorrência.

INTRODUÇÃO

O respeito pelas regras da concorrência em todos os domínios da actividade económica constitucionalmente garantidos (*i.e.*, público, privado e cooperativo[2]) é assegurado pela Autoridade da Concorrência (doravante, AdC)[3], que conta para o efeito com amplos *poderes de regulamentação, de supervisão* e *sancionatórios*, tal como aparecem descritos no art. 7.º dos Estatutos da AdC. De resto, são os poderes usualmente reclamados para qualquer autoridade reguladora independente[4].

O exercício de todos esses poderes depende necessariamente da *colaboração das empresas*. Com efeito, o poder regulamentar da AdC deve ser exercido tendo em atenção as reais capacidades das empresas para se moldarem às boas práticas, razão por que devem ser consultadas acerca de regulamentos, recomendações e directivas genéricas da AdC, além de que devem ser incentivadas a criar códigos de conduta e manuais de boas práticas (art. 7.º, n.º 4, dos Estatutos da AdC). Do mesmo modo, o poder de supervisão da AdC carece da colaboração das empresas, na medida em que pressupõe que as mesmas respondam a inquéritos administrativos ou franqueiem as portas para a realização de inspecções ou auditorias (art. 7.º, n.º 3, dos Estatutos da AdC). Finalmente, o próprio poder sancionatório deve ser exercido contando com a colaboração das empresas no fornecimento de informações factuais e meios de prova documentais que podem ser usados em processo de contra-ordenação (art. 7.º, n.º 2, dos Estatutos da AdC).

A colaboração das empresas e dos seus representantes é imposta por lei, constituindo contra-ordenação a falta de prestação de informações ou a prestação de informações falsas, inexactas ou incompletas, em resposta a pedido da AdC, bem como a não colaboração com a AdC ou a obstrução ao exercício por esta dos poderes de supervisão ou sancionatórios, conforme o disposto no

---

2 Exceptuam-se os serviços de interesse económico geral.

3 A AdC foi criada pelo Decreto-Lei n.º 10/2003, de 18 de Janeiro, que aprovou os respectivos Estatutos. A AdC assumiu plenamente as suas funções a partir de 24 de Março de 2003, embora dotada de meios que ficaram muito aquém dos previstos. Já em 2004, o Governo deu seguimento a uma proposta do Conselho da AdC no sentido de garantir a autonomia financeira desta, através do Decreto-Lei n.º 30/2004, de 6 de Fevereiro (cf. Lopes Rodrigues 2005: 399 e 453. Igualmente, cf. Marques 2003: 183-186.

4 Cf. CEDIPRE / FDUC 2002: 3.
Na perspectiva das autoridades reguladoras dos mercados financeiros, só para dar outro exemplo, cf. Costa Pinto 2009: 73-77.

art. 43.º, n.º 3, alíneas *b)* e *c)*, da Lei n.º 18/2003, de 11 de Junho (doravante, Lei da Concorrência)[5].

O dever de colaboração tem sido bastas vezes contestado pelas empresas, mormente no âmbito dos processos sancionatórios, nos quais alegam que assim são desrespeitadas as tradicionais garantias de defesa, com destaque especial para a prerrogativa de não auto-incriminação (*nemo tenetur se ipsum accusare*). Em geral, argumentam que essa prerrogativa vale como princípio estruturante do processo penal, cujas normas são aplicáveis subsidiariamente aos processos de contra-ordenação por práticas restritivas da concorrência.

O ponto merece análise cuidada não só pelo relevo que, como se vê, assume na prática, como também pelas suas implicações teóricas. É o que faremos de seguida.

I. AS FORMAS DE PROCESSO SANCIONATÓRIO

Os poderes sancionatórios da AdC são exercidos através de duas formas de processo sancionatório, a saber: o processo do regime geral dos ilícitos de mera ordenação social (art. 19.º)[6] e um processo especial previsto na própria Lei da Concorrência (Secção II do Capítulo III).

De facto, a Lei da Concorrência sujeita os processos por infracção ao disposto nos artigos 4.º, 6.º e 7.º a regras especiais, conforme é dito no art. 22.º, n.º 1. As práticas descritas nesses normativos são restritivas da concorrência[7] e, por isso mesmo, são proibidas[8].

---

5 Este diploma revogou a antiga Lei da Concorrência (Decreto-Lei n.º 371/93, de 29 de Outubro).

6 Os artigos citados sem menção do diploma legal pertencem à Lei da Concorrência.

7 A expressão "práticas restritivas da concorrência" aparece no art. 17.º, n.º 1, alínea *a)*, dos Estatutos da AdC e nos arts. 28.º, n.º 1, alínea *b)*, e 29.º, n.º 1, da Lei da Concorrência.

8 O antigo diploma legal que estabelecia o regime geral da defesa e promoção da concorrência (Decreto-Lei n.º 371/93, de 29 de Outubro) era mais claro do que a lei actual, ao colocar sob a denominação comum de "práticas proibidas", que dava nome à respectiva Secção II do Capítulo I, tanto os acordos, práticas concertadas e decisões de associações (art. 2.º), como o abuso de posição dominante (art. 3.º) e o abuso de dependência económica (art. 4.º). A actual Lei da Concorrência mantém a denominação de "práticas proibidas" como título da sua Secção II do Capítulo I, mas depois usa, incompreensivelmente, a mesma expressão também como epígrafe do art. 4.º, o que pode dar a impressão de que o abuso de posição dominante (art. 6.º) e o abuso de dependência económica (art. 7.º) não são práticas proibidas. Na verdade, são todas práticas proibidas, como é óbvio. Portanto, nada mudou, se descontarmos alguma infelicidade da expressão legislativa.

O Direito comunitário de concorrência define as mesmas práticas restritivas da concorrência – à excepção do abuso de dependência económica[9] – à escala do mercado comum, ou numa sua parte substancial, nos termos dos artigos 81.º e 82.º do Tratado que institui a Comunidade Europeia (doravante, TCE)[10], que correspondem aos actuais artigos 101.º e 102.º do Tratado sobre o Funcionamento da União Europeia (doravante, TFUE)[11]. Além de que o Direito comunitário de concorrência estabelece um sistema de competências paralelas entre a Comissão, as Autoridades Nacionais de Concorrência e os Tribunais nacionais para aplicar os artigos 81.º e 82.º TCE (artigos 101.º e 102.º TFUE)[12]. Aqui e agora, só nos interessam os processos sancionatórios tramitados pela AdC. Ora, o processo sancionatório especial também se aplica às infracções aos artigos 81.º e 82.º TCE (artigos 101.º e 102.º TFUE)[13].

Para além das práticas restritivas, há outras contra-ordenações previstas na Lei da Concorrência, nomeadamente as demais previstas no art. 43.º. Por exemplo, a Lei da Concorrência prevê como contra-ordenação, já o dissemos, a falta de colaboração das empresas e dos seus representantes com a AdC (art. 43.º, n.º 3, alíneas *b)* e *c)*). Neste caso, o processo de contra-ordenação segue o Regime Geral das Contra-Ordenações e Coimas (doravante, RGCOC)[14], atendendo ao disposto nos artigos 19.º[15] e, *a contrario*, 22.º.

---

9 Esta é uma previsão do Direito nacional de concorrência, a qual constava já do art. 4.º da velha Lei da Concorrência (citada na nota anterior). Em termos comparados, o legislador português inspirou-se no Direito francês. Por sua vez, a norma francesa já se baseara, ela própria, no Direito alemão. Para desenvolvimentos, cf. Pego 2001: 85-87.

10 Na versão inicial do TCE de Roma / 1957, os normativos correspondentes eram os artigos 85.º e 86.º (cf. Pais Antunes 1995: 9). A numeração em texto corresponde à versão de Nice / 2003 (cf. Lopes Rodrigues 2005: 233).

11 Nos termos do Tratado de Lisboa que alterou o Tratado da União Europeia (doravante, TUE) e o TCE.

12 Para desenvolvimentos, cf. Sérvulo Correia 2008: 1756 s. e Moura e Silva 2008, 61-154.

13 Acontece, porém, que a Lei da Concorrência acaba sendo omissa quanto à coima correspondente à infracção das regras comunitárias. Sobre o ponto, cf. Moura e Silva 2008: 158-159.

14 Decreto-Lei n.º 433/82, de 27 de Outubro, alterado pela última vez pela Lei n.º 109/2001, de 24 de Dezembro.

15 O art. 19.º convoca ainda "*o princípio da audiência dos interessados, o princípio do contraditório e demais princípios gerais aplicáveis ao procedimento e à actuação administrativa constantes do Código do Procedimento Administrativo* [doravante, CPA]". Ora, é estranha esta convocação do CPA porque, por regra, o procedimento de mera ordenação social, embora seja de natureza administrativa, não está sujeito ao regime do procedimento administrativo, mas tem um regime próprio e, nos casos omissos, tem como Direito subsidiário o processo penal. Neste sentido, cf. Lopes Rodrigues 2005: 480, e Sérvulo Correia 2008:1759-1760.

Na sequência, analisaremos o dever de colaboração no processo sancionatório especial por práticas restritivas da concorrência, mas não sem destacarmos primeiro os aspectos que melhor traduzem a tensão que sempre se manifesta entre o interesse público na descoberta e investigação de infracções e a prerrogativa de não auto-incriminação dos visados.

II. O DEVER DE COLABORAÇÃO E A PRERROGATIVA DE NÃO AUTO--INCRIMINAÇÃO

As empresas têm o dever de colaborar com a AdC, fornecendo-lhe, a pedido, os documentos e as informações necessárias. Do mesmo passo que estabelece tais obrigações, a Lei da Concorrência afasta, por implicação necessária, o direito ao silêncio e o direito de não fornecer provas contra si próprio. Ora, o problema posto pela privação dessas garantias de defesa no âmbito de processos sancionatórios é extremamente complexo e é passível de suscitar as mais desencontradas opiniões, ao mesmo tempo que é da maior relevância prática. Senão vejamos: por um lado, os meios de prova muitas vezes só podem ser obtidos, como é fácil de perceber, através da "colaboração" – legalmente imposta – da própria empresa investigada (artigos 17.º, n.º 1, alínea *a)*, e 18.º), mas, por outro lado, se a empresa gozasse do direito ao silêncio e afins, as provas adquiridas com violação desses direitos seriam nulas, não podendo ser utilizadas (pelo menos, essa é a cominação para a violação das garantias de defesa em processo penal, já para não falar das proibições de prova).

1. A prerrogativa de não auto-incriminação no processo penal

O princípio segundo o qual ninguém deve ser obrigado a contribuir para a sua própria incriminação, que engloba o direito ao silêncio e o direito de não facultar meios de prova, não consta expressamente do texto da Constituição da República Portuguesa (doravante, CRP), mas "*a doutrina e a jurisprudência portuguesas são unânimes não só quanto à vigência daquele princípio no direito processual penal português, como quanto à sua natureza constitucional*"[16]. Há quem baseie o princípio muito simplesmente nas garantias processuais consagradas

---

De resto, a jurisprudência, neste tocante, tem recusado sistematicamente a aplicação subsidiária do CPA, como se pode ver pela Sentença do Tribunal de Comércio de Lisboa (doravante, TCL) de 13 de Julho de 2005, Proc. n.º 769/05.6TYLSB; pelo Despacho do TCL de 15 de Fevereiro de 2007, Proc. n.º 766/06.4TYLSB; pela Sentença do TCL de 8 de Maio de 2007, Proc. n.º 205/06.0TYLSB, e pela Sentença do TCL de 10 de Agosto de 2007, Proc. n.º 1050/06.9TYLSB.

16 Figueiredo Dias & Costa Andrade 2009: 39.

genericamente nos artigos 20.º, n.º 4, *in fine*, e 32.º, n.º 1, CRP. Outros, porém, consideram, não obstante aceitarem tais garantias processuais como fundamento directo e imediato do *nemo tenetur*, que este princípio carece ainda de uma fundamentação última de carácter não processualista, mas antes de ordem material ou substantiva, ligando-o desta feita aos direitos fundamentais e à dignidade da pessoa humana, nos termos do art. 1.º CRP[17]. Seja como for, o princípio *nemo tenetur* é aceite por todos[18].

A lei processual penal inclui expressamente o direito ao silêncio no elenco de direitos do arguido (artigos 61.º, n.º 1, alínea *d*), 141.º, n.º 4, alínea *a*), 343.º, n.º 1, e 345.º, n.º 1, *in fine*, CPP), direito este que é, como se disse, um corolário do *nemo tenetur*[19]. De resto, o direito ao silêncio estende-se mesmo ao próprio suspeito, desde logo porque a pessoa sobre quem recair a suspeita de ter cometido um crime tem direito a ser constituída, a seu pedido, como arguido (art. 59.º, n.º 2, CPP). Também a própria "*testemunha não é obrigada a responder a perguntas quando alegar que das respostas resulta a sua responsabilização penal*" (art. 132.º, n.º 2, CPP). Enfim, o direito ao silêncio não é um direito absoluto. Na verdade, até está submetido a algumas restrições no processo penal. Designadamente, o arguido é obrigado a "[r]*esponder com verdade às perguntas feitas por entidade competente sobre a sua identidade e, quando a lei o impuser, sobre os seus antecedentes criminais*" (art. 61.º, n.º 3, alínea *b*), CPP)[20].

---

17 *Idem*: 40-42.

18 Sobre a origem e evolução históricas do princípio, cf. Rogall 1977: 67-103 e, muito resumidamente, Yanyou 2009: 199-202. Sobre as diferentes (e discutíveis) fundamentações do princípio, cf. Macculloch 2006: 213-222. Na perspectiva do pensamento germânico, cf. Costa Ramos 2007: 59-65. Na perspectiva da doutrina portuguesa histórica e actual, cf. Silva Dias & Costa Ramos 2009: 9-17. Também consultar a este propósito o artigo "O direito à não auto-inculpação no âmbito das contra-ordenações do Código dos Valores Mobiliários", de Augusto Silva Dias, publicado neste Dossier Temático.

19 Neste sentido, cf. Silva Dias & Costa Ramos 2009: 20.

20 Nos termos do antigo n.º 2 do art. 342.º CPP (1987), o arguido estava obrigado a responder com verdade sobre os seus antecedentes criminais na *audiência de julgamento* (cf. Palma, 1994: 101-110). Ora, o Acórdão do Tribunal Constitucional (doravante, TC) n.º 695/95 considerou essa disposição inconstitucional por violação das garantias de defesa, do direito ao silêncio e da presunção de inocência. De resto, era, a nosso ver, uma imposição não só inconstitucional, como também praticamente inútil, dado que o juiz, na audiência, por regra já tem esses dados na sua posse. Enfim, a pergunta pelos antecedentes criminais poderia ainda assim servir, no caso de o arguido mentir, para dar motivos ao juiz para descrer de quaisquer outras declarações que ele porventura fizesse em juízo, mas isso transformaria a pergunta num ardil, o que é inaceitável do ponto de vista do *fair trial*. Em boa hora, o legislador revogou essa disposição através do Decreto-Lei n.º 317/95, de 28 de Novembro, consagrando assim a orientação do TC.
Já a imposição de declarações ao arguido sobre os seus antecedentes criminais em *primeiro interrogatório* nunca foi julgada inconstitucional e mantém-se em vigor.

Tirando essas restrições, aliás mínimas, o direito ao silêncio é, sem dúvida, um dos pilares do processo penal português.

O direito de não facultar provas auto-incriminatórias não tem consagração expressa no CPP, mas resulta, como se disse, da vontade do indagado em manter o silêncio a que tem direito. Também este não é um direito absoluto. Por exemplo, a sujeição a exames (art. 172.º CPP) é, claramente, uma restrição ao direito de não facultar provas contra si próprio. Mas as restrições carecem sempre de previsão legal[21].

2. A prerrogativa de não auto-incriminação no processo de mera ordenação social

Em processo de mera ordenação social, o direito ao silêncio não tem consagração expressa, mas o art. 41.º, n.º 1, RGCOC determina a aplicação subsidiária das normas do processo penal, donde resulta que o direito ao silêncio também aqui se aplica.

3. O *nemo tenetur* como garantia do direito sancionatório público?

Já a própria Lei da Concorrência parece fazer excepção à prerrogativa de não auto-incriminação no âmbito dos processos sancionatórios da competência da AdC, na medida em que impõe antes um dever de colaboração às empresas. Mas não será que temos de considerar tal prerrogativa como uma garantia indeclinável de qualquer espécie de direito sancionatório público, tanto mais que a Constituição sujeita os processos de contra-ordenação e demais processos sancionatórios às garantias do processo penal (art. 32.º, n.º 10, CRP)?

4. O dever de colaboração à luz da jurisprudência comunitária nos processos sancionatórios perante a Comissão Europeia

O Tribunal de Justiça das Comunidades Europeias (doravante, TJCE) já teve ocasião de se pronunciar sobre o alcance e limites do dever de colaboração das empresas, no âmbito dos processos instaurados pela Comissão Europeia (doravante, Comissão) ao abrigo dos artigos 81.º e 82.º TCE (actuais artigos 101.º e 102.º TFUE)[22]. No acórdão do TJCE de 18/10/1989, no Proc. n.º 374/87 (Orkem *vs.* Comissão), o Tribunal declarou que "*a Comissão tem o direito de obrigar a empresa a fornecer todas as informações necessárias relativas*

---

[21] Cf. Silva Dias & Costa Ramos 2009: 22.
[22] Sobre os poderes de investigação da Comissão, cf. Wils 2003: 568-574.

aos factos de que possa ter conhecimento e, se necessário, os documentos correlativos que estejam na sua posse, mesmo que estes possam servir, em relação a ela ou a outra empresa, para comprovar a existência de um comportamento anticoncorrencial, já no entanto não pode, através de uma decisão de pedido de informações, prejudicar os direitos de defesa reconhecidos à empresa". Donde decorre que "*a Comissão não pode impor à empresa a obrigação de fornecer respostas através das quais seja levada a admitir a existência da infracção, cuja prova cabe à Comissão*".

O Regulamento (CE) n.º 1/2003 do Conselho de 16.12.2002 adoptou a "jurisprudência Orkem", parafraseando-a no considerando 23, como segue: "*Ao cumprirem uma decisão da Comissão, as empresas não podem ser forçadas a admitir que cometeram uma infracção, mas são de qualquer forma obrigadas a responder a perguntas de natureza factual e a exibir documentos, mesmo que essas informações possam ser utilizadas para determinar que elas próprias ou quaisquer outras empresas cometeram uma infracção*".

A "jurisprudência Orkem" marcou o rumo da subsequente jurisprudência comunitária. No mesmo sentido, veja-se a seguinte jurisprudência:

a) Acórdão do Tribunal de Primeira Instância (Primeira Secção Alargada) de 20/02/2001, Proc. n.º T-112/98 (Mannesmannröhren-Werke AG *vs.* Comissão);

b) Acórdão do TJCE de 15/10/2002, Processos Apensos n.[os] C-238/99 P, C-244 e 245/99 P, C-247/99 P, C-250/99 P a 252/99 P e C-254/99 P (PVC Cartel II – Limburgse Vinyl Maatschappij NV e outros *vs.* Comissão);

c) Acórdão do TJCE de 07/01/2004, Processos Apensos n.[os] C-204/00P, C-205/00P, C-211/00P, C-213/00P, C-217/00P e C-219/00P (Aalborg Portland A/S e outros *vs.* Comissão);

d) Acórdão do TJCE de 29/06/2006, Proc. n.º C-301/04 (Comissão *vs.* SGL Carbon AG).

Mais recentemente, a "jurisprudência Orkem" foi invocada pelo Advogado-Geral Bot, nas conclusões que proferiu no âmbito do caso Erste Bank, em 26 de Março de 2009[23].

---

23 A propósito da jurisprudência comunitária, consultar o artigo "O direito ao silêncio e à não auto-incriminação nos processos sancionatórios do Direito comunitário da concorrência – Uma análise da jurisprudência dos tribunais comunitários", de Helena Gaspar Martinho, publicado neste Dossier Temático.

5. O *nemo tenetur* à luz da jurisprudência do TEDH

É usual comparar a tendência da jurisprudência comunitária com a evolução da jurisprudência do Tribunal Europeu dos Direitos do Homem (doravante, TEDH), o que se justifica em função do art. 6.º, n.º 2, TUE, que dispõe que a União respeitará os direitos fundamentais tal como são garantidos na Convenção Europeia dos Direitos do Homem (doravante, CEDH)[24].

A jurisprudência do TEDH, baseada no art. 6.º, n.º 1, CEDH, tem vindo a densificar consideravelmente o *nemo tenetur*.

a) Entrega de documentos

Antes de mais, refira-se o Acórdão do TEDH de 25/02/1993 (Funke *vs.* França). Neste caso, o TEDH foi instado a pronunciar-se sobre a legitimidade de uma condenação, no sistema judicial francês, em multa (*amende*) e sanção pecuniária compulsória (*astreinte*) de um cidadão alemão, o Sr. Jean-Gustave Funke, ora queixoso[25], que se tinha recusado, na sequência de uma busca ao seu domicílio em que foram descobertos livros de cheques de contas bancárias localizadas no estrangeiro, a fornecer à administração alfandegária francesa extractos dessas suas contas e que poderiam, eventualmente, ser usados contra ele como prova. Ora, o TEDH criticou a decisão em causa, ainda que tenha frisado que a administração alfandegária não exigira confissão, nem tão-pouco entrega de provas auto-incriminatórias, mas somente apresentação de alguns elementos de informação sobre as contas bancárias que tinham sido referenciadas na busca. Só que, na verdade, não havia indícios da prática de infracção criminal, nem a administração alfandegária pôde ou quis utilizar os mecanismos da cooperação internacional para aceder aos elementos requeridos, preferindo antes exercer uma coerção ilegítima sobre o Sr. Funke para tentar obter dele as provas de uma infracção que não sabia se existira. O TEDH concluiu, portanto, que o direito de não fornecer provas contra si próprio fora lesado no seu núcleo essencial, pois não havia processo-crime instaurado e o investigado estava a ser usado como única fonte para a descoberta de possíveis indícios da prática de crime, o que constituía violação do direito a um processo equitativo (e, por consequência, do art. 6.º, n.º 1,

---

24 Cf. Moura e Silva 2008: 91.

25 Sobre este conceito de queixa, cf. Barreto 2004: 10.

CEDH[26]). O TEDH entendeu que essa conclusão, só por si, tornava desnecessário analisar se teria havido, ou não, também uma violação do princípio da presunção de inocência (art. 6.º, n.º 2, CEDH[27]). O TEDH não aceitou o argumento do Governo francês segundo o qual o cidadão tinha o dever de facultar, a pedido, a documentação relativa ao seu património e aos seus rendimentos porque o regime legal de controlo aduaneiro impunha um tal dever de colaboração com a administração alfandegária. Na verdade, o TEDH considerou simplesmente que o dever de colaboração não pode significar que os abrangidos possam ser obrigados a auto-incriminar-se. Como nota final, cabe destacar que o TEDH caucionou a sua conclusão fazendo apelo à própria "jurisprudência Orkem" do TJCE, entre outras referências.

b) Valoração em processo-crime do silêncio do arguido

Importa considerar o Acórdão do TEDH de 08/02/1996 (John Murray *vs.* Reino Unido). Aqui, o TEDH foi chamado a aferir da legitimidade de uma condenação penal, no sistema judicial britânico, baseada na valoração do silêncio do acusado e agora queixoso, o Sr. Murray. Sucede que o Sr. Murray fora detido pela polícia quando descia as escadas de um prédio onde foram descobertos um sequestrado e os respectivos sequestradores, militantes do *Irish Republican Army* (IRA), mas recusou-se sempre, quer durante o inquérito policial quer durante a audiência de julgamento, a prestar quaisquer declarações, o que não impediu, porém, o juiz de julgamento de estabelecer fortes inferências, que levaram à condenação do acusado, com base na recusa deste de explicar a sua presença naquele local. Ora, o TEDH considerou, apesar de tudo, que nem o julgamento tinha sido injusto, nem o princípio da presunção de inocência tinha sido violado (não havendo, por conseguinte, violação do art. 6.º, n.ºˢ 1 e 2, CEDH), já que a presença do acusado no prédio e a sua falta de explicação para o facto eram bastantes para a sua condenação com base no simples senso comum. Acresce que o TEDH considerou que a questão de saber se o direito ao silêncio é, ou não, absoluto deve ser respondida negativamente, pois não se pode pretender que a decisão de um acusado

---

26 Art. 6.º, n.º 1, CEDH: *"Qualquer pessoa tem direito a que a sua causa seja examinada, equitativa e publicamente, num prazo razoável por um tribunal independente e imparcial, estabelecido pela lei, o qual decidirá, quer sobre a determinação dos seus direitos e obrigações de carácter civil, quer sobre o fundamento de qualquer acusação em matéria penal dirigida contra ela".*

27 Art. 6.º, n.º 2, CEDH: *"Qualquer pessoa acusada de uma infracção presume-se inocente enquanto a sua culpabilidade não tiver sido legalmente provada".*

de ficar calado durante todo o processo-crime não traga necessariamente implicações quando o juiz tiver de avaliar as provas que contra ele existem.

c) Valoração em processo-crime de declarações anteriormente prestadas sob coerção

É imperioso destacar o Acórdão do TEDH de 17/12/1996 (Saunders *vs.* Reino Unido). O Sr. Ernest Saunders, administrador executivo da sociedade *Guinness PLC*, foi condenado, no sistema judicial britânico, em cinco anos de prisão por associação criminosa (*conspiracy*), falsificação do balanço (*false accounting*) e crimes patrimoniais comuns (*thefts*), todos eles relacionados com uma oferta pública de aquisição (*takeover*) lançada pela *Guinness PLC* sobre a *Distillers Company PLC*, como resposta à da *Argyll Group PLC*. O TEDH teve de decidir a queixa do Sr. Saunders fundada no facto de terem sido usadas como prova num processo-crime subsequente as declarações que ele prestara sob coerção (*i.e.*, sob cominação de desobediência), em procedimento de investigação administrativo, aos inspectores do Ministério do Comércio e Indústria britânico, o que violaria o seu direito à não auto-incriminação, implicitamente consagrado, segundo a jurisprudência do TEDH, no art. 6.º, n.ºˢ 1 e 2, CEDH e reconhecido, entre outros, também pelo TJCE (Orkem *vs.* Comissão). O Governo britânico contra-alegou que só os depoimentos auto-incriminatórios seriam abrangidos pela prerrogativa de não auto-incriminação, já não as respostas dadas com intuito exculpatório, pelo que o acusado poderia ser confrontado, como foi, em audiência de julgamento com a transcrição das suas declarações, todas feitas com esse intuito exculpatório, não sendo de estranhar que, por causa disso, ficasse com o ónus de rebater as provas que contrariassem as suas próprias declarações. Acrescentou o Governo britânico que a prerrogativa de não auto-incriminação não é absoluta ou imutável, nem implica que nunca seja permitido usar como prova declarações auto-incriminatórias, documentos ou outros meios de prova obtidos através do exercício de poderes compulsórios, dando como exemplo os mandados de busca ou a sujeição a exames de saliva, sangue e urina. Ademais, o Governo britânico enfatizou o interesse público na conduta honesta das sociedades comerciais e na perseguição efectiva dos responsáveis por complexos delitos societários (*corporate frauds*), assinalando que os suspeitos, neste tocante, deveriam ser obrigados a responder às questões postas pelos inspectores e que as autoridades de perseguição penal deveriam poder usar essas respostas em processos-crime subsequentes. A diferença entre tais delitos societários e os tipos de crime comuns assentaria no facto de, frequentemente, a prova documental que lhes corresponde ser insuficiente para a perseguição penal ou então ser incompreensível se não forem dadas as devidas explicações por parte dos indivíduos envolvidos. Ainda segundo o Governo britânico, os envolvidos são geralmente homens de negócios que contam com o apoio jurídico de advogados especializados, o que significaria que dificilmente darão respostas ingénuas. Em contrapartida, a Comissão Europeia de Direitos Humanos (doravante, ComEDH)[28] defendeu que a prerrogativa de não auto-incriminação deveria abranger todos os tipos de acusados, incluindo aqueles que fossem indiciados pela prática de complexos delitos societários. No caso concreto, a ComEDH entendeu que os elementos que o arguido, ora queixoso, fora obrigado a fornecer antes do processo-crime constituíram uma parte não despicienda da prova usada contra ele em julgamento, o que violava o princípio do julgamento equitativo. O delegado da ComEDH destacou, na audiência perante o TEDH, que a própria negação firme das imputações baseadas em depoimentos anteriormente prestados podia ser altamente prejudicial para o arguido, pois ele podia dar assim impressão de ser uma pessoa desonesta. Ora, o TEDH começou por definir, com rigor, o objecto da queixa, que versava apenas sobre a questão da legitimidade de utilização em processo-crime das declarações anteriormente prestadas pelo arguido, agora queixoso, aos inspectores do Ministério do Comércio e Indústria britânico, mas já não sobre a questão de saber se os próprios procedimentos de investigação administrativos deviam, ou não, ser abrangidos pelo princípio do processo equitativo, o que, em tese geral, mereceria uma resposta negativa, a menos que fosse sacrificado o interesse público na regulação efectiva das actividades comerciais e financeiras complexas. Considerando, por conseguinte, o objecto da queixa, o TEDH lembrou que, embora o artigo 6.º CEDH não mencione expressamente o direito ao silêncio e o direito de não contribuir para a sua própria incriminação, estes pertencem ao cerne da noção de processo equitativo consagrada no referido normativo. Tal decorre, entre outras razões, da necessidade de se proteger o acusado perante uma eventual coerção abusiva por parte das autoridades. Em particular, o direito de não contribuir para a sua própria incriminação pressupõe que, em qualquer processo-crime,

---

28 Desde 1998, o queixoso deixou de ter de fazer passar a sua petição pela ComEDH, podendo apresentá-la directamente ao TEDH, mas o caso vertente ainda foi apresentado à ComEDH, que o encaminhou para o Tribunal em 9 de Setembro de 1994.

a acusação tenha de ser construída sem recurso a provas obtidas através de coacção ou pressões de qualquer espécie, com desrespeito da vontade do acusado. Neste sentido, este direito está estreitamente ligado ao princípio da presunção da inocência. O TEDH acrescentou – numa fórmula que se tornou clássica, pois perde-se a conta às vezes em que já tem sido citada – que (tradução nossa) "[o] *direito à não auto-incriminação concerne, em primeiro lugar, ao respeito pela vontade de um acusado em manter o silêncio. Tal como é interpretado na generalidade dos sistemas jurídicos das Partes contratantes da Convenção, o mesmo não abrange a utilização, em quaisquer procedimentos penais, de dados que possam ser obtidos do acusado recorrendo a poderes coercivos, contanto que tais dados existam independentemente da vontade do suspeito, tais como,* inter alia, *os documentos adquiridos com base em mandado, as recolhas de saliva, sangue e urina, bem como de tecidos corporais com vista a uma análise de ADN*"[29]. Quanto ao caso concreto, o TEDH considerou que o direito de não contribuir para a sua própria incriminação não pode ficar confinado às declarações de admissão da prática de ilícitos, nem a considerações directamente auto-incriminatórias, mas deve abarcar quaisquer depoimentos obtidos sob coerção, incluindo as respostas dadas em jeito de justificação ou desculpa, que pudessem depois ser usados, em sede de processo-crime, para pôr em causa outras declarações do acusado ou para minar a sua credibilidade, como sucedera, de resto, no caso em apreço. O TEDH decidiu, por conseguinte, que tinha havido violação do princípio do processo equitativo, tal como previsto no art. 6.º, n.º 1, CEDH. À conta do *obiter dictum* sobre as provas existentes independentemente da vontade do acusado, o presente aresto do TEDH tornar-se-ia, porém, muito mais vezes citado a propósito do dever, em processo-crime, de entrega de documentos ou de sujeição a exames do que a propósito da valoração, em processo-crime, de declarações anteriormente prestadas sob coerção.

d) Informação inadequada

O Acórdão do TEDH de 08/04/2004 (Weh *vs.* Áustria) teve por objecto uma situação de prestação de informação inadequada. O Sr. Ludwig Weh,

---

[29] "The right not to incriminate oneself is primarily concerned, however, with respecting the will of an accused person to remain silent. As commonly understood in the legal systems of the Contracting Parties to the Convention and elsewhere, it does not extend to the use in criminal proceedings of material which may be obtained from the accused through the use of compulsory powers but which has an existence independent of the will of the suspect as, inter alia, documents acquired pursuant to a warrant, breath, blood and urine samples and bodily tissue for the purpose of DNA testing".

ora queixoso, fora punido, no sistema judicial austríaco, com multa por falta de indicação completa da identidade e morada da pessoa que conduzira o seu veículo automóvel na altura em que este foi referenciado em excesso de velocidade. De facto, a Lei dos Veículos Motorizados (*Kraftfahrgesetz*) previa como infracção criminal a violação do dever de fornecer às autoridades competentes, a pedido, a informação sobre quem conduz um determinado veículo automóvel identificado pela chapa de matrícula. O queixoso argumentava que fora punido por não ter fornecido informação que poderia incriminá-lo no contexto de um processo-crime por condução em excesso de velocidade. Só que o TEDH considerou que o queixoso não estava a ser substancialmente afectado por uma acusação relacionada com a condução em excesso de velocidade, nem no contexto de procedimentos penais em curso no momento em que o pedido lhe foi dirigido, nem no contexto de procedimentos penais subsequentes. Acresce que o TEDH considerou que tinha sido solicitado ao queixoso um esclarecimento meramente factual – ou seja, a indicação da identidade e morada do condutor do carro registado em nome dele –, o que não era directamente incriminatório, além de que essa informação não poderia ser obtida de outro modo. Não houve, concluiu o TEDH, violação do direito ao silêncio, nem da prerrogativa de não auto-incriminação.

e) Valoração em processo-crime de provas materiais extraídas à força do organismo do suspeito

O Acórdão do TEDH de 11/07/2006 (Jalloh *vs.* Alemanha) analisou uma queixa relativa à obtenção da prova material de um crime de tráfico de droga através da administração forçada de substâncias indutoras do vómito (designação clínica: eméticos), graças à qual se operou a recuperação por regurgitação da cápsula ("*bubble*") de cocaína que o suspeito engolira quando foi detido em flagrante por agentes da polícia. O Sr. Abu Bakah Jalloh, cidadão serra-leonês, ora queixoso, foi condenado, no sistema judicial alemão, em um ano de prisão, com execução suspensa por seis meses com regime de prova, pela prática de um crime de tráfico de estupefacientes. Nem no julgamento, nem nos sucessivos recursos foram atendidos os seus protestos de que o meio de obtenção de prova usado, se bem que ordenado pelo Ministério Público e conduzido por um médico, constituía uma ofensa à sua integridade física praticada por funcionários (*Körperveletzung im Amt*), a qual fora desproporcionada e, como tal, era proibida pelo CPP alemão, além de que violara a sua dignidade humana, garantida pela Constituição (*Grundgesetz*). Diante do

TEDH, o Sr. Jalloh acabaria por apresentar queixa contra a Alemanha por ter sido sujeito a tratamento desumano e degradante, proibido pelo art. 3.º CEDH, além de ter visto desrespeitado o seu direito a um processo equitativo, garantido pelo art. 6.º, n.º 1, CEDH.

Num acórdão muito disputado, o TEDH daria razão ao Sr. Jalloh, considerando (por 11 votos contra 6, com declarações de voto concordantes e discordantes) ter havido violação do art. 6.º, n.º 1, CEDH. O presente aresto é especialmente relevante pelo facto de o TEDH nele indicar, pela primeira vez, os critérios gerais que contam para a decisão da questão da violação do *nemo tenetur* no caso concreto. A propósito, cabe aqui destacar o trecho a seguir reproduzido (tradução nossa): "[p]*ara determinar se o direito à não auto-incriminação do queixoso foi violado, o Tribunal, por sua vez, terá de considerar os seguintes factores: a natureza e o grau de coerção empregado para obter a prova, a importância do interesse público na investigação e punição da infracção em apreço, a existência de garantias relevantes no processo e a utilização prevista dos meios de prova obtidos dessa forma*"[30]. No caso concreto, o TEDH considerou que (tradução nossa) "[...] *a medida impugnada visava um traficante de rua que vendia drogas à sua pequena escala e que foi, a final, condenado numa pena de prisão com suspensão de execução por seis meses e regime de prova. Nas circunstâncias do caso vertente, o interesse público em assegurar a condenação do queixoso não podia justificar o recurso a tão grave interferência na sua integridade física e mental*"[31].

f) Outros

Mais arestos relevantes para a delimitação do *nemo tenetur* poderiam ainda ser citados, tais como (fazendo apenas uma alusão aos tópicos mais importantes): o Acórdão do TEDH de 21/03/2001 (Heaney e McGuinness *vs.* Irlanda), sobre o direito ao silêncio, embora reconhecendo que é legítima alguma valoração do silêncio em certas circunstâncias; o Acórdão do TEDH de 03/08/2001 (J.B. *vs.* Suíça), sobre a entrega de documentos que

---

[30] *"In order to determine whether the applicant's right not to incriminate himself has been violated, the Court will have regard, in turn, to the following factors: the nature and degree of compulsion used to obtain the evidence; the weight of the public interest in the investigation and punishment of the offence at issue; the existence of any relevant safeguards in the procedure; and the use to which any material so obtained is put".*

[31] *"[...] the impugned measure targeted a street dealer who was offering drugs for sale on a comparably small scale and was finally given a six months' suspended prison sentence and probation. In the circumstances of the instant case, the public interest in securing the applicant's conviction could not justify recourse to such a grave interference with his physical and mental integrity".*

fazem prova de evasão fiscal; o Acórdão do TEDH de 21/01/2009 (Bykov *vs.* Rússia), sobre a necessidade de se preservar o núcleo essencial do direito ao silêncio, e outros que a economia da exposição não aconselha continuar a citar.

g) Síntese

Não é trivial fazer uma teoria geral do *nemo tenetur* com base na jurisprudência do TEDH, tanto mais que os casos decididos revelam inúmeras particularidades, além de que os arestos têm motivações muito concretas e focadas nos argumentos apresentados pelos sujeitos processuais. Acresce que a brevidade das explicações dadas pelo TEDH em muitas das suas decisões sobre a questão do *nemo tenetur* torna difícil de apreender os argumentos decisivos[32]. Seja como for, a análise da jurisprudência do TEDH autoriza, pelo menos, a conclusão de que o direito de não contribuir para a sua própria incriminação não é um direito absoluto, mas admite ponderações e restrições no confronto com outros interesses juridicamente tutelados, desde que se garanta a preservação do núcleo essencial daquele direito[33].

IV. LIÇÕES DA JURISPRUDÊNCIA DO TJCE E DO TEDH

Que lições podemos extrair da citada jurisprudência do TJCE e do TEDH para a interpretação da Lei da Concorrência? O primeiro impulso levar-nos-ia a estabelecer uma divisória entre as pessoas singulares e as pessoas colectivas no tocante à operação das garantias de defesa, no sentido de que só as pessoas singulares beneficiariam da prerrogativa de não auto-incriminação. O argumento parece reforçado pelo facto de, até hoje, nenhuma pessoa colectiva ter apresentado ao TEDH qualquer petição reagindo contra uma violação da sua prerrogativa de não auto-incriminação[34].

---

32 A dificuldade assinalada em texto é posta em relevo, a propósito do caso Funke *vs.* França, por Butler 2000: 464-468.

33 Para uma delimitação do conteúdo do núcleo essencial do direito, consultar o artigo "O dever de colaboração no âmbito dos processos de contra-ordenação por infracção às regras de defesa da concorrência e o princípio *nemo tenetur se ipsum accusare*", de Catarina Anastácio, publicado neste Dossier Temático.

34 Segundo Elholm 2005: 132.
No caso Société Stenuit *vs.* França, o TEDH não chegou a pronunciar-se sobre a aplicabilidade do art. 6.º, n.º 1, CEDH às pessoas colectivas, pois a sociedade comercial queixosa informou, entretanto, o Tribunal de que queria desistir (*"withdraw"*) da queixa. Por conseguinte, o TEDH decidiu, por unanimidade, retirar o caso da lista, não proferindo decisão de mérito (27/02/1992).

Só que a divisão entre as pessoas singulares e as pessoas colectivas não tem razão de ser[35]. Na verdade, a Lei da Concorrência impõe um dever de colaboração tanto às empresas, como aos seus representantes legais, assim como a quaisquer outras pessoas cujas declarações considere pertinentes. Sem esquecer que, em sede de direito da concorrência, as empresas podem ser corporizadas por uma pessoa colectiva ou por uma mera pessoa singular[36]. Neste último caso, o dever de colaboração abrangerá a pessoa singular que prossegue autonomamente uma determinada actividade económica durável. Por fim, a responsabilidade por violação do dever de colaboração tanto pode abranger as pessoas singulares, como as pessoas colectivas, nos termos do art. 47.º, n.os 1 e 2.

Além de que não teria sentido retirar só às pessoas colectivas as garantias de defesa[37].

Portanto, a questão é, tão-somente, a de saber se a prerrogativa de não auto-incriminação, que é iniludível nos processos penal e contra-ordenacional, sofre, ou não, restrições no âmbito da Lei da Concorrência e, em caso afirmativo, qual a razão de ser dessa entorse aos princípios gerais do processo penal na Lei da Concorrência, não obstante o RGCOC e o CPP se lhe aplicarem subsidiariamente.

Não obstante a própria jurisprudência do TEDH aceitar, como vimos, que o *nemo tenetur* não é um direito absoluto, é verdade que a jurisprudência do TJCE, por comparação, é sensivelmente menos garantística nessa matéria, pois aceita, como ponto de partida, que as empresas e os seus representantes têm um dever de colaboração com o Regulador, algo que não tem paralelo com qualquer dever – que não existe de todo – dos suspeitos ou arguidos, em processo penal, para com as autoridades judiciárias e os órgãos de polícia criminal.

---

35 Cf. Silva Dias & Costa Ramos 2009: 42.

36 O conceito de empresa no Direito comunitário de concorrência "*é um conceito funcional que assenta essencialmente na existência de uma autonomia real de comportamento no mercado e que visa indistintamente as pessoas singulares e as pessoas colectivas, sejam ou não dotadas de personalidade jurídica. Nos termos duma jurisprudência constante dos tribunais comunitários, a empresa é uma organização unitária de elementos pessoais, materiais e imateriais, ligada a um sujeito juridicamente autónomo e prosseguindo, de forma durável, um fim económico determinado*" (Pais Antunes 1995: 18, n. 14, destaques suprimidos). O conceito também vale para o Direito nacional de concorrência, por interpretação do art. 2.º, n.º 1.

37 Nem sequer se a questão se pusesse em processo penal. A partir do momento em que as pessoas colectivas caem na alçada do Direito penal, não se pode, do mesmo passo, criar para elas um Direito penal e processual penal de excepção. A questão é, no entanto, muito debatida (cf. Köck 2004: 272-274).

Se partirmos do princípio de que as actividades económicas ligadas ao exercício do direito de iniciativa privada (art. 61.º CRP) não são absolutamente livres, mas estão sujeitas a restrições e condicionamentos que resultam da necessidade de protecção do interesse público em geral e dos interesses de terceiros em particular[38], bem se compreende que o legislador possa exigir, da parte dos particulares que queiram desenvolver tais actividades, a máxima lealdade para com o Estado, especialmente quando estiverem defronte dos Reguladores, o que implicará que tenham um dever de colaborar com essas autoridades, nos termos legalmente impostos. Do lado dos particulares, digamos que, se quiserem ser autorizados a exercer uma actividade económica, então têm de abdicar, no âmbito em causa, das tradicionais garantias de protecção diante do Estado, aquelas de que desfrutam quando se trata simplesmente da sua actuação livre no campo dos direitos fundamentais. É isso que explica uma eventual diminuição das garantias de defesa no processo sancionatório especial por práticas restritivas da concorrência.

Não se diga, porém, que faltam garantias de defesa neste tipo de processo. As empresas e os seus representantes gozam de várias garantias de defesa, a saber:

a) As empresas têm o direito de ser informadas de que corre inquérito contra elas quando tiverem de suportar as diligências de investigação promovidas pela AdC. Não se diga que essa informação é redundante, como se não pudessem deixar de perceber isso pelo simples facto de suportarem as referidas diligências. Tal não corresponde à verdade, pois a Lei da Concorrência admite que essas diligências ocorram tanto no quadro dos poderes de supervisão como no dos poderes sancionatórios (art. 17.º), de modo que as empresas ficariam sempre na dúvida se não fossem formalmente informadas da natureza dos procedimentos em curso. A Lei da Concorrência acautela essa situação ao exigir que todo e qualquer pedido de informações ou de documentos seja instruído pela AdC com indicação da "base jurídica" e do "objectivo do pedido" (art. 18.º, n.º 1, alínea *a)*), o que implica, naturalmente, a referência ao inquérito em curso no âmbito de um procedimento sancionatório, se for o caso. Neste contexto, o pedido deve ainda esclarecer se é dirigido a "empresas envolvidas" ou meramente a "outras empresas" (art. 17.º, n.º 1, alíneas *a)* e *b)*);

b) A questão que se coloca agora é a de saber se essa informação prestada às empresas é suficiente para lhes garantir alguma espécie de direitos no tocante

---

38 Cf. Santos, Gonçalves & Marques 2008: 47-49.

ao procedimento sancionatório em causa. Ou será que a AdC deveria ir mais longe e constituir arguidos[39]? Quais seriam, nesse caso, as consequências da atribuição do estatuto de arguido no âmbito de um processo sancionatório especial por práticas restritivas da concorrência? Ora, se a Lei da Concorrência derroga muitos dos tradicionais direitos do arguido, tal como vêm previstos no art. 61.º CPP, então as consequências da atribuição do estatuto de arguido não podem deixar de ser muito menos significativas do que à primeira vista poderíamos imaginar. Mesmo assim é de destacar que as empresas e os seus representantes, beneficiando do estatuto de arguido, ganham o direito de ser informados, em traços gerais, dos factos que lhes são imputados sempre que, por parte da AdC, lhes forem dirigidos pedidos de informação (art. 61.º, n.º 1, alínea *c*), CPP)[40], além de que se podem fazer acompanhar de advogado em todas as circunstâncias do processo (art. 61.º, n.º 1, alínea *f*), CPP). Acresce que as próprias empresas e os seus representantes podem pedir o estatuto de arguido sempre que considerarem que um pedido, de que são destinatários, se destina a comprovar a imputação de alguma prática restritiva da concorrência (art. 59.º, n.º 2, CPP)[41].

Tudo isso se justifica com base num princípio de lealdade processual.

V. O DEVER DE COLABORAÇÃO À LUZ DA JURISPRUDÊNCIA DO TRIBUNAL DE COMÉRCIO DE LISBOA

A jurisprudência do TCL adere à chamada "jurisprudência Orkem", como se verá na sequência[42].

Em primeiro lugar, cumpre citar a Sentença do TCL de 28/07/2006, Proc. n.º 261/06.1TYLSB, onde, a propósito da invocação pela Arguida da nulidade das provas obtidas por violação do direito ao silêncio, se conclui antes "[…] *pela não verificação da invocada nulidade de obtenção de provas, por as mesmas, desde logo, na parte que nos interessa, não terem sido obtidas mediante*

---

39 Na Lei da Concorrência nada se diz sobre a aquisição da qualidade de arguido em momento anterior à notificação da Nota de Ilicitude (NI) às empresas. Há jurisprudência no sentido de não haver obrigatoriedade de constituição formal de arguido nos processos sancionatórios especiais por práticas restritivas da concorrência (Sentença do TCL de 02/05/2007, Proc. n.º 965/06.9TYLSB). Donde se retira que, na falta de constituição formal de arguido, a mesma ocorrerá *ope legis* com a notificação da NI às empresas, se e quando tal acontecer. Mas nada impede a AdC de fazer a constituição formal de arguido, inclusive antes da notificação da NI às empresas.

40 A Revisão do CPP pela Lei n.º 48/2007, de 29 de Agosto, criou a alínea *c*) do n.º 1 do art. 61.º CPP.

41 Para confronto de opiniões nesta matéria, cf. Silva Dias & Costa Ramos 2009: 75-76.

42 Cf. Reis Silva 2007: 72.

tortura, coacção ou ofensa da integridade física ou moral ou ameaça com medida legalmente inadmissível, mas sim através de um meio válido consagrado pelo legislador, o disposto nos art.ºs 17º n.º 1 al. a) e 18º Lei 18/2003". E continua nestes termos: "*A este respeito importa citar com interesse a posição do Tribunal de Justiça, no Acórdão (Quinta Secção) de 07.01.2004, Aalborg Portland e outros contra Comissão das Comunidades Europeias, que refere, ainda que a propósito do Regulamento n.º 17, que no cumprimento das suas funções, deve a* [C]*omissão velar para que os direitos de defesa não sejam comprometidos no âmbito de processos de instrução prévia, que possam ter carácter decisivo para a produção de provas de natureza ilegal, de comportamentos de empresas susceptíveis de implicar a respectiva responsabilidade. Acrescentando ainda que, a* [C]*omissão não pode, no âmbito de um pedido de informações, impor a uma empresa a obrigação de fornecer respostas através das quais esta seja levada a admitir a existência da infracção cuja prova cabe à* [C]*omissão* [em nota de rodapé, é citado também o Ac. de 18.10.1989, Orkem vs. Comissão]. *Ora, na espécie, analisando a questão por esta perspectiva, compulsada a solicitação feita pela Autoridade à* [...], *concluímos que a Autoridade apenas solicitou à* [...] *elementos documentais e informativos 'objectivos': cópias de tabelas, números de associados, contactos e números de agentes de navegação, indicação das associadas mais representativas do sector, indicação de empresas não associadas, caracterização do mercado, indicação de volumes de negócios. Informações que a serem prestadas, nos termos solicitados, não permitem desde logo, de 'per si' levar a arguida a admitir a existência de uma infracção*". Este aresto foi confirmado, aliás literalmente, pelo Tribunal da Relação de Lisboa (doravante, TRL), Acórdão de 15/03/2007, Proc. n.º 172/07.9)[43].

Importa também citar a Sentença do TCL de 08/05/2007, Proc. n.º 205/06.0TYLSB, onde se considera que "[s]*obre esta concreta questão da obrigatoriedade de resposta às 'perguntas' e satisfação dos pedidos de informação formulados pela AdC, não podemos deixar de concordar com esta. O regime legal está exaustivamente regulado: a AdC tem o poder de formular perguntas e solicitar elementos e informações (art. 17º nº 1, als. a) e b) da LdC) no exercício dos poderes sancionatórios e de supervisão. Por outro lado recai sobre as empresas, associações de empresas ou quaisquer outras pessoas ou entidades o dever de prestar à Autoridade todas as informações e fornecer todos os documentos que esta lhes solicite em ordem ao cabal desempenho das suas atribuições, para as quais dispõe de poderes sancionatórios e de supervisão – art. 8º dos Estatutos da AdC. O facto de este poder da AdC*

---

43 Citando este Acórdão, cf. Mendes Pereira 2009: 239-240.

estar consagrado também para procedimentos sancionatórios (aos quais é aplicável o RGCOC e o CPP pela via já assinalada) sem que se faça qualquer distinção de regime quanto aos destinatários do dever, pelo contrário, especificando na alínea a) do art. 17º nº1 que este poder se dirige também contra os representantes legais das empresas ou associações de empresas envolvidas, leva à conclusão de que, neste particular, o legislador quis expressamente afastar a aplicabilidade de preceitos em contrário. Entendemos, pois, que não sendo necessário o recurso ao processo penal, o art. 61º nº1, al. c) do CPP não é aplicável em processo de contra-ordenação da concorrência". Mas logo se acrescenta que "[e]*sta nossa posição não implica, porém, sem mais, a inexistência do direito à não auto-incriminação neste tipo de procedimentos. É que, note-se, apenas se afastou a aplicação de determinado regime subsidiário. Agora há que verificar se esta garantia constitucionalmente consagrada é ainda aplicável, e em que medida, directamente por via do art. 32º nº10 da CRP. Aliás, nem tal poderia deixar de ser feito, atenta a reclamação da arguida de que a interpretação dos preceitos que vimos citando no sentido da exclusão deste direito seria inconstitucional por violação do citado art. 32º nº10, reclamando a desaplicação dos preceitos".* Após análise do ponto, a conclusão acaba sendo a seguinte: "[...] *a proposição achada pelo juiz comunitário – inexistência de obrigação de fornecer respostas através das quais se seja levado a admitir a existência de infracção, cuja prova cabe à Comissão, não extensível a documentos e puros elementos de facto mesmo que deles resulte a incriminação do investigado, dada a possibilidade de demonstração posterior de significado diverso – pode ser integralmente transposta para o direito doméstico, pelas seguintes ordens de razões: - não pode ser considerada violadora da jurisprudência do TEDH, à luz do caso Saunders; - respeita o núcleo essencial do direito à não auto-incriminação, embora restringindo-o; - essa restrição é permissível (ao contrário do que sucederia com a sua pura eliminação), lida à luz da diferente natureza do ilícito penal e do ilícito contra-ordenacional; - permite o desenvolvimento da actividade da AdC ao abrigo e para prosseguimento de um direito fundamental social, embora restringindo os poderes desta; - essa restrição é justificada pela necessidade de respeito do núcleo essencial do direito à não auto-incriminação como derivação da presunção de inocência; - o processamento permite, no direito nacional, a demonstração de significado diverso em contraponto à obrigatoriedade de fornecimento de resposta a pedidos respeitantes a elementos de facto e documentos – direito de audição e defesa e impugnação judicial de plena jurisdição".*

Finalmente, interessa citar a Sentença do TCL de 10/08/2007, Proc. n.º 1050/06.9TYLSB, que, a propósito da aplicabilidade do princípio *nemo tenetur* aos procedimentos sancionatórios de concorrência, conclui em termos idênticos aos referidos *supra*. O presente aresto foi confirmado pelo Acórdão do TRL de 25/11/2008, Proc. n.º 6057/08-5[44].

CONCLUSÃO

O regime legal do processo sancionatório especial por práticas restritivas da concorrência afasta-se, em muitos aspectos, das garantias de defesa do processo penal e do processo de mera ordenação social. Uma eventual diminuição das garantias de defesa justifica-se em função da existência de um dever de colaboração das empresas para com a AdC.

Mas fica salvaguardado um aspecto essencial da prerrogativa de não auto-incriminação, a saber: a empresa, ou pessoa, sob investigação tem o direito de não fornecer respostas através das quais seja levada a admitir a existência da infracção em causa, cuja prova cabe à AdC.

BIBLIOGRAFIA

BARRETO, Ireneu Cabral
2004 "A jurisprudência do novo Tribunal Europeu dos Direitos do Homem", in *Sub Judice* 28, Outubro, pp. 9-32.
BUTLER, Andrew S.
2000 "*Funke v. France* and the Right against Self-incrimination – A Critical Analysis", in *Criminal Law Forum*, n.º 11, pp. 461-505.
CEDIPRE/FDUC,
2002 *Declaração de Condeixa*, Coimbra.
COSTA PINTO, Frederico da Costa
2009 "Supervisão do mercado, legalidade da prova e direito de defesa em processo de contra-ordenação (parecer), in *Supervisão, direito ao silêncio e legalidade da prova*, Coimbra: Almedina, pp. 63-125.
COSTA RAMOS, Vânia
2007 "*Corpus Juris* 2000 – Imposição ao arguido de entrega de documentos para prova e *nemo tenetur se ipsum accusare*, Parte II", in *Revista do Ministério Público* n.º 109 – Jan/Mar, pp. 57-96.

---

44 Consultar a este propósito o artigo *"Nemo tenetur se ipsum accusare* e concorrência – Jurisprudência do Tribunal de Comércio de Lisboa"*, de Vânia Costa Ramos, publicado neste Dossier Temático.

ELHOLM, Thomas
2005 "New EU Competition Rules in a Criminal Legal Context", in Husabø, Erling Johannes & Strandbakke, Asbjørn (org.), *Harmonization of Criminal Law in Europe*, Antwerpen / Oxford: Intersentia, pp. 119-145.

FIGUEIREDO DIAS, Jorge de & COSTA ANDRADE, Manuel da
2009 "Poderes de supervisão, direito ao silêncio e provas proibidas (parecer)", in *Supervisão, direito ao silêncio e legalidade da prova*, Coimbra: Almedina, pp. 11-61.

KÖCK, Elisabeth
2004 "Nemo-tenetur-Grundsatz für Verbände", in Grafl, Christian & Medigovic, Ursula (org.), *Festschrift für Manfred Burgstaller zum 65. Geburtstag*, Wien / Graz: Neuer Wissenschaftlicher Verlag, pp. 267-279.

LOPES RODRIGUES, Eduardo Raul
2005 *O essencial da política de concorrência*, Oeiras: Instituto Nacional de Administração (INA).

MACCULLOCH, Angus
2006 "The Privilege against Self-incrimination in Competition Investigations – Theoretical Foundations and Practical Implications", in *Legal Studies*, vol. 26, n.º 2, Junho, pp. 211-237.

MARQUES, Maria Manuel Leitão
2003 "Uma nova autoridade para a concorrência", in Marques, Maria Manuel Leitão & Moreira, Vital, *A Mão visível – Mercado e regulação*, Coimbra: Almedina, pp. 183-186.

MENDES PEREIRA, Miguel
2009 *Lei da Concorrência anotada*, Coimbra: Coimbra Editora.

MOURA E SILVA, Miguel
2008 *Direito da concorrência – Uma introdução jurisprudencial*, Coimbra: Almedina.

PAIS ANTUNES, Luís Miguel
2005 *Direito da concorrência – Os poderes de investigação da Comissão Europeia e a protecção dos direitos fundamentais*, Coimbra: Almedina.

PALMA, Maria Fernanda
1994 "A constitucionalidade do artigo 342.º do Código de Processo Penal (O direito ao silêncio do arguido)", in *Revista do Ministério Público*, n.º 60, Outubro/Dezembro, pp. 101-110.

PEGO, José Paulo Fernandes Mariano
2001 *A posição dominante relativa no Direito da concorrência*, Coimbra: Almedina.

Reis Silva, Maria de Fátima
2007 "O direito à não auto-incriminação", in *Sub Judice*, 40, pp. 59-74.
Rogall, Klaus
1977 *Der Beschuldigte als Beweismittel gegen sich selbst – Ein Beitrag zur Geltung des Satzes "Nemo tenetur seipsum prodere" im Strafprozess*, Berlin: Duncker & Humblot.
Santos, António Carlos dos, Gonçalves, Maria Eduarda & Marques, Maria Manuel Leitão
2004 *Direito económico*, 5.ª ed., Coimbra: Almedina.
Sérvulo Correia, J. M.
2008 "Efectividade e limitações do sistema português de aplicação impositiva do direito da concorrência através de meios processuais administrativos e civis", in AA.VV., *Estudos em Honra do Professor Doutor José de Oliveira Ascensão*, Menezes Cordeiro, António, Pais de Vasconcelos, Pedro & Costa e Silva, Paula (org.), Coimbra: Almedina, pp. 1747-1789.
Silva Dias, Augusto & Costa Ramos, Vânia
2009 *O direito à não auto-inculpação (nemo tenetur se ipsum accusare) no processo penal e contra-ordenacional português*, Coimbra: Coimbra Editora.
Wils, Wouter
2003 "Self-incrimination in EC Antitrust Enforcement – A Legal and Economic Analysis", in *World Competition*, vol. 26, n.º 4, também disponível em http://ssrn.com/abstract=1319248 [consultado em 28.12.09].
Yanyou, Yi
2009 "Privilégio de obstar à auto-incriminação em processo penal", in Assembleia Legislativa da Região Administrativa Especial de Macau (org.), *Primeiras Jornadas de Direito e Cidadania da Assembleia Legislativa de Macau – Direito processual penal, estado presente e perspectivas de evolução*, Coimbra: Coimbra Editora, pp. 199-213.

O DIREITO AO SILÊNCIO E À NÃO AUTO-INCRIMINAÇÃO NOS PROCESSOS SANCIONATÓRIOS DO DIREITO COMUNITÁRIO DA CONCORRÊNCIA – UMA ANÁLISE DA JURISPRUDÊNCIA DOS TRIBUNAIS COMUNITÁRIOS

Helena Gaspar Martinho[1]

ABSTRACT: *The privilege against self-incrimination raises a number of difficult questions when applied to competition law, where the investigated companies are obliged to cooperate and deliver information that might be used against them to prove an infringement. Considering that the privilege against self-incrimination, as other rights of defence in competition cases, were judicially established, developed and shaped, this article aims to summarise the decisions of the Community courts on this matter, as well as to critically analyse how the powers of investigation of the European Commission may be harmonized with the rights of defence of companies and to what extent the privilege against self-incrimination is applicable to competition cases. Furthermore, we examine the interplay between the Community courts and the European Court of Human Rights and analyse the validity of the Community case-law concerning the privilege against self-incrimination in light of the decisions of the Strasbourg court.*

SUMÁRIO: Introdução. 1. Análise da jurisprudência comunitária. 1.1. Orkem. 1.2. Mannesmannröhren-Werke. 1.3. PVC II – Limburgse Vinyl. 1.4. Tokai Carbon. 1.4.1. SGL Carbon. 1.5. Síntese de uma análise da jurisprudência comunitária. 2. O que se retira do diálogo entre os tribunais comunitários e o TEDH? 2.1. A natureza dos investigados. 2.2. A natureza não criminal dos processos por violação do Direito da concorrência. 2.3. Actividade não livre e regulada. Conclusões.

---

[1] Advogada no Departamento Jurídico e do Contencioso da Autoridade da Concorrência. As opiniões expressas no presente artigo são estritamente pessoais e não vinculam, de forma alguma, a Autoridade da Concorrência.

INTRODUÇÃO

Um dos principais meios de recolha de prova pela Comissão no âmbito de investigações de violações aos antigos artigos 81.º e 82.º do Tratado que instituiu a Comunidade Europeia (TCE) (actuais artigos 101.º e 102.º do Tratado sobre o Funcionamento da União Europeia – TFUE[2]) é o pedido de informações às empresas.

Nas investigações de infracções ao Direito comunitário[3] da concorrência esta possibilidade tem especial importância, uma vez que as informações mais relevantes estarão na posse das empresas que praticaram a infracção. Em particular, nos casos de acordos de fixação de preços, que têm um carácter secreto, as empresas envolvidas podem ser as únicas que detêm as informações e a prova necessárias para detectar e punir a infracção.

O antigo Regulamento n.º 17, de 1962[4], conferia já à Comissão, entre outros poderes de investigação, o de pedir informações às empresas. O cumprimento destes pedidos podia ser assegurado mediante a imposição de coimas e sanções pecuniárias compulsórias quando a informação requerida não fosse prestada ou caso a informação fosse incorrecta[5].

O novo Regulamento n.º 1/2003[6] não só mantém o poder da Comissão de exigir documentos e informações às empresas, como reforçou os seus poderes de investigação. Tal é claramente assumido no considerando 25 deste diploma:

"Uma vez que a detecção de infracções às normas da concorrência se torna cada mais difícil, é necessário, para proteger eficazmente a concorrência, reforçar os poderes de inquérito da Comissão. A Comissão deverá, nomeadamente, poder

---

2 Nos termos do Tratado de Lisboa que alterou o Tratado da União Europeia e o TCE.

3 Mantivemos ao longo do texto, bem como no título do artigo a expressão "comunitário(s)", até agora em vigor e mais familiar aos leitores, embora o Tratado de Lisboa tenha alterado esta expressão para "da União".

4 Primeiro Regulamento de execução dos artigos 85.º e 86.º do Tratado (actuais artigos 101.º e 102.º do TFUE) JO P 13 de 21.2.1962, p. 204.

5 A Comissão podia solicitar informações quer através de pedidos (artigo 11.º, n.º 2, do Regulamento n.º 17), quer através de decisões (artigo 11.º, nº 5, do Regulamento n.º 17), sendo que apenas a resposta a estas últimas era obrigatória. Na primeira hipótese apenas poderia ser aplicada uma sanção em caso de prestação de informação inexacta (artigos 11.º, n.º 3, e 15.º, n.º 1, al. b), do Regulamento n.º 17). Já na hipótese de as informações serem solicitadas através de decisão, seria possível não só aplicar uma multa em caso de prestação de informação inexacta, como também aplicar uma sanção pecuniária compulsória por cada dia de atraso de forma a compelir as empresas a fornecerem, de forma completa e exacta, as informações requeridas (artigos 11.º, n.º 5; 15, n.º 1, al. b); e 16.º, n.º 1, al. c), todos do Regulamento n.º 17).

6 Regulamento n.º 1/2003 do Conselho, de 16 de Dezembro de 2002, relativo à execução das regras de concorrência estabelecidas nos artigos 81.º e 82.º do Tratado (actuais artigos 101.º e 102.º do TFUE).

ouvir qualquer pessoa susceptível de dispor de informações úteis e registar as suas declarações".

Nos termos do artigo 18.º, n.º 3, do Regulamento n.º 1/2003: "[s]*empre que solicitar, mediante decisão, às empresas ou associações de empresas que prestem informações, a Comissão deve indicar o fundamento jurídico e a finalidade do pedido, especificar as informações que são necessárias e o prazo em que as informações devem ser fornecidas. Deve indicar igualmente as sanções previstas no artigo 23.º*[7]*e indicar ou aplicar as sanções previstas no artigo 24.º*[8]*. Deve indicar ainda a possibilidade de impugnação da decisão perante o Tribunal de Justiça"*[9].

Existe, porém, um limite essencial ao exercício destes poderes por parte da Comissão: o direito ao silêncio e à não auto-incriminação.

Apesar de fixar de forma clara e inequívoca um dever de colaboração das empresas, o Regulamento n.º 17 nada dispunha quanto à possível existência de um direito ao silêncio e à não auto-incriminação[10]. Assim, nos primeiros casos em que as empresas invocaram este direito, existia um vazio legal nesta matéria.

Na realidade, os direitos de defesa das empresas em processos de concorrência foram, sobretudo, desenvolvidos pela jurisprudência dos tribunais comunitários como princípios gerais do Direito comunitário. Para determinar a existência de tais princípios e delinear o seu alcance, os tribunais comunitários retiraram e retiram a sua inspiração das tradições constitucionais dos Estados-membros e das linhas de orientação fornecidas por tratados internacionais de protecção aos direitos humanos (nomeadamente, a Convenção Europeia dos Direitos do Homem – CEDH[11])[12].

---

7 Coimas aplicáveis em caso de prestação de informações inexactas, incompletas ou deturpadas, ou caso as informações não tenham sido prestadas no prazo exigido na decisão (artigo 23.º, n.º 1, al. *b)*).

8 Sanções pecuniárias compulsórias aplicáveis a fim de compelir as empresas a fornecer, de forma completa e exacta, as informações que a Comissão tenha solicitado mediante decisão (artigo 24.º, n.º 1, al. *d)*).

9 O Regulamento n.º 1/2003 mantém a possibilidade de serem solicitadas informações mediante simples pedido (artigo 18.º, n.º 2).

10 O próprio Regulamento n.º 1/2003 apenas lhe faz referência no considerando 23.

11 A Comunidade não é parte da CEDH, embora todos os Estados-membros o sejam.

12 O próprio Tratado da União Europeia remete não só para as tradições constitucionais dos Estados-membros, como também para a CEDH, ao dispor no artigo 6.º, n.º 2, que:
"*A União respeitará os direitos fundamentais tal como os garante a Convenção Europeia de Salvaguarda dos Direitos do Homem e das Liberdades Fundamentais, assinada em Roma em 4 de Novembro de 1950, e tal como resultam das tradições constitucionais comuns dos Estados-Membros, enquanto princípios gerais de direito comunitário".*

Como escreve Maria Luísa Duarte: "[n]*a ausência de um catálogo comunitário de direitos fundamentais, coube ao Juiz comunitário, caso a caso, dependendo das circunstâncias concretas do litígio, identificar os direitos a proteger e que, por essa via passam a fazer parte de uma espécie de carta comunitária de direitos de fonte pretoriana*"[13].

O direito ao silêncio e à não auto-incriminação em processos comunitários de concorrência teve, também ele, origem nas decisões dos tribunais comunitários. Essas decisões fixaram, igualmente, qual a extensão do direito no âmbito destes processos.

Nos processos sancionatórios por práticas restritivas do Direito da concorrência há, portanto, que conciliar dois interesses em colisão: uma investigação eficiente, por um lado, e o exercício de direitos de defesa, por outro. A tarefa apresenta dificuldades acrescidas, uma vez que o direito ao silêncio e à não auto-incriminação tem a sua origem no Direito criminal, na defesa de pessoas singulares, sendo que aqui tratamos de um processo de tipo administrativo[14] em que os investigados são pessoas colectivas.

O que nos propomos neste artigo é, de forma necessariamente breve, e em primeiro lugar, analisar a jurisprudência comunitária relativa ao direito ao silêncio e à não auto-incriminação, procurando compreender como adaptaram os tribunais comunitários este direito aos processos jusconcorrenciais, com as suas particularidades.

Por outro lado, e uma vez que os advogados das empresas e vários Autores defenderam que a jurisprudência do Tribunal de Justiça da Comunidade Europeia – TJCE (actualmente designado Tribunal de Justiça de União Europeia[15]) e do Tribunal de Primeira Instância – TPI (actualmente designado Tribunal Geral[16]) deveria ser revista à luz da jurisprudência do Tribunal Europeu dos Direitos do Homem (TEDH), examinaremos que resposta deram os tribunais comunitários quando as partes invocaram o artigo 6.º da CEDH e a jurisprudência do TEDH para suportar as suas alegações de que tinha sido violado o seu direito ao silêncio e à não auto-incriminação.

No fim do primeiro capítulo apresentaremos uma breve súmula das conclusões que extraímos da jurisprudência comunitária.

---

13 (Duarte, 2006: 71).

14 Veja-se, nomeadamente, o artigo 23.º, n.º 5, do Regulamento n.º 1/2003.

15 Nos termos do Tratado de Lisboa.

16 *Idem*.

DIREITO AO SILÊNCIO NA JURISPRUDÊNCIA COMUNITÁRIA | 149

No segundo capítulo procuraremos compreender o que se retira do diálogo entre os tribunais de Estrasburgo e do Luxemburgo e analisar criticamente a validade da jurisprudência comunitária relativa ao direito ao silêncio e à não auto-incriminação à luz das decisões do TEDH.

1. ANÁLISE DA JURISPRUDÊNCIA COMUNITÁRIA

1.1. Orkem[17]

No âmbito de uma investigação sobre a existência de acordos ou práticas concertadas contrários ao artigo 85.º, n.º 1, do TCE (actual artigo 101.º do TFUE), no sector dos termoplásticos, a Comissão solicitou informações, mediante decisão[18], a várias empresas, de entre as quais a empresa recorrente (Orkem). A Orkem contestou o dever de responder ao pedido de informações, alegando essencialmente que, pela decisão impugnada, a Comissão obrigou-a a incriminar-se a si própria, confessando ter infringido as regras da concorrência, e a denunciar outras empresas. Alegou a recorrente que ao agir deste modo, *"a Comissão teria violado o princípio geral que consagra o direito a não testemunhar contra si próprio, que faz parte do direito comunitário enquanto princípio consagrado pelos direitos dos Estados-membros, pela Convenção Europeia de Protecção dos Direitos do Homem e das Liberdades Fundamentais, de 4 de Novembro de 1950 [...] e pelo Pacto Internacional relativo aos Direitos Civis e Políticos, de 19 de Dezembro de 1966 [...]"* e que, assim, teria violado os direitos da defesa[19].

Face aos argumentos aduzidos pela recorrente e reconhecendo o Tribunal a ausência de um direito ao silêncio expressamente consagrado pelo Regulamento n.º 17, então em vigor, começou por *"apreciar se (e em que medida) os princípios gerais do direito comunitário, de que os direitos fundamentais fazem parte integrante e à luz dos quais todos os textos de direito comunitário devem ser interpretados, impõem, como sustenta a recorrente, o reconhecimento de um direito de não fornecer os elementos de informação susceptíveis de serem utilizados*

---

17 Acórdão do TJCE, de 18 de Outubro de 1989, Orkem, S.A. vs. Comissão, Processo 374/87. Para uma descrição da Jurisprudência Comunitária sobre esta matéria, veja-se (Moura e Silva, 2008).

18 Nos termos do artigo 11.º, n.º 5, do Regulamento n.º 17, então em vigor, "[s]e uma empresa ou associação de empresas não prestar as informações pedidas no prazo fixado pela Comissão ou se as fornecer de modo incompleto, a Comissão, mediante decisão, exigirá que a informação seja prestada. A decisão especificará as informações pedidas, fixará um prazo conveniente no qual a informação deverá ser prestada e indicará as sanções previstas no n.º 1, alínea b), do artigo 15.º e no n.º 1 alínea c), do artigo 16.º, bem como a possibilidade de recurso da decisão para o Tribunal de Justiça".

19 § 18 do Acórdão.

para provar, contra quem os forneça, a existência de uma infracção às regras da concorrência"[20].

Para o efeito, analisa o TJCE, em primeiro lugar, as ordens jurídicas dos Estados-membros, em busca de um princípio comum. Mas se o Tribunal encontra um princípio comum, relativo ao direito à não auto-incriminação, no domínio do Direito penal aplicado às pessoas singulares, o mesmo não sucede no domínio do Direito da concorrência aplicado a pessoas colectivas[21].

Segue, assim, o TJCE as conclusões do Advogado-Geral Darmon[22] nesta matéria:

"Pela minha parte, direi que a apreciação dos direitos nacionais, na verdade, revela um princípio comum que consagra o direito a não testemunhar contra si mesmo, mas revela igualmente que esse princípio se torna cada vez menos comum à medida que nos afastamos do que chamaremos o âmbito do processo criminal clássico"[23].

No que respeita à aplicação do artigo 6.º da CEDH, o TJCE, deixando em aberto a possibilidade de este artigo não poder ser invocado em sede de processos sancionatórios de concorrência[24], limita-se a declarar, de forma lapidar, que *"não resulta do seu texto nem da jurisprudência do Tribunal Europeu dos Direitos do Homem que essa disposição reconheça um direito a não testemunhar contra si próprio"*. Com efeito, recorde-se que a primeira decisão do TEDH que viria a declarar que o artigo 6.º da CEDH consagrava, também, o direito ao silêncio e à não auto-incriminação, apenas seria proferida quase 4 anos depois do Acórdão Orkem, a de 25 de Fevereiro de 1993 (caso Funke *vs.* França).

O Advogado-Geral vai, porém, mais longe na análise desta matéria, recordando o TJCE que segundo a sua própria jurisprudência, *"a existência no direito comunitário de direitos fundamentais extraídos da Convenção Europeia dos Direitos do Homem não se traduz na aplicação pura e simples das disposições desse texto, tal como é interpretado pelos órgãos de Estrasburgo"*[25].

---

20 § 28 do Acórdão.

21 Cf. § 29 do Acórdão.

22 Conclusões do Advogado-Geral Darmon, apresentadas em 26 de Maio de 1987, no âmbito deste processo.

23 § 98 das Conclusões.

24 *"No que respeita ao artigo 6.º da convenção europeia, admitindo que possa ser invocado por uma empresa objecto de um inquérito em matéria de direito da concorrência [...]".*

25 § 139 das Conclusões.

E prossegue:

"Os comentadores mais autorizados da jurisprudência do Tribunal sublinham, aliás, que a sua posição em relação à Convenção Europeia dos Direitos do Homem consiste geralmente 'em utilizá-la apenas como simples referência', mesmo que o Tribunal 'vá tão longe quanto é possível nessa via' e, ao fazê-lo, desenvolva, 'directa ou indirectamente, a sua própria jurisprudência interpretativa da convenção'"[26].

Conclui o Advogado-Geral, de forma esclarecedora:

"Assim, o Tribunal pode fixar, a propósito de disposições da convenção, uma interpretação que não coincida exactamente com a que é dada pelos órgãos de Estrasburgo, e nomeadamente pelo Tribunal dos Direitos do Homem. Não está vinculado, no sentido de que não tem de tomar sistematicamente em consideração, por se tratar de direitos fundamentais do direito comunitário, o teor das interpretações da convenção provenientes desses órgãos"[27].

Face ao exposto, é à luz da sua própria jurisprudência, que consagra a necessidade assegurar o respeito pelos direitos de defesa como um princípio fundamental da ordem jurídica comunitária[28], bem como a necessidade de certos direitos de defesa deverem ser respeitados desde a fase de inquérito prévio[29], que o TJCE resolve a questão fundamental deste processo: saber se existe um direito à não auto-incriminação nos processos sancionatórios de concorrência e, a existir, qual a sua extensão. Fá-lo em dois parágrafos que continuam a ser incessantemente referidos e citados e que, como veremos, continuam a determinar qual o ponto de equilíbrio entre os poderes de investigação da Comissão e os direitos de defesa das empresas investigadas:

"Assim, se, para preservar o efeito útil dos n.os 2 e 5 do artigo 11.º do Regulamento n.º 17, a Comissão tem o direito de obrigar a empresa a fornecer todas as informações necessárias relativas aos factos de que possa ter conhecimento e, se necessário, os documentos correlativos que estejam na sua posse, mesmo que estes possam servir, em relação a ela ou a outra empresa, para comprovar a existência de um comportamento anticoncorrencial, já no entanto não pode, através de uma decisão de pedido de informações, prejudicar os direitos de defesa reconhecidos à empresa.

---

26 *Ibidem*.

27 § 140 das Conclusões.

28 Cf. § 32 do Acórdão, referindo-se o TJCE ao seu Acórdão de 9 de Novembro de 1983, Michelin, 322/82.

29 Cf. § 33 do Acórdão, referindo-se o TJCE ao seu Acórdão de 21 de Setembro de 1989, Hoechst *vs*. Comissão, 46/87.

Deste modo, a Comissão não pode impor à empresa a obrigação de fornecer respostas através das quais seja levada a admitir a existência da infracção, cuja prova cabe à Comissão"[30].

Aplicando estes princípios ao caso concreto, o TJCE considerou que questões relativas a reuniões de produtores, que apenas se destinavam a obter informações factuais sobre o teor dessas reuniões e a qualidade dos participantes, bem como a comunicação de documentos a elas referentes, que estivessem na posse da recorrente, e bem assim questões destinadas a obter especificações factuais sobre o objecto e as modalidades das iniciativas tomadas para fixar e manter níveis de preços, não eram passíveis de crítica[31]. O mesmo juízo fez o Tribunal quanto às questões que se destinavam a obter informações factuais sobre o funcionamento do sistema de troca de informações e de estatísticas[32].

Considerou, porém, o TJCE que não eram admissíveis:

(i) A questão tendente a obter precisões sobre qualquer diligência ou medida concertada que pudesse ter sido considerada ou aprovada para apoiar iniciativas em matéria de preços;
(ii) A exigência de comunicação das regras de qualquer sistema ou método que tivesse permitido atribuir objectivos de venda ou de quotas aos participantes; e
(iii) A exigência de descrição de qualquer método que tivesse permitido controlar anualmente a observância de qualquer sistema de objectivos expressos em volume ou de quotas.

Entendeu o Tribunal que a Comissão, ao colocar as referidas questões, tinha tentado induzir a recorrente a confessar a sua participação num acordo destinado a limitar ou a controlar as produções ou os mercados, ou a reparti-los e a fixar os preços de venda por forma a impedir ou restringir a concorrência. Teria a Comissão, em suma, tentado que a recorrente confessasse a infracção[33].

A fronteira traçada pela jurisprudência Orkem entre o que é admissível e o que não é admissível à luz do direito ao silêncio e à não auto-incriminação,

---

30 §§ 34 e 35 do Acórdão.
31 Cf. §§ 37 e 38 do Acórdão.
32 Cf. § 40 do Acórdão.
33 Cf. §§ 38 e 39 do Acórdão.

encontra-se presentemente consagrada no considerando 23 do Regulamento n.º 1/2003:

"*A Comissão deverá dispor, em todo o território da Comunidade, de poderes para exigir informações necessárias para detectar eventuais acordos, decisões ou práticas concertadas proibidas pelo artigo 81.º do Tratado, ou eventuais abusos de posição dominante proibidos pelo artigo 82.º do Tratado. Ao cumprirem uma decisão da Comissão, as empresas não podem ser forçadas a admitir que cometeram uma infracção, mas são de qualquer forma obrigadas a responder a perguntas de natureza factual e a exibir documentos, mesmo que essas informações possam ser utilizadas para determinar que elas próprias ou quaisquer outras empresas cometem uma infracção*".

1.2. Mannesmannröhren-Werke[34]

No âmbito de um processo de inquérito contra a recorrente (Mannesmannröhren-Werke) e outras empresas fabricantes de tubos de aço, a Comissão dirigiu à recorrente um pedido de informações no qual eram colocadas questões relativas a infracções às regras da concorrência. A recorrente recusou-se reiteradamente a responder a parte das questões colocadas, tendo recorrido da decisão da Comissão que, nos termos do artigo 11.º, n.º 5, do Regulamento n.º 17, a instava a responder no prazo de 30 dias sob pena de lhe ser aplicada uma sanção pecuniária de 1000 *ecus* por cada dia de atraso[35].

A Mannesmannröhren-Werke fundamenta o seu recurso na jurisprudência Orkem[36] e no artigo 6.º (e 10.º) da CEDH[37].

O Acórdão Mannesmannröhren-Werk tem a particularidade de ter sido proferido num momento em que o TEDH havia já reconhecido que o artigo 6.º da CEDH protegia o direito ao silêncio e à não auto-incriminação, tendo-se pronunciado entretanto, por diversas vezes, sobre esta matéria[38].

---

34 Acórdão do TPI, de 20 de Fevereiro de 2001, Mannesmannröhren-Werke AG vs. Comissão, Processo T-112/98.

35 §§ 1 a 10.

36 § 21 ss.

37 Cf. §§ 33 ss. e 57 ss.

38 Acórdão de 25 de Fevereiro de 1993, caso Funke vs. França; Acórdão de 25 de Janeiro de 1996, caso John Murray vs. Reino Unido; Acórdão de 17 de Dezembro de 1996, caso Saunders vs. Reino Unido; Acórdão de 20 Outubro de 1997, caso Serves vs. França; Acórdão de 21 de Dezembro de 2000, caso Heaney e Mcguinness vs. Irlanda.

Quando muitos clamavam que a jurisprudência do TEDH havia derrogado a jurisprudência Orkem[39], o Tribunal de Primeira Instância (TPI), apreciando o presente recurso, começa por sublinhar, a título prévio, que "*não tem competência para apreciar a legalidade de um inquérito em matéria de direito da concorrência à luz das disposições da CEDH, na medida em que estas não fazem parte, enquanto tais, do direito comunitário*"[40].

A chave para a resolução da questão estaria assim, segundo o TPI, na articulação dos poderes atribuídos à Comissão pelo Regulamento n.º 17 com os direitos fundamentais, parte integrante dos princípios gerais de Direito cujo respeito é assegurado pelo juiz comunitário. Uma vez que, para este efeito, o TJCE e o TPI se inspiram "*nas tradições constitucionais comuns aos Estados-Membros, bem como nas indicações fornecidas pelos instrumentos internacionais relativos à protecção dos direitos do homem em que os Estados-Membros colaboraram ou a que aderem*", entende o TPI que é (apenas) neste quadro que a CEDH reveste um significado particular[41].

Aplicando estes princípios ao caso concreto, e em relação ao argumento da recorrente de que o artigo 6.º, n.ºs 1 e 2, da CEDH permitiria a uma pessoa, destinatária de um pedido de informação, não responder às questões, ainda que estas se referissem exclusivamente a factos, e recusar entregar documentos à Comissão, recordou o TPI "*que a recorrente não pode invocar directamente a CEDH perante o juiz comunitário*"[42].

Uma vez mais, para resolver o problema que se colocava no presente caso, recorreu o Tribunal aos princípios e direitos fundamentais reconhecidos pelo Direito comunitário, como o princípio do respeito dos direitos de defesa e o direito a um processo equitativo:

"*É em aplicação destes princípios, que oferecem, no domínio específico do direito da concorrência, em causa no presente processo, uma protecção equivalente à garantida pelo artigo 6.º da CEDH, que, segundo jurisprudência constante, o Tribunal de Justiça e o Tribunal de Primeira Instância reconheceram aos destinatários dos pedidos dirigidos pela Comissão em aplicação do artigo 11.º, n.º 5, do Regulamento n.º 17 o direito de se limitar a responder a questões relativas, unicamente, a factos e a comu-*

---

39 Veja-se no sentido de que a jurisprudência comunitária deveria ser revista à luz das decisões do TEDH: (Overbeek, 1994).

40 § 59, referindo o TPI o seu Acórdão de 14 de Maio de 1998, Mayr-Melnhof *vs.* Comissão, T-347/94.

41 § 60.

42 § 75.

nicar apenas os correspondentes documentos e peças preexistentes, sendo, aliás, esse direito reconhecido logo na primeira fase de um inquérito iniciado pela Comissão"[43].
Em suma:

(i) Resolveu o Tribunal o presente recurso à luz dos princípios e direitos reconhecidos pelo Direito comunitário (e não à luz da CEDH e da jurisprudência do TEDH);
(ii) Entendeu o Tribunal que estes princípios e direitos conferem, no domínio da concorrência, uma protecção equivalente à garantida pelo 6.º da CEDH;
(iii) Reitera o Tribunal a jurisprudência Orkem ao declarar que os destinatários dos pedidos de informação têm "*o direito de se limitar a responder a questões relativas, unicamente, a factos e a comunicar apenas os correspondentes documentos e peças preexistentes*".

Apesar de esta decisão aderir e reiterar a jurisprudência Orkem, apresenta duas novidades em relação à mesma:

(i) Faz referência a "*documentos e peças pré-existentes*" (quando o Acórdão Orkem, no que se refere a documentos, não especificava como requisito a sua pré-existência);
(ii) Justifica a admissibilidade de questões relativas a factos e de pedidos de entrega de documentos e peças pré-existentes (considerando o Tribunal que não são susceptíveis de violar o princípio do respeito dos direitos da defesa ou o direito a um processo equitativo) declarando que "*nada impede o destinatário de demonstrar mais tarde no quadro do procedimento administrativo ou num processo perante o juiz comunitário, ao exercer os seus direitos da defesa, que os factos constantes das suas respostas ou os documentos transmitidos têm um significado diferente daquele que lhes deu a Comissão*"[44].

Face ao exposto, concluiu o Tribunal que a decisão da Comissão deveria ser anulada na medida em que obrigava a recorrente a responder a perguntas que poderiam levá-la a confessar a sua eventual participação num acordo susceptível de impedir ou restringir a concorrência.

---

43 § 77.
44 § 78.

1.3. PVC II – Limburgse Vinyl[45]

As recorrentes (LVM e DSM) contestaram a legalidade das informações obtidas junto a várias empresas, pela Comissão, com fundamento no artigo 11.º, n.ºˢ 2 ou 5, do Regulamento n.º 17.

Sustentaram as recorrentes que o artigo 6.º da CEDH, na interpretação que dele faz o TEDH[46], consagra o direito de guardar silêncio e de não contribuir para a sua própria incriminação, sem que seja necessário distinguir consoante a natureza das informações solicitadas. Este direito opor-se-ia a que uma empresa fosse obrigada a apresentar ela própria, sob qualquer forma, incluindo sob a forma de documentos, a prova das infracções que cometeu[47].

Segundo as recorrentes, o TPI, na decisão recorrida, teria decidido no mesmo sentido do anterior Acórdão Orkem do TJCE, sobre a questão do alcance do direito à não auto-incriminação por elas invocado, consagrando, deste modo, uma protecção inferior deste direito do que a que resultaria dos últimos desenvolvimentos da jurisprudência do TEDH[48]. Alegaram ainda que a aplicação dos critérios jurídicos resultantes da jurisprudência do TEDH deveria ter levado a que certas respostas dadas por outras empresas (que não as recorrentes) fossem excluídas de aproveitamento para fins probatórios[49].

Decidindo o presente recurso, o TJCE volta a referir a jurisprudência Orkem e acrescenta que a protecção do direito de uma empresa não ser coagida a confessar a sua participação numa infracção *"implica, em caso de contestação sobre o alcance de uma pergunta, que se verifique se uma dada resposta do destinatário equivale efectivamente à confissão de uma infracção, de modo a haver ofensa do direito de defesa"*[50].

Aponta, assim, o Tribunal, a necessidade de se verificar em concreto (e em caso de contestação) se a resposta equivale a confissão, para aferir se foram,

---

45 Acórdão do TJCE de 15 de Outubro de 2002, Limburgse Vinyl Maatschappij NV (LVM) (C-238/99 P), DSM NV e DSM Kunststoffen BV (C-244/99 P), Montedison SpA (C-245/99 P), Elf Atochem SA (C-247/99 P), Degussa AG (C-250/99 P), Enichem SpA (C-251/99 P), Wacker-Chemie GmbH e Hoechst AG (C-252/99 P) e Imperial Chemical Industries plc (ICI) (C-254/99 P) vs. Comissão.

46 Invocam as recorrentes o Acórdão Funke de 25 de Fevereiro de 1993, § 44 bem como o parecer da Comissão Europeia dos Direitos do Homem, Saunders vs. Reino Unido, de 10 de Maio de 1994, *Recueil des arrêts et décisions* 1996-VI, p. 2095, §§ 69, 71 e 76.

47 § 259.

48 Cf. § 263.

49 Cf. § 266

50 § 273.

ou não, violados os direitos de defesa e, mais concretamente, o direito a não ser coagido a confessar uma infracção.

Outro ponto que é indicado como uma novidade deste Acórdão face à anterior jurisprudência comunitária prende-se com o que parece ser uma maior abertura à jurisprudência do TEDH, reconhecendo o TJCE que deve ter em conta, na sua interpretação dos direitos fundamentais, a jurisprudência do TEDH (indicando que esta tinha tido novos desenvolvimentos com os Acórdãos Funke, Saunders e J.B)[51].

Note-se, porém, que o caminho traçado pelo TJCE no presente caso para resolver a questão relativa ao direito ao silêncio e à não auto-incriminação continua a ser o dos princípios e direitos fundamentais de Direito comunitário, sendo que quem tem competência para interpretá-los é o próprio TJCE. Simplesmente, na sua interpretação, deverá ter também em linha de conta a jurisprudência do TEDH. Ora, tal não significa que as questões passem a resolver-se à luz do artigo 6.º da CEDH e por importação e aplicação directa, *tal quale*, da jurisprudência do TEDH. Na verdade, lendo atentamente o § 274 deste Acórdão, descobrimos até bastantes similitudes com as Conclusões do Advogado-Geral no caso Orkem, *supra* referidas, e parece-nos que a solução encontrada nos dois casos é, no essencial, a mesma.

Neste contexto, indica o TJCE os pontos em comum entre a jurisprudência Orkem e a jurisprudência do TEDH, a saber:

(i) A exigência de coerção[52] sobre o arguido para obter certas informações;
(ii) A necessidade de verificação de uma ofensa efectiva ao direito que definem[53].

Ora, no presente caso, o TPI havia distinguido (correctamente, segundo o TJCE) entre pedidos de informação e decisões de pedidos de informação, sendo que apenas as últimas sujeitavam as empresas a uma sanção em caso de recusa de resposta. A contestação dos pedidos de informação não mereceu, assim, acolhimento, por parte do TJCE, uma vez que inexistia o elemento coerção[54].

---

51 Cf. § 274.

52 O que se trata é da aplicação de uma coima ou de uma sanção pecuniária compulsória em caso de não prestação da informação.

53 Cf. § 275.

54 Cf. §§ 279 e 280.

No que concerne às decisões de pedidos de informação adoptadas ao abrigo do artigo 11.º, n.º 5, do Regulamento n.º 17, o TPI havia entendido que, embora as perguntas constantes destas decisões e contestadas pelas recorrentes fossem idênticas às anuladas pelo TJCE no Acórdão Orkem, sofrendo, portanto, da mesma ilegalidade, *"as empresas ou tinham recusado responder a essas perguntas ou tinham negado os factos sobre os quais eram interrogadas. Deduziu daí que a ilegalidade das perguntas em causa não implicava qualquer consequência para a legalidade da decisão PVC II, sublinhando que as recorrentes não tinham identificado nenhuma resposta que tivesse sido dada precisamente a essas perguntas nem indicado a utilização que a Comissão delas teria feito nesta última decisão"*[55].

Tendo em conta que as recorrentes não precisaram se as respostas em questão foram dadas na sequência de pedidos de informação (sem o elemento coerção) ou de decisões (com poder de coerção[56]) e que, nesta última hipótese, não indicaram quais os elementos das respostas que teriam sido efectivamente utilizados para incriminar os seus destinatários ou as recorrentes[57], o TJCE não considerou necessário decidir sobre a questão de saber se o TPI tinha cometido um erro de direito ao julgar, citando o acórdão Orkem, que essas decisões só são ilegais se uma pergunta obrigar a empresa dar respostas através das quais seja obrigada a admitir a existência de uma infracção[58].

Resulta, portanto, desta jurisprudência que a violação do direito ao silêncio e à não auto-incriminação tem de ser aferida em concreto.

Assim, quanto ao primeiro requisito enunciado pelo Tribunal:

a) A necessidade de coerção sobre o arguido para obter certas informações:

(i) A mera existência de um poder de coerção não implica que esse poder tenha sido efectivamente exercido;
(ii) Caso as empresas respondam voluntariamente às questões, não há qualquer violação destes direitos;

---

55 § 282.

56 A este respeito, vejam-se as Conclusões do Advogado-Geral Mischo, apresentadas em 25 de Outubro de 2001, no presente processo: *"Com efeito, a simples existência de um poder de coacção, como o decorrente desta disposição, não pode implicar a conclusão de que a coacção foi efectivamente exercida. Pelo contrário, a ausência, por parte das empresas destinatárias das eventuais decisões de pedidos de informações, de qualquer recurso interposto contra estas permite, pelo contrário, chegar à conclusão de que as referidas empresas não levantaram objecções de princípio relativamente a estes pedidos"* (§ 300).

57 Cf. § 287 ss.

58 Cf. § 292.

Quanto ao segundo requisito enunciado pelo Tribunal:

b) A necessidade de verificação de uma ofensa efectiva ao direito:

(i) Em caso de contestação sobre o alcance de uma pergunta, tem de verificar-se se uma dada resposta do destinatário equivale, efectivamente, à confissão de uma infracção;
(ii) Caso as empresas tenham recusado responder às perguntas ou tenham negado os factos sobre os quais são interrogadas, não há violação do direito ao silêncio e à não auto-incriminação;
(iii) Ainda que as perguntas sejam ilegais (porque tentam induzir confissão de uma infracção), a legalidade da decisão final condenatória da Comissão apenas será afectada se se demonstrar que as respostas equivalem a confissões e que a Comissão fez uso das mesmas naquela decisão.

1.4. Tokai Carbon[59]

No Acórdão presentemente em análise, o TPI confirma e reitera a jurisprudência Mannesmannröhren-Werke, sublinhando que o reconhecimento de um direito absoluto a guardar silêncio iria para *"além do que é necessário para preservar os direitos de defesa das empresas e constituiria um entrave injustificado ao cumprimento, pela Comissão, da missão de velar pelo respeito das regras de concorrência no mercado comum. O direito de guardar silêncio só pode ser reconhecido na medida em que a empresa em causa seja obrigada a fornecer respostas através das quais seja levada a admitir a existência da infracção cuja prova cabe à Comissão"*[60].

Mantendo na íntegra a jurisprudência Orkem e Mannesmannröhren-Werke, refere o TPI que "[p]*ara preservar o efeito útil do artigo 11.° do Regulamento n.° 17, a Comissão pode, assim, obrigar as empresas a fornecerem todas as informações necessárias relativas aos factos de que possam ter conhecimento e, se necessário, os documentos correlativos que estejam na sua posse, mesmo que estes possam servir para comprovar a existência de um comportamento anticoncorrencial"*[61].

---

59 Acórdão do TPI, de 29 de Abril de 2004, Tokai Carbon Co. Ltd e outros *vs*. Comissão, Processos apensos T-236/01, T-239/01, T-244/01 a T-246/01, T-251/01 e T-252/01.

60 § 402; Cf. § 66 do Acórdão Mannesmannröhren-Werke.

61 § 403; Cf. § 65 do Acórdão Mannesmannröhren-Werke e § 34 do Acórdão Orkem.

Quanto à questão de saber se a jurisprudência comunitária[62] era incompatível ou havia sido derrogada pela jurisprudência do TEDH, responde o TPI, de forma inequívoca, pela negativa, reiterando, uma vez mais e também neste ponto, o conteúdo do Acórdão Mannesmannröhren-Werke[63].

No entanto, e ainda que o TPI tenha, em toda a linha, apoiado e subscrito a jurisprudência Orkem e Mannesmannröhren-Werke, quando aplicou os princípios desta jurisprudência aos factos do caso concreto, parece ter adoptado uma visão contrária a essa mesma jurisprudência, ignorando que de acordo com a mesma as empresas são sempre obrigadas a entregar os documentos requeridos pela Comissão, apenas podendo recusar-se a responder a questões que conduzam à confissão da prática ilícita.

Com efeito, o TPI considerou que o pedido de certo tipo de documentos relacionados com reuniões em que a SGL havia participado (*e.g.*, protocolos da reuniões, documentos de trabalho e respectivos documentos de preparação, notas manuscritas que se lhes referem, notas e conclusões relativas a essas reuniões, documentos de planificação e discussão, bem como projectos de execução relativos aos aumentos de preços) era susceptível de obrigar a SGL a confessar a sua participação numa infracção às regras comunitárias da concorrência[64].

Entendeu o TPI que, não sendo a recorrente obrigada a fornecer os elementos solicitados pela Comissão, o facto de o ter feito deveria ser considerado como uma colaboração voluntária da empresa, susceptível de justificar uma redução de coima[65].

A Comissão entendeu que o Tribunal tinha erradamente estendido o direito de não responder às suas decisões a documentos pré-existentes e interpôs recurso da decisão do TPI para o TJCE. É a decisão do TJCE, bem como as Conclusões do Advogado-Geral sobre este recurso que analisaremos de seguida.

---

62 Em particular, os Acórdãos Orkem e Mannesmannröhren-Werke.

63 Cf. §§ 405 e 406.

64 Cf. § 408.

65 Cf. § 409.

1.4.1. SGL Carbon[66]

Pronunciando-se sobre a questão, o TJCE reiterou e voltou a sustentar os princípios da jurisprudência Orkem[67], esclarecendo também que os desenvolvimentos da jurisprudência do TEDH *"não eram de natureza a pôr em causa os princípios enunciados no referido acórdão Orkem/Comissão"*[68] e que *"não decorre desta jurisprudência que os poderes de inquérito da Comissão tenham sido limitados no que respeita à apresentação de documentos que se encontrem na posse de uma empresa objecto de um inquérito"*[69].

Ainda quanto à relação entre a jurisprudência do TEDH e a jurisprudência comunitária, e embora o TJCE tenha chegado, essencialmente, à mesma conclusão que o Advogado-Geral, este apresentou de forma bastante mais desenvolvida as razões pelas quais considerava que não havia motivos para alterar a jurisprudência Orkem à luz da jurisprudência do TEDH.

Tendo em conta a relevância desta matéria, bem como a frequência com que é colocada esta questão, e uma vez que este é um texto que nos parece particularmente claro e esclarecedor, permitimo-nos a referência a algumas passagens das conclusões do Advogado-Geral[70].

Assim, e em primeiro lugar, aponta o Advogado-Geral que deve ter-se presente que a jurisprudência do TEDH diz respeito a pessoas singulares no contexto de processos penais clássicos, ao passo que o Direito da concorrência diz respeito a empresas. Ora, "[n]*ão é possível simplesmente transpor, sem mais, as conclusões do Tribunal Europeu dos Direitos do Homem para as pessoas colectivas ou para as empresas*"[71].

Refere, em segundo lugar, que embora o TEDH tenha estendido alguns direitos a sociedades e outras pessoas colectivas, o mesmo Tribunal estabe-

---

66 Acórdão do TJCE, de 29 de Junho de 2006, Comissão *vs.* SGL Carbon AG, Processo C 301/04 P.

67 Cf. § 39 ss.

68 § 43.

69 § 44.

70 Conclusões do advogado geral L. A. Geelhoed, apresentadas em 19 de Janeiro de 2006, Processo C 301/04 P.

71 § 63 das Conclusões. Refere ainda a este respeito a ordem jurídica norte-americana, onde o direito a não se incriminar a si próprio é reservado apenas a pessoas singulares, não podendo ser invocado por pessoas colectivas.

lece, também, uma distinção entre o nível de protecção conferido às pessoas singulares, por um lado, e às pessoas colectivas, por outro[72].

Em terceiro lugar, acrescenta o seguinte: *"o que é, contudo, determinante, no que diz respeito ao artigo 6.º da Convenção, é que um pedido de apresentação de documentos não viola o direito ao silêncio. O Tribunal Europeu dos Direitos do Homem não reconheceu um direito absoluto ao silêncio"*[73].

E prossegue:

"Assim, o direito a não proferir declarações que possam ser auto-incriminatórias não se aplica à informação que existe, independentemente da vontade do arguido, como nomeadamente sucede com os documentos. A apresentação desse tipo de documentos pode ser exigida e estes podem constituir elementos de prova".

Quanto à compatibilização dos poderes de uma investigação eficiente com os direitos de defesa das empresas, escreve:

"Por último, deve referir-se que a relação entre os direitos fundamentais das pessoas colectivas e a aplicação das regras da concorrência continua a ser um exercício de equilíbrio: o que está em causa é a protecção de direitos fundamentais versus *a aplicação efectiva do direito comunitário da concorrência. Como o Tribunal de Justiça entendeu no acórdão Eco Swiss, o artigo 81.º CE constitui uma disposição fundamental indispensável para o cumprimento das missões confiadas à Comunidade e, em particular, para o funcionamento do mercado interno. O artigo 81.º CE é de ordem pública. Se a Comissão já não possuir competência para pedir a apresentação de documentos, a sua intervenção na execução do direito comunitário da concorrência tornar-se-á altamente dependente da cooperação voluntária ou de outros meios de coerção, como por exemplo, buscas. É óbvio que deve ser possível a aplicação efectiva, através de meios razoáveis, dos princípios básicos da ordem jurídica comunitária, da mesma forma que é óbvio que o direito de defesa também deve ser respeitado. Na minha opinião, o presente processo configura esta última possibilidade. De acordo com a jurisprudência actual, a parte demandada pode ainda, quer no procedimento administrativo quer no processo perante os tribunais comunitários, alegar que os documentos apresentados têm um significado diverso do que lhes é atribuído pela Comissão"*[74].

---

72 Cf. § 64 das Conclusões. Refere a este respeito a jurisprudência do TEDH, em que este indicou que a protecção de instalações comerciais pode ser inferior à das dos domicílios privados (Acórdãos Niemietz e Colas Est), bem como a jurisprudência do TJCE relativa à mesma matéria (Acórdão Roquette Frères).

73 § 65 das Conclusões. Refere a este respeito o Acórdão Saunders.

74 § 67 das Conclusões.

Conclui o Advogado-Geral que os documentos em apreço no presente caso deveriam ser obrigatoriamente entregues pela empresa.

O TJCE seguiu a opinião do Advogado-Geral e considerou, quanto à decisão do TPI, que embora aquele tivesse, e bem, remetido de forma explícita para os princípios enunciados no Acórdão Orkem, no passo seguinte do seu raciocínio havia, erradamente e de forma contraditória, considerado que o pedido de informações da Comissão tinha por natureza obrigar a SGL Carbon a confessar a sua participação relativamente às infracções às regras comunitárias da concorrência[75].

"*Ora, esta apreciação do Tribunal de Primeira Instância é contrária ao alcance do artigo 11.º do Regulamento n.º 17, como interpretado pelo Tribunal de Justiça, e, por conseguinte, enfraquece o princípio da cooperação a cujo respeito estão obrigadas as empresas objecto de um inquérito da Comissão*"[76]/[77].

Face ao exposto, ficou claro que continua válida a jurisprudência Orkem e que as empresas continuam a ser obrigadas a entregar à Comissão documentos que se encontrem na sua posse, mesmo que estes possam ser utilizados pela Comissão para determinar a existência de uma infracção.

Note-se, aliás, que a jurisprudência Orkem foi muito recentemente confirmada, uma vez mais, pelo Acórdão do TJCE, de 24 de Setembro de 2009[78].

1.5. Síntese de uma análise da jurisprudência comunitária

A jurisprudência comunitária tem, assim, coerentemente reiterado que as empresas investigadas têm o dever de cooperar activamente com a Comissão e que são obrigadas a entregar documentos com relevância para a prova da

---

75 Cf. §§ 45 e 46.

76 § 47.

77 Seguiu, assim, o TJCE as Conclusões do Advogado-Geral L. A. Geelhoed, apresentadas em 19 de Janeiro de 2006, no presente processo: "*Em primeiro lugar, uma vez que a informação a que se referem os n.os 408 e 409 diz respeito a 'documentos' e não a um pedido de 'respostas', o Tribunal de Primeira Instância não estabeleceu a distinção feita pela jurisprudência entre documentos, por um lado, e respostas a perguntas, por outro. Pelo menos, o Tribunal de Primeira Instância não aplicou os princípios estabelecidos pela referida jurisprudência aos factos do processo. Em segundo lugar, como a Comissão salientou correctamente, o raciocínio do Tribunal de Primeira Instância é intrinsecamente contraditório. Desde logo, o Tribunal de Primeira Instância reafirmou expressamente os princípios estabelecidos no processo Orkem e no seu próprio acórdão proferido no processo Mannesmannröhren Werke (18). Assim, nos n.os 403, 406 e 407, refere-se à jurisprudência constante mas, a seguir, no n.º 408, toma posição contra essa jurisprudência. A jurisprudência referida foi confirmada muitas vezes e, mais recentemente, nos processos chamados 'sobretaxa de liga metálica'*" (§§ 58 e 59).

78 Erste Bank e outros *vs.* Comissão, processos C-125/07 P, C-133/07 P, C-135/07 P e C-137/07 P, § 271.

infracção, bem como a responder a questões que lhes sejam colocadas ainda que os elementos resultantes destes pedidos possam ser utilizados como prova de factos que constituam uma violação aos artigos 81.º e 82.º do TCE (actuais artigos 101.º e 102.º do TFUE). A única excepção admitida, por aplicação do direito ao silêncio e à não auto-incriminação, são as respostas através das quais as empresas sejam obrigadas a admitir a existência da infracção.

Apesar da coerência da jurisprudência comunitária nesta matéria, cumpre agora tentar esclarecer algumas questões e sistematizar algumas conclusões.

Assim, à luz da jurisprudência comunitária, o direito ao silêncio e à não auto-incriminação:

(i) Não permite a recusa de entrega de documentos pré-constituidos (*i.e.*, que já existiam antes do pedido da Comissão)[79];
(ii) Não permite a recusa de informação factual, quer se trate da explicação de documentos ou do fornecimento de outras informações requeridas pela Comissão;
(iii) Permite a recusa de respostas a questões colocadas pela Comissão, quer respeitem à explicação de documentos ou ao fornecimento de outro tipo de informação, que impliquem a admissão directa (*i.e.*, a confissão) de uma infracção ao Direito da concorrência[80].

Por outro lado, não existe violação do direito ao silêncio e à não auto--incriminação caso:

(i) A resposta às questões da Comissão seja voluntária;
(ii) Exista uma recusa de resposta às questões da Comissão;
(iii) Sejam negados os factos sobre os quais incidem as questões da Comissão.

Acresce que para que exista uma violação do direito ao silêncio e à não auto-incriminação é necessária a verificação de uma ofensa efectiva do direito:

---

79 Quanto aos pedidos de documentos, a jurisprudência comunitária não tem feito qualquer distinção quanto ao tipo e teor de documentos. De acordo com as decisões analisadas, as empresas serão obrigadas a entregar todo o tipo de documentos requeridos pela Comissão.

80 Seguimos neste ponto o entendimento de Catarina Anastácio quando esclarece que apenas podem entender-se como declarações auto-incriminatórias aquelas que, por si só, isoladamente, independentemente de outras provas e sem valorações, sejam equivalentes à admissão da participação na infracção e como tal sejam suficientes para a prova da infracção. Consultar a este propósito o artigo "O dever de colaboração no âmbito dos processos de contra-ordenação por infracção às regras de defesa da concorrência e o princípio *nemo tenetur se ipsum accusare*", de Catarina Anastácio, publicado neste Dossier Temático.

(i) Em caso de contestação sobre o alcance de uma pergunta, tem de verificar-se se uma dada resposta do destinatário equivale, efectivamente, à confissão de uma infracção;

(ii) Ainda que as perguntas sejam ilegais (porque tentam induzir confissão de uma infracção), a legalidade da decisão final condenatória da Comissão apenas será afectada se se demonstrar que as respostas equivalem a confissões e que a Comissão fez uso das mesmas na decisão condenatória.

Questão que se coloca neste ponto é a de saber se as perguntas feitas pela Comissão estão sujeitas a limites.

A resposta é claramente positiva.

Em primeiro lugar, e desde logo, o próprio Regulamento n.º 1/2003 impõe algumas regras quanto aos requisitos a que devem obedecer as perguntas feitas pela Comissão, ao dispor que esta "*deve indicar o fundamento jurídico e a finalidade do pedido*" bem como "*especificar as informações que são necessárias*"[81].

Por outro lado, a jurisprudência comunitária clarificou que o pedido tem de identificar, com razoável determinação, a violação dos artigos 81.º ou 82.º do TCE (actuais artigos 101.º e 102.º TFUE) de que se suspeita, e que apenas pode ser feito se a Comissão puder razoavelmente supor, à data do pedido, que o documento (ou outra informação requerida) pode auxiliá-la a determinar que uma certa infracção ocorreu[82].

Os pedidos da Comissão devem, assim, obedecer a um certo grau de especificação e concretização. Não podem ser vagos e indeterminados.

Por outro lado, a Comissão deverá abster-se de colocar questões que tentem induzir a confissão de uma infracção. As empresas investigadas podem, desde logo, recusar-se a responder a este tipo de questões e recorrer das decisões da Comissão que tentem impor-lhes a admissão da participação na infracção.

Este sistema assegura um controlo jurisdicional efectivo que garante que os direitos de defesa das empresas são totalmente respeitados, desde logo e num primeiro momento, caso exista algum abuso na forma como são colocadas as questões.

---

81 Artigo 18, n.º 3, do Regulamento n.º 1/2003.

82 Cf. Conclusões do Advogado-Geral Jacobs, apresentadas a 15 de Novembro de 1993, no caso C-36/92 P SEP vs. Comissão (§§ 21 e 30), sustentadas pelo TJCE no Acórdão de 19 de Maio de 1994, no mesmo caso, § 21.

O controlo jurisdicional funcionará ainda num segundo momento, aferindo então os tribunais se as respostas das empresas condenadas foram auto-incriminatórias. Recorde-se, porém, que a legalidade da decisão final condenatória da Comissão apenas será afectada se se demonstrar que as respostas equivalem a confissões e que a Comissão fez uso das mesmas na decisão condenatória.

2. O QUE SE RETIRA DO DIÁLOGO ENTRE OS TRIBUNAIS COMUNITÁRIOS E O TEDH?

Foi repetidamente defendido pelos advogados que representavam as empresas que a jurisprudência Orkem já não seria válida à luz das decisões subsequentes do TEDH: o TJCE no caso Orkem admitia que a Comissão utilizasse os seus poderes não só para obter documentos das empresas investigadas, como também para obter respostas de natureza factual, que não directamente incriminatórias, enquanto que o TEDH[83] admitia a utilização de poderes para obter documentos existentes, mas excluía a utilização como prova de quaisquer respostas obtidas do acusado durante uma investigação, incluindo respostas puramente factuais[84]/[85].

Não nos parece que possa retirar-se esta conclusão.

Em primeiro lugar, a análise da jurisprudência do TEDH permite que se conclua que o direito ao silêncio e à não auto-incriminação não é um direito absoluto e admite restrições quando confrontado com outros interesses juridicamente tutelados, desde que se preserve seu o núcleo essencial[86], conclusão semelhante à que se chega analisando a jurisprudência comunitária.

No entanto, quando tentamos ir além desta conclusão geral e concretizar qual a extensão deste direito e que restrições admite à luz da jurisprudência do TEDH, sentimos manifestas dificuldades. Com efeito, a jurisprudência do TEDH é muito casuística e parece, muitas vezes, contraditória entre si;

---

83 Para uma análise detalhada da jurisprudência do TEDH consultar o artigo "As garantias de defesa no processo sancionatório especial por práticas restritivas da concorrência confrontadas com a jurisprudência do Tribunal Europeu dos Direitos do Homem", de Paulo de Sousa Mendes, publicado neste Dossier Temático. Veja-se ainda, entre outros: (Andreangeli, 2008) e (Ramos, 2006).

84 Veja-se a este respeito: (Wils, 2003: 11-12).

85 Defendendo que a jurisprudência do TEDH exigiria a revisão da jurisprudência do TJCE: (Overbeek, 1994) e (Willis & Wessing, 2006). Defendendo uma interpretação ainda mais restrita da jurisprudência do TEDH, que não admitiria, sequer, a entrega de documentos, veja-se: (Ramos, 2009).

86 Consultar a este propósito o artigo "As garantias de defesa no processo sancionatório especial por práticas restritivas da concorrência confrontadas com a jurisprudência do Tribunal Europeu dos Direitos do Homem", de Paulo de Sousa Mendes, publicado neste Dossier Temático.

por outro lado, a fundamentação das decisões, em muitas circunstâncias, não permite aferir, com clareza, como chegou o Tribunal a determinada conclusão e se pretende manter ou revogar a sua jurisprudência anterior[87].

Ademais, as decisões do TEDH dizem respeito à aplicação do direito ao silêncio e à não auto-incriminação em processos em que os destinatários das questões são pessoas singulares e que podem conduzir à aplicação de penas privativas da liberdade ou outras sanções de tipo criminal[88].

Acresce que o tipo e o grau de coerção utilizados pelas autoridades para obterem informações e provas tem, também, um peso determinante nas decisões do TEDH. Ora, em muitos dos casos analisados pelo TEDH, a coerção utilizada pelas autoridades era de ordem, natureza e intensidade totalmente diversa da coerção de que poderia lançar mão a Comissão nos processos sancionatórios do Direito da concorrência. Com efeito, a aplicação de coimas e sanções pecuniárias contrasta claramente com a aplicação de penas de prisão ou a extracção de prova de forma que o TEDH considerou desumana e degradante[89].

Como escreve Wouter Wils:

"Não é óbvio que a jurispridência Orkem do Tribunal de Justiça não possa ser mantida à luz da jurisprudência subsequente do Tribunal Europeu dos Direitos do Homem. [...] Deve [...] notar-se que todas decisões do Tribunal Europeu dos Direitos do Homem dizem respeito a questões colocadas a pessoas naturais em

---

87 Veja-se neste sentido: (Ward & Gardner, 2003) e (Andreangeli, 2008). Criticando fortemente, em particular a decisão Funke: (Butler, 2004).

88 Veja-se, a título de exemplo e sem qualquer pretensão de realizar uma análise exaustiva sobre esta matéria, um dos casos paradigmáticos invocado a propósito do direito ao silêncio e à não auto-incriminação: Saunders vs. Reino Unido (Acórdão de 17 de Dezembro de 1996), em que a prova prestada sob coerção foi utilizada num processo-crime em que o Sr. Saunders foi condenado a 5 anos de prisão. Mais recentemente, no caso Martinen vs. Finlândia (Acórdão de 21 de Abril de 2009) foi fundamental para a decisão do Tribunal o facto de a informação requerida pelas autoridades poder ser utilizada quer em processos-crime pendentes, quer para acusar o queixoso do crime de fraude fiscal (à semelhança do que sucedeu no caso JB vs. Suíça, Acórdão de 3 de Maio de 2001).

89 Veja-se a este propósito o caso Heany e Mcguiness vs. Irlanda (Acórdão de 21 e Dezembro de 2000) em que o TEDH considerou que o grau de coerção imposto aos queixosos (prisão até seis meses em caso de recusa de prestação de informação ou prestação de informação falsa ou incorrecta) destruía a própria essência do direito ao silêncio e à não auto-incriminação. Também no caso Jalloh vs. Alemanha (Acórdão de 11 de Julho de 2006) o TEDH considerou a natureza e o grau de coerção um elemento essencial tendo o Tribunal considerado que o Sr. Jalloh havia sido sujeito a um tratamento desumano e degradante. No caso O' Halloran e Francis vs. Reino Unido (Acórdão de 29 de Junho de 2007) o TEDH considerou relevante para decisão de que não havia violação do direito ao silêncio e à não auto-incriminação o facto de a sanção aplicável em caso de ausência de resposta às questões colocadas pelas autoridades não ser privativa da liberdade. Consultar a este propósito o artigo "As garantias de defesa no processo sancionatório especial por práticas restritivas da concorrência confrontadas com a jurisprudência do Tribunal Europeu dos Direitos do Homem", de Paulo de Sousa Mendes, publicado neste Dossier Temático.

investigações potencialmente conduzindo essas pessoas naturais a ser condenadas a penas de prisão ou outras sanções em julgamentos criminais. Não é óbvio que o Tribunal Europeu dos Direitos do Homem garantiria a mesma amplitude de protecção sob o direito à não auto-incriminação a pessoas jurídicas em procedimentos como os do Regulamento n.º 17 ou do Regulamento n.º 1/2003, na medida em que esses procedimentos apenas podem conduzir à imposição de coimas a pessoas jurídicas"[90].

Procuraremos de seguida analisar muito brevemente algumas das características e particularidades do Direito da concorrência que permitem que concluamos que a jurisprudência do TEDH não revogou, nem exige a revisão da jurisprudência comunitária relativa ao direito ao silêncio e à não auto-incriminação.

2.1. A natureza dos investigados

A CEDH, em particular o seu artigo 6.º, foram desenhados para pessoas singulares. Como bem sublinhou o Advogado-Geral Geelhoed no caso SGL Carbon, que referimos *supra*, nas situações em que o TEDH estende certos direitos às pessoas colectivas, fá-lo com as devidas adaptações e o nível de protecção conferido não é o mesmo[91].

Como escrevem Kris Dekeyser and Céline Gauer: "*o TEDH também evidenciou que no caso das pessoas jurídicas, o conteúdo dos direitos protegidos pode ser diferente, ou a intrusão do Estado pode ir mais longe. Esta* nuance *é essencial nos casos de concorrência e é perfeitamente consistente com uma série de sistemas nacionais, dentro e fora da União*"[92].

Segundo estes Autores, tudo aponta para que a jurisprudência do TEDH e do TJCE não sejam contraditórias e que caso o TEDH tivesse de decidir

---

90 (Wils, 2003: 12-13), tradução nossa do texto original em inglês:
"*Is does not appear obvious that the Orkem case law of the Court of Justice could not be maintained in light of the subsequent case law of the European Court of Human Rights. [...] It should [...] be noted that all judgments of the European Court of Human Rights concerned questions put to natural persons in investigations potentially leading to those natural persons being convicted to imprisonment or other sanction in criminal trials. It is not obvious that the European Court of Human Rights would grant the same scope of protection under the privilege against self-incrimination to legal persons in proceedings such as those under Regulation n.º 17 or Regulation n.º 1/2003, to the extent that those proceedings can only lead to the imposition of fines on legal persons*".

91 Vide capítulo 1.4.1 *supra*.

92 (Dekeyser & Gauer, 2004: § 47), tradução nossa do original em inglês: "*the ECHR has also stressed that in the case of legal persons, the content of the rights protected may be different, or the intrusion of the State may go further. This nuance is essential for competition cases and is perfectly consistent with a number of national systems, within the Union and outside*".

um caso em que estivessem envolvidas empresas, tivesse a mesma abordagem que os tribunais comunitários[93]/[94].

À luz do exposto é, portanto, questionável que possa, sem mais, transpor-se a jurisprudência do TEDH para o domínio do Direito da concorrência[95].

2.2. A natureza não criminal dos processos por violação do Direito da concorrência

Alguns Autores invocam uma alegada natureza penal dos processos por infracção ao Direito da concorrência para justificar uma interpretação restritiva dos deveres de colaboração das empresas no âmbito dos processos sancionatórios do Direito da concorrência[96].

No caso Societé Stenuit *vs.* França[97], relativo a um processo em que havia sido aplicada uma coima pela autoridade administrativa francesa a uma empresa por violação Direito nacional da concorrência, o TEDH não teve oportunidade de pronunciar-se quanto à possível natureza criminal (em sen-

---

[93] (Dekeyser & Gauer, 2004: § 53): *"there is a strong case that the case of the ECHR and of the Community Courts do not contradict each-other and that the ECHR, if it had to decide on a case involving legal persons, might take the same approach as the Community Courts".*

[94] Note-se, aliás, que a jurisprudência norte-americana rejeita a extensão da *fifth amendment* da Constituição (que consagra o direito ao silêncio e à não auto-incriminação) a pessoas colectivas. Veja-se, a título de exemplo, a decisão do caso United States *vs.* White, 322 U.S. 694 (1944): *"O direito constitucional à não auto-incriminação é essencialmente pessoal, aplicando-se apenas a pessoas singulares [...] não pode ser utilizado por ou a favor de uma organização, como uma empresa".*
Tradução nossa do original em inglês: *"The constitutional privilege against self-incrimination is essentially a personal one, applying only to natural individuals. [...] it cannot be utilized by or on behalf of any organization, such as a corporation".*
De igual modo, também no Canadá (R. V. Amyway Corp. (1989) 1 S.C.R. 21) e na Austrália (Environment Protection Agency v. Caltex refining Co. (1993) 68 A.L.J.R. 127) a jurisprudência tem afastado a aplicação do direito ao silêncio e à não auto-incriminação a empresas.

[95] A respeito do direito à não auto-incriminação das empresas, veja-se: (Trainor, 1995). Critica este Autor a jurisprudência australiana e norte-americana por não estenderem o direito ao silêncio e à não auto--incriminação a empresas e aponta a jurisprudência comunitária como um modelo de equilíbrio entre a necessidade de protecção dos interesses dos cidadãos em geral e o direito de defesa das empresas. Defende o Autor que embora as empresas ainda estejam em melhor posição do que os indivíduos face ao Estado, necessitam, ainda assim, de protecção contra possíveis abusos por parte das autoridades. Consultar ainda a este propósito o artigo "As garantias de defesa no processo sancionatório especial para práticas restritivas da concorrência confrontadas com a jurisprudência do Tribunal Europeu dos Direitos do Homem", de Paulo de Sousa Mendes, publicado neste Dossier Temático, onde o Autor critica a distinção entre pessoas singulares e pessoas colectivas para efeitos de aplicação do direito ao silêncio e à não auto-incriminação.

[96] Veja-se neste sentido o artigo *"Nemo tenetur se ipsum accusare* e concorrência – jurisprudência do Tribunal de Comércio de Lisboa", de Vânia Costa Ramos, publicado neste Dossier Temático. Em sentido diverso veja-se: (Wils, 2010).

[97] Acórdão de 27 de Fevereiro de 1992.

tido amplo e apenas para efeitos da aplicação do artigo 6.º, n.º 1, da CEDH) do processo em questão, uma vez que o queixoso retirou a queixa.

O TEDH teve, porém, oportunidade de esclarecer esta questão no caso Jussila *vs.* Finlândia[98], onde faz uma claríssima distinção entre processos de natureza criminal *stricto sensu* e processos que não pertencem à categoria tradicional de Direito criminal. Assim, e apesar de o conceito amplo de acusação em matéria penal (para aferir da aplicabilidade do artigo 6.º, n.º 1, da CEDH) albergar diferentes tipos de processo, cumpre distinguir entre eles:

"Apesar da consideração de que é inerente aos processos-crime uma certa gravidade, que se refere à atribuição de responsabilidade criminal e à imposição de sanções punitivas e dissuasoras, é evidente que há casos em matéria penal que não têm qualquer nível significativo de estigma. Existem claramente 'acusações em matéria penal' com diferentes pesos"[99].

Prossegue o Tribunal incluindo os processos por infracções ao Direito da concorrência no grupo de casos que não pertencem ao Direito penal clássico *stricto sensu*:

"Acresce que a interpretação autónoma adoptada pelas instituições da Convenção do conceito de 'acusação em matéria penal' através da aplicação dos critérios do caso Enger sustentou um alargamento gradual da classificação de penal a casos que não pertencem, em sentido estrito, à categoria tradicional Direito criminal, por exemplo sanções administrativas (Öztürk v. Alemanha) [...], Direito da concorrência (Societé Stenuit v. França [...])"[100].

---

98 Acórdão de 23 de Novembro de 2006.

99 § 43, tradução nossa da versão em língua inglesa do Acórdão: *"Notwithstanding the consideration that a certain gravity attaches to criminal proceedings, which are concerned with the allocation of criminal responsibility and the imposition of a punitive and deterrent sanction, it is self-evident that there are criminal cases which do not carry any significant degree of stigma. There are clearly 'criminal charges' of differing weight"*.

100 *Ibidem*, tradução nossa da versão em língua inglesa do Acórdão: *"What is more, the autonomous interpretation adopted by the Convention institutions of the notion of a 'criminal charge' by applying the Engel criteria have underpinned a gradual broadening of the criminal head to cases not strictly belonging to the traditional categories of the criminal law, for example administrative penalties (Öztürk v. Germany), [...] competition law (Société Stenuit v. France, [...]"*.

Conclui o TEDH que aos casos que não pertencem ao Direito criminal clássico não se aplicam necessariamente as garantias deste Direito com o mesmo rigor e com a mesma extensão[101]/[102].

Ora, pode concluir-se à luz da própria jurisprudência do TEDH que, no âmbito dos processos sancionatórios por infracção ao Direito da concorrência, o direito ao silêncio e à não auto-incriminação poderá sofrer maiores restrições do que no âmbito do Direito penal clássico[103]/[104].

2.3. Actividade não livre e regulada

No caso O'Halloran e Francis *vs.* Reino Unido (Acórdão de 29 de Junho de 2007), o TEDH aceitou que a *"especial natureza do regime regulatório"* poderia requerer uma interpretação mais limitada do direito ao silêncio e à não auto-incriminação[105].

Entendeu o TEDH, neste caso, que as pessoas que escolhem possuir e conduzir veículos a motor aceitam certas responsabilidades e obrigações que fazem parte da regulamentação aplicável aos veículos a motor – nomeadamente, a obrigação de informar as autoridades da identidade da pessoa que conduzia no momento da infracção[106].

A fundamentação do Tribunal neste caso vai ao encontro do argumento invocado por parte da Doutrina para justificar algumas restrições e condicionamentos (nomeadamente, do direito ao silêncio e à não auto-incriminação através da imposição de deveres de colaboração) nos processos sancionatórios por infracções à concorrência. Assim, segundo Paulo de Sousa Mendes, as

---

101 *Ibidem*: "Tax surcharges differ from the hard core of criminal law; consequently, the criminal-head guarantees will not necessarily apply with their full stringency".

102 Esta distinção assemelha-se à traçada pelos tribunais nacionais entre Direito penal clássico e Direito contra-ordenacional e é um dos fundamentos indicados pela jurisprudência nacional para justificar a restrição do direito ao silêncio e à não auto-incriminação nos processos sancionatórios jusconcorrenciais. Consultar a este propósito o artigo "O dever de colaboração no âmbito dos processos de contra-ordenação por infracção às regras de defesa da concorrência e o princípio *nemo tenetur se ipsum accusare*", de Catarina Anastácio, publicado neste Dossier Temático.

103 *Vide* nota 88 *supra* a respeito da natureza criminal e do tipo de penas e sanções aplicadas nos casos analisados pelo TEDH.

104 No sentido de que o controlo exercido pelo TEDH quanto à protecção de direitos em áreas económicas seria minimalista por oposição ao que sucede noutras áreas veja-se (Andreangeli, 2008: 145-146).

105 Cf. § 62.

106 Cf. § 57.

actividades económicas ligadas ao exercício da livre iniciativa privada não são absolutamente livres:

"Do lado dos particulares, digamos que, se quiserem ser autorizados a exercer uma actividade económica, então têm de abdicar, no âmbito em causa, das tradicionais garantias de protecção diante do Estado, aquelas de que desfrutam quando se trata simplesmente da sua actuação livre no campo dos direitos fundamentais. É o preço que têm de pagar"[107]/[108].

Assim, e também desta perspectiva nos parece que mesmo à luz da jurisprudência do TEDH será admissível no âmbito dos processos sancionatórios jusconcorrenciais, por comparação com os processos de Direito penal clássico, uma maior restrição do direito ao silêncio e à não auto-incriminação e uma maior extensão dos deveres de colaboração impostos aos investigados.

CONCLUSÕES

Tendo em conta o exposto nos capítulos antecedentes, somos da opinião que a jurisprudência comunitária continua válida e que a jurisprudência do TEDH não implica a sua revisão ou revogação.

A solução de compromisso obtida pelo TJCE nesta matéria permite que as empresas mantenham o núcleo essencial do seu direito, garantindo, simultaneamente, o efeito útil dos poderes de investigação da Comissão, da maior importância quando falamos, por exemplo, de reunir provas contra cartéis (infracções que têm por natureza um carácter altamente secreto, em que, na maioria das vezes, apenas os envolvidos na infracção detêm os meios de prova da mesma).

As empresas devem, sem dúvida, ser protegidas de possíveis abusos de poder por parte das autoridades. A protecção dos seus direitos deve, no entanto, ser adaptada e adequada ao tipo de processos em questão.

O modelo seguido pela jurisprudência comunitária parece-nos, assim, equilibrado, proporcional e conforme com a jurisprudência do TEDH, tendo em conta a natureza dos investigados, a natureza não criminal dos processos por violação do Direito da concorrência e o facto de se tratar de actividades que não são absolutamente livres, mas sujeitas a restrições e condicionamentos que resultam da necessidade da protecção do interesse público.

---

107 (Mendes, 2009: 717).

108 Veja-se no mesmo sentido: (Pinto, 2009: 85). Sustenta o Autor que o dever de colaboração no âmbito do mercado dos valores mobiliários *"é contrapartida do privilégio de acesso profissional ao mercado"*.

BIBLIOGRAFIA

ANDREANGELI, Arianna
2008   *EU Competiton enforcement and human rights*, Cheltenham / Northampton: Edward Elgar.

BUTLER, Andrew S.
2004   «Funke v. France and the right against self-incrimination: a critical analysis», in *Criminal Law Forum*, vol. 11, n.º 4, pp.461-505.

DEKEYSER, Kris & GAUER, Céline
2004   «The new enforcement system for articles 81 and 82 and the rights of defence», Fordham Corporate Law institute, 31st Annual Conference on International Law & Policy, 6 e 7 de Outubro de 2004.

DUARTE, Maria Luísa
2006   *União Europeia e Direitos Fundamentais*, Lisboa: AAFDL.

MENDES, Paulo de Sousa
2009   «O procedimento sancionatório especial por infracções às regras de concorrência», in Paz Ferreira, Eduardo & Morais, Luís Silva & Anastácio, Gonçalo (coord.) *Regulação em Portugal: Novos tempos, novo modelo?*, Coimbra: Almedina, pp. 705-720.

MOURA E SILVA, Miguel
2008   *Direito da concorrência – Uma introdução jurisprudencial*, Coimbra: Almedina.

PINTO, Frederico da Costa
2009   «Supervisão do mercado, legalidade da prova e direito de defesa em processo de contra-ordenação (parecer)», in *Supervisão, direito ao silêncio e legalidade de prova*, Coimbra: Almedina, pp. 57-125.

RAMOS, Vânia Costa
2006   «Corpus Juris 2000 – Imposição ao arguido de entrega de documentos para prova e *nemo tenetur se ipsum accusare*», in *Revista do Ministério Público*, n.º 108, pp. 125-149.

2009   «O direito à não auto-incriminação no domínio da concorrência, Acórdão do Tribunal da Relação de Lisboa de 25 de Novembro de 2008 (Proc. n.º 6057/08-5, 5.ª secção)», in *Boletim Informativo da Faculdade de Direito da Universidade de Lisboa, Instituto de Direito Penal e Ciências Criminais*, n.º 2 e 3.

TRAINOR, Scott A.
1995   «A comparative analysis of a corporation's right against self-incrimination», in *Fordham International Law Journal*, 18.

VAN OVERBEEK, Walter B. J.
1994 «The right to remais silent in competition investigations: the Funke decision of the Court of Human Rights makes revision of the ECJ's case law necessary», in *European Competition Law Review*, 3, pp.127-133.

WARD, Tim & GARDNER, Piers
2003 «The Privilege Against Self-Incrimination: In Search of Legal Certainty», in *European Human Rights Law Review*, Issue 4, pp. 388-399.

WILLIS, Peter R. & WESSING, Taylor
2006 «The privilege against self-incrimination in competition investigations», University of Oxford Centre for Competition Law and Policy, Guest lecture programme, 27 de Janeiro de 2006, disponível em: http://denning.law.ox.ac.uk/competition/portal.php [consultado em 28.12.2009].

WILS, Wouter P. J.
2003 «Self-incrimination in EC antitrust enforcement: a legal and economic analysis», in *World Competition*, vol. 26, n.º 4. Também disponível em: http://papers.ssrn.com/sol3/JELJOUR_Results.cfm?form_name=Pip_jrl&journal_id=152408 [consultado em 28.12.2009].
2010 «The increased level of EU antitrust fines, judicial review, and the European Convention of Human Rights», a ser publicado in *World Competition*, vol. 33, n.º 1. Também disponível em: http://papers.ssrn.com/sol3/papers.cfm?abstract_id=1492736 [consultado em 28.12.2009].

NEMO TENETUR SE IPSUM ACCUSARE E CONCORRÊNCIA JURISPRUDÊNCIA DO TRIBUNAL DE COMÉRCIO DE LISBOA

Vânia Costa Ramos

ABSTRACT: *The conflict between the privilege against self-incrimination and the duties to cooperate in the field of competition law, subject to the state's supervision activity, is notorious. While it is legitimate to invoke the mentioned privilege within the competition sanction proceedings, it is important to discuss to what extent this privilege may be applied. This article provides a brief summary of the Lisbon Commercial Court's case-law regarding this matter, along with a final critical consideration on the underlying doctrine.*

SUMÁRIO: I. Deveres de cooperação *vs. nemo tenetur*. II. A jurisprudência do Tribunal de Comércio de Lisboa. III. Breve apreciação crítica.

Não obstante ser o *nemo tenetur* um princípio que tem a sua origem histórica no processo penal[1], é hoje evidente que, para além deste, vários são os domínios nos quais emerge o conflito entre o *nemo tenetur* e os deveres de cooperação que impendem sobre pessoas singulares e colectivas.

---

1 Sobre a origem histórica do princípio no nosso ordenamento jurídico, cf. Silva Dias & Costa Ramos, 2009: 9-14. Sobre a origem do princípio em geral, cf. Figueiredo Dias, 1974:450; Sá, 2006: 133; Costa Andrade, 1992: 123; Costa Ramos, 2007: 136-139.

Exemplo elucidativo, entre outros[2], é o domínio da concorrência, sujeito à actividade estadual de supervisão[3] através de uma entidade reguladora independente – a Autoridade da Concorrência (AdC) – e cujo quadro normativo prevê determinadas obrigações legais de cooperação dirigidas aos indivíduos ou pessoas colectivas sujeitos à acção inspectiva ou de supervisão da AdC, cujo cumprimento pode resultar na sua auto-incriminação ou auto-inculpação[4].

Será, pois, legítimo questionar: vale, ou não, o *nemo tenetur* no domínio da concorrência?

A questão é de manifesta actualidade e importância prática, como demonstra o número de vezes que tem sido suscitada nos recursos interpostos das decisões da AdC para o Tribunal de Comércio de Lisboa.

Existindo já um acervo considerável de arestos em que o Tribunal adopta posição reiterada sobre a matéria, formulámos o propósito de, nesta modesta contribuição, sintetizar a doutrina subjacente aos mesmos, tecendo breve apreciação crítica a final.

Por este motivo, não prescindindo de um capítulo introdutório, o ponto de partida do presente trabalho será constituído pelas decisões do Tribunal de Comércio citadas e não serão analisados directamente outros domínios onde a questão se coloca de forma igualmente pertinente[5].

---

2 De que são exemplo os domínios das infracções rodoviárias, do mercado dos valores mobiliários, dos seguros, das instituições financeiras, do mercado das comunicações, da saúde e das actividades económicas e culturais.

3 Supervisão que terá como uma das finalidades primordiais a prevenção da intensificação dos riscos característicos das sociedades pós-industriais, criados ou potenciados pelas actividades reguladas, bem como garantir a idoneidade dos agentes económicos e a regularidade dos seus comportamentos – v. Costa Pinto, 1999.

4 Doravante utilizar-se-á, por facilidade de expressão, o termo composto "auto-incriminação". "Auto-incriminação" deve, todavia, entender-se aqui num sentido amplo, incluindo a contribuição para o estabelecimento da própria responsabilidade por infracções criminais ou contra-ordenacionais, de direito administrativo sancionatório. A expressão "auto-incriminação" é, porém, em bom rigor, espécie do género "auto-inculpação". O direito à não auto-incriminação significa o direito a não colaborar para a própria qualificação como autor de um crime. O direito à não auto-inculpação abrange, mais amplamente, o direito a não contribuir para a declaração ou pronúncia da sua culpa, no qual se inclui o direito a não contribuir para o estabelecimento da própria responsabilidade como autor de contra-ordenação. A expressão "auto-inculpação" acentua ainda a aplicação do *nemo tenetur* a todo o direito punitivo (assim como chama particular atenção para a relação entre o *nemo tenetur* e a presunção de inocência).

5 Sobre o tema noutros domínios, cf. *v.g.* Costa Pinto, Figueiredo Dias & Costa Andrade, 2009; Silva Dias & Costa Ramos, 2009; Sá, 2006; Costa Ramos, 2006 e 2007.

I. DEVERES DE COOPERAÇÃO *VS. NEMO TENETUR*

Antes de mais, cumpre precisar o alcance dos deveres de cooperação válidos no domínio da concorrência, delimitando também o quadro normativo subjacente às decisões do Tribunal de Comércio que se enunciarão em *II*.

As disposições constantes da Lei da Concorrência (LdC), decalcadas do Regulamento Comunitário n.º 1/2003, de 16 de Dezembro de 2002, estabelecem amplos deveres de cooperação aos agentes que exercem actividades de carácter económico, correlativos dos poderes atribuídos à Autoridade da Concorrência.

Os Estatutos da AdC, aprovados pelo DL n.º 10/2003, de 18 de Janeiro, consagram um dever geral de colaboração, segundo o qual «*as empresas, associações de empresas ou quaisquer outras pessoas ou entidades devem prestar à Autoridade todas as informações e fornecer todos documentos que esta lhes solicite em ordem ao cabal desempenho das suas atribuições*» (art. 8.º).

A estes deveres correspondem prerrogativas de inquérito e de inspecção que permitem à AdC inquirir os representantes legais das empresas, suspeitos ou não, e pedir-lhes quaisquer documentos ou elementos de informação, bem como interpelar quaisquer outras pessoas cujas declarações sejam consideradas pertinentes (art. 17.º, n.º 1, als. *a)* e *b)*, da LdC).

Estas prerrogativas podem ser utilizadas pela AdC, quer no exercício de poderes sancionatórios, quer de poderes de mera inspecção[6].

O seu incumprimento constitui contra-ordenação, nos termos das als. *b)* e *c)* do n.º 3 do art. 43.º da LdC, sujeita à aplicação de uma coima que não pode exceder 1% do volume de negócios da empresa no ano transacto.

As condutas típicas consistem na «*não prestação ou a prestação de informações falsas, inexactas ou incompletas, em resposta a pedido da Autoridade, no uso dos seus poderes sancionatórios ou de supervisão*» e na «*não colaboração com a Autoridade ou a obstrução ao exercício por esta dos poderes previstos no artigo 17.º*».

A punição não dispensa o sujeito do cumprimento da obrigação, se este ainda for possível, podendo mesmo ser aplicada sanção pecuniária, nos termos da al. *c)* do art. 46.º da LdC.

Se precedida da necessária cominação, a falta de colaboração poderá ainda ser punida a título de desobediência simples, nos termos do art. art. 348.º, n.º 1, al. *b)*, do CP.

---

6 Neste sentido também, Sousa Mendes, 2009a: 210.

Além das prerrogativas especialmente conferidas pela LdC, a AdC usufrui dos poderes e está adstrita aos deveres que incumbem aos órgãos de polícia criminal, nos termos do CPP (art. 17.º, n.º 1, da LdC), podendo, entre outros, com autorização do MP (art. 17.º, n.º 2, da LdC), proceder a buscas nas instalações das empresas envolvidas, a exame, recolha e apreensão de cópias da escrita e documentação da empresa, mesmo que não acessível ao público em geral, bem como à selagem daquelas instalações para realização das referidas diligências (art. 17.º, n.º 1, als. c) e d), da LdC).

Os funcionários e órgãos da AdC estão obrigados ao dever de sigilo sobre os factos conhecidos no âmbito das suas funções e que estejam cobertos por segredo nos termos da lei, como, por exemplo, os factos abrangidos por segredo comercial (art. 36.º dos Estatutos).

As competências decisórias a nível sancionatório pertencem ao Conselho, designadamente a abertura e decisão dos processos relativos às práticas restritivas, a aplicação das coimas e a adopção de medidas cautelares (art. 17.º, n.º 1, al. a), dos Estatutos), bem como a emissão de ordens para realização de investigações (art. 17.º, n.º 1, al. d), primeira parte, dos Estatutos).

Sobre os funcionários da AdC impende dever de denúncia de crimes de que adquiram conhecimento no exercício de funções (art. 242.º, n.º 1, al. b), do CPP)[7].

A AdC não tem, porém, competência para investigação de crimes.

Aos processos sancionatórios no âmbito da concorrência, para além das normas especialmente previstas na Secção I do Capítulo III da LdC, são aplicáveis os princípios do procedimento administrativo, como o da audiência dos interessados e do contraditório[8], e os demais princípios consagrados pelo Regime Geral das Contra-Ordenações (RGCO)[9].

Quando as infracções investigadas digam respeito a práticas restritivas da concorrência, previstas nos arts. 4.º, 6.º e 7.º da LdC (as primeiras duas correspondentes às práticas proibidas pelos arts. 81.º e 82.º do TCE, às quais

---

7 Exercendo a AdC poderes públicos de autoridade conferidos pelo Estado central, próprios das funções deste, e tendo os seus funcionários estatuto equiparado ao dos órgãos de polícia criminal, devem considerar-se, abrangidos pelo conceito do art. 386.º do CP. Sobre este conceito, v. Damião da Cunha, 2001 (art. 386.º, § 16 ss).

8 Manifestando estranheza quanto a esta referência ao Código do Procedimento Administrativo, Sousa Mendes, 2009b. O Tribunal de Comércio, nas decisões *infra* citadas, exclui a aplicação do Código do Procedimento Administrativo aos processos de natureza sancionatória previstos na LdC.

9 Art. 19.º da LdC.

também se aplicam as normas processuais da LdC, quando tramitados os processos pela AdC), tem aplicação o procedimento especial previsto na Secção II do Capítulo III da LdC, e, subsidiariamente, as normas do RGCO (cf. art. 22.º, n.º 1, e art. 19.º da LdC)[10].

Os recursos judiciais das decisões da AdC são decididos pelo Tribunal de Comércio de Lisboa (art. 50.º da LdC e art. 89.º, n.º 2, al. *c)*, da LOFTJ).

No domínio da concorrência, o processo administrativo de supervisão e o processo sancionatório são distintos, mas encontram-se intimamente ligados.

Muito embora as referidas prerrogativas de inquérito e de inspecção sejam comuns aos poderes sancionatórios e de supervisão (art. 17.º da LdC), os Estatutos distinguem claramente o conteúdo e finalidades daqueles poderes (art. 7.º, n.ºs 1, 2 e 3, dos Estatutos), pelo que cremos deverem ser autónomos e diferenciados os dois procedimentos.

A própria LdC aponta para esta interpretação, ao determinar a aplicação de diferentes regimes subsidiários (arts. 19.º e 20.º) e ao consagrar regras próprias para o procedimento sancionatório.

A diferente natureza dos procedimentos não significa, porém, estanquicidade e absoluta autonomia. Decorre claramente da configuração da AdC (entidade que concentra em si os poderes de fiscalização, investigação, decisão e punição), e do próprio regime da concorrência que os poderes sancionatórios previstos existem e são exercidos para garantia do regime de supervisão.

Qualquer suspeita de prática proibida conhecida no exercício da actividade da AdC dará lugar ao correspondente inquérito (art. 24.º, n.º 1, da LdC) e, terminado o inquérito, o serviço instrutor elaborará relatório final com proposta de instrução ou de arquivamento do processo, consoante conclua pela existência, ou não, de indícios suficientes de infracção às normas da concorrência (art. 25.º, n.º 1, da LdC).

Tendo em conta a natureza garantística do *nemo tenetur*[11] – segundo a qual ao indivíduo (ou à pessoa colectiva[12]) cabe decidir se, como e quando está disposto a contribuir para a sua própria incriminação – a consagração de deveres de cooperação susceptíveis de conduzir à auto-incriminação e a consagração

---

10 Neste sentido, cf. Sousa Mendes, 2009b.

11 Sobre os fundamentos do princípio cf. Costa Ramos, 2007: 57-72; Silva Dias & Costa Ramos, 2009: 14-17; Palma, 1994: p. 107; Costa Andrade, 1992: 125; Antunes, 1992:25-26; Rogall, 1977.

12 Sobre a aplicabilidade do princípio às pessoas colectivas, cf. Silva Dias & Costa Ramos, 2009: 39-42; Sousa Mendes, 2009a: 221-222; Adérito Teixeira, 2008: 157-159.

de sanção pelo incumprimento desses deveres constituirão sempre uma restrição àquele princípio.

O *nemo tenetur* não é, todavia, um princípio absoluto, subtraído a ponderação. Poderá ser limitado para protecção de outros direitos, liberdades ou garantias da mesma natureza e segundo critérios de adequação e de proporcionalidade, em conformidade com o n.º 2 do art. 18.º da Constituição da República Portuguesa.

Para responder à questão inicialmente colocada, será decisivo apurar se e em que medida os deveres de cooperação vigentes no direito da concorrência prevalecem ou não sobre o *nemo tenetur*.

Em caso de resposta negativa, terá de concluir-se que o *nemo tenetur* derroga a existência daqueles deveres de cooperação e constitui fundamento legítimo de recusa de colaboração, excludente da ilicitude da recusa.

Se a resposta for afirmativa, deverá ainda questionar-se a admissibilidade da utilização em processo penal ou em processo de contra-ordenação da prova obtida em compressão do *nemo tenetur*.

II. A JURISPRUDÊNCIA DO TRIBUNAL DE COMÉRCIO DE LISBOA

São vários os arestos do Tribunal de Comércio que se debruçam sobre a questão do *nemo tenetur* no domínio da concorrência: processos n.ºs 261/06.1TYLSB[13], 205/06.0TYLSB[14], 1050/06.9TYLSB[15] e 350/08.8TYLSB[16].

Nos processos n.º 261/06.1TYLSB, 205/06.0TYLSB e 1050/06.9TYLSB, o Tribunal de Comércio decidiu em sentido idêntico e com fundamentação coincidente[17], adoptando o critério segundo o qual os preceitos da LdC (arts. 17.º, n.º 1, al. *a)* e 43.º, n.º 3, al. *b)*) não violam o direito ao silêncio nem o direito à não auto-incriminação constitucionalmente consagrados, desde que

---

[13] Sentença do Tribunal de Comércio de Lisboa, de 28 de Julho de 2006, processo n.º 261/06.1TYLSB, 3.º Juízo (confirmado pelo Tribunal da Relação de Lisboa, acórdão de 15/03/2007, processo n.º 172/07.9).

[14] Sentença do Tribunal de Comércio de Lisboa, de 8 de Maio de 2007, processo n.º 205/06.0TYLSB.

[15] Sentença do Tribunal de Comércio de Lisboa, de 10 de Agosto de 2007, processo n.º 1050/06.9TYLSB (confirmado pelo Tribunal da Relação de Lisboa, acórdão de 25 de Novembro de 2008, processo n.º 6057/08-5). Sumário do acórdão disponível em http://www.fd.ul.pt/LinkClick.aspx?fileticket=aolqsr3GDe4%3d&tabid=622.

[16] Despacho do Tribunal de Comércio de Lisboa, de 8 de Abril de 2008, processo n.º 350/08.8TYLSB – 1.º Juízo.

[17] Fundamentação praticamente transcrita em Reis Silva, 2007.

a entrega dos elementos solicitados pela AdC a empresas arguidas não impliquem admissão da prática dos ilícitos imputados.

Para chegar a tal conclusão, o Tribunal afasta a aplicação subsidiária do art. 61.º, n.º 1, al. *c)*, do CPP (actual alínea *d)*, do art. 61.º, n.º 1, do CPP), por existirem normas expressas na LdC contrárias ao CPP, consagrando deveres de cooperação para as empresas visadas e regulando exaustivamente a questão da obrigatoriedade da resposta aos pedidos da AdC (art. 17.º, n.º 1, als. *a)* e *b)*, da LdC).

De acordo com essa posição do Tribunal de Comércio de Lisboa, a AdC pode fazer perguntas e solicitar elementos e informações no exercício dos poderes sancionatórios e de supervisão, recaindo sobre as empresas ou quaisquer outras entidades o dever de prestar à Autoridade todas as informações e fornecer todos os documentos que esta lhes solicite em ordem ao cabal desempenho das suas atribuições, nos termos do art. 8.º dos Estatutos da AdC, o que afasta a aplicação subsidiária do Regime Geral das Contra-Ordenações e do CPP.

O Tribunal considera particularmente relevante a circunstância de os poderes da AdC estarem consagrados também para os processos sancionatórios, distinguindo-se especificamente, quanto aos destinatários, que tal poder se dirige inclusivamente aos representantes legais das empresas ou das associações de empresas envolvidas, sem proceder a qualquer diferenciação de regime face a outras (art. 17.º, n.º 1, al. *a)*, quanto às empresas envolvidas, e al. *b)*, da LdC).

Diferenciação que conduzirá à conclusão de que, neste particular, o legislador expressamente pretendeu afastar a aplicabilidade de preceitos de sentido oposto.

Ainda assim, o Tribunal de Comércio defende a aplicabilidade directa do direito à não auto-incriminação aos processos sancionatórios por via da sua consagração constitucional[18], muito embora a amplitude do princípio não tenha que ser a mesma com que este vale em processo penal, até pela diferente natureza dos ilícitos em causa.

Para determinar a amplitude do *nemo tenetur* em processo penal, o Tribunal procede a um juízo de ponderação entre aquele princípio e os deveres de cooperação estabelecidos na LdC, concluindo que os últimos prevalecem

---

18 Reiterando a natureza constitucional implícita do *nemo tenetur*, cf. ACTC 155/2007, de 02.03, ponto 12.1.5.

sobre o primeiro, na medida em que não interfiram com o *núcleo essencial* deste.

Núcleo essencial que parece coincidir com o "direito ao silêncio"[19], no sentido de que ao arguido em processo sancionatório de concorrência[20] não pode ser exigido o fornecimento de respostas através das quais seja levado a admitir a existência da infracção em investigação.

Daquele "núcleo essencial" está, porém, excluído o fornecimento coercivo de documentos preexistentes e de puros elementos de facto (oralmente ou através de documentos elaborados em reposta à AdC), mesmo que deles resulte a incriminação de inculpação do investigado.

Para o Tribunal, a circunstância de serem, a posteriori, garantidos os direitos de audição e de defesa e a impugnação judicial de plena jurisdição é ainda relevante por permitir a demonstração de que os elementos fornecidos ao abrigo de obrigações de cooperação têm um significado diverso, garantindo-se o contraditório e a igualdade de armas.

O Tribunal de Comércio adopta a jurisprudência *Orkem* do Tribunal de Justiça (TJ)[21] e, em defesa da constitucionalidade e da conformidade das restrições adoptadas à Convenção Europeia dos Direitos do Homem (CEDH), defende – à semelhança do TJ – que a sua posição é conforme à doutrina propugnada pelo Tribunal Europeu dos Direitos do Homem no acórdão *Saunders*[22].

Para o Tribunal de Comércio, a ponderação entre o *nemo tenetur* e os deveres de cooperação no domínio da concorrência é admissível porque, embora o primeiro seja uma garantia fundamental consagrada no art. 32.º da CRP, destinada a assegurar o direito à liberdade e à segurança, os segundos visam assegurar a supervisão no domínio da concorrência.

Sendo a defesa da concorrência uma das instituições em que assenta o sistema de livre economia de mercado, seu pressuposto e condição de funcionamento, com consagração constitucional na CRP (arts. 80.º, al. *a*) e 81.º,

---

19 Para uma distinção entre direito ao silêncio e direito à não auto-incriminação, cf. Costa Ramos, 2007:131-133, e ainda Silva Dias & Costa Ramos, 2009: 23 ss..

20 Bem como em processo administrativo cujo objecto coincida com o do processo sancionatório.

21 Acórdão de 18.10.1989, caso C-347/87. Reiterada nos acórdãos *Mannesmannröhren-Werke AG c. Comissão* (T-112/98), do TPI, *PVC II – Limburgse Vinyl Maatschappij NV e outros c. Comissão* (C-238, 244-245, 247, 250, 251-252 e 254/99), do TJ, *Tokai Carbon e outros c. Comissão* (T-236/01, 239/01, 244-246/01, 251/01, 252/01), do TPI, *Comissão c. SGL Carbon* (C-301/04), do TJ.

22 Acórdão *Saunders*, de 17 de Dezembro de 1996, http://www.echr.coe.int/echr.

al. *f)*)[23], e tendo o direito de defesa da concorrência por função a preservação das estruturas concorrenciais de mercado, este direito surge como garantia da igualdade de oportunidades e de um sistema equilibrado de desconcentração de poderes, garantindo o direito fundamental económico de livre iniciativa privada (art. 61.º, n.º 1, da CRP), direito de natureza análoga aos direitos, liberdades e garantias.

Desta forma, embora o princípio da presunção de inocência, no qual se funda, na opinião do Tribunal, o *nemo tenetur*, seja instrumental da liberdade e segurança, a defesa da concorrência é instrumental da livre iniciativa económica, pelo que pode, para garantia desta, limitar-se o primeiro.

No processo n.º 350/08.8TYLSB, decidiu o Tribunal de Comércio que «*o direito ao silêncio consignado no Processo Penal não tem a amplitude pretendida pela arguida, mas tão só a constante do art. 61.º, n.º 1, al. c), ou seja, o arguido goza do direito de não responder a perguntas feitas, por qualquer entidade, sobre os factos que lhe são imputados, pelo que a notificação para juntar documentos não colide com tal direito ao silêncio. Acresce que a prova obtida mediante notificação da arguida para juntar documento, sob pena de contra-ordenação e subsequente coima, é legalmente admissível, por tal constar expressamente dos artigos 17.º, n.º 1, al. a), 18.º e 43.º, n.º 3, da Lei 18/2003, daí que também não possa considerar como nula*».

III. APRECIAÇÃO CRÍTICA

Os critérios de decisão adoptados pelo Tribunal de Comércio suscitam, de imediato, diversas questões cuja discussão é premente e que cabe aqui elencar, apontando, ainda que de forma breve e necessariamente não exaustiva, possíveis caminhos de solução.

Quanto à decisão do Tribunal de Comércio no processo n.º 350/08.8TYLSB, é uma decisão isolada, contraditória com as restantes decisões *supra* recenseadas.

Poderá, todavia, conjecturar-se se, por ser a mais recente, não evidenciará porventura uma nova corrente jurisprudencial.

Num primeiro e breve comentário crítico a esta decisão, dir-se-ia que o direito consagrado no art. 61.º, n.º 1, al. *d)*, do CPP, deve ser interpretado em conformidade com a sua natureza de corporização do princípio constitucional que proscreve a auto-incriminação coerciva.

---

[23] E no TCE (art. 3.º, n.º 1, al. *g)*, e 4.º, n.º 1).

Como tal, o seu conteúdo não pode reduzir-se ao sentido meramente literal do preceito, como preconiza o Tribunal de Comércio nesta decisão.

Mais, mesmo decidindo desta forma, o Tribunal deveria ter apreciado a legitimidade do estabelecimento dos deveres de cooperação na LdC face à Constituição da República Portuguesa, à semelhança, aliás, da análise a que procedeu nos restantes casos aqui mencionados.

Relativamente a estes, há que escrutinar se a doutrina do Tribunal de Justiça adoptada pelo Tribunal de Comércio, como ambos os tribunais afirmam, é efectivamente conforme à Convenção Europeia dos Direitos do Homem, na interpretação que lhe é conferida pelo Tribunal Europeu dos Direitos do Homem.

Pode avançar-se, desde logo, que na nossa leitura a entrega de "documentos preexistentes" e a resposta a pedidos de informação "puramente factuais" não se enquadram, de forma alguma, na delimitação negativa do direito à auto-incriminação constante do acórdão *Saunders*.

É que no acórdão *Saunders* apenas se considera que o direito à não auto-incriminação «*não abrange a utilização num processo penal de dados que podem ser obtidos do acusado mediante o recurso a poderes coercivos, mas que existem independentemente da sua vontade, por exemplo os documentos apreendidos mediante um mandado*[24], *as recolhas de hálito, de sangue e de urina, assim como de tecidos corporais tendo em vista uma análise de ADN*».

Acresce que o TEDH considerou já que a entrega de documentos está abrangida pelo direito à não auto-incriminação, como reconhece o próprio Tribunal de Comércio ao referenciar o acórdão *J.B. c. Suíça*[25].

Neste caso, haviam sido solicitados ao visado, no âmbito de um processo de inspecção fiscal para liquidação da quantia devida a título de imposto, todos os documentos relativos a empresas nas quais tivesse investido, os quais não foram fornecidos por J.B., a quem foram impostas diversas coimas.

O Tribunal considerou que, embora aparentasse que as autoridades estavam a tentar compelir J.B. a fornecer informações apenas para efeitos de cálculo de imposto, este não poderia excluir a possibilidade de, no caso de transparecerem daqueles documentos rendimentos não taxados, ser acusado de evasão fiscal.

---

24 No original *"documents acquired pursuant to a warrant"* e *"documents recueillis en vertu d'un mandat"*.

25 Acórdão *J.B. c. Suíça*, de 3 de Maio de 2001, http://www.echr.coe.int/echr. Para a descrição sumária do acórdão, cf. Costa Ramos, 2007: 148-149.

Logo, estaria patente uma violação do direito à não auto-incriminação.

De notar que, no âmbito deste julgamento, o TEDH analisa os documentos solicitados face aos critérios de delimitação negativa do direito ao silêncio enunciados no acórdão *Saunders*, concluindo que, ao contrário da obrigação de instalar um tacógrafo nos camiões ou de se submeter a uma análise de sangue ou urina, exemplos de obrigações permitidas, o caso em questão não envolve a obrigação de providenciar materiais da natureza dos referidos no acórdão *Saunders*.

Isto é: os documentos sobre os investimentos levados a cabo pelo investigado não têm a natureza de dados que *"existam independentemente da pessoa obrigada e que, por isso, não são obtidos por meios coercivos e em violação da vontade dessa pessoa"*.

Sem dificuldade se concluirá que os elementos solicitados eram documentos preexistentes e elementos "puramente factuais" e que, não obstante essa natureza puramente factual, os mesmos não se enquadram no universo de elementos referidos pelo TEDH no acórdão *Saunders* como não abrangidos pelo direito ao silêncio.

Tal posição foi confirmada no já citado aresto *J.B. c. Suíça*, mas decorre também do próprio acórdão *Funke c. França*[26] e de acórdãos mais recentes, v.g. *Marttinen c. Finlândia*[27].

O critério do TEDH parece, em grande medida, passar pela circunstância de determinar se a obtenção dos elementos em causa tem lugar contra a *vontade* do acusado[28].

Não obstante as dificuldades que o critério suscita, não há dúvidas que a obtenção de elementos documentais, ainda que preexistentes, ou de informações "puramente factuais" sob ameaça de sanção tem lugar contra a vontade do visado.

Trata-se de elementos que, não fora o concurso da vontade do visado, não seriam incluídos no processo.

---

26 Acórdão *Funke c. França*, de 25 de Fevereiro de 1993, http://www.echr.coe.int/echr. Cf. descrição sumária do acórdão em Costa Ramos, 2007: 142-143.

27 Acórdão *Marttinen c. Finlândia*, de 21 de Julho de 2009, http://www.echr.coe.int/echr.

28 V.g. acórdão *O'Halloran and Francis c. Reino Unido*, de 29 de Junho de 2007, http://www.echr.coe.int/echr, ponto 47, com referência ao acórdão *Saunders*. O critério é de difícil concretização, mas parece incluir no conjunto dos elementos cuja obtenção é interdita todos aqueles cuja entrega consubstancie situação na qual, estivera o visado inconsciente (logo, sem possibilidade de agir voluntariamente), não seria possível obter os elementos pretendidos.

Deve ainda acrescentar-se que restringir o direito à não auto-incriminação a perguntas ou pedidos que impliquem a admissão da infracção e que não sejam puramente factuais ou a documentos não preexistentes, equivale, com rigor, a afirmar que apenas fica interdito perguntar directamente ao visado se "*cometeu a infracção*" ou se "*tinha consciência de que estava a restringir a concorrência*".

Forçoso será ainda concluir que a obrigação de entrega de elementos documentais preexistentes e de informações puramente factuais que, isoladamente, não consubstanciam uma *confissão*, conduzirá, sempre, prova após prova, à obtenção da totalidade da prova da infracção à custa da colaboração do visado, através da conjugação dos elementos por si remetidos ao processo.

Assim, com legitimidade se questionará: será tal restrição admissível?

Ou, ao contrário do que defende o Tribunal de Comércio, aniquila a essência do próprio direito à auto-incriminação?

O TEDH, na análise desta questão – saber se um determinado processo extinguiu a essência da prerrogativa contra a auto-incriminação – considera vários aspectos, tais como, a "*natureza e grau de compulsão*", a existência de "*garantias relevantes no processo*" e a "*utilização dada ao material obtido*"[29].

No caso dos procedimentos sancionatórios de concorrência, constata-se que existe compulsão de natureza directa ou imediata, através da ameaça com sanção pecuniária que pode ir até 1% do volume anual de negócios da empresa no ano transacto.

Tal sanção, não é, de todo, irrelevante.

Mais a mais, ainda no que concerne ao grau de compulsão, o dever de cooperação estabelecido na LdC permite à AdC ordenar a entrega de "*todas as informações*" e "*todos os documentos*", bem como inquirir todas as pessoas cujas declarações considere pertinentes para desempenhar as suas funções de supervisão ou de sanção das condutas anti-concorrenciais (arts. 8.º e 17.º, n.º 1, als. *a)* e *b)*, da LdC)[30].

Relativamente às garantias dadas no processo, tanto o TJ como o Tribunal de Comércio de Lisboa dão relevância à possibilidade de contradizer o significado de documentos ou elementos "puramente factuais" *a posteriori*, no exercício do contraditório durante o processo administrativo e em sede de impugnação judicial.

---

29 Acórdão *Jalloh*, de 11 de Julho de 2006, ponto 101, http://www.echr.coe.int/echr.

30 Abrangência semelhante à dos elementos pedidos nos casos *Funke* e *J.B.* – cf. acórdão *Jalloh*, ponto 58.

No que concerne a este argumento, por um lado, há que salientar que a possibilidade de o visado demonstrar o contrário é um argumento vazio de conteúdo.

Após fornecer os ditos elementos *puramente factuais*, que terão precisamente a característica de ter um só significado, de nada adiantará ao visado tentar dar-lhes outra interpretação, tendo, pois, inevitavelmente, contribuído para a sua auto-incriminação.

A garantia de uma defesa efectiva com recurso ao contraditório fica precludida na sua génese, não podendo o respeito formal pelo contraditório obviar a esta evidência.

Por outro lado, o visado não tem possibilidade de negar o fornecimento daqueles documentos ou elementos sem que tal recusa consubstancie a prática de uma contra-ordenação, tratando-se de uma infracção de aplicação quase automática.

Finalmente, não tendo a empresa visada acesso ao processo sancionatório na fase de investigação e sendo-lhe pedidos, em várias ocasiões, elementos documentais dispersos, aumenta o risco de admissão involuntária da prática de factos punidos como contra-ordenação sem correspondência com a realidade.

Acrescendo a estes factores, a circunstância de a AdC utilizar os elementos fornecidos para formar a sua convicção nas decisões de condenação (como se pode constatar pelo texto dos acórdãos) contribui também para concluir que estamos perante situações em que a essência (ou o núcleo essencial, na expressão do Tribunal de Comércio de Lisboa) do direito à não auto-incriminação é afectada, porquanto o efeito da coerção utilizada é equivalente à imposição da prestação de declarações forçadas no processo.

Admitir outra solução seria o mesmo que admitir que um arguido em processo penal não é obrigado a responder a perguntas que impliquem a confissão dos factos, mas tem que responder a perguntas puramente factuais, tais como *"onde se encontrava no dia dos factos?"*, ou *"qual é o seu automóvel?"*, ou ainda *"qual é o seu número de telefone?"* – todas elas perguntas que o jurista atento, sem dificuldade de maior, consideraria serem auto-incriminatórias.

O critério defendido pelo TJ e pelo Tribunal de Comércio, ao contrário do defendido por estes tribunais, parece, pois, precisamente contrário à noção de *fair trial* contida no art. 6.º, n.º 1, da CEDH.

Tendo em conta que o *nemo tenetur* é, no seu fundamento, um princípio inerente às garantias de defesa do arguido num processo justo e equitativo

– conformado constitucionalmente na nossa ordem jurídica segundo uma estrutura acusatória, segundo a qual o visado é sujeito (que não objecto) do processo, gozando da presunção da inocência e podendo determinar livremente a sua contribuição para o processo, e na qual cabe ao Estado, através da entidade acusadora, provar a prática do crime – não pode admitir-se que o visado seja obrigado a fornecer, ele próprio, coercivamente, a prova da infracção, mesmo garantindo-se o posterior exercício dos seus direitos de defesa, tais como o contraditório ou o direito ao recurso, porquanto aquela obrigação importa já, ela mesma, uma afectação do *fair trial*, por desrespeitar uma sua garantia fundamental que assegura o respeito pela liberdade e dignidade dos visados. Só um processo que respeite a liberdade do indivíduo visado quanto à sua contribuição para o estabelecimento da prova da infracção e a sua dignidade pode ser considerado justo e equitativo e, como tal, conforme à nossa Lei Fundamental (arts. 20.º, n.º 4, e 32.º, n.º 1, da CRP) e à CEDH (art. 6.º, n.º 1).

Os argumentos até aqui expendidos, salvo melhor opinião, excluem, só por si, a viabilidade da argumentação defendida pelo Tribunal de Comércio de Lisboa.

Porém, não prescindiremos de tecer ainda alguns comentários – ainda que breves e a carecer de mais profunda reflexão – relativamente aos restantes fundamentos aduzidos nas decisões *supra* citadas.

Uma das pedras angulares da decisão do Tribunal de Comércio de Lisboa, sustentada na posição do Tribunal Constitucional e de reputada doutrina, é constituída pela diferenciada natureza dos ilícitos criminais e contra-ordenacionais, a justificar ou permitir, no caso dos procedimentos sancionatórios da concorrência, que se confira uma diferente extensão ao *nemo tenetur* num e noutro caso.

Em primeiro lugar, há que salientar que tal diferença de natureza se tem esbatido, assistindo-se a uma progressiva aproximação dos dois ilícitos[31] e à deslocação do acento tónico da sua diferenciação de um ponto de vista qualitativo (a diferente ressonância ética) para um ponto de vista meramente quantitativo (de gradação do ilícito)[32].

---

31 Neste sentido, *v.g.* Reis Silva, 2009: 101; Costa Pinto, 1998: 216 ss.. Esbatimento que conduz, por exemplo, à admissão de sucessão de leis entre leis penais e contra-ordenacionais, como defende Figueiredo Dias, 2007: 200-201. Contra, Taipa de Carvalho, 2007: 144 ss e 150 ss.

32 Sobre a matéria, cf. Lobo Moutinho, 2008: 43 ss.

Em segundo lugar, uma abordagem comparativa das consequências jurídicas da prática por uma empresa, pessoa colectiva ou singular, de uma infracção penal e de uma infracção às normas da concorrência levar-nos-á a concluir que tais consequências têm natureza semelhante, sendo até as sanções contra-ordenacionais, por vezes, mais graves.

Vejamos, a título de exemplo, o crime de burla cometida por pessoa colectiva (arts. 11.º, n.º 2, e 217.º do CP). A pena de multa aplicável neste caso situa-se entre os 10 e 360 dias (arts. 41.º, n.º 1, 90.º-B, n.º 1 e 2, e 217.º, n.º 1, do CP), em quantia entre os €100,00 e os €10.000,00 (mínimo de €1.000,00 e máximo de €3.600.000,00), devendo ser tida em conta a situação económica do condenado (art. 90.º-B, n.º 5, do CP).

As contra-ordenações previstas na LdC não têm um montante fixo determinado, podendo ir até um montante que não exceda 10% do volume de negócios do ano transacto (*v.g.* art. 43.º, n.º 3, al. *a*), da LdC).

Atentando nos exemplos dos acórdãos citados, as coimas aplicadas atingiram valores de €195.000,00[33], €94.050,11[34], de €540.000,00 e de €2.500.000,00[35], de €360.000,00€ e €1.326.000,00[36].

Não se trata, de forma alguma, de valores irrisórios[37] – sobretudo se comparados com os previstos no DL 433/82, de 27.10 (coima mínima de €3,74 e coima máxima de €44.891,81).

O próprio TEDH já declarou, aliás, que os processos por infracções às normas da concorrência tinham natureza penal para efeitos da CEDH – cf. caso *Societé Stenuit c. França*[38].

---

33 Processo n.º 261/06.1TYLSB. Posteriormente reduzida pelo Tribunal de Comércio de Lisboa para €130.000,00.

34 Processo n.º 205/06.0TYLSB.

35 Processo n.º 1050/06.9TYLSB.

36 Processo n.º 350/08.8TYLSB.

37 Mais flagrante ainda é a situação no domínio dos valores mobiliários, onde, *v.g.*, para uma pessoa singular, a prática de crime corresponde, por exemplo, a penas de prisão até 5 anos ou multa de 10 a 360 dias, com um mínimo de €50 e um máximo de €180.000,00 (arts. 378.º, n.º 1, e 379.º, n.º 1, do CVM, e 47.º, n.º 1 e 2, do CP) e à prática de uma contra-ordenação prevista na secção I, do capítulo II, do título VIII, são aplicáveis coimas entre €25.000,00 e €5.000.000,00, quando sejam qualificadas como muito graves; entre €12.500,00 e €2.500.000,00, quando sejam qualificadas como graves; entre €2.500,00 e €500.000,00, quando sejam qualificadas como menos graves, podendo ainda ser o limite máximo elevando para o dobro do benefício económico, se este exceder o limite máximo da coima aplicável (art. 388.º, n.º 1 e 2, do CVM).

38 Caso *Societé Stenuit c. França*, de 27.02.1992, http://www.echr.coe.int/echr. Cf. ainda o Relatório da Comissão, Cour Européenne des Droits de l'Homme, Affaire Sociètè Stenuit, Birou c. France : arrêts du 27

Já o fez, até, para outras sanções de natureza aparentemente administrativa, onde estavam em causa coimas de valores inferiores[39].

Sem dificuldade, e sem grande margem para objecções, podemos concluir que no domínio dos procedimentos sancionatórios por infracção à Lei da Concorrência se encontram preenchidos os critérios alternativos[40] do acórdão *Engel e outros*[41]: *(i) classificação pelo direito nacional* (sendo prevalecente a análise das regras substantivas e procedimentais aplicáveis e até a classificação dada por outros Estados àquele tipo de infracção); *(ii) natureza da infracção* (sanção de carácter geral, com fim simultaneamente punitivo e preventivo (por contraposição a um fim compensatório, de ressarcimento de danos); *(iii) natureza e severidade da punição.*

Se era possível defender a diferenciação, para efeitos de maior limitação das garantias de defesa, entre o ilícito criminal e os primeiros ilícitos contra-ordenacionais, que puniam condutas simples e previam a aplicação de coimas de reduzido valor, já o mesmo não sucede face à actual complexidade subjacente às infracções previstas nas múltiplas leis e decretos-lei contra-ordenacionais e ao processo conducente à aplicação das coimas aí previstas.

E não o é também possível em virtude da severidade das sanções aplicáveis em processo contra-ordenacional, que, em regra, se encontram nas dezenas ou centenas de milhar de euros, mas que podem mesmo atingir os milhões de euros, podendo, pois, ser tão (ou mais) graves do que as penas criminais aplicáveis às pessoas colectivas.

Um outro segmento da argumentação do Tribunal de Comércio nos suscita as maiores interrogações – a justificação da admissibilidade da restrição do âmbito de validade do *nemo tenetur* nos processos sancionatórios de concorrência com base na ponderação entre aquele princípio e o princípio de defesa da concorrência.

Através de uma elaborada construção teórica, o Tribunal de Comércio afirma que a defesa da concorrência, atribuída ao Estado a nível constitucio-

---

février 1992 ; Affaire B. vs. France : décision du 28 juin 1991: arrêt du 25 mars 1992, Strasbourg, 1992, p. 9 ss. Esta decisão é citada em inúmeros acórdãos posteriores.

39 Cf. acórdão *Öztürk vs. Alemanha*, de 21.02.1984.

40 Acórdão *Lutz* de 25 de Agosto de 1987, http://www.echr.coe.int/echr.

41 Acórdão *Engel e outros*, de 30 de Abril de 1976, http://www.echr.coe.int/echr; cf. também Lafarge, 1996: 273 ss. e Barreto, 1999: 129 ss. Aliás, o mesmo se poderá dizer relativamente às infracções do Direito comunitário da concorrência e aos processos respectivos, a nível comunitário – *v.g.*, pela actualidade, Slater, Thomas & Waelbroeck, 2008.

nal (art. 81.º, n.º 1, al. *f*), da CRP) é instrumental da liberdade de iniciativa privada (art. 61.º, n.º 1, da CRP), direito fundamental de natureza económica, de natureza análoga a direitos, liberdades e garantias fundamentais, sendo garantia desta.

A natureza de garantia da livre iniciativa privada justifica, do ponto de vista do Tribunal, a possibilidade de ponderação com o *nemo tenetur*, visto pelo tribunal como garantia da liberdade e segurança – com a natureza de direito, liberdade e garantia fundamental.

Tão rebuscada construção teórica levanta vários óbices.

Em primeiro lugar, através de tal construção pretende substituir-se artificialmente uma ponderação entre uma tarefa fundamental do Estado consagrada constitucionalmente no art. 81.º, n.º 1, al. *f*), da CRP, e um direito ou garantia de natureza fundamental consagrado no art. 20.º, n.º 4, e 32.º, n.º 1 e 2, da CRP – o *nemo tenetur* – por uma ponderação entre este e um direito fundamental económico de natureza análoga.

Ou seja, substituir uma ponderação em que existe um princípio prevalecente ou de valor superior por outra em que ambos são aparentemente valorados constitucionalmente de igual forma.

Com efeito, a doutrina nacional tem acolhido a concepção de Dworkin e de Alexy segundo a qual a natureza dos princípios é a colisão com outros, colisão que deve ser dirimida através de compatibilização ou concordância prática com vista à aplicação de todos os princípios colidentes, harmonizando-os no caso concreto[42].

Segundo esta doutrina, quando um princípio, direito ou garantia, é superior a outro de acordo com critérios de relevância constitucional e não é possível na situação concreta salvaguardar alguns aspectos do princípio inferior, nesse caso, é permitido o sacrifício deste último[43].

Ora, no caso do *nemo tenetur*, a construção teórica defendida pelo Tribunal de Comércio de Lisboa conduz à sustentação de uma posição segundo a qual, em bom rigor, é afectado o núcleo essencial de um direito com a natureza de direito, liberdade e garantia com fundamento na ponderação deste face

---

42 Sobre o tema, cf. Vieira de Andrade, 2004: 320 ss.; Gomes Canotilho, 2003: 1182 ss.

43 Neste sentido, v. Vieira de Andrade, 2004: 326 ss., referindo-se ao princípio da prevalência do interesse superior; Reis Novais, (2006: 49 ss.), acentuando a importância de uma «reserva geral de ponderação».

a uma tarefa constitucionalmente cometida ao Estado português – o que é claramente inadmissível, por ser o primeiro de valor superior[44].

Acresce ainda que, mesmo considerando admissível a ponderação entre defesa da concorrência e *nemo tenetur*, sempre teria de se comprovar que a restrição deste princípio é proporcional, adequada e necessária, nos termos do disposto no art. 18.º, n.º 2, da CRP.

No que se refere à proporcionalidade em sentido estrito, o que acabamos de expor evidencia desde logo uma tomada de posição clara e inequívoca pela desproporcionalidade da restrição – grave e afectadora do núcleo essencial do direito – face à finalidade prosseguida, a defesa da concorrência.

Relativamente à adequação, aparentemente – pelo menos na posição defendida pela AdC – a imposição de deveres de cooperação em detrimento do *nemo tenetur* é eficaz na prossecução da finalidade de defesa da concorrência.

Finalmente, no que se refere à necessidade da restrição em causa, temos grandes dúvidas de que seja efectivamente necessária a restrição do direito à não auto-incriminação para garantir a livre iniciativa económica através da defesa da concorrência.

Por um lado, a AdC tem poderes que lhe permitem «*proceder, nas instalações das empresas ou das associações de empresas envolvidas, à busca, exame, recolha e apreensão de cópias ou extractos da escrita e demais documentação, quer se encontre ou não em lugar reservado ou não livremente acessível ao público, sempre que tais diligências se mostrem necessárias à obtenção de prova*» e «*proceder à selagem dos locais das instalações das empresas em que se encontrem ou sejam susceptíveis de se encontrar elementos da escrita ou demais documentação, durante o período e na medida estritamente necessária à realização das diligências a que se refere a alínea anterior*» (art. 17.º, n.º 1, als. *c)* e *d)*, e n.º 2), da LdC).

Por outro lado, a AdC dispõe também de um instrumento não menosprezável para a eficácia na defesa da concorrência que é constituído pelo regime de clemência instituído pela Lei n.º 39/2006, de 25.08, e que terá certamente grande influência na decisão de adopção de uma conduta de colaboração voluntária das empresas na investigação de infracções às normas da concorrência.

---

44 Sem referir, sequer, que o TEDH, até ao acórdão *O'Halloran and Francis c. Reino Unido* de forma perfeitamente veemente e consistente, defende a inadmissibilidade de restrições ao *nemo tenetur* justificadas pela necessidade de garantir a eficácia da prossecução penal *qua tale*.

Em jeito de conclusão, dir-se-á que é compreensível a necessidade do estabelecimento de deveres de cooperação dirigidos aos agentes económicos actuantes no mercado, por forma a garantir a viabilidade da supervisão ou controlo da actuação daqueles agentes.

A sua consagração não contende *per se* com o *nemo tenetur*.

O mesmo já não poderá dizer-se relativamente à imposição desses deveres a uma pessoa singular ou colectiva visada num processo contra-ordenacional ou sobre a qual, durante um processo administrativo, recai a suspeita da prática de infracção contra-ordenacional ou criminal.

Como tivemos oportunidade de expor em outro lugar[45], os deveres de cooperação devem ceder a partir do momento em que o seu cumprimento revista para o destinatário um significado auto-incriminatório.

Poderá objectar-se que a disciplina legal das actividades supervisora e sancionatória não permite traçar a fronteira entre o processo meramente administrativo e o processo sancionatório. Porém, tal impossibilidade não pode (nem tem que, forçosamente) conduzir à aniquilação prática do *nemo tenetur*.

Como solucionar esta questão de forma satisfatória[46]?

A partir do momento em que surja a suspeita da comissão de uma infracção relativamente a um determinado agente e a AdC peça informações, documentos ou outros elementos relacionados com a investigação em curso, deve comunicar-lhe, nos termos da al. *a)* do n.º 1 do art. 58.º do CPP[47], que, a partir daquele momento, fica constituído como arguido num processo de natureza contra-ordenacional.

---

45 Cf. Silva Dias & Costa Ramos, 2009.

46 Adopta-se aqui solução já defendida, para o processo contra-ordenacional em geral, nomeadamente nos domínios fiscal, dos valores mobiliários e da concorrência, em Silva Dias & Costa Ramos, 2009: 51 ss. e 74 ss.

47 Aplicável subsidiariamente por via dos arts. 19.º e 22.º, n.º 1, da LdC e do n.º 1 do art. 41.º do RGCO. A designação de arguido surge em vários preceitos da LdC. Não prevendo, nem estes diplomas, nem o RGCO, regras concretas para a constituição de arguido, impõe-se, aqui, a aplicação subsidiária das regras do processo penal. Contra, Acórdão do Tribunal da Relação de Coimbra, de 28 de Abril de 1999, com sumário em www.dgsi.pt; Moura e Silva, 2008: 174 e ss. Embora seja admissível a não obrigatoriedade da constituição e o interrogatório de arguido em processo contra-ordenacional, em momento anterior à comunicação da nota de ilicitude (como é exigido em processo penal, para dedução da acusação), tal não significa que a constituição de arguido não possa ter lugar antes dessa comunicação, facto que deverá acontecer obrigatoriamente se for dado conhecimento ao sujeito da existência do procedimento e lhe for pedido qualquer tipo de colaboração.

Tal qualidade implica a assunção de direitos e deveres (arts. 60.º e 61.º do CPP), nomeadamente do direito à não auto-incriminação[48].

Direito que deve ser entendido como abrangendo, não só as declarações verbais (ou gestuais), integrantes do direito ao silêncio, mas também outras formas de cooperação, designadamente a entrega de documentos – porventura a forma de cooperação mais relevante no domínio da concorrência[49].

Não sendo o visado constituído arguido, apenas poderá recusar a entrega dos elementos solicitados se requerer, simultaneamente, a sua constituição como tal, nos termos do n.º 2 do art. 59.º do CPP[50].

Dir-se-á, porventura, que tal entendimento torna obsoleto o regime de supervisão.

Existem, porém, em nossa opinião, duas ordens de razões pelas quais isso não sucederá: por um lado porque, como vimos, a AdC detém prerrogativas de exercício de poderes coercivos suficientes para realizar buscas, revistas e apreensões das informações e elementos documentais em causa; por outro lado, porque a constituição de arguido, mesmo por iniciativa do próprio visado, não é acto desprovido de consequências, tornando-se a pessoa alvo de um processo penal ou sancionatório, com todos os incómodos e restrições que daí resultam.

Cabe, pois, ao próprio visado ponderar se prefere colaborar, ou não, com a autoridade de supervisão. Decisão na qual certamente pesará a possibilidade de beneficiar de soluções de oportunidade cuja aplicabilidade depende em larga medida da colaboração, como o instituto da «clemência» consagrado na Lei n.º 39/2006, de 25.08.

Permanecerão, desta forma, acautelados os fins prosseguidos pela supervisão no domínio das normas concorrenciais, designadamente os constantes

---

48 Uma vez afastada a conformidade constitucional dos deveres de cooperação estabelecidos na LdC, quando estes consubstanciem obrigação de auto-incriminação coerciva para os visados, com a consequente derrogação dos mesmos, surge espaço para a aplicação subsidiária do RGCO e, consequentemente, do CPP.

49 Neste sentido, Sousa Mendes, 2009a: 217 ss. Em sentido mais restrito, admitindo apenas um direito a não prestar declarações, Costa Pinto, 1999: 11. No mesmo sentido, Moura e Silva (2008: 169), fundamentando, porém, tal direito, não na aplicação subsidiária do Código de Processo Penal, mas sim no direito comunitário da concorrência e na jurisprudência que o aplica (*v.g.*, o caso *Orkem*) e ainda num princípio da igualdade de tratamento das entidades supervisionadas perante o direito nacional e comunitário da concorrência. Não podemos subscrever esta posição porque ela ignora a natureza de direito fundamental do *nemo tenetur*, que o art. 18.º da CRP torna directamente aplicável, independentemente do regime de aplicação do direito subsidiário da LdC.

50 Neste sentido, Sousa Mendes, 2009a: 217.

da al. *f)* do art. 81.º da CRP, bem como o *nemo tenetur*, direito fundamental constitucionalmente consagrado.

Num quadro em que processos administrativos e punitivos estão interligados e em que a investigação e decisão cabe à mesma entidade pública, só esta solução permite aliviar a tensão entre o interesse público tutelado pelos deveres de cooperação e o direito individual, garantindo a ambos o seu espaço próprio de realização[51].

Deve deixar-se aqui sublinhado que a entrega voluntária de elementos por parte das pessoas visadas terá como consequência a admissibilidade da sua utilização como prova em processo contra-ordenacional ou mesmo penal.

Utilização que tem, contudo, como pressuposto a comunicação aos visados do direito de recusar a colaboração, sempre que da mesma decorra a revelação de factos auto-incriminatórios, sob pena de os elementos probatórios fornecidos não poderem ser valorados[52].

Essa comunicação antecipada decorre do direito fundamental de cada cidadão a não contribuir para a sua incriminação e equivale à comunicação que deve ser feita à testemunha em processo penal (art. 132.º, n.º 2, do CPP).

A antecipação da comunicação da qualidade de arguido e dos direitos (e deveres) que lhe são inerentes justifica-se pela contaminação inevitável entre os processos de inspecção e de inquérito contra-ordenacional, da qual emerge o risco também antecipado de auto-incriminação.

Muito embora a imposição da constituição de arguido e da comunicação antecipada dos direitos relacionados com a recusa de colaboração em processo contra-ordenacional decorra já do quadro legal presente, reitera-se a conve-

---

51 Outra solução seria, porventura, a separação hermética do processo administrativo e do processo sancionatório, com a criação de designadas *chinese walls*, valendo os deveres de cooperação plenamente no processo administrativo, mas não podendo os elementos fornecidos em obediência a esse dever pelos visados transitar para o processo sancionatório.

52 Art. 58.º, n.º 5, do CPP, aplicável subsidiariamente nos termos dos arts. 19.º e 22.º, n.º 1, da LdC, e art. 41.º, n.º 1, do RGCO. Como sugerido em Silva Dias & Costa Ramos, (2009: 77, nota 135): «*tal comunicação poderá ter uma fórmula semelhante àquela conhecida por Miranda Warning no direito norte-americano (sobre este, v. EARL WARREN, SJ 12 (1998), p. 103 e ss.), por exemplo: "Fica, por este meio, notificado, nos termos dos artigos..., que deve fornecer os seguintes elementos: ..., sob pena de punição a título de ... A obrigação de entrega cessa se da mesma decorrer a revelação de qualquer facto passível de punição como crime ou contra-ordenação, devendo, neste caso, ser requerida a constituição de arguido, que dará lugar à instauração do competente procedimento. Fica ainda informado de que, procedendo à entrega dos elementos solicitados, poderão estes ser utilizados contra si em processo de natureza contra-ordenacional ou penal"*».

niência de clarificação legislativa, tendo em conta a controvérsia doutrinária e a jurisprudência dos nossos tribunais, até à data escassa, mas contraditória[53].

BIBLIOGRAFIA

ADÉRITO TEIXEIRA, Carlos
2008 "A pessoa colectiva como sujeito processual – ou a "descontinuidade" processual da responsabilidade penal", in *Revista do CEJ*, 8, pp. 99-166.
ANTUNES, Maria João
1992 "Direito ao silêncio e leitura em audiência de declarações do arguido", in *Sub Judice. Justiça e Sociedade*, 4, pp. 25-26.
BARRETO, Ireneu Cabral
1999 *A convenção europeia dos direitos do homem*, 2.ª ed., Coimbra: Coimbra Editora.
COSTA ANDRADE, Manuel da
1992 *Sobre as proibições de prova em processo penal*, Coimbra: Coimbra Editora.
COSTA PINTO, Frederico Lacerda da
1998 "O ilícito de mera ordenação social e a erosão do princípio da subsidiariedade da intervenção penal", in *Direito Penal Económico e Europeu: Textos Doutrinários*, Vol. I, Coimbra: Coimbra Editora, pp. 209-274.
1999 *A supervisão no novo Código dos Valores Mobiliários*, disponível em: http://www.fep.up.pt/disciplinas/pgaf924/PGAF/Supervis%C3%A3o_costa_pinto.pdf [consultado em: 02-12-2009].
2009 "Supervisão do mercado, legalidade da prova e direito de defesa em processo de contra-ordenação (parecer)", in *Supervisão, direito ao silêncio e legalidade da prova*, Coimbra: Almedina, pp. 63-125.
COSTA RAMOS, Vânia
2006 "*Corpus Juris 2000* - Imposição ao arguido de entrega de documentos para prova e *nemo tenetur se ipsum accusare*, Parte I", in *Revista do Ministério Público* n.º 108 – Out/Dez, pp. 125-149.
2007 *Corpus Juris* 2000 – Imposição ao arguido de entrega de documentos para prova e *nemo tenetur se ipsum accusare*, Parte II", in *Revista do Ministério Público* n.º 109 – Jan/Mar, pp. 57-96.
2009 "O direito à não auto-incriminação do domínio da concorrência – Acórdão do Tribunal da Relação de Lisboa de 25 de Novembro de 2008 / Proc.

---

53 Defendendo já a necessidade de clarificação legislativa, Silva Dias & Costa Ramos, Vânia, 2009: 77-78.

n.º 6057/08-5, 5.ª Secção", in *Boletim Informativo da Faculdade de Direito da Universidade de Lisboa*, Instituto de Direito Penal e Ciências Criminais, Ano I – Edição Dupla – n.º 2 e 3, Março/Abril e Maio/Junho, disponível em: http://www.fd.ul.pt/Institutos/InstitutodoDireitoPenaleCiências Criminais/Publicações.aspx [consultado em: 02-12-2009].

DAMIÃO DA CUNHA, José Manuel
2001 *Comentário Conimbricense do Código Penal*, Vol. III, Coimbra: Coimbra Editora.

FIGUEIREDO DIAS, Jorge de
1974 *Direito Processual Penal*, Vol. I, Coimbra: Coimbra Editora.
2007 *Direito Penal – Parte Geral*, Tomo I, 2.ª Ed., Coimbra: Coimbra Editora

FIGUEIREDO DIAS, Jorge de & COSTA ANDRADE, Manuel da
2009 "Poderes de supervisão, direito ao silêncio e provas proibidas (parecer)", in *Supervisão, direito ao silêncio e legalidade da prova*, Coimbra: Almedina, pp. 11-61.

GOMES CANOTILHO, Joaquim
2003 *Direito Constitucional*, 7.ª Ed., Coimbra: Almedina.

LAFARGE, Philippe,
1996 "The fair trial guarantees", in Delmas-Marty, Mireille (org.), *What Kind of criminal policy for Europe?*, Den Haag: Kluwer Law International, pp. 271-274.

LOBO MOUTINHO, José
2008 *Direito das contra-ordenações*, Lisboa: Universidade Católica.

MOURA E SILVA, Miguel
2008 *Direito da Concorrência – Uma introdução jurisprudencial*, Coimbra: Almedina.

PALMA, Maria Fernanda
1994 "A constitucionalidade do artigo 342.º do Código de Processo Penal (O direito ao silêncio do arguido)", in *Revista do Ministério Público*, n.º 60, Outubro/Dezembro, pp. 101-110.

REIS NOVAIS, Jorge,
2006 *Direitos fundamentais: trunfos contra a maioria*, Coimbra: Coimbra Editora.

REIS SILVA, Maria de Fátima
2007 "O direito à não auto-incriminação", in *Sub Judice*, 40, pp. 59-74.
2009 "Um olhar "comercial" sobre o direito contra-ordenacional", in *Julgar*, 8, pp. 101-117.

ROGALL, Klaus
1977 "Der Beschuldigte als Beweismittel gegen sich selbst: ein Beitrag zur Geltung des Satzes „Nemo tenetur se ipsum prodere", *in Strafprozeß*, 1.ª Ed., Berlin: Duncker und Humblot.

SÁ, Liliana da Silva
2006 "O dever de cooperação do contribuinte *versus* o direito à não auto-incriminação", in *Revista do Ministério Público* n.º 107 – Julho/Setembro, pp. 121-163.

SILVA DIAS, Augusto & COSTA RAMOS, Vânia
2009 *O Direito à Não Auto-Inculpação (Nemo Tenetur Se Ipsum Accusare) no Processo Penal e Contra-Ordenacional Português*, Coimbra: Coimbra Editora.

SOUSA MENDES, Paulo de
2009a "O procedimento sancionatório especial por infracções às regras de concorrência", in Palma, Maria Fernanda, Silva Dias, Augusto & Sousa Mendes, Paulo de (coord), *Direito Sancionatório das Autoridades Reguladoras*, Coimbra: Coimbra Editora, pp. 209-224.
2009b "O dever de colaboração e as garantias de defesa no processo sancionatório especial por práticas restritivas da concorrência", in *Julgar*, 9, pp. 11-27.

SLATER, Donald, THOMAS, Sébastien & WAELBROECK, Denis,
2008 *Competition law proceedings before the European Commission and the right to a fair trial: no need for reform?*, disponível em: http://www.coleurop.be/file/content/gclc/documents/GCLC%20WP%2004-08.pdf, pp. 4-26 [consultado em: 02-12-2009].

VIEIRA DE ANDRADE, José
2004 *Os direitos fundamentais na Constituição portuguesa de 1976*, 3.ª Ed., Coimbra: Almedina.

TAIPA DE CARVALHO, Américo
2007 *Sucessão de leis penais*, 3.ª Ed., Coimbra: Coimbra Editora.

O DEVER DE COLABORAÇÃO NO ÂMBITO DOS PROCESSOS DE CONTRA-ORDENAÇÃO POR INFRACÇÃO ÀS REGRAS DE DEFESA DA CONCORRÊNCIA E O PRINCÍPIO *NEMO TENETUR SE IPSUM ACCUSARE*

Catarina Anastácio[1]

ABSTRACT: *This paper deals with the conflict that may arise, within a competition infringement proceeding, between the legal duty to cooperate with the Competition Authority and the* nemo tenetur se ipsum accusare *principle (privilege against self-incrimination). The solution to this potential conflict depends on the definition of the essential content of that principle and of the limits beyond which it cannot be restricted. It is concluded that the Competition Authority may not use as evidence any information or document that has not been provided voluntarily (meaning in full consciousness and freedom) and may be considered self-incriminating.*

SUMÁRIO: 1. Apresentação do tema. 2. O dever de colaboração no âmbito dos processos de contra-ordenação por infracção às regras de defesa da concorrência. 3. A questão do conflito entre o dever de colaboração das empresas e o princípio *nemo tenetur*. 3.1. O princípio *nemo tenetur*. 3.2. A resolução do conflito entre o princípio *nemo tenetur* e o dever de colaboração. 3.2.1. O núcleo essencial do princípio *nemo tenetur*. 3.2.2. O princípio *nemo tenetur* nos processos de contra-ordenação por violação de regras de defesa da concorrência. 4. A questão na jurisprudência comunitária e nacional. 5. Tentativa de concretização. 5.1. Prestação de declarações orais ou escritas perante a Autoridade da Concorrência. 5.2. Entrega de documentos pré-constituídos.

---

[1] Jurista no Departamento Jurídico e do Contencioso da Autoridade da Concorrência. As opiniões expressas neste artigo são da inteira responsabilidade da autora e não vinculam, de forma alguma, a Autoridade da Concorrência.

1. APRESENTAÇÃO DO TEMA

As regras de defesa da concorrência visam, em última análise, garantir (e regular) uma liberdade – a liberdade de iniciativa económica, pilar fundamental da organização económica do Estado. Ora, como qualquer outra, esta liberdade tende a conflituar com outras liberdades, igualmente fundamentais.

É sob esta perspectiva que tendemos a encarar a tensão latente que, no domínio do Direito da concorrência, se verifica entre o dever de colaboração que os agentes económicos têm perante a Autoridade da Concorrência e o princípio *nemo tenetur se ipsum accusare*, no qual aqueles agentes podem ancorar uma recusa de cooperação e que, no limite, lhes garante a liberdade de não auto-incriminação.

É essa tensão, esse conflito potencial que procuraremos abordar no presente artigo, tentando traçar os seus contornos e desbravar algum caminho no sentido da sua resolução. Esse caminho passará, necessariamente, pela busca do conteúdo essencial daquele princípio, mas, simultaneamente, não poderá deixar de seguir as especificidades do domínio normativo em que nos situamos – o Direito da concorrência.

2. O DEVER DE COLABORAÇÃO NO ÂMBITO DOS PROCESSOS DE CONTRA-ORDENAÇÃO POR INFRACÇÃO ÀS REGRAS DE DEFESA DA CONCORRÊNCIA

Nos termos da al. *e)* do artigo 81.º da Constituição da República Portuguesa (CRP), incumbe prioritariamente ao Estado, no âmbito económico, "*[a]ssegurar o funcionamento dos mercados, de modo a garantir a equilibrada concorrência entre as empresas, a contrariar as formas de organização monopolistas e a reprimir os abusos de posição dominante e outras práticas lesivas do interesse geral*".

O Estado concretizou essa sua incumbência através da consagração de um regime jurídico de defesa da concorrência – constante actualmente da Lei n.º 18/2003, de 11 de Junho (doravante "LdC") – e da criação de uma autoridade independente que tem a seu cargo a garantia do seu cumprimento – a Autoridade da Concorrência ("AdC"), criada através do Decreto-Lei n.º 10/2003, de 18 de Janeiro, que também aprovou os respectivos Estatutos.[2]

---

[2] Como bem refere Mendes Pereira (2009: 20), apesar de Portugal contar com uma legislação de defesa da concorrência desde 1983, havia também uma *"gritante falta de meios na aplicação da lei"*, o que se tentou corrigir precisamente através da consagração de um novo regime jurídico de defesa da concorrência e, sobretudo, da criação de uma entidade reguladora independente. Sobre a evolução da legislação nacional de defesa da concorrência, cf. Ferreira, 2006: 203 ss.

Com as regras de defesa da concorrência constantes daquele regime pretende-se *"assegurar as condições para que a concorrência se possa exercer sem constrições"*[3], no pressuposto de que do funcionamento livre do mercado *"decorre a ordem económica mais justa e eficiente"*.[4] Para além de garantir a liberdade de actuação de quem oferece os seus serviços ou produtos no mercado, as regras de defesa da concorrência permitem que o consumidor tome as suas opções com o mínimo possível de pressões e constrangimentos, podendo nessa medida afirmar-se que fomentam em geral a liberdade e a racionalidade da decisão económica.[5] Nessa medida, *"a concorrência traduz na vida económica o princípio da livre escolha racional ou seja, da liberdade entendida em sentido liberal como garantia do desenvolvimento livre da personalidade individual"*[6], afirmando-se como *"a garantia de existência de espaços de liberdade"*.[7]

A atribuição à AdC de funções de regulação em matéria de Direito da concorrência vem na senda da tendência do moderno Estado regulador[8] (ou *garantidor*[9]) para descentralizar o cumprimento de algumas das suas tarefas através do recurso a entidades administrativas independentes e especializadas, dotadas de poderes próprios e munidas de instrumentos jurídicos, de natureza vária, para o exercício das suas funções, e que se assumem desta forma como um importante garante do eficaz funcionamento do mercado.[10]

---

3 Pego, 2001: 12.

4 Moncada, 2007: 486.

5 Santos, Gonçalves & Marques (2004: p. 322) falam, a propósito das regras de concorrência, da sua função genérica de assegurar *"a liberdade de acesso ao mercado e as liberdades de determinação da oferta e da procura"*.

6 Moncada, 2007: 490.

7 Paz Ferreira, 2002: 478.

8 Marques & Moreira (2003: 14-15) referem que *"a actividade de regulação se transformou na mais característica função do Estado na esfera económica, na actualidade* (Estado regulador)*"* e que *"uma das características novas é a de que a actividade reguladora é exercida não directamente pela administração governamental, mas sim, em grande parte, por* agências reguladoras específicas*"*. Afirmam ainda que *"[a]o contrário da economia baseada na intervenção económica do estado e nos serviços públicos directamente assegurados pelos poderes públicos, a nova economia de mercado, baseada na iniciativa privada e na concorrência, depende essencialmente da regulação pública não somente para assegurar o funcionamento do mercado mas também para fazer valer os interesses públicos e sociais relevantes que só por si o mercado não garante"*.

9 Canotilho (2008b: 255) fala mesmo em *"Estado garantidor da concorrência"*.

10 Cf., entre outros, Costa Pinto, 2000: 93 e 2009: 72 ss.; Paz Ferreira, 2002: 395 ss.; Cardoso, 2002: 371 ss.; Santos, Gonçalves & Marques, 2004: 68 ss.; Roque, 2004: 22 ss.; Figueiredo Dias & Costa Andrade, 2009: 46-47; Teixeira, 2009: 108-109.

Assim, com a criação da AdC[11] procurou assegurar-se que a tutela dessa concorrência seja atribuída a uma entidade que tem uma natureza pública, mas que simultaneamente oferece todas as garantias da independência necessária ao efectivo e eficaz cumprimento da sua tarefa.

À AdC cabe, nos termos do artigo 1.º, n.º 2, dos seus Estatutos, a missão de *"assegurar a aplicação das regras de concorrência em Portugal, no respeito pelo princípio da economia de mercado e de livre concorrência, tendo em vista o funcionamento eficiente dos mercados, a repartição eficaz dos recursos e os interesses dos consumidores"*.

Para o cumprimento dessa missão, a AdC tem as atribuições elencadas no artigo 6.º, e para o desempenho destas dispõe dos poderes sancionatórios, de supervisão e de regulamentação previstos e concretizados no artigo 7.º, ambas disposições dos respectivos Estatutos.

No âmbito dos seus *poderes de supervisão*, cabe à AdC: *a)* proceder à realização de estudos, inquéritos, inspecções ou auditorias que, em matéria de concorrência, se revelem necessários; *b)* instruir e decidir procedimentos administrativos relativos à compatibilidade de acordos entre empresas com as regras da concorrência; e *c)* instruir e decidir procedimentos administrativos respeitantes a operações de concentração de empresas (artigo 7.º, n.º 3, dos seus Estatutos).

No exercício dos seus *poderes sancionatórios*, cabe à AdC *"identificar e investigar as práticas susceptíveis de infringir a legislação de concorrência nacional e comunitária, proceder à instrução e decidir sobre os respectivos processos, aplicando, se for caso disso, as sanções previstas na lei"* (artigo 7.º, n.º 2, al. *a)*, dos Estatutos). Para o cabal cumprimento dos poderes sancionatórios atribuídos à AdC, o legislador consagrou um processo contra-ordenacional específico, constante da LdC. Este processo é especial, afastando-se, em diversos aspectos, do processo contra-ordenacional geral e, sobretudo, do processo penal.

Para permitir à AdC o exercício quer dos poderes sancionatórios, quer dos poderes de supervisão, foram-lhe atribuídos diversos *poderes de investigação* (a que a epígrafe do artigo 17.º da LdC se refere como *"poderes de inquérito e inspecção"*). Designadamente, pode a AdC inquirir os representantes legais *"das empresas ou associações de empresas envolvidas"* ou de *"outras empresas ou associações de empresas e quaisquer outras pessoas cujas declarações considere pertinentes"*,

---

11 *"Nascida para garantir a credibilidade plena e desgovernamentalizada da regulação neste domínio estruturante do próprio mercado"* – Roque, 2004: 53.

bem como solicitar-lhes "*documentos ou outros elementos de informação*" (artigo 17.º, n.º 1, alíneas *a)* e *b)*). Pode ainda proceder a diligências de busca e apreensão de documentos nas instalações das "*empresas ou associações de empresas envolvidas*" (al. *c)* da mesma disposição legal).

Da aplicação conjugada do artigo 8.º dos Estatutos da AdC (nos termos do qual as empresas, associações de empresas ou quaisquer outras pessoas ou entidades devem prestar à AdC todas as informações e fornecer todos os documentos que esta lhes solicite em ordem ao cabal desempenho das suas atribuições), dos artigos 17.º e 18.º da LdC (que estabelecem e regulamentam os poderes de inquirição da AdC) e ainda das alíneas *b)* e *c)* do n.º 3 do artigo 43.º do mesmo diploma (que tipifica como contra-ordenação a não prestação ou a prestação de informações falsas, inexactas ou incompletas em resposta a pedido da AdC e a não colaboração com esta ou a obstrução ao exercício dos poderes previstos no artigo 17.º) resulta para todos os agentes económicos um verdadeiro *dever de colaboração* para com a AdC.

Este dever de colaboração, que não é exclusivo do Direito sancionatório da concorrência, mas sim comum no panorama regulatório em geral[12], assume, naquele domínio e dada a natureza dos ilícitos em causa, uma importância extrema, afirmando-se como um instrumento fundamental no desempenho das funções atribuídas à AdC.[13] De facto, o cumprimento efectivo e eficaz da actividade desta Autoridade está em grande medida dependente da informação que obtém sobre os diversos mercados, seja para efeitos de supervisão seja sancionatórios. Para além dos casos em que recorre a diligências de busca e apreensão, a AdC apenas obtém essa informação através da colaboração de pessoas singulares ou colectivas a quem solicita informações e documentos, sejam essas pessoas, ou não, arguidas num processo de contra-ordenação. E a verdade é que, se para certos tipos de infracções anticoncorrenciais, como o abuso de posição dominante, é relativamente fácil a obtenção de informações através de empresas terceiras, o mesmo já não se passa no caso de infracções que, por natureza, apresentam um carácter secreto, como é o caso dos cartéis. Nestes casos, as empresas que cometeram a infracção e os seus funcionários

---

12 Sobre o dever de colaboração no âmbito do mercado de valores mobiliários, cf. Costa Pinto, 2009: 81 ss. Sobre o dever de colaboração dos regulados na actividade regulatória em geral, cf. Teixeira, 2009: 113.

13 Sobre este dever, cf. Sousa Mendes, 2009a: 217 ss., 2009b: 712 ss. e 2009c: 12.

podem ser a única fonte ao dispor das autoridades para a obtenção dessa informação.[14]

Parece-nos assim poder afirmar-se que o dever de colaboração das empresas para com a AdC é um pilar fundamental da sua actividade, sem o qual a sua missão não seria possível. Esta é, aliás, uma constatação válida para qualquer autoridade administrativa de supervisão – a colaboração dos agentes económicos é um instrumento imprescindível ao desempenho da respectiva missão e, nessa medida, o dever de colaboração, quase sempre corporizado numa obrigação legal específica, tem uma indiscutível raiz constitucional.

Para além desta característica de ferramenta auxiliar do desempenho pela AdC da sua função, permitindo-lhe, muitas vezes de forma exclusiva, o exercício dos seus poderes de supervisão e sancionatórios, o dever de colaboração dos agentes económicos perante aquela entidade, quando inserido no contexto específico de um processo de contra-ordenação por infracção às regras de defesa da concorrência, assume igualmente a natureza de *dever de cooperação para a boa administração da justiça e para a descoberta da verdade*, à semelhança do que sucede com os deveres consagrados, entre outras instâncias, a nível processual civil (artigo 519.º. n.º 1, do Código de Processo Civil – CPC) e penal (por ex., artigos 131.º, n.º 1, 153.º, n.º 1 e 172.º do Código de Processo Penal – CPP)[15]. Também nessa medida visa assegurar a satisfação de um interesse público de todo o relevo e igualmente de génese constitucional.

Tal como está consagrado legalmente, o dever de colaboração para com a AdC não apresenta limites de conteúdo, sendo, nessa medida, tendencialmente absoluto. Assim, se no caso concreto não houver factores de constrangimento, os agentes económicos a quem a AdC dirige um pedido de informações ou de entrega de documentos têm a obrigação de responder integralmente e com verdade. Há contudo, naturalmente, várias razões que podem legitimar uma recusa de resposta total ou parcial, podendo afirmar-se que, em termos genéricos, as mesmas são reconduzíveis ao necessário para

---

14 Wils, 2003: 17.

15 Veja-se, no domínio processual penal, o que afirma o Tribunal da Relação de Coimbra (acórdão de 18/02/2009, Processo 436/08.9YRCBR) sobre o dever de colaboração: "*O dever de colaboração com a administração da justiça visa satisfazer o interesse público do* jus puniendi, *mais concretamente, a realização de diligências de prova que permitam determinar se os arguidos praticaram ou não os crimes que lhe estão imputados, sob a égide do princípio da descoberta da verdade material e, assim, do interesse da boa administração da justiça penal.*". Cremos que, com as devidas adaptações decorrentes das diferenças entre o processo penal e o processo contra-ordenacional, semelhante juízo pode ser formulado a propósito do dever de colaboração perante a AdC.

a salvaguarda de direitos fundamentais dos agentes económicos em causa, tenham estes, ou não, a qualidade de arguidos.

3. A QUESTÃO DO CONFLITO ENTRE O DEVER DE COLABORAÇÃO DAS EMPRESAS E O PRINCÍPIO *NEMO TENETUR*

Efectivamente, o dever de colaboração das empresas perante a AdC não é absoluto. Na realidade, as empresas, associações de empresas e qualquer outra pessoa podem recusar-se, legitimamente, a responder a pedidos de informações ou de outros elementos que lhes tenham sido endereçados pela AdC com base em diversas razões[16], quer tais pedidos tenham sido formulados ao abrigo dos seus poderes de supervisão quer o tenham sido no exercício dos seus poderes sancionatórios.

Quando especificamente esteja em causa um processo de contra-ordenação por infracção às regras de defesa da concorrência, o dever de colaboração pode ter que sofrer limitações para que seja garantido o exercício dos direitos de defesa dos arguidos nesse processo. Mais concretamente, uma recusa de prestar a colaboração solicitada pode ancorar-se no princípio *nemo tenetur se ipsum accusare* (ou *nemo tenetur se detegere*).

3.1. O princípio *nemo tenetur*
Segundo este princípio, ninguém é obrigado a admitir a sua participação numa infracção, a contribuir para a sua própria incriminação.[17] Está em causa uma verdadeira *prerrogativa de não auto-incriminação* (ou *de não auto-inculpação*[18]), da qual surgem, como corolários, o *direito ao silêncio* e o *direito de não facultar meios de prova*.[19]

O direito ao silêncio está consagrado no CPP, designadamente, entre outros, no artigo 61.º, n.º 1, al. *d)*, não sendo esta disposição, em nossa opi-

---

16 De entre essas razões, assumem especial relevo todas as que se relacionam com a salvaguarda dos vários tipos de segredos que merecem tutela legal – segredo de negócios, segredo de justiça, segredo profissional, segredo bancário, etc., – e também com a protecção da reserva da vida privada.

17 Costa Ramos, 2006: 131. Ou, ainda, de não produzir prova contra si próprio – Opinião do juiz Martens no caso *Saunders*, *apud* Wils, 2003: p. 9.

18 Silva Dias & Costa Ramos, 2009.

19 Cf. Sousa Mendes, 2009a: 217, 2009b: 712 e 2009c: 15. Sobre estas "modalidades" do privilégio de não auto-incriminação (direito de se manter em silêncio quando questionado e direito de não produzir prova), cf. Dennis, 1995: 345 ss.

nião, aplicável no âmbito de processos de contra-ordenação por infracções a regras de defesa da concorrência.

De facto, é nosso entendimento que o regime que consagra os deveres de colaboração das empresas perante a AdC, e que resulta da aplicação conjugada das disposições *supra* mencionadas, é um regime claro e completo, que manifesta uma inequívoca intenção do legislador de negar a possibilidade de os arguidos em processos de contra-ordenação por infracções anticoncorrenciais se furtarem a responder aos pedidos de informações e a entregar documentos feitos nesse âmbito. Perante a manifesta ausência de lacunas nesta matéria, fica afastada a necessidade e a adequação de recurso, por via subsidiária, ao direito processual penal (previsto em abstracto no artigo 41.º do RGCO, *ex vi* artigo 22.º da LdC), sendo nessa medida de negar a aplicação do artigo 61.º, n.º 1, al. *c)*, do CPP aos processos de contra-ordenação da concorrência.[20]

Deve reconhecer-se, porém, que a prerrogativa de não auto-incriminação é aplicável a este tipo de processos de contra-ordenação por aplicação directa do artigo 32.º, n.º 10, da CRP.[21] De facto, sendo unânime a base constitucional (ainda que indirecta ou implícita) deste direito[22], nomeadamente enquanto

---

20 Isto mesmo já foi afirmado várias vezes pelo Tribunal de Comércio de Lisboa, em apreciação de recursos de decisões da AdC – veja-se, por exemplo, Sentença do 3.º Juízo do Tribunal de Comércio de Lisboa de 8 de Maio de 2007, proferida no âmbito do Processo n.º 205/06.0TYLSB e Sentença do 3.º Juízo do Tribunal de Comércio de Lisboa de 28 de Julho de 2006, proferida no âmbito do Processo n.º 261/06.1TYLSB. Neste mesmo sentido, Reis Silva, 2007: 66-67.

21 Nesse sentido, Reis Silva, 2007: 62 ss.

22 Apesar de o princípio não estar expressamente consagrado na CRP, há unanimidade na doutrina quanto à sua natureza constitucional, falando-se por vezes numa "consagração implícita". Essa unanimidade já não se verifica, contudo, no momento da determinação da sua base jurídico-constitucional. Podem distinguir-se basicamente duas correntes. Para a *substantiva*, o fundamento do princípio decorreria de alguns direitos fundamentais expressamente consagrados na CRP, como o da dignidade da pessoa humana ou os direitos à integridade pessoal e ao desenvolvimento da personalidade. Os adeptos da corrente *processualista*, por seu lado, encontram a raiz daqueles direitos nas garantias processuais reconhecidas expressamente ao arguido. É a corrente processualista que, entre nós, parece merecer maior simpatia por parte dos Autores que se têm debruçado sobre este tema. Apesar de nunca perderem de vista, como inegavelmente inspiradores do direito à não auto-incriminação, os direitos fundamentais de natureza substantiva acima referidos, os Autores portugueses preferem encontrar a matriz imediata daquele direito nas garantias processuais reconhecidas ao arguido, quer em termos mais genéricos (cf. Figueiredo Dias & Costa Andrade, 2009: 42), quer de uma forma mais direccionada, apelando sobretudo ao princípio da presunção da inocência (cf. Figueiredo Dias, 1992: 27-28; Palma, 2008 / 2009; Reis Silva, 2007: 63; Simas Santos & Leal-Henriques, 2004: 318) mas também ao direito a um processo equitativo (cf. Costa Ramos, 2006: 71). Também o Tribunal Constitucional, no seu acórdão 695/95, parece aderir à corrente processualista, afirmando ser o direito ao silêncio *"uma componente das garantias de defesa asseguradas no artigo 32.º da CRP, cujo objectivo último é a protecção da posição do arguido como sujeito do processo"*. Sobre esta matéria, ver também, na doutrina estrangeira, com desenvolvimentos interessantes, MacCulloch, 2006: 211 ss. e Stessens, 1997: 5.

uma das garantias de defesa dos arguidos em processo penal, facilmente a sua vigência se estende aos procedimentos contra-ordenacionais por força do n.º 10 do artigo 32.º da CRP. Tal aplicação directa inclui quer o direito ao silêncio quer o direito de não fornecer meios de prova, ambos, como vimos, corolários do princípio *nemo tenetur*.

Tendo em conta a natureza contra-ordenacional deste tipo de processos, a aplicação das garantias de defesa deverá ser feita considerando as respectivas especificidades. É importante não esquecer que o Direito processual penal e o Direito contra-ordenacional mantêm características, estruturas e escopos distintos, e que essa diferente configuração geral não pode deixar de se reflectir na consagração de garantias diferentes para os investigados num ou noutro tipo de processos.[23]

Uma vez reconhecido que a prerrogativa de não auto-incriminação estende o seu âmbito de protecção aos processos de contra-ordenação por infracções às regras de defesa da concorrência, ainda que atentas necessariamente as especificidades deste tipo de processo, a questão que se coloca é a de como compatibilizar esse direito, que assiste aos investigados, com o dever de colaboração a que se encontram, como vimos, adstritos.

3.2. A resolução do conflito entre o princípio *nemo tenetur* e o dever de colaboração

A situação que se pode colocar em concreto é a seguinte: no âmbito de um processo de contra-ordenação a correr termos junto da AdC, um determinado suspeito ou arguido é objecto de uma inquirição, oral ou escrita, por parte daquela Autoridade, ou de um pedido de elementos, no exercício dos poderes previstos na al. *a)* do n.º 1 do artigo 17.º da LdC. Nos termos do artigo 43.º, n.º 3, alíneas *a)* e *b)*, da mesma Lei, o suspeito ou arguido é obrigado a responder, sob pena de lhe ser aplicada uma coima. Tal obrigação pode, nesse

---

23 Isto mesmo foi aliás afirmado pelo próprio Tribunal Constitucional, num Acórdão (344/93) em que afirma serem diferentes os princípios jurídico-constitucionais, materiais e orgânicos, a que se submetem entre nós a legislação penal e a legislação das contra-ordenações, e que a diferente natureza dos bens jurídicos tutelados por estas duas categorias de ilícito e a sua desigual ressonância ética não poderão deixar de se reflectir no regime processual próprio de cada um desses ilícitos, bem como no "estatuto" dos sujeitos processuais que neles podem intervir. Mais tarde, veio o mesmo Tribunal Constitucional reafirmar que "[o]s ilícitos criminais e contra-ordenacionais são muito diferentes" (Acórdão de 12/04/2000, publicado em 03/11/2000).

caso concreto, conflituar com o direito que lhe assiste de se manter em silêncio e com o direito de não entregar meios de prova.[24]

Ou seja, há um conflito latente, potencial, susceptível de se concretizar em qualquer momento, entre, por um lado, o dever de colaboração perante a AdC e, por outro, o direito ao silêncio e/ou o direito de não entrega de meios de prova.

Como vimos, o dever de colaboração dos agentes económicos perante a AdC é, paralelamente ao poder de realização, por esta, de buscas e inspecções, um instrumento fundamental para a prossecução da missão de fazer respeitar as regras de defesa da concorrência em Portugal. A atribuição desta missão à AdC, por seu turno, visa o cumprimento, pelo Estado, de uma das incumbências prioritárias que a Constituição lhe atribuiu – "*assegurar o funcionamento dos mercados...*" (artigo 81.º, al. *e),* da CRP[25]). E pretende, ainda, garantir um dos princípios fundamentais da organização económica, a *liberdade de iniciativa económica privada* (artigo 61.º da CRP), da qual a defesa da concorrência é um instrumento fundamental.

A iniciativa económica privada é, nessa medida, um autêntico direito fundamental[26], a defesa da concorrência, que lhe é instrumental, é uma verdadeira "*imposição constitucional*"[27], sendo, nessa medida, a própria concorrência "*um bem constitucional*".[28]/[29]

Se encararmos aquele dever de colaboração como um instrumento essencial para o prosseguimento da missão de defesa da concorrência que incumbe

---

24 Cf., sobre este problema, Sousa Mendes, 2009c: 12.

25 Constituindo esta disposição, nessa medida, "*o fundamento jurídico-constitucional da lei de defesa da concorrência*" – Marques, 2002: 45.

26 Que pode ser definido como "*o direito fundamental de as pessoas, singulares ou colectivas, e os grupos [...] exercerem a actividade económica de produção*" – Sousa Franco, 1982-1983: p. 228. Moncada (2007: 140-14 e 114) chama a atenção para o facto de, depois da revisão constitucional de 1982, o direito de livre iniciativa económica privada ter deixado de ser encarado como um mero princípio objectivo de organização económica e ter passado a ser considerado como um autêntico direito fundamental (de natureza análoga aos direitos, liberdade e garantias), independente de qualquer outro direito. Cf. também, sobre a evolução do tratamento dado à concorrência e à livre iniciativa económica nas constituições portuguesas, Marques, 2002: 41.

27 Moncada, 2007: 485.

28 Mateus, 2006: 1077. O Autor afirma também, com total propriedade, que "*a preservação e promoção da concorrência é um bem público que suporta o funcionamento da economia de mercado e mesmo a própria democracia*" (1067).

29 Realce-se igualmente que a "*concorrência salutar dos agentes mercantis*" é um dos objectivos da política comercial consagrados constitucionalmente (artigo 99.º, al. *a),* da CRP).

à AdC e, nessa medida, imprescindível à concretização do direito de iniciativa económica privada[30], facilmente compreendemos que, sempre que o mesmo conflitua, num caso concreto, com o direito ao silêncio e/ou com o direito de não entrega de meios de prova, estamos perante uma situação de colisão de direitos fundamentais, na medida em que nenhum dos direitos em causa pode, naquelas circunstâncias, ser exercido em toda a sua plenitude.

Em termos abstractos, não estamos perante direitos incompatíveis (nem tal poderia suceder, tendo em conta a necessária unidade do sistema constitucional). Além disso, nenhuma restrição constitucional, directa ou indirecta (isto é, por consagração constitucional expressa ou através de autorização dada pela Constituição ao legislador ordinário), foi estabelecida para evitar ou solucionar eventuais colisões entre estes dois direitos. Assim, o conflito entre o direito de iniciativa económica privada, por um lado, e os direitos corolários do princípio *nemo tenetur*, por outro, é um conflito latente, potencial, cujos contornos exactos apenas podem ser traçados casuisticamente, em face das circunstâncias de cada situação concreta.

Sendo certo que, em caso de conflito, se torna impossível que ambos os direitos sejam simultaneamente exercidos na sua plenitude, parece inegável que a solução para o mesmo passa pela restrição ou limitação dos respectivos conteúdos.

As restrições ou limitações aos direitos fundamentais têm sido objecto dos mais diversos tratamentos dogmáticos, quer pela doutrina quer pela jurisprudência do Tribunal Constitucional, sendo muito variada a fundamentação e a terminologia empregue nesta matéria.[31]

Miranda (2000: 328 ss.), depois de esclarecer que a *restrição "afecta certo direito [...], envolvendo a sua compressão ou, doutro prisma, a amputação de faculdades que a priori estariam nele compreendidos"*, assim se distinguindo dos limites de objecto que resultam da especificidade do bem que cada direito fundamental visa proteger, classifica as restrições em: *imediatas* (previstas expressamente pela Constituição); *mediatas* (previstas pelo legislador ordinário mediante autorização da Constituição) e *implícitas* (que decorrem, não de preceitos, mas de princípios constitucionais). Quando qualquer uma destas

---

30 Moncada, 2007: 144-145: *"... a defesa constitucional do direito de livre empresa privada implica claras tomadas de posição do legislador ordinário quanto a questões como [...] defesa da concorrência...".*

31 Sobre essa variedade terminológica e dogmática, cf. em especial Reis Novais, 2003: 255 ss. e Alexandrino, 2007: 108 ss.

restrições tem a sua razão de ser na necessidade de conjugação dos direitos e garantias entre si e com outros direitos fundamentais, está pressuposta a figura da *colisão* ou do *conflito de direitos*. Cremos assim que, de acordo com a posição do Autor, no caso que nos ocupa estaríamos perante uma colisão ou conflito de direitos a ser resolvida através de uma restrição implícita.

Vieira de Andrade (2009: 266 ss.), por seu turno, distingue, dentro da categoria ampla dos *limites* ou *limitações* ao conteúdo constitucional dos direitos fundamentais: os *limites imanentes* ou *constitucionais* de um direito fundamental, que delimitam o âmbito de protecção constitucional do direito; as *restrições abstractas* aos direitos fundamentais operadas pelo legislador ordinário mediante autorização da Constituição para salvaguarda de outros valores constitucionais (*leis restritivas* de direitos fundamentais) e a *limitação* ou *harmonização* de direitos necessária em caso de *colisões* de direitos ou *conflitos* entre direitos e valores constitucionais em determinadas situações concretas (como parece ser o caso na situação que analisamos).

Canotilho (2003: 1276 ss.) distingue a delimitação do âmbito de protecção dos direitos fundamentais das situações de *restrição* ou *limitação*, classificando os limites em três tipos: os que são estabelecidos directamente pela Constituição (*limites ou restrições constitucionais imediatos*); os que são estabelecidos por lei mediante autorização expressa da Constituição (*limites ou restrições estabelecidos por lei*) e os *limites imanentes ou limites constitucionais não escritos,* que encontram justificação no contexto sistemático da Constituição, em nome da salvaguarda de outros direitos ou bens constitucionalmente garantidos (o que parece ser a situação aplicável ao caso que nos ocupa).

Canotilho & Moreira (2007: 388 ss.) traçam igualmente uma fronteira entre a delimitação do âmbito do direito fundamental e a figura da restrição do exercício do direito. Quanto às *restrições*, distinguem entre: as que resultam de uma previsão constitucional expressa; as que são criadas por lei com autorização da Constituição e as "*restrições não expressamente autorizadas pela Constituição*", que "*não podem deixar de admitir-se para resolver problemas de ponderação de conflitos entre bens ou direitos constitucionais*".

Reis Novais (2003), depois de assinalar a significativa "*diversidade de terminologias e tipos propostos*"[32] pela doutrina nacional e alemã, e de dar conta do "*eclectismo e inconstância dogmática notórios*"[33] da jurisprudência do Tribunal

---

32 255 ss.

33 184 ss.

Constitucional português nesta matéria[34], opta pela adopção de um *conceito abrangente de restrição aos direitos fundamentais*[35], enquanto "*afectação ou intervenção estatal no domínio dos direitos fundamentais com algum sentido desvantajoso para os interesses da liberdade*"[36], colocando o enfoque da sua análise nas *restrições não expressamente autorizadas pela Constituição* (como é, cremos, o caso nas situações que analisamos), permitidas ao abrigo de uma "*reserva geral imanente de ponderação*".

Alexandrino (2007) distingue os *limites*[37] das *restrições*[38] e das *intervenções restritivas*[39]. O Autor traça ainda a fronteira entre as restrições, nomeadamente as "*restrições implicitamente autorizadas*", que correspondem a uma colisão de direitos no plano abstracto, das situações de *colisão de direitos*, que se verificam quando "*num caso concreto, a protecção jurídica emergente do direito fundamental de alguém colida com a de um direito fundamental de terceiro ou com a necessidade de proteger outros bens ou interesses constitucionais*".[40]

Apesar da diferente forma de classificar as situações de limitações ou restrições aos direitos fundamentais, parece-nos que podemos, sem demasiado arrojo, tentar retirar dos ensinamentos dos vários Autores nesta matéria alguns pontos comuns que vão para além das divergências (essencialmente terminológicas, cremos) que assinalámos, e que nos podem auxiliar na procura de uma solução para o problema que nos ocupa.

Assim, os Autores são unânimes na afirmação de que os direitos fundamentais não têm um carácter absoluto nem ilimitado, sendo "*inevitável*

---

34 Sobre a jurisprudência do Tribunal Constitucional em matéria de restrições aos direitos fundamentais, cf. também Nabais, 2007: 23 ss.

35 Reis Novais, 2003: 156 ss. e 247 ss.

36 157.

37 Que define como "*normas que excluem a protecção ou afectam as possibilidades de realização de um direito fundamental*": 112-113.

38 Definidas como "*as acções normativas que afectam desfavoravelmente o conteúdo ou o efeito de protecção de um direito fundamental previamente delimitado*": 114.

39 Através das quais se afecta o conteúdo de uma posição individual, deixando intocada a norma e os efeitos gerais da norma de direito fundamental, mas que necessita, em regra, de ter apoio prévio numa norma legal: 116.

40 Esclarece o Autor que a resolução da colisão de direitos no caso concreto não cabe ao legislador, mas sim aos titulares dos direitos em presença, às entidades eventualmente chamadas a intervir e, em última instância, aos tribunais (116).

e sistémica"[41] a conflitualidade entre eles ou com outros bens de natureza constitucional.[42]

Também todos distinguem as situações de delimitação do conteúdo dos direitos fundamentais (ou, dito de outra forma, de definição do respectivo âmbito de protecção) da sua limitação, restrição ou compressão.[43] Esta limitação pode ser necessária para garantir a salvaguarda de outros direitos ou valores constitucionais que com ele conflituam numa determinada situação.[44] Há quem coloque o acento tónico na ideia de *limitação* ou *restrição* e quem prefira falar em *harmonização, compatibilização, optimização, balanceamento* ou *concordância prática*[45], mas a ideia essencial é comum: é da necessidade de compatibilizar entre si os direitos fundamentais que decorre a exigência, em determinadas situações de conflito, de compressão dos respectivos conteúdos.

A unanimidade também existe na admissão de restrições que tenham aquele objectivo, mas que não encontrem consagração expressa na Constituição.

Por fim, também a existência de requisitos materiais à restrição ou limitação é pacífica: a mesma terá, pelo menos e indiscutivelmente, que obedecer a

---

41 Vieira de Andrade, 2009: 264.

42 Cf. também, entre outros, Miranda, 2000: 336-337: *"nenhum direito e também nenhuma restrição podem ser encarados isoladamente, à margem dos restantes direitos e dos princípios institucionais que lhes subjazem"* e Reis Novais, 2003: 569-570: *"partimos [...] da aceitação de princípio da limitabilidade dos direitos fundamentais"*, sendo que *"qualquer que seja a justificação ou fundamentação encontrada, as mais elementares necessidades de convivência social apontam para a possibilidade e necessidade de os direitos fundamentais, independentemente das reservas ou ausência de reservas com que os dotou o legislador constituinte, poderem ter de ceder nas situações em que outros bens igualmente dignos de protecção jurídica assim o exijam"*.

43 O que permite distinguir o *"âmbito de protecção"* (que significa que um bem é protegido mas pode ser objecto de medidas desvantajosas de entes públicos ou privados que, mesmo sendo lícitos, carecem de justificação e limites) do *"âmbito de garantia efectiva"* (do domínio dentro do qual qualquer ingerência, pública ou privada, é ilícita) – Canotilho, 2008a: 199.

44 Segundo Miranda (2000: 334), as restrições que visam a conjugação dos direitos, liberdades e garantias entre si e com outros direitos fundamentais pressupõem a figura da *colisão* ou do *conflito* de direitos. Para Vieira de Andrade (2009: 266): *"poderá afirmar-se que o problema dos limites dos direitos fundamentais se coloca, afinal, na maior parte dos casos, como um conflito prático entre valores – entre os valores próprios dos direitos ou entre esse e outros valores comunitários – no contexto do sistema constitucional"*. Canotilho & Moreira (2007: 391-392), por seu turno, afirmam que *"o sacrifício, ainda que parcial, de um direito fundamental, não pode ser arbitrário, gratuito, desmotivado"*, sendo necessário que as restrições estejam *"teleologicamente vinculadas à salvaguarda de outros direitos ou bens constitucionalmente protegidos"*.

45 Miranda (2000: 337) refere a *"concordância prática"* e também a *"harmonização"* e *"optimização"* dos direitos, liberdades e garantias. Vieira de Andrade (2009: 267) fala em *"limitação"* ou *"harmonização"* dos direitos que conflituam ou podem conflituar directamente em determinada situação concreta e nessas circunstâncias se limitam reciprocamente. Canotilho & Moreira (2007: 390-391) falam na necessidade de *"conjugar ou compatibilizar"* os direitos fundamentais com outros direitos ou bens constitucionais, e ainda em *"ponderação de conflitos"*. Canotilho (2008b: 261) refere-se a *"balanceamento"*.

critérios de proporcionalidade e que garantir a salvaguarda do núcleo essencial de cada direito.

É importante fazer notar, neste ponto, que, não obstante o artigo 18.º, n.º 2, da CRP conter requisitos quer de natureza material quer de natureza formal às restrições a operar a direitos fundamentais, o reconhecimento de algumas das modalidade de restrição acima mencionadas implica a aceitação de que, nalguns casos, as condições formais não se verifiquem. Imprescindíveis, exigíveis unanimemente e independentes das classificações e tipologias adoptadas são os critérios materiais acima mencionados, decorrentes da própria ideia de Estado de Direito.[46] Passemos à sua análise.

O *princípio da proporcionalidade em sentido amplo* desdobra-se em três subprincípios: *a)* princípio da *necessidade* (ou *da indispensabilidade*), exigindo-se, neste contexto, que a restrição a um direito seja imprescindível, por ausência de outro meio menos oneroso, à salvaguarda de outros direitos ou bens constitucionalmente protegidos; *b)* princípio da *adequação* (ou da *idoneidade*), requerendo que essa restrição seja apta para a realização daquele fim; e *c)* princípio da *proporcionalidade em sentido restrito* (ou *da justa medida*), impedindo-se a adopção de medidas restritivas excessivas em relação ao fim pretendido.[47]

Trata-se de um critério que só pode ser aferido em concreto, em função do contexto e de todas as circunstâncias relevantes, incluindo o âmbito, o peso e a medida de cada um dos direitos na situação em causa, a natureza do caso e a condição e o comportamento das pessoas envolvidas.[48]

Ainda que a restrição seja proporcionada no sentido referido, há ainda um segundo limite: a mesma não pode violar o *núcleo essencial* (ou "*conteúdo essencial*" ou "*domínio garantido*") do direito ou direitos cujo conteúdo há necessidade de comprimir.

Este conteúdo essencial surge, assim, como "*um limite absoluto correspondente à finalidade ou ao valor que justifica o direito*", funcionando "*como barreira última e efectiva contra o abuso de poder*"[49], como "*o último reduto de garantia contra as leis e medidas agressivamente restritivas*"[50], como "*uma proibição abso-*

---

46 Neste sentido, veja-se Reis Novais, 2003: 190.

47 Canotilho & Moreira, 2007: 392-393. Ver também Miranda, 2000: 340; Alexandrino, 2007: 124 ss. e Vieira de Andrade, 2009: 286 e 305.

48 Cf. Alexandrino, 2007: 117 e Vieira de Andrade, 2009: 306-307.

49 Miranda, 2000: 340-341.

50 Canotilho, 2008b: 261.

luta, um limite fixo, um mínimo de valor inatacável"[51], enfim, como *"uma baliza última de defesa dos direitos, liberdades e garantias"*.[52]

A procura do núcleo essencial de cada direito exige uma prospecção histórica e teleológica, uma busca do sentido do direito ao longo do tempo e nos mais variados espaços e domínios jurídicos, podendo tal avaliação, tendo embora em conta o direito que está efectivamente consagrado num quadro constitucional específico, ser feita em abstracto.

Assim, e sintetizando o que referimos sobre as condições materiais para qualquer restrição a um direito fundamental, podemos afirmar que, se em abstracto o núcleo essencial desse direito é o limite último que nunca pode ser ultrapassado[53], num caso concreto de conflito um outro limite deve ser sempre traçado: aquele que é o resultado da aplicação do critério da proporcionalidade, no sentido amplo atrás exposto. A aplicação desse juízo de proporcionalidade pode levar a que a restrição não atinja a fronteira do núcleo essencial, deixando intocada uma franja que, em abstracto e tendo em conta apenas esse limite último, poderia ser eliminada.[54]

Sendo essa proporcionalidade apenas aferível em concreto, resta-nos tentar determinar qual o *núcleo essencial do direito à não auto-incriminação*, para que fiquem tão claros quanto possível os limites que não podem ser ultrapassados na compressão, em sede de procedimento contra-ordenacional por restrições às regras da concorrência, que se venha a revelar necessária para assegurar a sua concordância prática com o dever de colaboração perante a AdC (instrumento fundamental da defesa da concorrência e, em última instância, do direito de iniciativa económica).

Fazemos tal tentativa com a certeza, e acompanhando Vieira de Andrade, de que, como em qualquer outro direito, esse limite, esse núcleo essencial que

---

51 Vieira de Andrade, 2009: 286.

52 Canotilho & Moreira, 2007: 395.

53 *"Descer abaixo daquele conteúdo mínimo é transformar o cidadão em servo do poder."* – Moncada, 2007: 153.

54 Veja-se Nabais (2007: 39, nota 73), que diz poder entender-se o conteúdo essencial como *"um núcleo absoluto a que acresce uma auréola que nos é fornecida, em cada caso concreto, pela proporcionalidade"*, sendo que, nessa perspectiva, *"o conteúdo essencial não é só algo absolutamente intocável, mas também, e além disso, algo relativamente intocável em virtude da proporcionalidade"*. Vieira de Andrade (2009: 286) chama precisamente a atenção para o facto de o n.º 2 do artigo 18.º da CRP consagrar um *princípio da proporcionaliaede* em sentido amplo, que inclui *"a proibição de restrições inadequadas, desnecessárias ou desproporcionais dos direitos, liberdades e garantias, independentemente de tais restrições afectarem o conteúdo essencial (absoluto) dos preceitos constitucionais"*. Também Canotilho & Moreira (2007: 395) realçam que *"[a] garantia do conteúdo essencial é um* mais *em relação ao princípio da proporcionalidade"*.

se deve manter intacto, é aquele que permite preservar "*a dignidade do homem livre*"⁵⁵, significando isto que a restrição não pode "*atentar contra as exigências (mínimas) de valor que, por serem a projecção da ideia de dignidade humana, constituem o fundamento (a essência) de cada preceito constitucional*".⁵⁶

3.2.1. O núcleo essencial do princípio *nemo tenetur*

A procura do núcleo essencial do princípio *nemo tenetur* obrigar-nos-ia a pesquisar o seu sentido, a razão de ser histórica da sua consagração. Não nos alongaremos, porém, dada a profusão de bons textos já existentes nesta matéria, para os quais remetemos.⁵⁷

Em jeito de síntese, e de uma forma bastante simplificada, relembramos que o princípio tem origem anglo-saxónica, tendo sido referenciado na *Magna Charta* (1215) e consagrado no direito inglês, como princípio de *common* law, a partir de 1679, essencialmente para servir como protecção contra o "juramento *ex officio*" amplamente utilizado nos tribunais eclesiásticos, em que o acusado era obrigado a responder, sob juramento, a todas as questões que lhe eram colocadas, muitas vezes sem ter conhecimento das acusações pendentes contra si. A sua origem remonta, nesse sentido, "*ao período de viragem do processo penal inquisitório para o processo acusatório*"⁵⁸, tendo sido precisamente uma forma de reacção a procedimentos inquisitórios que transformavam o arguido em instrumento da sua própria acusação.⁵⁹

Actualmente, o debate para a justificação da sua vigência tem girado em torno de princípios e ideias como a presunção de inocência, o processo justo, a garantia de privacidade ou a protecção contra escolhas cruéis ou contra condenações injustas.⁶⁰

---

55 Vieira de Andrade (2009: 287): "*...a ideia do homem como ser digno e livre, que está na base dos direitos e que constitui, muito especialmente, a essência dos direitos, liberdades e garantias, tem de ser vista com um limite absoluto a esse poder de restrição*". Cf. também, no mesmo sentido, Moncada (2007:153).

56 Vieira de Andrade, 2009: 288.

57 Cf. entre outros, Palma, 1994; Costa Ramos, 2006; Sá, 2006; Figueiredo Dias & Costa Andrade, 2009; Silva Dias & Costa Ramos, 2009. Consultar ainda o artigo "O direito à não auto-inculpação no âmbito das contra-ordenações do Código dos Valores Mobiliários", de Augusto Silva Dias, neste Dossier Temático. Na doutrina estrangeira, e com especial interesse, cf. MacCulloch, 2006: 213 ss. e Stessens, 1997.

58 Silva Dias & Costa Ramos, 2009: 9.

59 Palma (1994: 102): "*No processo inquisitório, a ideia-força era a de uma realização absoluta do interesse do estado, que exigia a redução do arguido a objecto do processo sem quaisquer direitos ou liberdade de actuação.*".

60 Cf., em especial, Dennis, 1995: 348 ss. e MacCulloch, 2006: 213 ss.

Em termos de doutrina sobre o princípio, apelamos, porque especialmente elucidativos, aos ensinamentos de Costa Andrade (2006: 120 ss.): afirma o Autor que a dimensão negativa da liberdade de declaração do arguido veda ao Estado *"todas as tentativas de obtenção, por meios enganosos ou por coacção, declarações auto-incriminatórias"*, e que *"o arguido não pode ser fraudulentamente induzido ou coagido a contribuir para a sua condenação, sc., a carrear ou oferecer meios de prova contra a sua defesa"*, acrescentando que *"não impende sobre o arguido um dever de colaboração nem sequer um dever de verdade."* E ainda, que *"[o] que aqui está fundamentalmente em jogo é garantir que qualquer contributo do arguido, que resulte em desfavor da sua posição, seja uma afirmação esclarecida e livre de autorresponsabilidade"*.

Estas são afirmações que nos parecem resumir de uma forma muito certeira o conteúdo do princípio *nemo tenetur*, quando definido na sua plenitude e dentro do seu âmbito de aplicação natural – o processo penal.

Parece certo também, porém, que a sua aplicação *qua tale* ao domínio das infracções às regras de defesa da concorrência é incompatível com a manutenção, no âmbito dos procedimentos por aquele tipo de infracções, de deveres de colaboração para com a AdC. De facto, não se pode dizer, quanto aos arguidos naquele tipo de processos, que sobre eles não impende um *dever de colaboração*, dado este estar legalmente consagrado. Nem se pode dizer, por essa mesma razão, que sobre os mesmos não recai um *dever de verdade*, o que só é aceitável parcialmente. Nem mesmo se pode afirmar que lhes está garantido integralmente o direito de, por qualquer forma, *não contribuírem para a sua própria condenação*, uma vez que esse contributo, ainda que indirecto, pode ser o resultado do cumprimento daquele mesmo dever de colaboração.

Esta incompatibilidade entre a aplicação plena do princípio *nemo tenetur* e a existência de deveres de colaboração perante a AdC não é seguramente de estranhar. É preciso não esquecer que não nos movemos em domínio processual penal mas contra-ordenacional e, especialmente, que falamos numa actividade de supervisão e regulação levada a cabo por uma entidade a quem foram, para garantia da eficácia da sua missão, conferidos poderes especiais.

Assim, sendo certo que não se pode exigir uma aplicação plena do princípio *nemo tenetur* neste contexto, há que depurá-lo, tentando reduzi-lo ao seu núcleo essencial, ao seu conteúdo intangível, comprimindo-o até ao limite a partir do qual os direitos que são seus corolários deixem de existir como tais.

O que, na nossa opinião, se pode extrair das afirmações de Costa Andrade e da razão de ser histórica do princípio *nemo tenetur*, e que, quanto a nós, resume o essencial daquele princípio, é que *ninguém pode ser coagido a emitir declarações auto-incriminatórias, a declarar a sua culpabilidade, a admitir a sua participação numa infracção, uma vez que tal admissão, a verificar-se, deverá ser sempre um acto totalmente livre e consciente.*[61]

O que, em nosso entender, deve ser considerado violador da *"dignidade do homem livre"* é a obrigação que por qualquer meio resulte para alguém de admitir que cometeu uma infracção, o que significaria transformar esse alguém no meio directo de prova da própria infracção que cometeu ou, dito de outra forma, no objecto imediato da sua própria condenação.[62]

Este é, parece-nos, o núcleo essencial do princípio, é o limite que não pode ser ultrapassado sob pena de violação do direito à não auto-incriminação. E é um limite que deve valer para qualquer tipo de procedimento sancionatório, mesmo aqueles que se inserem num quadro legal em que, paralelamente, estão consagrados deveres de colaboração por parte dos próprios arguidos. Como é o caso das infracções por violação das regras de defesa da concorrência.

3.2.2. O princípio *nemo tenetur* nos processos de contra-ordenação por violação de regras de defesa da concorrência

Daqui se conclui que, *no âmbito de um processo de contra-ordenação por violação de regras de defesa da concorrência, o dever de colaboração de uma pessoa ou entidade cessa a partir do momento em que dessa colaboração resulte uma admissão expressa e não voluntária de participação numa infracção*. Este é o limite que permite que o núcleo essencial do direito ao silêncio se mantenha intacto.

O que já não é legítimo, sob pena de se aniquilar, por seu turno, o essencial do dever de colaboração neste contexto em que nos situamos, é alguém recusar-se a prestar uma informação ou a entregar um documento à AdC simplesmente invocando que essa informação ou esse documento podem vir a ser utilizados para prova da infracção em que tenha participado e nessa

---

[61] Encontramos um bom resumo em Andreangeli, 2008: 124: "*É suficiente dizer que o privilégio responde à necessidade de proteger pessoas singulares sujeitas a um procedimento criminal de formas de coerção exercidas pelas autoridades, através das quais estas tentam forçá-las a confessar um crime do qual são acusadas.*" Tradução nossa do original em inglês: "*It is sufficient to say that the privilege responds to the need to protect individuals subjected to criminal proceedings from forms of compulsion exercised by the authorities seeking to force them to confess to the crime of which they had been accused.*".

[62] Cf. Figueiredo Dias (1992: 28): "*...o princípio da presunção de inocência, ligado directamente ao princípio da preservação da dignidade pessoal, conduz a que a utilização do arguido como meio de prova seja sempre limitado pelo respeito pela sua decisão de vontade.*". Cf. também Palma (2008 / 2009): "*O arguido é um sujeito processual e, em regra, não pode ser utilizado, contra sua vontade, como fonte de prova contra si mesmo.*".

medida contribuir para a sua condenação. Sendo a prova da infracção o que se pretende com a consagração do dever de colaboração em sede de procedimentos sancionatórios por violação de regras de defesa da concorrência, esse resultado (isto é, a obtenção de prova) não pode ser invocado como causa justificativa da recusa.

Tendo em conta a consagração de um dever de colaboração que, tal como previsto, não apresenta limitações expressas, a compressão do direito ao silêncio e/ou do direito a não apresentar meios de prova tende a aproximar-se do limite do admissível tendo em conta a inviolabilidade do núcleo essencial. Dito de outra forma, aqueles direitos tendem, em sede de procedimentos contra-ordenacionais por violação de regras da concorrência, a ser comprimidos até à fronteira a partir da qual o seu núcleo essencial já seria violado. Tal compreende-se na medida em que, em conflito com estes direitos, se encontra um dever legalmente muito amplo, consagrado num contexto especial de regulação[63] e que visa garantir a livre concorrência, por sua vez instrumental do direito fundamental à iniciativa económica privada, cujo núcleo essencial – também ele, no limite, reconduzível à ideia de liberdade e de dignidade humana – há igualmente que preservar.

Admitimos, contudo, em tese, que essa compressão poderá ter que ser menor, situando-se numa franja que não toca aquele limite, sempre que a isso conduza a aplicação, no caso concreto, dos critérios de proporcionalidade a que fizemos referência. Como dissemos, trata-se de um critério que é aferido em face de cada situação concreta, pelo que só casuisticamente poderá ser feita essa avaliação.

---

[63] O facto de a AdC desempenhar uma actividade de regulação ou supervisão (em sentido amplo) tem que estar sempre presente na nossa análise. Já noutros domínios, como no do mercado dos valores mobiliários, foi realçada a especial natureza dos deveres de colaboração para com a respectiva autoridade de supervisão, nos seguintes moldes: *"a lei portuguesa é clara e inequívoca quanto à consagração de deveres de colaboração"*, os quais são apresentados como a *"contrapartida do privilégio de acesso profissional ao mercado"* – Costa Pinto, 2009: 85. Veja-se também Figueiredo Dias & Costa Andrade (2009: 47), que, referindo-se de um modo geral às entidades administrativas e reguladoras, entre as quais incluem a AdC, afirmam que "[é] *essencialmente neste campo que encontramos as restrições ao princípio* nemo tenetur, *impostas através do cumprimento de determinadas obrigações legais, necessárias ao cumprimento daquelas funções de vigilância"*. Também em geral, veja-se Palma (2008 / 2009), que afirma: *"o direito ao silêncio não pode suspender os deveres de colaboração com o Estado de quem exerce uma actividade supervisionada"* e *"o arguido deve continuar a permitir a supervisão, sob risco de tal actividade passar a ser exercida sem controlo"*.

4. A QUESTÃO NA JURISPRUDÊNCIA COMUNITÁRIA E NACIONAL

O percurso que percorremos até aqui levou-nos a uma definição dos termos em que consideramos ser possível compatibilizar o dever de colaboração previsto na LdC com o princípio *nemo tenetur*. Fizemo-lo apelando às teorias relativas aos conflitos entre direitos fundamentais e procurando definir o que entendemos ser o núcleo essencial dos direitos em causa.

Apesar de termos desbravado este caminho de forma autónoma, com base nos princípios e regras vigentes no ordenamento jurídico nacional, encontramos o conforto de ver confirmado o essencial das nossas conclusões na jurisprudência do Tribunal de Justiça das Comunidades Europeias (TJCE).[64]

É sabido que, naquele âmbito, continua a constituir uma referência o acórdão *Orkem*.[65] Recorde-se que neste acórdão o TJCE afirma que a Comissão não pode *"impor à empresa a obrigação de fornecer respostas através das quais seja levada a admitir a existência da infracção"*.[66]

É também afirmado, contudo, que a Comissão já pode exigir que as empresas forneçam *"todas as informações necessárias relativas aos factos de que possa ter conhecimento e, se necessário, os documentos correlativos que estejam na sua posse, mesmo que estes possam servir, em relação a ela ou a outra empresa, para comprovar a existência de um comportamento anticoncorrencial"*.[67]

Os Autores referem-se, na interpretação desde acórdão, a *"informação factual"*[68], a *"questões de natureza puramente factual"*[69], a *"questões puramente factuais"*[70]. A qualificação pode ser perniciosa. Parece-nos que, concatenadas as duas afirmações do TJCE no acórdão *Orkem*, pode concluir-se que (e deixando de lado, para já, a questão da entrega de documentos pré-constituídos)

---

64 Consultar a este propósito o artigo "O direito ao silêncio e à não auto-incriminação nos processos sancionatórios do Direito da concorrência: uma análise da jurisprudência comunitária", de Helena Gaspar Martinho, neste Dossier Temático.

65 O Acórdão *Orkem* tem merecido, no âmbito comunitário e desde que foi proferido, uma adesão total por parte da restante jurisprudência, tendo muito recentemente sido citado pelo Advogado-Geral Bot nas suas conclusões proferidas no âmbito do caso *Erste Bank* (Conclusões do Advogado-Geral Bot de 26 de Março de 2009, Processos C-125/07 P, C-133/07 P, C-135/07 P e C-137/07 P, *Erste Bank e o. vs. Comissão*, § 82). Sobre a *"jurisprudência comunitária pós-Orkem"*, cf. Moura e Silva, 2008: 91 ss.

66 § 35.

67 § 34.

68 Wils, 2003: 10.

69 Giannakopoulos, 2004: 103.

70 Schwarze, Rainer & Bosch, 2008: 33.

ali se pretende estatuir que as empresas são obrigadas a responder a questões cuja resposta não implique, por si só, a admissão da participação na infracção, embora sejam obrigadas a fornecer respostas que, quando conjugadas com outros elementos, possam contribuir para a construção da acusação contra si.[71] A questão dos documentos suscita-nos mais dificuldades, como veremos adiante.

Esta jurisprudência não reúne apenas simpatizantes[72], mas é, quanto a nós, a forma equilibrada de conseguir a concordância exigida entre o dever de colaboração das empresas e o direito à não auto-incriminação, no que respeita, pelo menos, a declarações do arguido prestadas na sequência de pedidos de informação por parte de autoridades da concorrência.

De facto, não faria sentido atribuir à Comissão Europeia ou, no nosso caso, à AdC, poderes para proceder a inquirições, inclusive a suspeitos ou arguidos num processo de contra-ordenação e, simultaneamente, ser-lhes permitida a sonegação de qualquer tipo de informação que, de uma forma ou outra, directa ou indirectamente, contribuísse para a sua condenação. Defender isso seria negar a existência de poderes que foram, no caso português, consagrados legalmente, e que o foram para o cumprimento de objectivos e princípios de natureza constitucional. Trata-se de garantir o efeito útil desses poderes e de, por essa via, operar a concordância prática entre valores de dignidade constitucional.[73]

É, aliás, à necessidade de garantir a preservação do efeito útil dos poderes de investigação da Comissão que o acórdão *Orkem* se refere quando justifica

---

71 A propósito da distinção, afirma Stessens (1997: 57) que, para que haja violação do direito ao silêncio, a declaração deve ser *"directamente incriminatória"*, o que implica que um pedido de informações não pode ser feito de tal maneira que obrigue a pessoa em causa a fazer juízos subjectivos de valor sobre se determinada informação vai indicar a sua culpabilidade.

72 Veja-se Silva Dias & Costa Ramos (2009: 79), para quem *"a comprovação do carácter objectivo, prévio, não declarativo da existência de uma infracção, dos documentos e informações prestados pelos destinatários da actividade inspectiva ou supervisora não é um critério aceitável para decidir se houve ou não violação do direito a não contribuir para a auto-incriminação [...]"*. Entendem os Autores que *"[l]evado ao extremo, aquele critério permite, sem obstáculo, que os visados por uma daquelas actividades promovam, em silêncio, isto é, sem 'admitir a existência de uma infracção', a instrução do processo que desembocará na sua condenação"*.

73 Moura e Silva (2008: 86) refere, a propósito do direito ao silêncio, a *"questão da articulação entre o interesse público na investigação e repressão de práticas anticoncorrenciais contrárias ao mercado comum, por um lado, e o interesse da protecção dos direitos de defesa, por outro"*. Considera o Autor que o acórdão Orkem *"continua a ser o ponto de partida para a compreensão do equilíbrio vigente na ordem comunitária entre aqueles interesses"*.

o direito que cabe à Comissão de obrigar as empresas a fornecer todas as "*informações necessárias relativas aos factos de que possa ter conhecimento*".[74]

Também no acórdão *Mannesmannröhren-Werke*, em que o TJCE adere, no essencial à jurisprudência *Orkem*, se afirma que "[o] *Regulamento n.º 17 não reconhece* [...] *à empresa que é objecto de uma medida de investigação qualquer direito de se subtrair à execução dessa medida porque os seus resultados poderiam fornecer a prova de que cometeu uma infracção às regras de concorrência. Pelo contrário, impõe-lhe um dever de colaboração activa, que implica que coloque à disposição da Comissão todos os elementos de informação relativos ao objecto da investigação*"[75], recordando que os poderes atribuídos à Comissão por aquele Regulamento "*têm por objectivo permitir a esta última cumprir a missão* [...] *de velar pelo respeito das regras de concorrência no mercado comum*"[76] e que "*o reconhecimento do direito de guardar silêncio absoluto* [...] *iria além do que é necessário para preservar os direitos de defesa das empresas e constituiria um entrave injustificado ao cumprimento, pela Comissão, da missão de velar pelo respeito das regras de concorrência*".

Neste acórdão surge claramente a enumeração das situações que não são susceptíveis de violar "*o princípio do respeito dos direitos de defesa ou o direito a um processo equitativo*": assim, as empresas são obrigadas a "*responder às questões colocadas pela Comissão relativas unicamente a factos*" e a "*satisfazer pedidos de apresentação de documentos preexistentes*".

E é apresentada uma justificação para a distinção: quanto a estes factos e a estes documentos preexistentes, as arguidas podem sempre demonstrar, no quadro do procedimento administrativo ou perante o juiz comunitário, ao exercer os seus direitos de defesa, "*que os factos constantes das suas respostas ou os documentos transmitidos têm um significado diferente daquele que lhes deu a Comissão*", o que, acrescentamos nós, não é possível relativamente às declarações que tiverem um conteúdo directamente incriminatório.[77]

Chama-se a atenção para o facto de o Regulamento n.º 1/2003, embora não contendo uma disposição sobre esta matéria, se referir a ela no considerando 23, parecendo aderir à jurisprudência do TJCE ao estatuir que: "*as empresas não podem ser forçadas a admitir que cometeram uma infracção, mas são*

---

74 Considerando 34.

75 Considerando 66.

76 Considerando 60.

77 Considerando este argumento "*irrealista e contraditório*", cf. Schwarze, Rainer & Bosch, 2008: 33.

de qualquer forma obrigadas a responder a perguntas de natureza factual e a exibir documentos, mesmo que essas informações possam ser utilizadas para determinar que elas próprias ou quaisquer outras empresas cometeram uma infracção".

Cumpre ainda realçar que, a nível nacional, a jurisprudência *Orkem* foi já reconhecida como o padrão a seguir nesta matéria pelo Tribunal de Comércio de Lisboa[78], que concluiu que *"a proposição achada pelo juiz comunitário – inexistência de obrigação de fornecer respostas através das quais seja levado a admitir a existência da infracção, cuja prova cabe à Comissão, não extensível a documentos e puros elementos de facto mesmo que deles resulte a incriminação do investigado, dada a possibilidade de demonstração posterior de significado diverso – pode ser integralmente transposta para o direito doméstico"*.[79] No mesmo sentido, foi considerado que, num determinado caso, a AdC apenas solicitou à associação de empresas em causa *"elementos documentais e informativos 'objectivos'*, que *"não permitiam desde logo, de 'per si' levar a arguida a admitir a existência de uma infracção"*, o que permitiu concluir-se pela não verificação da invocada nulidade de obtenção de provas.[80]/[81]

5. TENTATIVA DE CONCRETIZAÇÃO

Apesar da nossa convicção relativamente às conclusões a que chegámos quanto à forma de, em abstracto, harmonizar o dever de colaboração dos agentes económicos perante a AdC com o princípio *nemo tenetur*, no qual podem ancorar a sua recusa de colaboração quando colocados na situação de suspeitos ou de arguidos num processo contra-ordenacional, e apesar,

---

78 Consultar a este propósito o artigo *"Nemo tenetur se ipsum accusare e concorrência – Jurisprudência do Tribunal de Comércio de Lisboa"*, de Vânia Costa Ramos, neste Dossier Temático.

79 Sentença de 8 de Maio de 2007, proferido pelo 3.º Juízo no âmbito do Processo 205/06.0TYLS.

80 Sentença do 3.º Juízo do Tribunal de Comércio de Lisboa de 28 de Julho de 2006, proferida no âmbito do Processo n.º 261/06.1TYLSB, confirmada pelo Acórdão do Tribunal da Relação de Lisboa de 15 de Março de 2007, proferido no âmbito do Processo n.º 172/07-9.

81 Reis Silva (2007: 68 ss.) defende que a jurisprudência *Orkem* pode ser integralmente transposta para o direito doméstico porque: *a)* não viola a jurisprudência do TEDH, à luz do caso *Saunders; b)* respeita o núcleo essencial do direito à não auto-incriminação, embora com restrições; *c)* essas restrições são possíveis à luz das diferenças entre processo contra-ordenacional e processo penal; *d)* permite o desenvolvimento da actividade da AdC e a prossecução de um direito fundamental social; e *e)* é sempre possível ao arguido demonstrar significado diferente dos documentos apresentados (direito de audição e defesa) e recorrer para os tribunais (impugnação judicial de plena jurisdição). A Autora (2009: 114) refere-se ao facto de o Tribunal de Comércio seguir, nesta matéria, a jurisprudência comunitária, fazendo questão de realçar que apenas o fez *"após confrontar tal posição com o direito nacional directamente aplicável e com a carta de direitos fundamentais constitucionais aplicáveis ao caso concreto"* e que *"[a]penas concluindo pela sua conformidade, vista à luz das regras nacionais, aplicou a mesma solução".*

também, do alento que nos é oferecido pela jurisprudência comunitária e nacional nesta matéria, reconhecemos que pode não ser fácil de estabelecer, com base nos critérios genéricos que deixámos enunciados, normas seguras de actuação prática.

Cremos contudo que, apesar da inevitável incerteza, podemos tentar concretizar um pouco os contornos da actuação admissível nesta matéria, quer por parte dos suspeitos ou arguidos num processo de contra-ordenação por violação das regras da concorrência, quer por parte da própria AdC.

Fazemo-lo em duas fases: numa primeira, procuraremos centrar a nossa atenção nas declarações prestadas na sequência de pedidos de informações formulados pela AdC, sejam orais ou escritas, deixando para mais tarde a questão relativa aos chamados "documentos pré-constituídos" ou "preexistentes", isto é, aqueles que já existiam antes dos pedidos de informações ou, pelo menos, que existem independentemente destes.

5.1. Prestação de declarações orais ou escritas perante a Autoridade da Concorrência

Assim, tentando aplicar a teoria atrás exposta à prática a seguir no âmbito de processos de contra-ordenação por violação de regras de defesa da concorrência, parece-nos que podemos assentar, no que respeita a declarações orais ou escritas, no seguinte princípio de actuação: *sob pena de violação do núcleo essencial do princípio* nemo tenetur, *a Autoridade da Concorrência não pode usar como meios de prova declarações que tenham sido prestadas sob coerção e que sejam auto-incriminatórias.*

Uma declaração "auto-incriminatória" neste contexto é, na senda do que já atrás afirmámos, aquela através da qual o declarante admite directa e expressamente a sua participação na infracção, através da qual "confessa" essa sua participação.

Ir mais longe do que isto, considerando que é auto-incriminatória qualquer declaração que possa ser usada como meio de prova, dessa forma contribuindo para a condenação do arguido, não nos parece compatível com o dever de colaboração que àquele cabe ao abrigo dos dispositivos legais já referidos.

A única forma possível de, quanto a nós, salvaguardar simultaneamente o núcleo essencial da prerrogativa de não auto-incriminação e o efeito útil daqueles deveres de colaboração consiste em limitar o conceito de "declarações auto-incriminatórias" àquelas *declarações que, por si só, isoladamente (isto é, independentemente de outras provas) e sem valorações (ou seja, sem margem para interpretações sobre o seu significado) sejam equivalentes à admissão da participação na infracção e como tal sejam suficientes para a prova da infracção.*[82]

Se, por um lado, levar o dever de colaboração tão longe que obrigue uma empresa a directamente admitir a sua participação na infracção violaria certamente o núcleo essencial do direito ao silêncio, por outro, permitir que um arguido se recuse a prestar qualquer tipo de informação sob o pretexto de esta poder vir a ser utilizada para a prova, ainda que por via indirecta, em conjugação com outros meios de prova e sujeita ao juízo de apreciação da autoridade da concorrência em causa, da infracção contra si retiraria qualquer sentido útil aos mencionados deveres de colaboração e comprometeria irremediavelmente a actividade daquela autoridade.

Para que esta admissão ou "confissão" não violente o direito do suspeito ou do arguido ao silêncio, a mesma deve ser feita voluntariamente. Qualquer pessoa, no uso da sua autonomia, pode auto-incriminar-se sem que daí advenha qualquer violação do direito ao silêncio[83], desde que o faça de forma inteiramente livre e esclarecida.[84] A partir do momento em que essa consciência e liberdade existem, a questão do direito ao silêncio deixa de se colocar.

Estabelecido que um arguido não pode ser coagido a admitir de uma forma expressa e directa a sua participação numa infracção sob pena de violação do princípio *nemo tenetur*, a questão que se coloca é a de saber se se devem entender as respostas aos pedidos de informações formuladas pela AdC como sendo dadas sob coerção para efeitos da delimitação daquele princípio neste contexto. No fundo, trata-se de saber se a cominação legal constante nas alíneas *a)* e *b)* do n.º 3 do artigo 43.º da LdC para a não prestação de informações ou a não entrega de documentos na sequência de pedido feito pela AdC é considerada uma forma de coerção para este efeito.

Entendemos que sim. De facto, sendo "*a não prestação ou a prestação de informações falsas, inexactas ou incompletas*" em resposta a um pedido de infor-

---

82 Giannakopoulos (2004: 104) distingue entre *factos primários* e *factos qualificados*, sendo estes os que exigem que a empresa qualifique a sua posição no que respeita à aplicação das regras de concorrência, podendo as empresas, segundo o Autor, ser questionadas sobre os primeiros, mas já não sobre os segundos.

83 Willis (2001: 321), na análise que faz à jurisprudência comunitária sobre direito ao silêncio, chama precisamente a atenção para o facto de esta jurisprudência não se aplicar a informação fornecida voluntariamente ou em resposta a pedidos de informação não obrigatórios.

84 Nesse sentido, Juiz Walsh, em opinião no âmbito do caso *Saunders v. Reino Unido*, decisão do TEDH de 17 de Dezembro de 1996, Relatórios 1996-VI: "As pessoas são sempre livres de se auto-incriminarem se, ao fazê-lo, estiverem a exercer a sua própria vontade." Tradução nossa do original em inglês: "*Persons are always free to incriminate themselves if in doing so they are exercising their own will.*".

mações formulado pela AdC cominada com uma coima, não se pode dizer que haja uma colaboração voluntária, totalmente livre, por parte do respondente. E é no facto de uma declaração não ser voluntária, no sentido de livre de qualquer pressão externa, que reside um dos elementos fundamentais do núcleo essencial do direito à não auto-incriminação.

Já não haverá, repetimo-lo, qualquer violação do direito ao silêncio se a declaração auto-incriminatória for prestada de forma livre e esclarecida. Se a liberdade (na dignidade) é o que se pretende salvaguardar com o direito ao silêncio, a actuação deste deixa de ser necessária sempre que essa liberdade está assegurada.

Isto leva-nos a questionar o seguinte: se, apesar da cominação legal, o declarante estiver totalmente esclarecido sobre todas as consequências (positivas e negativas) das suas declarações e decidir livremente prestá-las, pode considerar-se que deixou de estar sob coerção, porque emitiu uma declaração ao abrigo de uma vontade esclarecida? Parece-nos que sim. Se, apesar da cominação legal, o arguido no processo estiver esclarecido quanto ao objecto desse processo[85], quanto à existência do direito que lhe assiste de não se auto-incriminar e quanto às consequências de uma eventual colaboração da sua parte, não vemos como se possa continuar a considerar que a informação foi prestada sob coerção. De outra forma, estaria sempre vedada ao arguido a possibilidade de colaborar com a AdC na descoberta da verdade, o que retiraria utilidade ao critério de determinação da medida da coima constante da al. *e)* do artigo 44.º da LdC e aniquilaria o objectivo último do próprio dever de colaboração.

Para que estas condições se verifiquem, contudo, é necessário que a AdC, sempre que formule um pedido de informações, seja oralmente seja por escrito, forneça ao suspeito ou arguido todos os elementos necessários à formação de uma vontade esclarecida e livre, o que equivale, no nosso entender, a informá-lo sobre o tipo de infracção em causa no processo e os elementos essenciais deste, sobre o direito que lhe é reconhecido à não auto-incrimina-

---

85 Em Espanha, o *Tribunal de Defensa de la Competencia* (TDC) concluiu que os arguidos em processos nacionais por infracções às regras da concorrência têm o direito a conhecer o essencial das queixas apresentadas contra si logo que sejam solicitadas a prestar informações no âmbito do respectivo processo. Ver Montesa Lloreda & Givaja Sanz, 2007.

ção[86], e sobre as consequências legais, quer da ausência ou insuficiência da sua resposta quer da sua colaboração activa.

Concluindo: não há violação do direito ao silêncio se a AdC utilizar como meio de prova informações ou documentos que tenham sido prestadas voluntariamente, isto é, de forma livre esclarecida.

Por outro lado, não existe igualmente violação do direito ao silêncio sempre que a empresa ou pessoa em causa negue os factos que são objecto das perguntas da AdC ou se recuse a responder. Neste último caso, a AdC pode assumir uma de duas atitudes: ou aceita a recusa atendendo aos motivos invocados, e a questão do direito ao silêncio cessa, ou não aceita e aplica uma coima ao abrigo do artigo 43.º, n.º 3, al. *b)*, da LdC, caso em que o arguido pode recorrer judicialmente invocando o direito ao silêncio, que funcionará como causa de exclusão da ilicitude da recusa de resposta, a ser apreciada pelo Tribunal. [87]

Por fim, cumpre assinalar que uma eventual violação do direito ao silêncio apenas se coloca se a AdC *utilizar como meios de prova* as informações que tenham sido obtidas em resposta a um seu pedido de elementos e que revistam uma natureza auto-incriminatória. Ou seja, a aferição dessa violação não pode ser feita no momento em que a informação é solicitada ou obtida, pois apenas a sua utilização não devida pode constituir violação daquele direito. Assim, se a AdC obtiver, por via de um arguido, informações cuja utilização no âmbito do processo pudesse ser considerada uma violação do direito ao silêncio, essa violação não se verificará se essa utilização não acontecer.

Tal não significa, contudo, que as perguntas ou os pedidos da AdC não obedeçam a determinados limites e não devam cumprir certas regras. Desde logo, devem cumprir o disposto no artigo 18.º da LdC. Designadamente, e entre outros requisitos, devem indicar a base jurídica e o objectivo do pedido, o que, quanto nós, permite desde logo traçar alguns limites desse mesmo pedido. Assim, a AdC não deve fazer perguntas que extravasem do âmbito

---

86 Cf. Livro Verde "A presunção de inocência" da Comissão das Comunidades Europeias, COM(2006) 174 final, 26/04/2006, p. 8, no qual é afirmado que *"para garantir o direito ao silêncio, é importante que o arguido seja informado do mesmo."* Cf. também Silva Dias & Costa Ramos, 2009: 76.

87 No acórdão *PVC* (acórdão do TJCE de 15.10.2002, Limburgse Vinyl Maatschappij NV (LVM) (C-238/99 P), DSM NV e DSM Kunststoffen BV (C-244/99 P), Montedison SpA (C-245/99 P), Elf Atochem SA (C-247/99 P), Degussa AG (C-250/99 P), Enichem SpA (C-251/99 P), Wacker-Chemie GmbH e Hoechst AG (C-252/99 P) e Imperial Chemical Industries plc (ICI) (C-254/99 P) vs. Comissão), o TJCE considerou que determinadas perguntas feitas pela Comissão sofriam de ilegalidades, mas, tendo as empresas recusado responder às mesmas ou negado os factos sobre as quais eram questionadas, a ilegalidade das perguntas não implicava qualquer consequência para a legalidade da decisão (§ 282).

definido por aqueles elementos, devendo igualmente evitar perguntas demasiado vagas ou imprecisas, susceptíveis de conduzir a respostas que se venham a situar fora do mesmo ou de ser encaradas como fazendo parte de uma estratégia de *"fishing expedition"*. De igual modo, princípios gerais como a boa fé processual e o respeito por um processo justo e equitativo impedem que a AdC formule questões ardilosas ou que induzam a uma confissão que não possa vir a ser considerada voluntária.

Em todo o caso, repita-se, a eventual ilegalidade de uma pergunta ou de um pedido nos termos expostos não implicará violação do direito ao silêncio e, nessa medida, não provocará nulidades ao nível da prova se as informações ou documentos obtidos através dos mesmos não vierem a ser utilizados como meio de prova no âmbito do processo em causa.

Na prática, tudo o que foi dito tem uma consequência importante: *ainda que prestadas sob a cominação de uma coima, a utilização num processo de contra-ordenação de declarações auto-incriminatórias prestadas pelo arguido não constitui violação do direito ao silêncio se as questões colocadas pela AdC cumprirem os requisitos previstos no artigo 18.º da LdC, forem devidamente acompanhadas de todos os elementos necessários à formação de uma vontade perfeitamente livre e esclarecida e não violarem, pela forma como foram formuladas, os princípios da boa fé processual e do processo justo e equitativo.*

5.2. Entrega de documentos pré-constituídos

Depois de analisados todos os elementos referenciados, resta uma outra questão: trata-se de saber se o direito à não auto-incriminação no âmbito das infracções anticoncorrenciais (com o sentido e alcance atrás referidos) abrange ou não a entrega de *documentos pré-constituídos* (ou *preexistentes*).

Em termos gerais, isto é, no âmbito do processo penal, o entendimento generalizado é o de que o princípio à não auto-incriminação ou o direito ao silêncio (dependendo da abordagem de cada Autor) abrange a entrega de documentos, sem distinção relativamente à sua natureza ou ao momento da sua constituição.[88]

A questão ganha, contudo, contornos diferentes quando colocada no contexto de procedimentos de contra-ordenação por infracções anti-concorrenciais.

---

88 Nesse sentido, Costa Ramos, 2006: 133. Ver ainda Sá, 2006: 136 e Silva Dias & Costa Ramos, 2009: 76.

Vimos já que o acórdão *Orkem* refere, a este propósito, que "*a Comissão tem o direito de obrigar a empresa a fornecer tod*[*o*]*s* [...] *os documentos correlativos que estejam na sua posse, mesmo que estes possam servir, em relação a ela ou a outra empresa, para comprovar a existência de um comportamento anticoncorrencial*".[89]

Este acórdão tem sido interpretado no sentido de excluir do direito à não auto-incriminação a entrega de documentos pré-constituídos.[90] Isto é, seja qual for o teor de um documento, a sua apresentação é sempre obrigatória quando solicitada pela Comissão.

É essa também a posição assumida no acórdão *Mannesmannröhren-Werke* que, como vimos, adere integralmente à jurisprudência *Orkem* e onde, recorde-se, é feita uma referência expressa a "*documentos preexistentes*", cuja apresentação à Comissão é obrigatória.

Bem elucidativo também sobre a posição do TJCE relativamente à obrigatoriedade de entrega de documentos é um acórdão mais recente, *SGL Carbon* (2006)[91], em que o TJCE afirma claramente que, quanto à "*apresentação de documentos que se encontrem na posse de uma empresa objecto de um inquérito*", "*a empresa em causa deve* [...], *se a Comissão o pedir, fornecer-lhe os referidos documentos relacionados com o objecto do inquérito, mesmo podendo estes elementos ser utilizados pela Comissão a fim de estabelecer a existência de uma infracção*", relembrando que essa mesma empresa sempre pode, no âmbito do procedimento administrativo ou de eventual recurso judicial, sustentar que os documentos apresentados têm um significado diferente do que lhes foi dado pela Comissão.

A exclusão do âmbito do direito à não auto-incriminação da entrega de qualquer tipo de documento pré-constituído, aparentemente aceite sem reservas pela jurisprudência comunitária e nacional, tem sido alvo de contestação por parte de vários Autores, que a consideram, designadamente, contrária à jurisprudência do TEDH.

Essa exclusão, se entendida como incondicional, também nos suscita algumas dificuldades – as dificuldades que não sentimos com a exclusão de declarações escritas ou orais não directamente auto-incriminatórias.

---

89 § 34.

90 Cf., por exemplo, Wils, 2003: 10 ("*documentos na posse das empresas*") e Giannakopoulos, 2004: 105 ("*documentos já existentes*").

91 Acórdão do TJCE de 29.06.2006, Comissão vs. *SGL Carbon* AG, Processo C 301/04P.

A razão dessa reserva não reside, contudo, no facto de considerarmos que isso contraria a jurisprudência do TEDH relativa ao direito à não auto-incriminação. Por um lado, porque sentimos alguma dificuldade em extrair desta jurisprudência lições claras – as decisões deste Tribunal apresentam um teor bastante vago, pouco sustentado dogmaticamente[92] e com um pendor casuístico tão acentuado que dificilmente das mesmas se podem retirar posições de carácter genérico nesta matéria.[93] Por outro lado, trata-se de uma jurisprudência que se tem debruçado, sempre, sobre casos envolvendo pessoas singulares, a maioria dos quais no âmbito daquilo a que, no nosso ordenamento jurídico, enquadraríamos no processo penal.

Assim, embora concordemos genericamente com o estado actual da jurisprudência comunitária e nacional sobre esta matéria[94], que consideramos ser a forma possível de se operar a concordância entre o dever de colaboração dos arguidos em processos por infracção às regras de defesa da concorrência e os respectivos direitos de defesa, nomeadamente decorrentes do princípio *nemo tenetur*[95], parece-nos que, no que respeita, entre outras, à questão da exclusão, pelo âmbito de aplicação daquele princípio, de todos os documentos pré-constituídos, a mesma merece alguma reflexão adicional.

Essa reflexão deve, mais uma vez, ter em conta as especificidades do Direito da concorrência e a necessidade de garantir o efeito útil dos poderes de investigação atribuídos à AdC, por um lado, e a exigência de salvaguarda do núcleo essencial do direito de não entregar meios de prova, por outro.

O facto de a AdC poder efectuar buscas nas instalações das empresas arguidas e através das mesmas apreender os documentos que procura não

---

92 Veja-se, a propósito, o comentário de Ward & Gardner (2003: 389), a propósito da jurisprudência do TEDH nesta matéria: "[m]as, infelizmente, apesar da importância central deste direito, muita da argumentação do Tribunal nesta área é, no mínimo, obscura. Daí resulta um direito cuja importância não está em causa mas cujos limites são muito incertos." Tradução nossa do original em inglês: *"But regrettably, despite the central importance if this composite right, much of the reasoning of the Court in this area is obscure at best. The result is a right, the importance of which is not in doubt, but the limits of which are most uncertain.".*

93 Consultar, a este propósito, o artigo "As garantias de defesa no processo sancionatório especial por práticas restritivas da concorrência confrontadas com a jurisprudência do Tribunal Europeu dos Direitos do Homem", de Paulo de Sousa Mendes, neste Dossier Temático.

94 Aparentemente em sentido contrário, Costa Ramos, 2009.

95 Nesse sentido, ver Guerrin (2003: 103), que afirma justamente que a jurisprudência do TJCE e do TPI sobre o direito ao silêncio é *"uma jurisprudência muito complexa que tenta conciliar duas situações aparentemente irreconciliáveis: o direito de uma empresa não reconhecer a infracção e a obrigação de colaborar na descoberta da verdade".* Tradução nossa do original em francês: *"un jurisprudence d'autant plus complexe qu'elle tente de concilier deux approaches apparemment irréconciliables: le droit pour une enterprise de ne pas reconnaître une infraction et l'óbligation de collaborer à la manifestation de la vérité".*

pode deixar de ser relevante nesta matéria, tendo vindo a ser utilizado como argumento a favor da tese da exclusão da entrega de documentos do âmbito do princípio *nemo tenetur* no âmbito do Direito da concorrência.

É certo que nas buscas não se exige qualquer tipo de cooperação das empresas visadas, o que, naturalmente, afasta a aplicabilidade da prerrogativa de não auto-incriminação. Contudo, não pode também deixar de ser considerado "*paradoxal que o uso destes poderes de investigação não implique a violação de direitos humanos, enquanto um pedido de colaboração para obtenção dos mesmos meios de prova já possa implicar*", sobretudo porque se trata, este, de um método menos oneroso.[96] É por esta razão que Autores como Stessens (2003: 54) defendem que a obrigação de produzir documentos apenas deve ser considerada contrária aos requisitos de um processo justo quando o resultado deste dever de cooperação supere o resultado da aplicação das medidas coercivas alternativas que a pessoa em causa teria que suportar.

Este é um argumento forte. No entanto, também nos parece difícil de defender uma exclusão absoluta da entrega de qualquer tipo de documento do âmbito do direito à não auto-incriminação, ou, dito de outra forma, advogar uma obrigatoriedade incondicional de entrega de documentos para instrução de processos de contra-ordenação por infracções anticoncorrenciais.

Cremos que a jurisprudência, quer nacional quer comunitária, ainda se encontra numa fase relativamente embrionária nesta matéria, sendo provável que uma futura maturação, resultado porventura da apreciação de novos casos que forem surgindo, venha a motivar um aprofundamento da reflexão e a originar resultados mais apurados, nomeadamente no que respeita à inclusão, no âmbito de protecção do princípio *nemo tenetur*, de qualquer tipo de documento preexistente. Seria importante afinar os critérios dessa inclusão, uma vez que intuímos que pelo menos algumas categorias de entre esse tipo de documentos deveriam ser abrangidas pelo direito de não entrega.

Mais concretamente, parece-nos que, ao menos em tese, deveriam ser incluídos no círculo de protecção daquele princípio, e para salvaguarda do seu núcleo essencial, os documentos preexistentes cuja entrega tenha um efeito equivalente à admissão da infracção.

---

96 Stessens, 1997: 46. Tradução nossa do original em inglês: "*paradoxical that the use of these investigative powers would not entail a human rights violation, while a request for co-operation in order to obtain the very same evidence would*".

BIBLIOGRAFIA

ALEXANDRINO, José de Melo
2007   *Direitos fundamentais – Introdução geral,* Estoril: Principia.

ANDREANGELI, Adrianna
2008   *EU Competition Enforcement and Human Rights,* Cheltenham / Northampton: Edward Elgar.

CANOTILHO, J. J. Gomes
2003   *Direito constitucional e teoria da Constituição,* 7.ª ed., Coimbra: Almedina.
2008a   "Dogmática de direitos fundamentais e Direito privado", in *Estudos sobre direitos fundamentais,* 2.ª ed., Coimbra: Coimbra Editora, pp. 191-215.
2008b   «'Bypass' social e o núcleo essencial de prestações sociais», in *Estudos sobre direitos fundamentais,* 2.ª ed., Coimbra: Coimbra Editora, pp. 243-268.

CANOTILHO, J. J. Gomes & MOREIRA, Vital
2007   *Constituição da República Portuguesa anotada,* vol. I, 4.ª ed., Coimbra: Coimbra Editora.

CARDOSO, José Lucas
2002   *Autoridades administrativas independentes e Constituição,* Coimbra: Coimbra Editora.

COSTA ANDRADE, Manuel da
2006   *Sobre as proibições de prova em processo penal,* reimp., Coimbra: Coimbra Editora.

COSTA PINTO, Frederico da Costa
2000   *A supervisão no novo Código dos Valores Mobiliários,* Lisboa: CMVM.
2009   "Supervisão do mercado, legalidade da prova e direito de defesa em processo de contra-ordenação (parecer), in *Supervisão, direito ao silêncio e legalidade da prova,* Coimbra: Almedina, pp. 63-125.

COSTA RAMOS, Vânia
2006   "*Corpus Juris 2000* – Imposição ao arguido de entrega de documentos para prova e *nemo tenetur se ipsum accusare,* Parte I", in *Revista do Ministério Público* n.º 108 – Out/Dez, pp. 125-149.
2009   "O direito à não auto-incriminação do domínio da concorrência – Acórdão do Tribunal da Relação de Lisboa de 25 de Novembro de 2008 /Proc. N.º 6057/08-5, 5.ª Secção", in *Boletim Informativo do IDPCC da FDUL,* ano I – Edição Dupla – n.ºs 2 e 3, Março/Abril e Maio/Junho, disponível em http://www.fd.ul.pt/LinkClick.aspx?fileticket=a0lqsr3GDe4%3D&tabid=622 [consultado em 28.12.09].

Dennis, Ian
1995 "Instrumental Protection, Human Right or Functional Necessity? Reassesseing the Privilege against Self-Incrimination", in *Cambridge Law Journal*, 54 (2), Julho, pp. 342-376.
Ferreira, João E. Pinto
2006 "Contributos para um enquadramento da evolução das leis de defesa da concorrência em Portugal", in Soares, António Goucha & Marques, Maria Manuel Leitão (org.), *Concorrência – Estudos*, Coimbra: Almedina, pp. 203-236.
Figueiredo Dias, Jorge de
1992 "Sobre os sujeitos processuais no novo Código Penal", in *O novo Código de Processo Penal, Jornadas de Direito processual penal*, Centro de Estudos Judiciários (org.), Coimbra: Almedina, pp. 1-34.
Figueiredo Dias, Jorge de & Costa Andrade, Manuel da
2009 "Poderes de supervisão, direito ao silêncio e provas proibidas (parecer)", in *Supervisão, direito ao silêncio e legalidade da prova*, Coimbra: Almedina, pp. 11-61.
Giannakopoulos, Themistoklis K.
2004 *Safeguarding Companies' Rights in Competition and Anti-Dumping / Anti-Subsidies Proceedings*, The Hague / London / New York: Kluwer Law International.
Guerrin, Maurice
2003 "La libre concurrence à l'épreve des libertés individuelles", in *Droit et societé*, 1, n.º 53, pp. 87-108.
Macculloch, Angus
2006 "The Privilege against Self-incrimination in Competition Investigations: Theoretical Foundations and Practical Implications", in *Legal Studies*, vol. 26, n.º 2, Junho, pp. 211-237.
Marques, Maria Manuel Leitão
2002 *Um curso de Direito da concorrência*, CEDIPRE – Direito Público e Regulação 3 (org.), Coimbra: Coimbra Editora.
Marques, Maria Manuel Leitão & Moreira, Vital
2003 "Economia de mercado e regulação", in *A mão visível – Mercado e regulação*, Coimbra: Almedina, pp. 13-15.
Mateus, Abel
2006 "Sobre os fundamentos do Direito e Economia da concorrência", in *Revista da Ordem dos Advogados*, ano 66, III, Dezembro, pp. 1067-1099.

MENDES PEREIRA, Miguel
2009   *Lei da Concorrência anotada*, Coimbra: Coimbra Editora.
ROQUE, Ana
2004   *Regulação do mercado – Novas tendências*, Lisboa: Quid Juris.
MIRANDA, Jorge
2000   *Manual de Direito constitucional, tomo IV – Direitos fundamentais*, 3.ª ed., Coimbra: Coimbra Editora.
MONCADA, Luís Cabral de
2007   *Direito económico*, 5.ª ed., Coimbra: Coimbra Editora.
MONTESA LLOREDA, Aitor & GIVAJA SANZ, Angel
2007   "The Spanish Competition Authority enhances the procedural rights of the defendants in national antitrust procedures (Banco Santander/Cheques comida)", in *e-Competitions* n.º 13727, Março, pp. 1-3.
MOURA E SILVA, Miguel
2008   *Direito da concorrência – Uma introdução jurisprudencial*, Coimbra: Almedina.
NABAIS, José Casalta
2007   "Os direitos fundamentais na jurisprudência do Tribunal Constitucional", in *Por uma liberdade com responsabilidade – Estudos sobre direitos e deveres fundamentais*, Coimbra: Coimbra Editora, pp. 9-60.
PALMA, Maria Fernanda
1994   "A constitucionalidade do artigo 342.º do Código de Processo Penal (O direito ao silêncio do arguido)", in *Revista do Ministério Público*, n.º 60, Outubro/Dezembro, pp. 101-110.
2008/2009 "O direito à não auto-incriminação", in *Boletim Informativo do IDPCC da FDUL*, ano I, n.º 1, Dez. / Jan., disponível em http://www.fd.ul.pt/LinkClick.aspx?fileticket=d9%2BqYZXWhyU%3D&tabid=622 [consultado em 28.12.09].
PAZ FERREIRA, Eduardo
2002   *Direito da economia*, Lisboa: AAFDL.
PEGO, José Paulo Fernandes Mariano
2001   *A posição dominante relativa no Direito da concorrência*, Coimbra: Almedina.
REIS NOVAIS, José
2003   *As restrições aos direitos fundamentais não expressamente autorizadas pela Constituição*, Coimbra: Coimbra Editora.
REIS SILVA, Maria de Fátima
2007   "O direito à não auto-incriminação", in *Sub Judice*, 40, pp. 59-74.

2009 "Um olhar 'comercial' sobre o direito contra-contraordenacional", in *Julgar*, n.º 2, Maio-Agosto, pp. 101-117.

Sá, Liliana da Silva
2006 "O dever de cooperação do contribuinte *versus* o direito à não auto-incriminação", in *Revista do Ministério Público*, n.º 107 – Julho/Setembro, pp. 121-163.

Santos, António Carlos dos, Gonçalves, Maria Eduarda & Marques, Maria Manuel Leitão
2004 *Direito económico*, 5.ª ed., Coimbra: Almedina.

Schwarze, Jürgen, Bechtold, Rainer & Bosch, Wolfgang
2008 *Deficiencies in European Community Competition Law – Critical Analysis of the Current Practice and Proposals for Change*, Estugarda: Gleiss Lutz Rechts Anwälte, Setembro.

Silva Dias, Augusto & Costa Ramos, Vânia
2009 *O direito à não auto-inculpação (nemo tenetur se ipsum accusare) no processo penal e contra-ordenacional português*, Coimbra: Coimbra Editora.

Simas Santos, M. & Leal-Henriques, M.
2004 *Código de Processo Penal anotado*, Vol. I, 2.ª ed., Lisboa: Rei dos Livros.

Sousa Franco, António
1982/1983 *Noções de Direito da Economia*, vol. I, reimp., Lisboa: AAFDL.

Sousa Mendes, Paulo de
2009a "O procedimento sancionatório especial por infracções às regras de concorrência" in Palma, Maria Fernanda, Silva Dias, Augusto & Sousa Mendes, Paulo de (org.), *Direito sancionatório das autoridades reguladoras*, Coimbra: Coimbra Editora, pp. 209-224.

2009b "O procedimento sancionatório especial por infracções às regras de concorrência", in *Regulação em Portugal: novos tempos, novo modelo?*, Paz Ferreira, Eduardo, Morais, Luís Silva & Anastácio, Gonçalo, Coimbra: Almedina, pp. 705-718.

2009c "O dever de colaboração e as garantias de defesa no processo sancionatório especial por práticas restritivas da concorrência", in *Julgar*, 9, pp. 11-27.

Stessens, Guy
1997 "The Obligation to Produce Documents Versus the Privilege Against Self-incrimination: Human Rights Protection Extended Too Far?", in *European Law Review*, 22, Checklist No. 1, pp. 45-62.

Teixeira, Carlos Adérito
2009   "Questões processuais da responsabilidade das pessoas colectivas no domínio do direito sancionatório da regulação", in Palma, Maria Fernanda, Silva Dias, Augusto & Sousa Mendes, Paulo de (org.), *Direito sancionatório das autoridades reguladoras*, Coimbra: Coimbra Editora, pp. 107-137.

Vieira De Andrade, José Carlos
2009   *Os Direitos fundamentais na Constituição Portuguesa de 1976*, 4.ª ed., Coimbra: Almedina.

Ward, Tim & Gardner, Piers
2003   "The Privilege Against Self-Incrimination: In Search of Legal Certainty", in *European Human Rights Law Review*, 4, pp. 388-399.

Willis, Peter R.
2001   «'You Have the Right to Remain Silent…' or do you? The Privilege Against Self-incrimination Following Mannesmannröhren-Werke and Other Recent Decisions», in *European Competition Law R*eview, Issue 8, pp. 313-321.

Wils, Wouter
2003   "Self-incrimination in EC Antitrust Enforcement – A Legal and Economic Analysis", in *World Competition*, vol. 26, n.º 4, também disponível em http://ssrn.com/abstract=1319248 [consultado em 28.12.09].

O DIREITO À NÃO AUTO-INCULPAÇÃO NO ÂMBITO DAS CONTRA-ORDENAÇÕES DO CÓDIGO DOS VALORES MOBILIÁRIOS[1]

Augusto Silva Dias[2]

ABSTRACT: *The following paper intends to determine the scope of the* nemo tenetur se ipsum accusare *principle in regulatory offences proceedings, especially in areas where operators are bound by cooperation duties towards state agencies with supervisory and sanctioning powers. Due to argument unity reasons the paper focuses on the regulatory offences proceedings related to the securities and exchanges market. In broad terms, the position advocated in the paper concludes that those cooperation duties cannot be characterized as restrictions to the* nemo tenetur *principle and that article 32, 10, of the Portuguese Constitution does not allow a complete sacrifice of that principle when conflicts between the collaboration duties and* nemo tenetur *arise.*

SUMÁRIO: 1. As questões do tema. 2. O princípio *nemo tenetur se ipsum accusare* no Direito português. 2.1. Origem histórica e relevância constitucional do princípio. 2.2. Alcance normativo, temporal e material do princípio. 3. Alcance do princípio *nemo tenetur se ipsum accusare* no âmbito das contra-ordenações do mercado dos valores mobiliários. 4. Consequências jurídicas da aniquilação do direito à não auto-inculpação na situação concreta.

1. AS QUESTÕES DO TEMA

1.1. O tema de que aqui nos ocupamos não é exclusivo do processo contra-ordenacional e menos ainda do processo de contra-ordenações na área do

---

[1] Exceptuando uma nota de homenagem pessoal, o presente estudo corresponde na íntegra ao que apresentámos para publicação nos Estudos em Homenagem ao Professor Sérvulo Correia.

[2] *Professor Associado da Faculdade de Direito da Universidade de Lisboa.*

mercado dos valores mobiliários. Na verdade, a relevância do tema estende-se ao processo penal, que é, em bom rigor, o seu lugar originário, e a outros domínios do processo contra-ordenacional, mais precisamente aqueles em que os particulares estão sujeitos a deveres de cooperação ou colaboração com autoridades administrativas que dispõem, de forma concentrada, de competências de fiscalização, de supervisão e de punição de comportamentos. A opção pelo seu tratamento no âmbito das contra-ordenações do mercado dos valores mobiliários louva-se num par de razões que passo a expor.

Por um lado, na constatação de que o universo das contra-ordenações é hoje demasiado complexo e diferenciado para que se possa tratar um tema de forma transversal ao conjunto. À diversidade de regimes jurídicos, que excepcionam amiúde o Regime Geral, regulado no DL n.º 433/82 e suas revisões posteriores (citado doravante como RGIMOS), juntou-se mais recentemente a diversidade de Regimes Gerais, de leis-quadro, para determinados sectores, de que são amostra eloquente a Lei-quadro das contra-ordenações ambientais (Lei n.º 50/2006 de 29 de Agosto) e a Lei-quadro das contra-ordenações do sector das comunicações (Lei n.º 99/2009 de 4 de Setembro). Verifica-se, deste modo, uma tendência acentuada para a fragmentação e atomização do Direito das contra-ordenações, com manifesta perda da função central (de única lei-quadro) do RGIMOS, cujo papel é cada vez mais subsidiário. Uma tal atomização dificulta ou impede mesmo que o sentido de unidade que preside ao labor dogmático possa ser encontrado fora da lógica auto-referencial de cada sector das contra-ordenações.

Por outro lado, há no Direito das contra-ordenações actual sectores que em matéria de significado e gravidade do ilícito e das sanções aplicáveis distam sobremaneira das contra-ordenações «clássicas», herdeiras das antigas contravenções, que constituíram a matriz de referência dos primeiros ensaios doutrinais e legislativos sobre o tema entre nós. Assiste-se desde meados da década de 80 do século passado a esta parte ao surgimento de uma nova espécie de contra-ordenações que são típicas de uma economia de mercado desenvolvida, que encerram um elevado grau de disfuncionalidade, isto é, representam comportamentos altamente perturbadores de subsistemas sociais e económicos, e que são sancionadas com coimas de valores impressionantes e sanções acessórias que pouco ou nada se diferenciam das penas acessórias. As contra-ordenações do mercado dos valores mobiliários são exemplo expressivo disso mesmo. As coimas aplicáveis às contra-ordenações graves e muito graves podem atingir respectivamente os 1.250.000,00 e os 2.500.000,00 de euros (art. 388.º, n.º 1, do Código dos Valores Mobiliários, designado doravante por CVM), valores que ultrapassam em muito os limites máximos que podem alcançar as penas de multa aplicáveis aos crimes de mercado. As sanções acessórias das coimas, por seu turno, coincidem com as penas acessórias não só na matéria mas também na duração. Basta confrontar as als. *a)* e *b)* do art. 380.º com as als. *b)*, *c)* e *d)* do n.º 1 e o n.º 2 do art. 404.º do CVM para concluir deste modo. Esta realidade social e normativa levou já alguns Autores[3] a propor uma diferenciação de regimes jurídicos entre estas contra-ordenações «modernas» e as contra-ordenações «clássicas», valendo para as primeiras um regime mais rigoroso e garantista que compense de alguma forma a severidade punitiva que evidenciam. Seja como for, estamos perante outro obstáculo sério a um pensamento unitário no quadro das contra-ordenações, que impõe à doutrina uma certa sectorialização da análise dogmática.

1.2. A estas razões, atinentes ao objecto, acresce uma outra, de ordem doutrinal, que faz pender a nossa escolha para o campo das contra-ordenações do mercado dos valores mobiliários. Referimo-nos à recente publicação de dois pareceres, um de Jorge Figueiredo Dias e de Manuel da Costa Andrade e o outro de Frederico da Costa Pinto, que se debruçam sobre o tema precisamente neste domínio[4]. A elevada qualidade dos estudos e o prestígio científico dos seus Autores tornam a referida publicação um ponto de referência incontornável da discussão sobre o sentido e alcance do direito à não auto-inculpação ou da garantia *nemo tenetur se ipsum accusare* no campo das contra-ordenações do mercado de valores mobiliários. E não só. Estamos convictos de que a doutrina daqueles estudos valerá em muitos aspectos, com as devidas adaptações, para outros domínios das contra-ordenações «modernas», designadamente daquelas cujo procedimento e punição são da competência de autoridades administrativas com poderes de regulação e supervisão de actividades económicas, como é o caso da Autoridade da Concorrência e do Instituto dos Seguros de Portugal. Esta convicção está reflectida num

---

3 V. neste sentido Costa Pinto (2009b: 686 ss.), comungamos da intuição do Autor de que o sector do ordenamento jurídico composto por aquilo que apelidamos de contra-ordenações «modernas» constitui uma realidade jurídica mais próxima do *Interventionsrecht*, propugnado por Naucke e Hassemer, do que da matriz originária do Direito de Mera ordenação Social; sobre este ponto, v. também Sousa Mendes (2009a: 224).

4 Apesar de se tratar de dois estudos distintos, com títulos diferentes, passaremos a citá-los, por comodidade de exposição, pelo título geral do livro *Supervisão, direito ao silêncio e legalidade da prova*, ed. Almedina, 2009.

estudo nosso⁵, também recente, sobre o direito à não auto-inculpação sobretudo nos crimes tributários, cujas conclusões procuramos demonstrar serem válidas *mutatis mutandis* para o âmbito das contra-ordenações tributárias, das contra-ordenações do mercado dos valores mobiliários e das contra-ordenações da concorrência. Este pequeno mas significativo acervo doutrinal e o rico debate que propicia contribui também para que centremos a atenção nas contra-ordenações do mercado dos valores mobiliários, deixando aqui em aberto a demonstração da possibilidade de aplicação àqueles outros domínios dos resultados a que chegarmos.

1.3. Uma consulta ao sítio da Comissão do Mercado de Valores Mobiliários (doravante, CMVM) na Internet, particularmente ao *item* das decisões condenatórias relativas a contra-ordenações muito graves e ao da confirmação, alteração ou revogação pelos tribunais de decisões condenatórias da Comissão, revela que esta entidade pública, legalmente dotada de poderes de regulação, supervisão e sancionatórios⁶, usa por vezes estes poderes e as competências que os explicitam solicitando aos agentes de mercado supervisionados, sobre os quais recaem suspeitas da prática de contra-ordenações, documentação e informações várias com base nas quais procede à instrução do processo contra-ordenacional e à ulterior aplicação de coimas e sanções acessórias. O caso que subjaz aos pareceres acima referidos ilustra bem esta prática.

Em traços breves e na parte que nos interessa, o caso pode ser descrito da seguinte forma⁷. No desempenho das suas funções de supervisão, a CMVM tomou conhecimento de que a empresa X terá cometido as contra-ordenações previstas no n.º 1 do art. 397.º e na al. *b)* do art. 398.º, ambos do CVM. Em 21 de Agosto de 2003, o Conselho Directivo daquela instituição deliberou que se procedesse ao apuramento da eventual responsabilidade contra-ordenacional da empresa. Em 24 de Outubro de 2003, 8 de Março de 2005 e 9 de Maio de 2005, a CMVM pediu elementos e esclarecimentos à visada no âmbito do exercício da supervisão. Em 23 de Junho de 2005, a CMVM deduziu «acusação» contra a empresa e notificou-a dessa decisão. A fase administrativa deste processo terminou com a condenação da arguida numa coima única de 60.000,00 euros pela realização das contra-ordenações mencionadas. O Tribunal de Pequena Instância Criminal de Lisboa, junto do qual

---

5 V. Silva Dias & Costa Ramos (2009).

6 Sobre as diferenças entre estes tipos de poderes, v. Costa Pinto (2009a: 77 ss.).

7 Valemo-nos na descrição do caso do relato efectuado por Figueiredo Dias & Costa Andrade (2009: 13 ss.).

a empresa impugnou a decisão condenatória da CMVM, considerou provado que a condenação assentou de forma decisiva em documentos e informações prestados pela arguida e que esta só tomou conhecimento de que recaíam sobre si suspeitas da prática das infracções aquando do recebimento da nota de ilicitude ou, como sói dizer-se, da «acusação». O Tribunal de Pequena Instância absolveu a arguida sustentando que os documentos e informações obtidos pela CMVM daquela forma não podiam valer como prova no processo de contra-ordenação por se oporem a tal os princípios da presunção de inocência, do *in dubio pro reo*, o direito ao silêncio e a natureza enganosa da prova obtida, que impedia a sua valoração e utilização no processo. Inconformada com esta decisão a CMVM recorreu para o Tribunal da Relação de Lisboa, cujo Acórdão de 30 de Outubro de 2008 deu provimento ao recurso e anulou a sentença do Tribunal de Pequena Instância[8].

Em suma, a CMVM nunca informou a empresa X, de forma expressa ou tácita, de que contra ela corria um processo contra-ordenacional, de que era arguida ou suspeita da prática daquelas infracções, ou sequer de que estava a ser investigada com vista à comprovação dos indícios em que a suspeita se fundava. Em vez disso, a Comissão continuou, inabalável, a exercer os seus poderes de supervisão, solicitando à empresa, ao longo de dois anos, diversos documentos e informações. A visada, por seu turno, satisfez todos os pedidos de colaboração da Comissão não apenas em cumprimento dos deveres de cooperação que sobre ela impendiam enquanto entidade supervisionada, mas também na convicção de que era alvo de uma normal acção de supervisão.

1.4. As questões que emergem do caso e que se encontram enunciadas em qualquer dos pareceres citados são as seguintes:

1) Os elementos fornecidos pela empresa X após 21 de Agosto de 2003, altura em que a CMVM considera existirem indícios da prática de infracções e decide averiguar a existência de responsabilidades, ao abrigo dos deveres de cooperação, podem ou não ser valorados e utilizados como prova no processo contra-ordenacional e na decisão condenatória que põe termo à sua fase administrativa?

2) Para poder integrar aqueles elementos no processo de contra-ordenação a CMVM não terá antes, quando inicia as diligências probatórias junto da entidade supervisionada, de constituir esta como arguida ou, pelo menos, de

---

8 O sumário desse Acórdão vem transcrito em Figueiredo Dias & Costa Andrade (2009: 8 ss.).

a informar de que está a ser investigada para que possa fazer uso, querendo, da faculdade de requerer a constituição como arguida?

3) Se a decisão condenatória se apoiar decisivamente nos elementos fornecidos pela entidade supervisionada, quando sobre ela já recaíam suspeitas de realização das infracções, ficará inquinada de algum vício? Mais concretamente, pode considerar-se que o silêncio da entidade supervisora acerca da qualidade em que a empresa visada estava a ser investigada consubstancia um meio enganoso de obtenção de prova (art. 126.º, n.ºˢ 1 e 2, al. *a)* do Código de Processo Penal – doravante, CPP – *ex vi* art. 41.º, n.º 1, do RGIMOS)? E a não constituição de arguido em consequência da falta de informação, contamina o processo ou certos actos processuais com alguma espécie de invalidade? Poderá ver-se ainda na actuação da CMVM uma violação dos princípios da presunção de inocência, do processo justo e, sobretudo, de direitos defesa, todos princípios constitucionais previstos nos arts. 20.º, n.º 4, e 32.º, n.ºˢ 2 e 10, da Constituição (doravante, CRP)?

A busca de uma resposta para estas questões orientará as nossas reflexões subsequentes.

2. O PRINCÍPIO *NEMO TENETUR SE IPSUM ACCUSARE* NO DIREITO PORTUGUÊS

2.1. Origem histórica e relevância constitucional do princípio

No seu sentido mais profundo a garantia do *nemo tenetur* visa evitar que o suspeito da prática de uma infracção seja transformado em colaborador involuntário das entidades públicas com competências processuais. Em outros termos, visa impedir que o suspeito seja tratado como mero meio de prova, actuando inclusive contra si próprio, e não como sujeito processual. Convocando a este lugar palavras sábias de Figueiredo Dias (1993: 27 ss.)[9], a prestação do arguido como meio de prova deve ser *«sempre limitada pelo integral respeito pela sua decisão de vontade – tanto no inquérito como na instrução ou no julgamento: só no exercício de uma plena liberdade de vontade pode o arguido decidir se e como deseja tomar posição perante a matéria que constitui objecto do processo».*

---

9 Em sentido idêntico v. Roxin (2007a: 167 ss.); Wohlers (2007: 704), para quem o *nemo tenetur* se escora em última instância na finalidade política de respeitar a personalidade do suspeito.

Trata-se, assim, como é bom de ver, de um princípio estruturante do modelo processual acusatório. Hassemer (2009: 182 ss. e 200)[10] chama-lhe «*a mãe dos direitos de intervenção no processo penal formalizado*». Não por acaso tem a sua origem histórica na tradição anglo-saxónica, mais precisamente no período de transição do modelo inquisitório para o modelo acusatório do processo penal[11]. É muito antigo também o seu aparecimento na história do Direito português. O § 11 do Titulo LIII do Livro III das Ordenações Filipinas[12] consagra uma das suas modalidades, o direito ao silêncio do «réu», mitigando deste modo um processo tipicamente inquisitório. Apoiando-se neste preceito afirmava um século mais tarde Melo Freire (1966: 134)[13] que o «réu» não deve ser constrangido a responder em interrogatório no processo criminal, sob pena de o forçar a cometer perjúrio ou a confessar o crime e, neste caso, a cometer um acto contrário ao instinto humano de autopreservação, e que o silêncio do «réu» deve valer como confissão ou prova[14].

Diferentemente de outras congéneres, como a Constituição espanhola, a brasileira ou a norte-americana (5.ª emenda), a CRP não consagra expressamente a garantia do *nemo tenetur*. Todavia, a doutrina e a jurisprudência nacionais são unânimes em reconhecer que a garantia goza de protecção constitucional implícita[15]. Decorre, mais precisamente, do princípio do processo equitativo (art. 20.º, n.º 4, da CRP), das garantias de defesa (art. 32.º, n.º 1) e da presunção de inocência (art. 32.º, n.º 2) mas também, de forma mediata e fragmentária, dos direitos (substantivos) à integridade pessoal e à

---

10 Os direitos de intervenção a que se refere o Autor são o direito de pedir prova, o direito de defesa e o direito ao silêncio, todos eles estruturantes do modelo processual acusatório.

11 Sobre este ponto, v. Silva Dias & Costa Ramos (2009: 9); Figueiredo Dias & Costa Andrade (2009: 37 ss.).

12 O teor do dito § 11 é o seguinte: «*A sexta cousa que he necessária para o litigante ser obrigado a depor aos artigos, he, que não sejam os artigos criminosos, porque no feito crime não he a parte obrigada a depor aos artigos, que contra elle forem dados; porque sendo constrangido para a elles depor, sempre negaria o crime, de que fosse accusado, e seria causa de cahir em perjúrio, por escusar a pena, que por o tal malefício mereceria, se o confessasse. E bem assi, não será obrigado a depor aos artigos, per que fosse demandado por pena pecuniária, ou sendo taes que incorreria nella, se os confessasse*».

13 No mesmo sentido, v. Pereira e Sousa *(*1800: § 172).

14 Sobre os avanços e reveses do direito à não auto-inculpação na história do Direito português, v. Silva Dias & Costa Ramos (2009: 9 ss.).

15 Neste sentido, muito claramente, Costa Andrade (1992: 125 ss.); Figueiredo Dias & Costa Andrade (2009: 39); Silva Dias & Costa Ramos (2009: 14 ss.); *Acórdão do Tribunal Constitucional* n.º 155/2007, de 2 de Março.

privacidade[16]. A um nível infra-constitucional o princípio obteve consagração expressa no CPP, na variante de um amplo direito ao silêncio do arguido (art. 61.º, n.º 1, al. *d)*). Esta disposição é complementada por outras que regulam o direito ao silêncio em actos processuais determinados, estabelecem obrigações de informação ao arguido sobre aquele direito e proíbem que do seu exercício seja retirada alguma consequência desfavorável ao arguido (arts. 58.º, n.º 2, 132.º, n.º 2, 141.º, n.º 4). Malgrado algumas posições doutrinárias façam coincidir o *nemo tenetur* com o direito ao silêncio ou negligenciem outras vertentes do direito à não auto-inculpação, uma compreensão do problema menos legal-positivista e mais sensível à Constituição e aos direitos obriga a considerar que a garantia vigora também perante outros actos comunicativos (orais, escritos, gestuais) através dos quais o suspeito pode contribuir para a sua própria inculpação[17].

2.2. Alcance normativo, temporal e material do princípio
O direito à não auto-inculpação foi concebido historicamente para o processo penal mas, como tantos outros direitos e garantias, rege actualmente em todo o Direito público sancionatório, em especial no Direito de mera ordenação social. Por duas ordens de razões. À uma, porque, como vimos, em certos sectores deste ramo do Direito assistimos hoje à cominação de coimas de montantes elevadíssimos que podem provocar a asfixia económica de empresas e indivíduos e que, portanto, são altamente restritivas de direitos patrimoniais. À outra, porque as garantias constitucionais em que o *nemo tenetur* se escora são aplicáveis, com as devidas adaptações, ao Direito das contra-ordenações. Ou directamente ou através do n.º 10 do art. 32.º da CRP que ordena sejam assegurados ao arguido no processo de contra-ordenação «*os direitos de audiência e defesa*»[18]. Parafraseando uma vez mais Figueiredo Dias (1993: 28), por direitos de defesa deve entender-se «*uma categoria aberta à qual devem ser imputados todos os concretos direitos, de que o arguido dispõe, de co-determinar ou conformar a decisão final do processo...*», que «*...assumem consistência e efectividade... logo a partir do momento da constituição de arguido...*». Definição na qual cabe sem

---

16 Neste sentido, Silva Dias & Vânia Costa Ramos (2009: 15); Figueiredo Dias & Costa Andrade (2009: 40 ss.); Wohlers (2007: 703), precisando que o *nemo tenetur* não se ocupa da questão de «se» pode haver intromissões na esfera privada das pessoas mas da questão de «como», isto é, da espécie e modo da intromissão.

17 Para mais desenvolvimentos sobre o tema, v. Silva Dias & Costa Ramos (2009: 21 ss.).

18 Neste sentido, v. Figueiredo Dias & Costa Andrade (2009: 46); Silva Dias & Costa Ramos (2009: 22); Sousa Mendes (2009a: 218 ss.).

esforço o direito à não auto-inculpação. É este, de resto, o sentido da posição do Tribunal Europeu dos Direitos do Homem quando estende o princípio a toda a «*acusação de natureza penal*» e atribui a «penal» o significado abrangente de «punitivo» ou «sancionatório»[19]. Sufragamos por inteiro o critério de que valem no Direito das contra-ordenações, muito em particular no âmbito das contra-ordenações «modernas» de que estamos tratando, aqueles direitos e garantias constitucionais do processo penal que à luz de «*um juízo estruturalmente analógico*» se adequam ou moldam à natureza do processo contra-ordenacional[20]. Procuraremos adiante densificar um pouco mais este critério.

Para delimitar o âmbito de vigência temporal da garantia do *nemo tenetur* importa ter presente que se trata de um direito de defesa do arguido que lhe permite inclusive accionar a constituição dessa qualidade ou papel processual. Na verdade, se as autoridades judiciárias tratam alguém como suspeito, fazendo-lhe perguntas, pedindo-lhe informações, documentos, etc., que sugerem o seu envolvimento na prática de um crime, o direito à não auto-inculpação confere ao visado as faculdades de não colaborar (v. art. 132.º, n.º2, do CPP) e de requerer a constituição como arguido, nos termos do n.º 2 do art. 59.º do CPP. Esta faculdade tem os seus inconvenientes, já que coloca o sujeito à ordem do processo, alvo da aplicação de medidas de coacção, etc., mas funciona como uma importante válvula de escape na medida em que evita que o suspeito seja transformado em colaborador da justiça, co-instruindo o processo e preparando a própria condenação. Enquanto perdurar o estatuto de arguido, ou seja, até ao trânsito em julgado da sentença, o princípio mantém na íntegra a sua vigência.

Uma importante consequência resulta do que acaba de ser dito acerca do início de vigência desta garantia. Ela não opera ainda, por isso que não há então qualquer conflito, quando os destinatários de deveres de cooperação são «convidados» a cumpri-los pelas autoridades administrativas competentes para assegurar o regular funcionamento de determinadas operações ou actividades. Assim, quando a Administração Tributária solicita a apresentação de documentos fiscalmente relevantes, quando a polícia de trânsito, durante uma regular operação «stop», manda parar os condutores para que se

---

19 *V.g.* Acórdão do TEDH de 8 de Junho de 1976 (caso *Engel e outros vs. Países Baixos*); uma análise aprofundada e sistematizada da jurisprudência do Tribunal em matéria de direito à não auto-inculpação pode ver-se em Costa Ramos (2006: 142 ss.); Sousa Mendes (2009b: 18 ss.).

20 Sobre este critério, v. Lobo Moutinho (2008: 42).

se sujeitem ao teste de alcoolemia, ou quando a CMVM solicita documentação aos intermediários financeiros, como fez no *case study* que elegemos, no período anterior a 21 de Agosto de 2003, nestas situações não vigora e, portanto, não é invocável, o *nemo tenetur*. Só quando na dialéctica exercício de poderes de fiscalização e supervisão/cumprimento de deveres de cooperação surge a suspeita da prática da infracção, só então, a garantia se torna funcional e accionável[21].

Quanto ao âmbito de vigência material do princípio é importante assinalar que, como qualquer direito ou garantia fundamental, ele não dispõe de validade absoluta. Está exposto antes ao conflito com outros direitos e com interesses públicos constitucionalmente relevantes e sujeito à concordância prática, o método adequado para dirimir este tipo de conflitos. Essa concordância pode ser realizada tanto ao nível legislativo como ao nível da actuação concreta dos poderes públicos (judiciários, administrativos). Através da concordância prática, os valores ou bens em colisão são proporcionalmente restringidos por forma a obter cada um deles um máximo de realização compatível com a máxima realização do outro[22]. O grau dessa restrição depende da importância constitucional dos direitos ou interesses públicos colidentes, mas nunca pode ir ao ponto de aniquilar o conteúdo essencial de qualquer deles (v. art. 18.º, n.º 3, da CRP)[23]. Significa isto que, mesmo ali onde o *nemo tenetur* surge em modalidades menos nucleares, mais dadas à relativização e perda de força normativa, como sucede nos domínios do chamado Direito penal secundário e do Direito de mera ordenação social, uma vigência material e um grau de realização mínimos lhe devem ser assegurados.

3. Alcance do princípio *nemo tenetur se ipsum accusare* no âmbito das contra--ordenações do mercado dos valores mobiliários

3.1. Se há consenso doutrinal quanto à vigência do *nemo tenetur* no Direito das contra-ordenações, como vimos, já reina a controvérsia a respeito da questão de saber quando tem início o processo de contra-ordenação no âmbito dos

---

21 Claramente neste sentido, Roxin (2007b: 101 ss.), considerando que a protecção contra a auto-incriminação surge «*quando alguém está a ser investigado e também está directamente sob suspeita de ter cometido um facto punível*», não sendo necessário que o visado seja oficialmente arguido.

22 Sobre o significado da concordância prática, v. Vieira de Andrade (2004: 324 ss.); Gomes Canotilho (2003: 1182 ss.); Sérvulo Correia (2006: 64 e 99); Silva Dias & Costa Ramos (2009: 23 ss.).

23 Para mais desenvolvimentos deste tópico, v. Gomes Canotilho & Moreira, (2007: art. 18.º, XV); Vieira de Andrade (2003: 305 ss.), que vê no n.º 3 do art. 18.º da CRP «*uma proibição absoluta, um limite fixo, um mínimo de valor inatacável*»; Silva Dias & Costa Ramos (2009: 23 ss. e 31 ss.).

valores mobiliários, e portanto, a partir de quando é a garantia aplicável neste contexto. Figueiredo Dias & Costa Andrade (2009: 49)[24] pronunciam-se contra a aplicação da garantia enquanto a autoridade administrativa desempenhar poderes de supervisão. *Brevitatis causa*, consideram os Autores: *1)* que o *nemo tenetur* colhe fundamento no princípio constitucional do processo equitativo e nas garantias reconhecidas ao arguido pelo art. 32.º da CRP, designadamente a presunção de inocência e as garantias de defesa referidas no n.º 10; *2)* que o princípio deve estender-se a qualquer processo onde possam ser aplicadas sanções de carácter punitivo, ainda que não criminal, como é o caso do processo contra-ordenacional; *3)* que, como qualquer outro princípio ou garantia, o *nemo tenetur* não goza de vigência absoluta, antes conhece determinadas restrições cuja validade constitucional depende da previsão em lei prévia e expressa e da observância do princípio da proporcionalidade, que requer uma ponderação em concreto dos direitos e bens em conflito; *4)* que o CVM, ao prever deveres de cooperação que incidem sobre os agentes que operam no mercado de valores mobiliários e ao incluir no regime legal da supervisão a instrução e o processamento das contra-ordenações ínsitas naquele diploma (arts. 358.º, al. *e)*, 360.º, n.º 1, al. *e)*, 364.º, n.º 1, al. *b)* e 408.º, n.º 1) cria uma restrição à vigência do *nemo tenetur* neste domínio; *5)* «*deste modo, o aproveitamento das informações recolhidas no âmbito da supervisão para instruir um processo contra-ordenacional não constitui uma violação do princípio da proibição da auto-incriminação, antes conforma uma restrição a este direito prevista na lei e prevista pela Constituição*»; *6)* que o processo contra-ordenacional é uno, comandado por uma única entidade, regra geral, um ente administrativo, à qual compete investigar, instruir e por fim aplicar a coima, por isso que não apresenta a estrutura faseada e a direcção tripartida (Ministério Público, Juiz de Instrução e Juiz de Julgamento) que são próprias do processo penal; *7)* por fim, que não faz sentido a constituição de arguido durante a investigação, como condição para que este possa invocar o *nemo tenetur* e recusar a prestação de informações e a entrega de documentos à entidade supervisora do mercado dos valores mobiliários, pois este foi justamente um dos domínios em que a lei quis consagrar expressamente a restrição do princípio. Por isso, rematam Figueiredo Dias & Costa Andrade (2009: 51 e 56), invocando os arts. 41.º do RGIMOS e 57.º, 58.º do CPP, «*impõe-se como regra a constituição de arguido aquando da notificação da acusação por parte da CMVM*».

---

24 Em sentido idêntico, Costa Pinto (2009a: 102).

3.2. Não podemos deixar de manifestar a nossa concordância com as teses *1), 2), 3)* e *6)* defendidas por estes prestigiados Autores. Parece-nos irrefutável que, a despeito das diferenças entre os processos sancionatórios públicos, as garantias processuais do art. 32.º da CRP valem para todos eles, mais não seja por via do n.º 10 daquele preceito, como frisámos *supra*. Como sublinham Gomes Canotilho & Moreira (2007: art. 32.º, XVII) este n.º 10 constitui uma irradiação para o Direito sancionatório público «*de requisitos constitutivos do Estado de direito democrático*». Carecem de fundamento, por isso, as interpretações restritivas do ali preceituado, sobretudo da expressão «direitos de defesa». Nem as normas respeitantes a direitos, liberdades e garantias comportam uma tal forma de interpretação[25], nem há fundamento racional, para, em nome de uma diferença qualitativa ou material (pré-jurídica ou jurídica) entre contra-ordenações e crimes, vedar a aplicação ao processo contra-ordenacional de garantias de defesa que são aí inteiramente pertinentes e adequadas. De resto, tem sido esta a tendência manifestada pelo Tribunal Constitucional em vários Acórdãos. Veja-se a título de exemplo os Acórdãos n.ºs 380/99, 265/01, 547/01 e 129/09 em que o Tribunal admite a aplicação ao processo contra-ordenacional das garantias consagradas nos arts. 29.º e 32.º da CRP, entre as quais avulta a presunção de inocência[26]. Precisamente um dos pilares que suporta o direito à não auto-inculpação, como vimos.

Não oferece igualmente contestação a afirmação de que o CVM, nos arts. 358.º, al. *e)*, 360.º, n.º 1, al. *e)* e 364.º, n.º 1, al. *b)*, integra a investigação, a instrução de processos e a punição de infracções cometidas no âmbito do mercado dos valores mobiliários nos procedimentos de supervisão da CMVM. Por opção de política legislativa, o Direito dos valores mobiliários surge como uma das áreas em que os poderes de fiscalização, supervisão e sancionatório se sobrepõem em boa medida. Por força disso, a mesma entidade, fiscaliza, investiga, instrui e pune. Não vislumbramos nesta opção, tomada em si mesma, qualquer inconstitucionalidade, mas temos de reconhecer que ela

---

25 A interpretação das normas constitucionais respeitantes a direitos, liberdades e garantias não deve ter entono restritivo. Esta regra logrou acolhimento no art. 53.º da Carta dos Direitos Fundamentais da União Europeia, segundo o qual «*nenhuma disposição da presente Carta deve ser interpretada no sentido de restringir ou lesar Direitos do Homem e as liberdades fundamentais reconhecidos, nos respectivos âmbitos de aplicação, pelo direito da União, o direito internacional e as Convenções internacionais em que são partes a União, a Comunidade ou todos os Estados-Membros... bem como pelas Constituições dos Estados-Membros*». Vale nesta matéria o princípio da preferência pelo nível mais elevado de protecção – v. sobre o tema, Gomes Canotilho & Moreira (2007, art. 16.º, IV).

26 V. sobre este ponto Lobo Moutinho (2008: 41 ss.).

potencia o aparecimento de situações de tensão com o *nemo tenetur*[27]. Esta tendência é reforçada pela circunstância de os intermediários financeiros, e de um modo geral os agentes de mercado sujeitos à supervisão da CMVM, estarem vinculados ao cumprimento de deveres de cooperação para com a Comissão no decurso das suas acções de supervisão. Assim, nos termos do n.º 2 do art. 361.º do CVM, a Comissão pode (al. *a)*) «*exigir quaisquer elementos e informações e examinar livros, registos e documentos, não podendo as entidades supervisionadas invocar o segredo profissional*», bem como (al. *c)*) «*determinar que as pessoas responsáveis pelos locais onde se proceda à instrução de qualquer processo ou a outras diligências coloquem à sua disposição as instalações de que os seus agentes careçam para a execução dessas tarefas...*». A estas – e outras – diligências da entidade supervisora devem os visados prestar toda a colaboração, nos termos do n.º 3 do art. 359.º do CVM. O cumprimento dos deveres de cooperação é respaldado pela previsão de contra-ordenações graves e muito graves (art. 399.º, n.ᵒˢ 1 e 2, do CVM) e pela cominação do crime de desobediência qualificada (art. 381.º, n.º 1).

Concordamos igualmente com a ideia de que uma supervisão eficaz não é possível sem a existência e a observância de deveres de cooperação. Se é certo que o binómio deveres de cooperação/actividade de supervisão, num cenário em que a autoridade supervisora concentra poderes fiscalizadores e sancionatórios, facilita o surgimento de situações de compressão do *nemo tenetur*, não é menos certo que estas não surgem do normal exercício dos poderes de supervisão e do normal cumprimento dos deveres de cooperação correlativos. Não podemos alinhar, por isso, com Figueiredo Dias & Costa Andrade (2009: 45 e 48 s.) quando vêm na previsão de deveres de cooperação uma restrição legislativa à vigência do *nemo tenetur* no âmbito das infracções ao mercado de valores mobiliários. Por duas ordens de razões. Primeiro, porque a restrição

---

27 Sobre este ponto, v. Silva Dias & Costa Ramos (2009: especialmente 45 ss.). Para dirimir ou atenuar essa tensão defendemos *de jure constituendo* a previsão alargada na nossa ordem jurídica de soluções mais adequadas a uma garantia efectiva do direito à não auto-inculpação e já consagradas, embora de forma pontual. Referimo-nos particularmente à solução acolhida no art. 12.º do DL n.º 29/2008, diploma, que prescreve deveres de comunicação, informação e esclarecimento sobre esquemas de planeamento fiscal à Administração Tributária, segundo a qual «*as informações prestadas no cumprimento dos deveres previstos neste decreto-lei não... implicam para quem as preste responsabilidade de qualquer tipo*» e à solução adaptada do n.º 2 do art. 19.º da Lei n.º 93/99 (Lei da Protecção de Testemunhas) nos termos da qual «*nenhuma decisão condenatória poderá fundar-se, exclusivamente, ou de modo decisivo, no depoimento ou nas declarações produzidas por uma ou mais testemunhas cuja identidade não foi revelada*» – v. Silva Dias & Costa Ramos (2009: 52 ss.); v. ainda Sousa Mendes (2009a: 223), que defende também a separação de poderes de investigação e de decisão no âmbito do processo contra-ordenacional por infracções à Lei da Concorrência.

legislativa de uma garantia constitucional deve ser clara e determinada[28] e tais deveres não têm o significado e o alcance de obrigar o respectivo destinatário a colaborar na instrução do processo contra-ordenacional e a contribuir para a própria condenação. Segundo, porque, como acima sublinhámos, o princípio *nemo tenetur* não tem aplicação fora do quadro de um processo sancionatório[29], mesmo que esteja em causa a restrição de direitos patrimoniais como acontece, por exemplo, com a aplicação pela Administração Tributária da chamada cláusula anti-abuso prevista no n.º 2 do art. 38.º da Lei Geral Tributária. Antes de surgir a suspeita da prática de uma infracção e de serem encetadas diligências tendentes a confirmá-la e a comprovar a eventual responsabilidade de pessoas singulares e/ou colectivas, a autoridade administrativa procede apenas ao controlo do sistema tendo em vista o seu funcionamento regular. E neste âmbito não se verifica qualquer restrição da garantia, pela simples razão de que não é esse o seu tempo de vigência, como vimos.

O conflito com o direito à não auto-inculpação só emerge quando a entidade supervisora, num cenário de concentração de poderes, se serve dos seus poderes de fiscalização e se aproveita dos deveres de cooperação do particular para, à sua custa, instruir o processo contra-ordenacional e proferir uma decisão condenatória. Dito de outro modo, quando a autoridade administrativa recebe a notícia da infracção e, sem disso informar o suspeito e em vez de fazer uso de prerrogativas legais como as buscas, apreensões e congelamentos (v. art. 408.º, n.º 2, do CVM), acciona os deveres de cooperação pedindo-lhe os documentos e informações que entende, com base nos quais procede à instrução do processo. No final, a entidade supervisora apresenta ao suspeito a nota de ilicitude/acusação, elaborada com base nos elementos por ele fornecidos, constituindo-o (só) então arguido e ouvindo-o sobre o que tem a dizer em sua defesa. Em síntese, não é a opção legislativa de integrar as competências supervisora e sancionatória nem tão pouco a existência de deveres de cooperação, em si mesmas, que provocam e explicam a violação do direito à não auto-inculpação, mas o uso e a gestão que, em concreto, a entidade supervisora faz daquelas competências e destes deveres. Tal uso e gestão podem, na verdade, transformar o particular visado em instrutor do processo e em figura

---

28 Deste modo, Sérvulo Correia (2006: 64), defendendo a «*máxima determinabilidade possível das normas legislativas restritivas, cuja desnecessária abertura constituirá causa de inconstitucionalidade por violação da reserva de lei*».

29 Neste sentido, muito claramente, Silva Dias & Costa Ramos (2009: 52).

central da própria condenação, ao arrepio dos princípios do processo equitativo, da presunção de inocência e das mais elementares garantias de defesa. Trata-se, no fundo, de uma prática desleal que condena ao fracasso qualquer iniciativa de defesa ulterior e, por isso, choca com o modelo acusatório e com o princípio do Estado de Direito.

Não divergimos de Figueiredo Dias & Costa Andrade quando afirmam que o *nemo tenetur* não possui vigência absoluta[30] nem quando sujeitam as restrições aos critérios da reserva de lei e da proporcionalidade. A divergência surge sobretudo quando consideram que a mera previsão de deveres de cooperação satisfaz o primeiro critério e quando fazem coincidir restrição com aniquilação prática da garantia. Na verdade, aqueles Autores não só defendem que os deveres de cooperação impostos por lei constituem *qua tale* restrições ao *nemo tenetur* como interpretam o regime legal de supervisão previsto no CVM no sentido de este permitir que «*a CMVM possa exigir às entidades sujeitas à sua supervisão elementos e informações que considere necessários à prossecução das atribuições que a lei lhe atribui, designadamente, tendo em vista prevenir ou reprimir acusações contrárias a lei ou regulamento*». É nosso entendimento, como por mais de uma vez sublinhámos, que o cumprimento dos deveres legais de cooperação só contende com – e por isso restringe – o direito a não contribuir para a própria inculpação quando, silenciando as suspeitas que orientam e cunham as diligências probatórias, a autoridade administrativa desencadeia esse cumprimento, transformando na prática o suspeito da infracção em figura central da própria condenação. Não é, portanto, a previsão nem tão pouco o cumprimento dos deveres de cooperação que criam a situação conflitual mas antes o *modus operandi* insidioso da entidade supervisora. O conflito não se dá, assim, por via de uma restrição legislativa, mas em virtude de uma actuação restritiva dos poderes públicos, por isso que só é dirimível pela própria entidade supervisora ou pelo tribunal em sede de recurso[31].

Uma vez criado o quadro conflitual por conduta desleal da autoridade administrativa não são compreensíveis as razões que sustentam a prevalência absoluta do cumprimento daqueles deveres perante a realização do *nemo tene-*

---

30 Muito claramente neste sentido, v. Silva Dias & Costa Ramos (2009: 25 ss. e 56 ss.).

31 Sobre a diferença entre restrição legislativa (geral e abstracta) e restrição administrativa (individual e concreta) de direitos, v. Sérvulo Correia (2006: 61 e s. e 96 ss.); Gomes Canotilho & Moreira (2007, art. 18.º, VI), distinguindo entre leis restritivas e intervenções restritivas.

tur. A decisão sobre se uma restrição é proporcional (em sentido amplo) não pode anteceder a ponderação dos interesses colidentes e das possibilidades da sua realização em concreto. Ela apoia-se antes, em primeira linha, na concordância prática dos interesses em conflito procurando maximizar a efectiva realização de cada um, tarefa no âmbito da qual, como vimos, não deve ser negligenciada a reserva constitucional de inderrogabilidade do núcleo essencial dos interesses em conflito (art. 18.º, n.º 3, da CRP). Sendo assim, e não se vê como possa ser de outro modo à luz da Constituição, a restrição de um direito ou garantia, ditada pela necessidade e adequação da salvaguarda de outro direito, bem ou interesse, deve preservar o núcleo essencial do primeiro por forma a garantir-lhe algum espaço de efectivação na situação concreta.

Resulta do que foi dito que ainda que, em caso de colisão, seja dada prevalência às finalidades de supervisão[32] e se considere proporcional a restrição do *nemo tenetur*, isso não deve significar o seu sacrifício integral, isto é, a sua supressão no caso concreto. Alguma vigência este princípio terá de manter a fim de poderem ser assegurados alguns direitos de defesa na fase administrativa do processo contra-ordenacional. O modo de o conseguir *de jure constituto* é, como assinalámos, através da constituição de arguido pela entidade supervisora ou a pedido do próprio suspeito logo que aquela entidade tomar conhecimento da infracção e iniciar as investigações tendentes a apurar a responsabilidade deste solicitando a sua colaboração funcional ou pessoal[33]. A aquisição do estatuto de arguido conferirá ao visado alguma protecção, permitindo-lhe exercer certos direitos de defesa e evitando a sua conversão em fautor da própria instrução e condenação. Destarte, o *nemo tenetur* logra um nível mínimo de realização e fica salvaguardada a constitucionalidade do procedimento.

3.3. Erguem-se aqui duas objecções. Por um lado, argumenta-se que o processo contra-ordenacional só tem início uma vez terminada a actividade de fiscalização, pelo que «*o poder sancionatório da autoridade do mercado exerce-*

---

32 Essa prevalência está longe de ser uma evidência. Como defende Sérvulo Correia (2002: 82), a circunstância de os direitos (e garantias) fundamentais constituírem explicitações do princípio da dignidade da pessoa dita a sua prevalência em caso de conflito com bens colectivos ou elementos de uma ordem social objectiva.

33 Neste sentido, Silva Dias & Costa Ramos (2009: 55 ss.); Sá (2006: 162 ss.), argumentando para o âmbito das infracções tributárias; Sousa Mendes (2009a: 214 ss.) reportando-se às infracções da concorrência; Sousa Mendes (2009b: 24 ss.), limitando embora os direitos do arguido ao direito de ser informado e ao direito de se fazer acompanhar de advogado, posição que não sufragamos porque esvazia praticamente o estatuto de arguido em nome de uma «*máxima lealdade para com o Estado*».

se apenas quando se confronta alguém com uma infracção que cometeu[34]. Só a partir de então é aplicável o regime do processo de contra-ordenação e, a título subsidiário e com as adaptações devidas, o regime do processo penal. Os arts. 48.º, n.º 3, e 54.º, n.º 1, do RGIMOS confirmariam a regra de que «*os procedimentos de fiscalização não são parte do processo de contra-ordenação*»[35]. Por outro lado, e em complemento da posição anterior, objecta-se que o art. 50.º do RGIMOS, chamado à colação por o CVM nada dispor quanto à constituição de arguido, faz depender o exercício dos direitos de audição e de defesa ali consagrados da comunicação ao arguido dos factos de que é acusado, pelo que a constituição de arguido se verifica em regra aquando da notificação da «acusação»[36]. Só a partir de então começará o processo contra-ordenacional e assistirão ao suspeito todos os direitos e garantias decorrentes do estatuto de arguido, designadamente os direitos ao silêncio e à não auto-inculpação[37].

Nenhuma das objecções é, em nosso entender, procedente. Não o é a posição acerca do início do processo de contra-ordenação por três razões essenciais. Primeiro, porque não é coerente sustentar que há razões relevantíssimas para integrar as competências sancionatórias nos poderes de supervisão[38], designadamente a de que não há supervisão eficaz sem a tutela sancionatória que a lei lhe confere e defender em seguida uma separação formal e rígida entre diligências de supervisão e diligências instrutórias (sancionatórias). Segundo, como reconhece Costa Pinto (2009a: 93), «*uma parte da supervisão (e da própria fiscalização) destina-se a esclarecer se existe ou não uma infracção*» e as provas aí recolhidas podem, *rectius*, devem ser utilizadas na instrução do processo contra-ordenacional, pois a autoridade administrativa está vinculada ao princípio da obrigatoriedade da promoção processual. Assim sendo, não é compreensível que a constituição de arguido e o início do processo contra-ordenacional surjam desvinculados das necessidades de defesa do visado perante diligências probatórias encetadas pela autoridade administrativa, muito especialmente aquelas que requerem a sua colaboração activa. Terceiro, porque os arts. 48.º, n.º 3, e 54.º, n.º 1, do RGIMOS não

---

34 Deste modo, Costa Pinto (2009a: 93 ss. e 102).

35 V. Costa Pinto (2009a: 91).

36 Deste modo, Figueiredo Dias & Costa Andrade (2009: 51 e 56); Costa Pinto (2009a: 86 e 92).

37 Assim, Figueiredo Dias & Costa Andrade (2009: 49); Costa Pinto (2009a: 95), referindo-se apenas ao direito ao silêncio, como se não existissem outras manifestações do *nemo tenetur*.

38 Neste sentido, Costa Pinto (2009a: 80).

são invocáveis no presente contexto. À uma, estes preceitos reportam-se a âmbitos em que as entidades fiscalizadoras não têm competências processuais e sancionatórias, ou seja, em que os poderes de fiscalização (ou de supervisão) e os poderes sancionatórios não estão concentrados na mesma entidade. Ora, no presente contexto carecem de sentido as obrigações de remissão de provas e de participação da infracção pela razão singela de que tudo se passa dentro da mesma entidade administrativa. À outra, uma interpretação do regime dos preceitos mencionados à luz do n.º 10 do art. 32.º da CRP permite demonstrar o oposto do que a tese criticada pretende. Como assinalámos *supra*, se alguma distinção faz sentido nesta matéria, é entre o período anterior e o período posterior ao aparecimento da suspeita sobre a prática da infracção[39]. A actividade fiscalizadora (ou supervisora, tanto monta) visa o controlo administrativo do funcionamento regular de um determinado sistema social, controlo esse que implica a vistoria de documentos, instalações, etc., bem como o pedido de informações aos agentes económicos. Quando no desempenho de tal actividade surge a suspeita de que o agente económico fiscalizado (ou supervisionado) cometeu uma infracção, no caso, uma contra-ordenação, há aqui um elemento novo que, pela importância que tem, não deve ser juridicamente escamoteado. Não deve sê-lo desde logo no processo contra-ordenacional, a menos que se entenda que este é concebido a partir do modelo acusatório. Por isso, quando a autoridade administrativa com poderes de supervisão depara, no exercício dos mesmos, com indícios da prática de contra-ordenação, e decide encetar diligências com vista à confirmação dos indícios e ao apuramento das responsabilidades, nesse momento tem início o processo contra-ordenacional. E não «*quando se confronta um arguido com uma infracção cometida*», como pretende Frederico da Costa Pinto, mormente quando esse confronto coincide com a notificação da nota de ilicitude/acusação.

Mas também não procede a interpretação proposta do art. 50.º do RGIMOS, nem a posição acerca da constituição do arguido nela apoiada. Em nosso entender, aquele preceito não pretende regular ou condicionar a constituição de arguido mas apenas garantir ao arguido o exercício dos

---

39 Só esta distinção confere fundamento e permite a nossa plena adesão à posição de Costa Pinto (2009a: 121), quando, a propósito dos limites do efeito à distância das provas proibidas, afirma que a prova proibida «*só afecta a prova posterior e dependente, não a prova anterior e autónoma. Assim, toda a prova integrada no processo e todos os actos praticados antes da resposta da arguida aos ofícios da CMVM tinha de ser imunizada do efeito à distância*».

direitos de audição e de defesa antes da aplicação de uma coima. Aliás, ao estabelecer a obrigatoriedade de comunicar ao *arguido* os factos que lhe são imputados, a respectiva qualificação jurídica e as sanções aplicáveis, o preceito admite – sem o impor – a existência de arguido antes dessa comunicação. Além do mais, constitui uma restrição infundada do disposto no n.º 10 do art. 32.º da CRP a interpretação do art. 50.º no sentido de que direitos de defesa que inerem ao estatuto do arguido não podem ser exercidos antes da notificação da nota de ilicitude[40]. Uma tal interpretação não só esvazia de função a disposição do n.º 1 do art. 46.º do RGIMOS, que obriga as autoridades administrativas a comunicar «*todas as decisões, despachos e demais medidas... às pessoas a quem se dirigem*»[41], mas, mais grave ainda, releva de uma visão inquisitória da fase administrativa do processo contra-ordenacional que reputamos inaceitável.

A constituição de arguido há-de reger-se, pois, com adaptações, pelo art. 57.º e ss. do CPP, *ex vi* art. 41.º, n.º 1, do RGIMOS. Por certo que nem todas as disposições respeitantes a esta matéria são aplicáveis ao processo contra-ordenacional[42]. Também aqui deve valer o critério *supra* enunciado da confrontação com a natureza do processo contra-ordenacional. Não faz sentido, por exemplo, transpor para o domínio das contra-ordenações as formas de constituição obrigatória de arguido previstas no n.º 1 do art. 58.º do CPP. Na verdade, não existe no processo contra-ordenacional uma fase de inquérito autonomizada, não são aplicáveis ali medidas de coacção e não há lugar à detenção de suspeitos. Mas o mesmo não se passa relativamente às formas de constituição de arguido plasmadas no art. 59.º do CPP. Quando no decurso de uma inquirição (ou investigação) surge a fundada suspeita de infracção cometida pelo visado, a constituição de arguido por qualquer das vias do art. 59.º é um procedimento inteiramente pertinente e adequado ao processo contra-ordenacional, para mais coberto pelo n.º 10 do art. 32.º da CRP. De facto, não só não choca com a natureza e a estrutura do processo administra-

---

40 Igualmente neste sentido Oliveira Mendes & Santos Cabral (2009: 153), afirmando que não vislumbram motivo para negar na fase administrativa «*a possibilidade de o arguido requerer a prática de diligências relevantes para a sua defesa em termos perfeitamente equiparados aos que sucedem em sede de inquérito relativamente à autoridade judiciária*».

41 O Tribunal Constitucional reporta a função do art. 46.º do RGIMOS justamente à necessidade de «*assegurar aos arguidos o exercício dos direitos de defesa*», dando assim realização ao n.º 10 do art. 32.º da CRP – v. Acórdão n.º 31/2000, de 12 de Janeiro.

42 Concordamos com Costa Pinto (2009a: 88 ss.), quando critica o método de transposição automática do regime do processo penal, designadamente do inquérito, para o âmbito do processo de contra-ordenação.

tivo, como evita que o suspeito seja espoliado de direitos de defesa. Pois se o suspeito tiver de entregar toda a documentação e informação inculpatória à entidade supervisora, à pala do cumprimento – sob ameaça implícita de sanção – dos deveres de cooperação, se, para usar uma expressão popular, ele tiver de fazer a cama onde o hão-de deitar, que utilidade prática terão os direitos de audição e de defesa referidos no art. 50.º do RGIMOS? Se a nota de ilicitude/acusação for o resultado da cooperação activa auto-inculpatória do suspeito, que eficácia sobrará para a sua defesa ulterior?

Não se contraponha que estamos a cometer um excesso, a importar para o âmbito de um processo de cariz administrativo, concebido para infracções cuja facticidade ou desvalor é destituído de ressonância ética, os quadros categoriais do processo penal. O silogismo que tem como premissa maior «os crimes são material ou qualitativamente distintos das contra-ordenações», como premissa menor «tal diferença deve repercutir-se em todos os aspectos do respectivo regime jurídico incluindo o processual» e como conclusão «o processo contra-ordenacional não deve ser inspirado ou influenciado pelo regime do processo penal», é simplista e falacioso. É simplista porque ignora a evolução entre nós do Direito de mera ordenação social, que Figueiredo Dias (2007: 7/§ 6) apelidou, com argúcia, de «*contra-revolução contra-ordenacional*»[43]. É falacioso, desde logo, porque a premissa maior só é válida enquanto proposição normativa e não descritiva, isto é, enquanto a forma verbal «são» exprimir um dever ser e não um juízo sobre a realidade. É porque os crimes «*devem ser*» um *aliud* em relação às contra-ordenações que se pode concluir que o regime processual daqueles «*deve ser*» distinto do desta espécie de infracções. Significa isto que onde aquela premissa não se verifica, onde ela é desmentida pela própria matéria jurídica, não é autorizado retirar esta conclusão, pelo menos, com o elevado significado restritivo que lhe está associado.

É o que acontece precisamente, em nosso entender, no domínio das infracções do mercado dos valores mobiliários. Por um lado, o recorte sistémico dos interesses juridicamente protegidos[44] torna fluida e artificial a fronteira entre crime e contra-ordenação. Escandalizaria alguém se o abuso de informação

---

43 V. ainda Costa Pinto (1997: 16).

44 Constituem, na verdade, funções sistémicas (função pública da informação, confiança no funcionamento correcto do mercado, protecção dos investidores, segurança e estabilidade do sistema financeiro, etc.) os objectos que a doutrina inscreve na área de tutela de crimes e de contra-ordenações do mercado dos valores mobiliários – v. Figueiredo Dias & Costa Andrade (2009: 19 ss.); Costa Pinto (2000: 92 ss.); Costa Pinto (2000: 64 e ss.); Silva Dias (2008: 495).

privilegiada (art. 378.º do CVM) fosse qualificado e tratado como contra-ordenação? A maior parte, senão a totalidade, das condenações pela prática deste crime não tem consistido em multa ou em prisão mas com a execução suspensa? Não reflecte isso a consciência de que se trata de um «crime artificial»? Haverá uma disparidade assim tão grande entre o conteúdo de ilicitude e de culpa desta infracção e, por exemplo, o da intermediação financeira excessiva (arts. 397.º, n.º 2, al. c) e 310.º do CVM) que justifique uma diferença significativa de regimes substantivo e processual entre ambas? Parece-nos que a diferença de regimes é mais o resultado de uma opção política do que de uma distinção fenomenológica, fundada no desvalor jurídico-social das infracções. Por outro lado, retomando uma distinção feita *supra*, estamos muito longe da figura da contra-ordenação clássica, bagatelar, punível com uma coima que exprime uma mera advertência social. Como referimos, as coimas aplicáveis às contra-ordenações do mercado de valores mobiliários atingem limites tão elevados (2.500.000 euros no caso de contra-ordenações muito graves) que ultrapassam em gravosidade as penas de multa. E basta comparar as penas acessórias previstas no art. 380.º do CVM com as sanções acessórias das coimas previstas nas als. b), c) e d) do n.º 1 do art. 404.º para perceber que não há diferenças de conteúdo e de penosidade entre umas e outras.

As contra-ordenações do mercado dos valores mobiliários alimentam, assim, o diagnóstico da «contra-revolução» a que acima fizemos referência citando Figueiredo Dias. São um exemplo da tendência para a desformalização que caracteriza a intervenção cada vez mais preventiva e antecipada do Estado nas modernas sociedades do risco e traduz-se na previsão jurídica de medidas que se aproximam em dureza e se apartam em garantias do Direito Penal de um Estado de Direito. Pergunta Sieber[45] a este respeito, com toda a pertinência, se não fará sentido «*exportar*» para o âmbito das «*medidas preventivas de intensa intervenção*» adoptadas fora do Direito penal, o sistema de protecção próprio deste ramo do Direito. No que às contra-ordenações «modernas» diz respeito, a nossa resposta não pode deixar de ser afirmativa, sem que isso signifique, contudo, uma equiparação total ao regime das infracções penais e sempre dentro dos limites consentidos pelo «*juízo estruturalmente analógico*» de que fala Lobo Moutinho.

---

45 V. Sieber (2007: 46 ss.).

Pode objectar-se, por fim, que a solução por nós defendida salvaguarda o direito à não auto-inculpação como um importante direito de defesa, mas conduz à frustração das finalidades de supervisão e à ineficácia dos deveres de cooperação, posto que, uma vez constituído arguido, o agente económico visado, fazendo uso daquele direito, escusar-se-á naturalmente a fornecer à entidade supervisora documentos e informações necessários ao apuramento dos factos[46]. Também este argumento não é, em nosso ver, de aceitar. Ele parece ignorar que o CVM atribui à CMVM poderes para «*...proceder à apreensão, congelamento ou inspecção de quaisquer documentos, valores ou objectos relacionados com a prática de actos ilícitos, independentemente da natureza do seu suporte, proceder à selagem de objectos não apreendidos nas instalações das pessoas ou entidades sujeitas à sua supervisão na medida em que os mesmos se revelem necessários às averiguações ou à instrução de processos da sua competência*» (art. 408.º, n.º 2, do CVM). Além destes, a CMVM pode fazer uso ainda das medidas cautelares previstas no n.º 1 do art. 412.º, designadamente, da «*apreensão e congelamento de valores, independentemente do local ou instituição em que os mesmos se encontrem*» (al. *c)*) quando, entre outros objectivos, tal «*se revele necessário para a instrução do processo*» (n.º 1). Poderes mais do que suficientes, em nossa avaliação, para possibilitar o acesso directo da Comissão aos documentos e informações pretendidos e para prosseguir assim as finalidades de supervisão que lhe estão cometidas. Podemos admitir que a tarefa de investigação da CMVM se torna mais difícil e a investigação menos eficaz, mas não é correcto afirmar que a supervisão fracassa ou que esse acréscimo de dificuldade e redução de eficácia são insuportáveis. Trata-se afinal de uma perturbação decorrente da normal realização de um direito ou garantia, semelhante, por exemplo, à que se verifica aquando da reabertura de um processo penal, a requerimento do condenado, para apreciação dos factos provados em sentença condenatória já transitada em julgado, tendo em vista a efectivação da garantia da aplicação retroactiva de lei penal nova mais favorável (arts. 2.º, n.º 4, do CP e 317.º-A do CPP). Este tipo de perturbações funcionais não constitui fundamento bastante, a nosso ver, para derrogar ou impedir a aplicação de direitos, liberdades e garantias.

---

46 Enfatizam este argumento do fracasso das finalidades de supervisão, Figueiredo Dias & Costa Andrade (2009: 50); Costa Pinto (2009a: 70 e 106 ss.), que associa ao fracasso da supervisão a inutilização das competências contra-ordenacionais das autoridades supervisoras.

4. CONSEQUÊNCIAS JURÍDICAS DA ANIQUILAÇÃO DO DIREITO À NÃO AUTO-INCULPAÇÃO NA SITUAÇÃO CONCRETA

4.1. Concluímos o ponto anterior sublinhando que não é inconstitucional a junção de poderes de supervisão e sancionatórios na mesma autoridade administrativa; que não é inconstitucional a unidade da fase administrativa do processo contra-ordenacional e sua condução pela mesma entidade; que não são inconstitucionais restrições do *nemo tenetur* necessárias para garantir a realização de interesses com relevância constitucional, desde que não seja sacrificado o núcleo essencial da garantia. Mas já é inconstitucional, por isso mesmo, a interpretação das disposições sobre poderes de supervisão e correlativos deveres de cooperação do CVM no sentido de que o exercício e cumprimento respectivos podem implicar a supressão de garantias de defesa que assistem a todos os que são tratados como suspeitos da prática de uma contra-ordenação, antes da notificação da nota de ilicitude/acusação. Uma tal interpretação colide frontalmente com o n.º 10 do art. 32.º da CRP e, em última instância, com o princípio do Estado de Direito. Significa, no fundo, uma total redução da fase administrativa do processo contra-ordenacional ao modelo inquisitório, que concebe o suspeito como colaborador das entidades de administração da justiça e não como sujeito processual.

4.2. Verificam-se, além disso, duas invalidades processuais. A primeira prende-se com a falta de informação ao visado e a não constituição de arguido, quando surge a suspeita da prática da infracção, e afecta todos os elementos probatórios fornecidos pelo suspeito após esse momento, que assinala, como sustentamos, o início do processo contra-ordenacional[47]. A informação ao sujeito ou empresa supervisionados constitui uma obrigação legal plasmada no n.º 1 do art. 46.º do RGIMOS, como vimos, que não só não conflitua com os poderes de supervisão, como constitui um importante factor de transparência e de lealdade nas relações supervisor/supervisionado[48] e um pressuposto indispensável ao exercício por este dos seus direitos de defesa. A constituição de arguido, por sua vez, confere ao suspeito o estatuto de sujeito processual, associados ao qual estão certos deveres mas também certos direitos, como o direito à não auto-inculpação, que fortalecem a sua posição no processo.

---

47 Neste sentido v. Silva Dias & Costa Ramos (2009: 36 ss.).

48 Não acompanhamos Costa Pinto (2009a: 85), quando esgota a transparência no cumprimento dos deveres de cooperação pelas entidades supervisionadas. Transparência e lealdade são fenómenos tipicamente relacionais que, por isso, não podem existir ali onde uma parte deve actuar com «*tudo à vista*» («*transparência absoluta*») e a outra pode actuar com «*cartas na manga*».

É certo que o n.º 3 do art. 59.º do CPP não remete para o n.º 5 do artigo anterior, que prevê a sanção para a falta de constituição de arguido, e que, como afirma Paulo Pinto de Albuquerque (2008: art. 59.º, 3), a aplicação da sanção de nulidade carece de assento legal expresso. Cremos, no entanto, que o problema não fica resolvido com a conclusão de que aquele n.º 3 é inconstitucional. Não podemos esquecer que os preceitos relativos a direitos, liberdades e garantias são de aplicação imediata, vinculam as entidades públicas e privadas (art. 18.º, n.º 1, da CRP) e que a sua violação activa ou omissiva fica tingida de grave nulidade[49]. Deste modo, todos os documentos e informações fornecidos pelo suspeito ao longo da investigação e instrução do processo contra-ordenacional e usados posteriormente como prova contra si, são nulos e não podem ser utilizados como meio de prova, por violação dos n.ºˢ 8 e 10 do art. 32.º da CRP. A nulidade e a proibição de valoração das provas decorrem, portanto, da violação directa das normas constitucionais mencionadas.

A segunda nulidade é complementar da anterior e atinge a decisão condenatória na parte em que esta se baseia em prova proibida. A empresa X terá correspondido às solicitações da CMVM na convicção de que se tratava de uma acção de supervisão vulgar e sem que pudesse sequer desconfiar que era à data (posterior a 21 de Agosto de 2003) suspeita da prática de duas contra-ordenações e que, por isso, corria já uma verdadeira investigação, ainda que formalmente fora de um processo contra-ordenacional, sobre factos, alegadamente ilícitos, por si cometidos. Em momento algum ela foi informada pela entidade supervisora dessa circunstância e da qualidade em que estava a ser fiscalizada e solicitada. Este estratagema capcioso teve por base uma interpretação abusiva e inconstitucional do alcance dos poderes de supervisão e contou com a cominação implícita de sanções contra-ordenacionais e penais. Não será o bastante para considerar que estamos perante um meio enganoso, uma prática geradora da nulidade e da proibição de prova previstas na al. *a)* do n.º 2 do art. 126.º do CPP, aplicável ao caso *ex vi* art. 41.º, n.º 1, do RGIMOS[50]?

---

49 Neste sentido, v. Miranda & Medeiros (2005: art. 18.º, VII), afirmando que «*são nulos e não anuláveis (portanto, não sanáveis e impugnáveis a todo o tempo) os actos administrativos ofensivos do conteúdo essencial dos direitos, liberdades e garantias*».

50 Neste sentido já Silva Dias & Costa Ramos (2009: 36 ss.).

Meio enganoso significa meio ardiloso, caviloso, susceptível de induzir o destinatário em erro[51]. Vimos que a CMVM actuou com base na suspeita de que a empresa X havia cometido duas contra-ordenações e não a informou disso, tendo obtido assim mais facilmente e sem esforço os elementos probatórios que procurava. Subjacente a esta prática desleal está a ideia de que a supervisão não pode ser efectuada com sucesso sem a colaboração dos supervisionados, mesmo que obtida desta forma, e a ideia de que o visado não pode incorrer em erro porque não pode ignorar os deveres que lhe incumbem e cujo cumprimento lhe é solicitado. Nenhuma destas ideias é aceitável em nossa opinião. A primeira porque, como vimos, a CMVM dispõe de poderes legais de intervenção cujo exercício, em circunstâncias normais, lhe permitirá aceder aos meios de prova almejados. A segunda porque, embora a lei inclua os poderes fiscalizadores e sancionatórios nos poderes de supervisão, a verdade é que eles têm um sentido muito diverso. Se nada é dito à entidade visada acerca da natureza das diligências que são empreendidas, é perfeitamente verosímil que esta se convença de que se trata de uma simples acção de inspecção. À falta de melhor informação é, aliás, desse princípio que tem de partir, sujeita como está aos deveres de colaboração. A conjugação do silêncio da Comissão quanto a estes aspectos e da convicção provável da empresa X de que era alvo de uma normal acção de supervisão, terá levado esta a entregar à entidade supervisora o material que serviria de base à «acusação» e posterior condenação. Se estivesse ciente de que era suspeita da prática de uma infracção e de que estava a ser alvo de uma investigação com finalidade sancionatória, a empresa não actuaria certamente do modo descrito, antes procuraria defender-se, eventualmente requerendo o estatuto de arguido. Foi o ardil consubstanciado no silêncio da Comissão e na boa fé procedimental da empresa que terá determinado esta à prestação auto-inculpatória. O meio enganoso surge, em nossa opinião, justamente da combinação dos dois aspectos[52].

Não se contraponha que a CMVM nada omitiu, apenas procedeu ao abrigo dos poderes legais de supervisão previstos no CVM. Vimos já que

---

51 Sobre este conceito, na doutrina portuguesa, v. Costa Andrade (1992: 233 ss.); Figueiredo Dias & Costa Andrade (2009: 30 ss.), concluindo, contudo, num sentido oposto ao que defendemos no texto; Meireis (1999: 205 ss.); Aires De Sousa (2003: 1219 e ss.).

52 Em sentido análogo afirma Roxin (2007a: 167), referindo-se ao processo penal, que o meio enganoso pode resultar da omissão da informação imposta pelo § 136 do StPO e da convicção do suspeito de que está obrigado a efectuar a prestação auto-inculpatória.

as autoridades administrativas estão vinculadas a um dever de informação ao longo da fase administrativa do processo contra-ordenacional (art. 46.º do RGIMOS) e também que a interpretação da extensão ou alcance dos poderes legais em causa feita pela CMVM e pelos Autores que temos vindo a citar é inconstitucional por violação dos n.ᵒˢ 8 e 10 do art. 32.º da CRP. Por outro lado, a questão de saber se foi utilizado ou não um meio enganoso não pode ser resolvida em abstracto, ao nível dos poderes e competências legais da entidade supervisora, mas no quadro dos procedimentos concretos, ou seja, no plano da interacção entre supervisor e supervisionado. Concluímos que práticas do género da que foi usada significam o recurso a um meio enganoso na obtenção de provas, implicando isso a nulidade e a proibição de valoração e utilização destas para condenar.

Não subscrevemos, por último, a posição de que as proibições de prova não são aplicáveis à relação entre dois entes colectivos[53], posto que significaria uma negação de garantias às pessoas colectivas privadas, desprotegendo-as perante a acção dos poderes públicos, sejam eles o Estado ou as entidades supervisoras. Além de tal posição não colher fundamento na Constituição e nas leis, não se vislumbram razões fundadas para que uma pessoa colectiva não possa ser alvo de uma acção enganosa nem actuar com base num erro ou engano causado por outrem.

Nos termos do n.º 1 do art. 122.º do CPP as nulidades mencionadas projectam os seus efeitos à distância «envenenando» todos os actos que puderem afectar, inclusive a nota de ilicitude e a decisão condenatória. Mas, como referimos *supra*, o «veneno» só atinge a parte de ambas as decisões que se escoram em tais documentos e informações. A parte que se apoia em meios de prova fornecidos voluntariamente pela entidade supervisionada quer antes, quer depois de ter surgido a suspeita da prática das infracções (o que pressupõe, no último caso, o conhecimento da qualidade em que está a ser investigada) ou em meios de prova recolhidos pela mão da autoridade de supervisão ou fornecidos por outras entidades, pode ser licitamente valorada e utilizada no processo. O ponto está agora em saber se esta parte é suficiente para fundamentar uma condenação[54].

---

53 Em sentido oposto, Costa Pinto (2009a: 112 ss.).

54 Sobre esta questão v. Silva Dias & Costa Ramos (2009: 59 ss.).

BIBLIOGRAFIA

AIRES DE SOUSA, Susana
2003 «'Agent provocateur' e meios enganosos de prova. Algumas reflexões», in AAVV, *Liber discipulorum para Jorge de Figueiredo Dias*, Coimbra: Coimbra Editora, pp. 1207-1236.

COSTA ANDRADE, Manuel da
1992 *Sobre as proibições de prova em processo penal*, Coimbra: Coimbra Editora.

COSTA PINTO, Frederico da
1997 «O ilícito de mera ordenação social e a erosão do princípio da subsidiariedade da intervenção penal», in *Revista Portuguesa de Ciência Criminal*, ano 7, pp. 7-100.
2000 «A supervisão no novo Código dos Valores Mobiliários», in *Cadernos do Mercado de Valores Mobiliários*, n.º 7.
2000 *O novo regime dos crimes e contra-ordenações no Código dos Valores Mobiliários*, Coimbra: Almedina, 2000.
2009a «Supervisão do mercado, legalidade da prova e direito de defesa em processo de contra-ordenação (Parecer)» in FIGUEIREDO DIAS, Jorge de *et al.*, *Supervisão, direito ao silêncio e legalidade da prova*, Coimbra: Almedina.
2009b «As codificações sectoriais e o papel das contra-ordenações na organização do Direito penal secundário», in IDPEE (org.), *Direito Penal Económico e Europeu – Textos doutrinários*, vol. III, Coimbra: Coimbra Editora, p. 686 ss.

COSTA RAMOS, Vânia
2006 «Corpus Juris 2000 – Imposição ao arguido de entrega de documentos para prova e *nemo tenetur se ipsum accusare*», in *Revista do Ministério Público*, ano 27, n.º 108, p.142 ss.

FIGUEIREDO DIAS, Jorge de
1993 «Sobre os sujeitos processuais no novo Código de Processo Penal», in Centro de Estudos Judiciários (org.), *Jornadas de Direito e Processo Penal – O novo Código de Processo Penal*, Coimbra: Almedina, pp. 1-34.
2007 *Direito Penal – Parte Geral*, tomo I, 2.ª ed., Coimbra: Coimbra Editora.

FIGUEIREDO DIAS, Jorge de & COSTA ANDRADE, Manuel da
2009 «Poderes de supervisão, direito ao silêncio e provas proibidas (Parecer)» in FIGUEIREDO DIAS, Jorge de *et al.*, *Supervisão, direito ao silêncio e legalidade da prova*, Coimbra: Almedina.

GOMES CANOTILHO, José Joaquim
2003 *Direito constitucional e teoria da Constituição*, 7.ª ed., Coimbra: Almedina.

Gomes Canotilho, José Joaquim & Moreira, Vital
2007   Constituição da República portuguesa anotada, 4.ª ed., Coimbra: Coimbra Editora.
Hassemer, Winfried
2009   Warum Strafe sein muss: ein Plädoyer, Berlin: Ullstein.
Lobo Moutinho, José
2008   Direito das contra-ordenações – Ensinar e Investigar, Lisboa: Universidade Católica.
Meireis, Manuel Augusto
1999   O regime das provas obtidas pelo agente provocador em processo penal, Coimbra: Almedina.
Melo Freire, Pascoal de
1966   «Instituições de Direito criminal», in Boletim do Ministério da Justiça, n.º 156, pp. 45-168.
Miranda, Jorge & Medeiros, Rui
2005   Constituição Portuguesa anotada, tomo I, Coimbra: Coimbra Editora
Oliveira Mendes, António Jorge & Santos Cabral, José António
2009   Notas ao Regime Geral das Contra-ordenações e coimas, 3.ª ed., Coimbra: Almedina.
Pereira e Sousa, Joaquim José Caetano
1800   Primeiras linhas sobre o processo criminal, 2.ª ed., Lisboa: Oficina Thaddeo Ferreira.
Pinto de Albuquerque, Paulo
2008   Comentário do Código de Processo Penal à luz da Constituição da República e da Convenção Europeia dos Direitos do Homem, 2.ª ed., Lisboa: Universidade Católica.
Roxin, Claus
2007a   «'Nemo tenetur': la jurisprudência en la encrucijada», in Roxin, Pasado, presente y futuro del Derecho procesal penal, Buenos Aires: Rubinzal-Culzoni, pp. 163-178.
2007b   «Autoincriminación involuntária y derecho al âmbito privado de la personalidade en las actuaciones penales», in Roxin, Pasado, presente y futuro del Derecho procesal penal, Buenos Aires: Rubinzal-Culzoni, pp. 85-107.
Sá, Liliana
2006   «O dever de cooperação do contribuinte versus o direito à não auto-incriminação», in Revista do Ministério Público, n.º 107, pp. 121-163.

SÉRVULO CORREIA, José Manuel
2002   *Direitos fundamentais – Sumários*, Lisboa: AAFDL.
2006   *O direito de manifestação: âmbito de protecção e restrições*, Coimbra: Almedina.
SIEBER, Ulrich
2007   «Grenzen des Strafrechts», in *ZStW*, tomo 119, n.º 1 (trad. castelhana in *R. Penal*, n.º 22 (2008), pp.125 e ss.), pp. 46 ss.).
SILVA DIAS, Augusto
2008   «*Delicta in se*» e «*delicta mere prohibita*», Coimbra: Coimbra Editora.
SILVA DIAS, Augusto & COSTA RAMOS, Vânia,
2009   *O direito à não auto-inculpação (nemo tenetur se ipsum accusare) no processo penal e contra-ordenacional português*, Coimbra: Coimbra Editora.
SOUSA MENDES, Paulo de
2009a   «O procedimento sancionatório especial por infracções às regras de concorrência», in PALMA, Fernanda *et al.* (org.), *Direito sancionatório das autoridades reguladoras*, Coimbra: Coimbra Editora, pp. 209-224.
2009b   «O dever de colaboração e as garantias de defesa no processo sancionatório especial por práticas restritivas da concorrência», in *Julgar*, n.º 9, pp. 11-27.
VIEIRA DE ANDRADE, José Carlos
2004   *Os direitos fundamentais na Constituição Portuguesa de 1976*, 3.ª ed., Coimbra: Almedina.
WOHLERS, Wolfgang
2007   «Nemo tenetur se ipsum accusare – 'An Obstruction to the Administration of Justice'?», in HETTINGER, Michael *et al.* (org.), *Festschrift für Wilfried Küper zum 70. Geburtstag*, Heidelberg: C.F. Müller, pp. 691-705.

DOSSIER TEMÁTICO II

O abuso de posição dominante

A TIPIFICAÇÃO DA RECUSA DE ACESSO A INFRA-ESTRUTURAS ESSENCIAIS COMO ABUSO DE POSIÇÃO DOMINANTE NA LEI DA CONCORRÊNCIA
Miguel Moura e Silva[1]

ABSTRACT: *The Portuguese Competition Statute of 2003 qualifies as an abuse of a dominant position the refusal to provide access to an essential facility or network. Contrary to the context in which the so-called "essential facilities doctrine" has developed under Article 102 TFEU, the Portuguese legal order sets a general duty to deal and moreover refusals to sell (and to buy) were already incorporated as an abuse of dominance. Thus, in Portugal two sets of rules now exist for refusals to deal, depending on whether the object of the refusal is the sale of a good or service or the provision of access to an essential facility or network. This article proposes a possible solution to the apparently conflicting treatment of refusals to deal under Portuguese competition law.*

SUMÁRIO: Introdução. 1. A estrutura do conceito de abuso de posição dominante. 2. O conceito de concorrência efectiva como elemento hermenêutico do abuso de posição dominante. 3. A justificação objectiva. 4. A consagração da proibição de recusa de acesso a infra-estruturas essenciais como exemplo da tensão entre a cláusula geral e o método da tipologia exemplificativa. 5. Recusa de venda e recusa de acesso a infra-estruturas essenciais como tipos distintos de abuso. Conclusão.

INTRODUÇÃO
Inserido nas alterações normativas tendentes a adaptar o nosso ordenamento às exigências da integração na então Comunidade Económica Europeia,

---
[1] Director do Departamento de Práticas Restritivas da Autoridade da Concorrência. As opiniões expressas neste artigo são da exclusiva responsabilidade do autor.

o Decreto-Lei n.º 422/83, de 3.12, veio consagrar em Portugal o primeiro verdadeiro regime de defesa da concorrência. Como seria de esperar, aí encontramos a parelha de normas de controlo de comportamental que constava já do Tratado de Roma de 1957. Uma proibição de comportamentos restritivos da concorrência traduzidos em acordos e práticas concertadas entre empresas ou em decisões de associações de empresas, por um lado; a proibição do abuso de posição dominante por uma ou mais empresas, por outro lado. Se a matriz comunitária dos artigos 81.º e 82.º do Tratado de Roma (actuais artigos 101.º e 102.º do Tratado sobre o funcionamento da União Europeia, adiante TFUE) constitui a clara inspiração do modelo nacional, a redacção das normas que a concretizam mostra clara influência das soluções seguidas pelos legisladores francês e alemão.

A técnica empregue pelo legislador português é semelhante à da matriz fornecida pelo artigo 102.º do TFUE. O conceito de abuso de posição dominante é limitado a uma cláusula geral de abuso e a uma remissão para uma tipificação exemplificativa, a exemplo, aliás, da estrutura do primeiro parágrafo do artigo 102.º do TFUE. Todavia, contrariamente aos autores do Tratado, que criaram uma lista exemplificativa própria do abuso de posição dominante, encontramos na legislação nacional uma incorporação por remissão dos exemplos típicos referentes a acordos, práticas concertadas e decisões de associações de empresas. Ou seja, para densificar exemplificativamente o conceito de abuso emprega-se uma tipologia que se dirige a práticas *entre* empresas e não, como a proibição do artigo 102.º do TFUE, a comportamentos *unilaterais*.

A entrada em vigor da Lei n.º 18/2003, de 18.6, (Lei da Concorrência, adiante LdC) tem como principal novidade, quanto ao regime do abuso de posição dominante, a consagração expressa da recusa de acesso a uma infraestrutura essencial (al. *b)* do n.º 3 do artigo 6.º da Lei n.º 18/2003), a par da remissão para a enumeração do actual n.º 1 do artigo 4.º da mesma lei. Assim, é especificamente considerada como abuso de posição dominante,

"A recusa de facultar, contra remuneração adequada, a qualquer outra empresa o acesso a uma rede ou a outras infra-estruturas essenciais que a primeira controla, desde que, sem esse acesso, esta última empresa não consiga, por razões factuais ou legais, operar como concorrente da empresa em posição dominante no mercado a montante ou a jusante, a menos que a empresa dominante demonstre que, por motivos operacionais ou outros, tal acesso é impossível em condições de razoabilidade".

Esta norma corresponde à tradução do n.º 4 do Parágrafo 4 do artigo 19.º da GWB, introduzido pelo legislador alemão na sexta *novelle*.[2] Como teremos ocasião de desenvolver mais adiante, a interpretação da alínea *b)* do n.º 3 do artigo 6.º da Lei n.º 18/2003 é terreno fértil para explorar uma construção dogmática coerente sobre o conceito de abuso de posição dominante no âmbito da lei nacional (Marques & Almeida, 2006). O interesse que esta novidade importada do ordenamento alemão suscita decorre do carácter desgarrado com que passa a ser estruturada a lista de comportamentos abusivos, com uma remissão global para uma lista de práticas restritivas *entre* empresas e uma previsão específica de um dos mais discutidos exemplos de abuso de posição dominante. A incongruência que decorre da certamente boa intenção do legislador de 2003 está bem patente ao considerarmos a dificuldade levantada pela concatenação da proibição da recusa de venda ou de compra, que já decorria da remissão para a listagem de práticas restritivas da concorrência por acordo ou outra coordenação de comportamentos entre empresas, com a condenação da recusa de acesso a infra-estruturas e redes essenciais.

O propósito deste trabalho consiste em propor uma metodologia de análise que dê consistência à aplicação da actual LdC, procurando salvaguardar o seu efeito útil e tomando como parâmetro hermenêutico o conceito de abuso de posição dominante, tal como desenvolvido, sobretudo, na jurisprudência comunitária.

1. A ESTRUTURA DO CONCEITO DE ABUSO DE POSIÇÃO DOMINANTE

A densificação do conceito de abuso de posição dominante no direito comunitário da concorrência originou inicialmente uma divergência doutrinal quanto ao alcance e fins deste conceito. Segundo Joliet, "*todos os exemplos de práticas abusivas enumeradas pelo Tratado mostram que a preocupação deste não é a de assegurar a manutenção de uma situação de concorrência, mas antes de zelar por que a dominação do mercado não seja utilizada efectivamente em prejuízo dos utilizadores ou dos* consumidores" (Joliet 1969).

Ainda para o mesmo autor, "*o artigo [102.º] do Tratado de Roma não é uma expressão de uma política de concorrência. Só constitui um abuso a exploração monopolística do poder e não as práticas anticoncorrenciais ou as concentrações*

---
[2] Sobre esta norma ver (Bechtold 2008) (Möschel 2007) (Säcker et al. 2008, Schultz, 2006).

pelas quais uma empresa adquire ou perpetua uma posição de domínio. As medidas correctivas têm um carácter dirigista: elas não podem resultar no desmantelamento da empresa dominante nem incidir sobre os comportamentos que estão na origem do poder. A característica fundamental do sistema de controlo instituído pelo artigo [102.º] é a aceitação da ausência de concorrência e a resignação a um papel de correcção dos seus efeitos" (Joliet 1976).

Esta relação entre a posição dominante e o comportamento – tido como censurável porque abusivo dessa situação de poder – está na origem da tese segundo a qual entre os dois conceitos deve existir um *"nexo de causalidade"*. Este entendimento é expresso pelo Advogado-Geral Roemer, nas conclusões apresentadas no acórdão *Continental Can* (1973). Para Roemer, parece resultar da redacção do actual artigo 102.º do TFUE que esta disposição *"só se aplica se a potência económica é usada como meio e de forma repreensível"*.

Perante o elenco exemplificativo de práticas que consta do segundo parágrafo do artigo 102.º do TFUE, coloca-se a questão de saber se elas *"só são concebíveis se a empresa dispuser de poder no mercado"*, como defendia o Advogado-Geral Roemer no caso *Continental Can*, logo proibidas quando se estabelecer o referido nexo de causalidade, ou se só são abusivas se adoptadas por uma empresa em posição dominante (Vogelenzang 1976).

Uma vez que o Tratado não avança qualquer conceito de abuso de posição dominante, são duas as vias que se abrem ao intérprete para desenvolver esse conceito:

(i) Via dedutiva: procura encontrar um conceito de exploração abusiva socorrendo-se de valores que devem informar a conduta competitiva (correndo o risco de se confundir com a tutela da lealdade da concorrência: contrariedade aos usos honestos ou aos meios legítimos de concorrência);

(ii) Via indutiva: procura encontrar um conceito de abuso a partir dos exemplos fornecidos nas diversas alíneas do artigo 102.º;

A *praxis* comunitária demonstra que estas vias não se excluem mutuamente, existindo, em todo o caso, clara prevalência da primeira sobre a segunda. Assim, nos casos em que o comportamento em questão não vai claramente contra os chamados "meios normais de concorrência" ou dá lugar a dúvidas, as autoridades comunitárias procuram reconduzir esse caso a um dos exemplos do segundo parágrafo, como tem sucedido com os casos de recusa de venda, subsumidos conjuntamente às alíneas *b)* e *c)*, quando não também à alínea *d)*, todas do artigo 102.º do TFUE. A primazia dada à cláusula geral de abuso vai ao ponto de desconsiderar os requisitos específicos de cada alínea, em função de uma interpretação teleológica e sistemática. Assim, a propósito da proibição de subordinação de contratos constante da alínea *d)* do artigo 102.º do TFUE, o Tribunal de Justiça afastou, no acórdão *Tetra Pak* II, a exigência de contrariedade da subordinação aos usos comerciais.[3]

O recurso a conceitos de índole ética, com algum acolhimento – ainda que minoritário – na prática do antigo Conselho da Concorrência, parece afastado pelo Tribunal de Justiça, pelo menos na medida em que se pretenda condicionar a qualificação de comportamento abusivo à violação de regras daquela natureza. Como efeito, de acordo com a jurisprudência constante do Tribunal de Justiça, "*o conceito de abuso é um conceito objectivo que se reporta ao comportamento de uma empresa em posição dominante que é de tal natureza que influencia a estrutura do mercado quando, em resultado da própria presença da empresa em questão, o grau de concorrência é enfraquecido e que, pelo recurso a meios diferentes daqueles em que assenta a concorrência normal em produtos ou serviços na base das transacções entre operadores comerciais, tem por efeito impedir a manutenção do grau de concorrência ainda existente no mercado ou o desenvolvimento dessa concorrência*", Acórdão Hoffmann-La Roche (1979).

Quanto ao *objecto do comportamento abusivo*, deve salientar-se que a jurisprudência comunitária não exige que este coincida com o mercado dominado; de resto tal decorre, desde logo, da letra do segundo parágrafo do artigo 102.º do TFUE que qualifica como abusivas práticas que têm efeito num mercado situado a jusante ou a montante [alínea *c)*] ou que estabelecem um nexo entre mercados distintos [alínea *d)*].

2. O CONCEITO DE CONCORRÊNCIA EFECTIVA COMO ELEMENTO HERMENÊUTICO DO ABUSO DE POSIÇÃO DOMINANTE

Um dos problemas de considerar abusivo qualquer comportamento de uma empresa em posição dominante que afecte negativamente a concorrência é o

---

3 Assim, para o Tribunal de Primeira Instância, ainda que a prática de subordinação correspondesse a um uso comercial, "um uso, mesmo aceitável em situação normal num mercado concorrencial, não pode ser admitido no caso de um mercado em que a concorrência já está reduzida" (considerando 137). Ver (1994) Este passo do acórdão foi confirmado em recurso pelo Tribunal de Justiça, segundo o qual "*a lista de práticas abusivas constante do segundo parágrafo do artigo 86.º do Tratado não é taxativa. Por conseguinte, mesmo quando a venda ligada de dois produtos seja conforme aos usos comerciais ou quando exista uma relação natural entre os dois produtos em questão, ela pode ainda assim constituir um abuso na acepção do artigo 86.º, a menos que se justifique objectivamente*" (considerando 37) (1996b).

de tal abranger igualmente o resultado da maior eficiência de uma empresa naquela posição. A finalidade da empresa em concorrência é, importa não esquecer, ganhar a preferência dos consumidores para, dessa forma, aumentar os seus lucros. Tal poderá traduzir-se no enfraquecimento da posição dos concorrentes ou mesmo na saída destes do mercado, caso não consigam ser igualmente eficientes.

Alguns Autores procuram, por isso, distinguir aprioristicamente entre métodos legítimos e métodos abusivos. Quando uma empresa exclui os seus concorrentes por ser mais eficiente do que estes, tal não será considerado abusivo "*desde que o seu comportamento se limite a uma concorrência legítima*" (Temple Lang 1979). Mas tal supõe a capacidade de distinguir entre *métodos normais de concorrência* (comportamento que aumenta a parte de mercado da empresa em posição dominante mas que nem explora a ausência relativa de concorrência nem exclui concorrentes) e *práticas ilícitas*, incluindo nestas últimas os comportamentos que envolvem uma restrição significativa do âmbito de actuação dos concorrentes ou o aproveitamento do poder de mercado. As tentativas de desenvolver tais critérios de apreciação têm levado a oscilações da doutrina e da jurisprudência, em particular no ordenamento alemão (Möschel, 2007).

O conceito de abuso consagrado na jurisprudência inspira-se no direito da concorrência alemão: *Behinderungsmißbrauch* (comportamento que limita significativamente os concorrentes, clientes ou fornecedores nas suas actividades competitivas sem uma causa justificativa e, desse modo, afecta a estrutura competitiva). A jurisprudência alemã tende a limitar este tipo de abusos às práticas de empresas dominantes consideradas incompatíveis com os princípios de uma concorrência efectiva (*Nichtleistungswettbewerb*) e que resultem numa deterioração adicional da estrutura de mercado. Note-se que este conceito é igualmente aplicado no domínio do direito da concorrência desleal, sendo de destacar, entre nós, o tratamento teórico do chamado "princípio da prestação" por Oliveira Ascensão (Ascensão 1996).[4]

Encontram-se ecos desta posição em alguns dos mais importantes acórdãos do Tribunal de Justiça:

"[S]*egundo jurisprudência constante, o artigo [102.º] faz pesar sobre uma empresa em posição dominante, independentemente das causas dessa posição, a*

---

[4] Sobre as dificuldades de articulação entre o regime de defesa da concorrência e a repressão da concorrência desleal, veja-se a perspectiva lúcida de Evaristo Mendes (Mendes 1997).

especial responsabilidade de não afectar pelo seu comportamento uma concorrência efectiva e não falseada no mercado comum [...]. *Fica, assim, abrangido pela esfera de aplicação do artigo* [*102.º*] qualquer comportamento de uma empresa em posição dominante, susceptível de constituir obstáculo à manutenção ou ao desenvolvimento do grau de concorrência existente num mercado, onde, como consequência precisamente da presença dessa empresa, a concorrência está já enfraquecida". (*Compagnie maritime belge*, considerando 106, sublinhado nosso).

Este dever geral de conduta concorrencial imposto às empresas em posição dominante deve ser compatibilizado com a defesa dos interesses da mesma. Algumas decisões comunitárias não só impõem o ónus da justificação à empresa dominante como tendem, por vezes, a decidir pela natureza abusiva de qualquer comportamento que tenha por objectivo eliminar um concorrente, sem cuidar de saber se a conduta é, em concreto, apta a esse resultado – esta constitui a metodologia típica das proibições *per se*. Esta crítica está subjacente ao exercício de modernização da aplicação do artigo 102.º do TFUE.

Uma empresa em posição dominante não pode promover a exclusão de concorrentes pelo recurso a métodos que não os ditos procedimentos normais de concorrência. Apesar de esta noção parecer indicar que só condutas que pressupõem poder de mercado podem ser qualificadas nesta categoria, a verdade é que entre os métodos vedados às empresas em posição dominante se encontram práticas que podem ser adoptadas por empresas com reduzidas quotas de mercado. Além disso, as práticas abrangidas por esta categoria podem ainda relevar dos abusos de exploração, como sucede com os chamados "descontos de fidelidade".

Numa recente comunicação, a Comissão Europeia propõe uma metodologia geral de análise dos abusos de exclusão orientada para os efeitos da conduta e não pré-determinada pela forma que a mesma reveste (2009). Evidentemente, a coerência de aplicação do artigo 102.º obriga a que comportamentos com o mesmo resultado ou igual aptidão abstracta para a produção do mesmo resultado devem ser objecto de tratamento uniforme. No entanto, uma metodologia puramente orientada para os efeitos torna a qualificação do abuso num conceito relativo e não no conceito objectivo a que se refere a jurisprudência comunitária. É que só podemos saber qual o efeito após iniciada a conduta potencialmente abusiva. E como podemos qualificar de abusiva uma conduta cujo efeito desconhecemos? Daí que as orientações adoptadas pela Comissão Europeia nesta matéria mantenham alguns laivos da tão criticada metodologia dita formal. Refira-se, em todo o caso, que os casos onde esta abordagem tem sido seguida encontram forte apoio na jurisprudência comunitária, como sucede em matéria, por exemplo, da proibição de descontos de fidelização.

Os abusos de exploração e os abusos de exclusão podem distinguir-se consoante os parâmetros da concorrência em que incide ou actua a conduta em causa. A *summa divisio* em direito da concorrência é a que distingue os abusos relativos aos preços dos abusos que incidem sobre outros parâmetros da concorrência. Reconhecendo a substituibilidade entre os dois tipos de conduta, já nossa conhecida a propósito das restrições verticais e horizontais (Moura e Silva 2000), as Orientações da Comissão Europeia sobre abusos de exclusão assentam no estabelecimento de diferentes metodologias de concretização da abordagem centrada nos efeitos consoante o abuso se refira ou não aos preços.

A razão de ser desta qualificação radica na ideia de que os abusos em matéria de preços se prestam a uma mais fácil identificação mediante a aplicação do critério do concorrente igualmente eficiente (*"as efficient competitor"*) (2009). O parâmetro do concorrente igualmente eficiente tem subjacente uma noção de abuso: será abusivo o comportamento apto a excluir (em sentido amplo) um concorrente tão eficiente quanto a empresa em posição dominante. Procura-se, assim, conciliar a proibição de comportamentos que entravem a concorrência subsistente no mercado em causa com o conceito de eficiência produtiva. Mas veja-se o relativismo aberto por esta noção: a conduta da empresa dominante só será abusiva se tiver a potencialidade de excluir um concorrente tão eficiente quanto o autor da prática; se o concorrente for excluído porque é menos eficiente do que a empresa dominante, então esse é um comportamento concorrencial normal, mesmo que daí decorra a possibilidade de exercício de poder de mercado ou o reforço da mesma. Uma norma comportamental sofre uma deriva em função do resultado (para retomar o paradigma da Economia Industrial). Só quando o resultado se traduz no afastamento de um concorrente igualmente eficiente e, consequentemente, na eliminação de uma pressão concorrencial efectiva que constrange o exercício de poder de mercado de modo a assegurar a afectação eficiente de recursos possível dadas as condicionantes estruturais, é que estaremos perante uma prática abusiva. Em alguns casos, a eficiência do concorrente hipotético tem de ser objecto de uma avaliação mitigada por considerações dinâmicas. Assim, na presença de importantes economias de escala ou de rede, a "vítima" pode não ser tão eficiente quanto a empresa em posição dominante porque não atingiu ainda um patamar mínimo de eficiência, obrigando a uma análise mais complexa em função das condições concretas de cada mercado.

Perante esta variabilidade da qualificação de uma prática em função de características intrínsecas das empresas que são "vítimas" directas da prática abusiva, quais as razões que levam a Comissão a adoptar tal critério? A explicação encontra-se na maior certeza jurídica que o critério encerra. É que o parâmetro de comparação deixa, em princípio, de ser uma hipotética estrutura concorrencial ou as condições que prevaleceriam em tal cenário e sim o nível de eficiência da empresa dominante. No fundo, quanto mais eficiente a empresa dominante, maior a margem que terá para actuar sem incorrer no risco de infringir o artigo 102.º do TFUE.

O concorrente igualmente eficiente é definido como um concorrente hipotético que tenha os mesmos custos que a empresa em posição dominante. Assim, o autor do eventual abuso deve saber, à partida, se as suas práticas em matéria de preços são ou não abusivas: basta-lhe confrontar as suas condições de preço com os seus próprios custos.

Mais difícil se afigura a determinação de um critério, ainda que discutível como o do concorrente igualmente eficiente, para os abusos que empreguem outros meios que não a política de preços. Este é claramente o caso da recusa de venda ou de acesso a uma rede ou infra-estrutura essencial. E note-se que tal dificuldade não é resolvida pelo facto de à recusa se poder assimilar a exigência de um preço (ou outra condição contratual) excessivo. A questão prévia é saber se existe ou não um dever de acesso: o controlo do preço praticado assume um papel acessório relativamente a um dever preexistente. Retomaremos esse ponto na secção 4 deste trabalho.

3. A JUSTIFICAÇÃO OBJECTIVA

Contrariamente ao que sucede com o n.º 1 do artigo 101.º do TFUE e o artigo 4.º, n.º 1, da LdC, o artigo 102.º do TFUE e o artigo 6.º da LdC não prevêem a possibilidade de isenção de comportamentos proibidos com fundamento no balanço económico (n.º 3 do artigo 101.º do TFUE e artigo 5.º da LdC).

Daqui se conclui que o preenchimento do tipo abuso de posição dominante não conhece qualquer excepção legal. Mas tal não significa que, na fase de qualificação da conduta como abusiva, nunca se possa ter em conta o contexto em que o comportamento é tomado ou mesmo a intenção que lhe é subjacente. Daí que a jurisprudência comunitária admita que um comportamento que, à primeira vista, pode ser considerado abusivo não mereça tal qualificação por encontrar uma justificação objectiva. A justificação objectiva surge assim como um elemento de análise do preenchimento do tipo e não como uma causa de exclusão da ilicitude: o comportamento não é abusivo, enquanto um acordo abrangido pelo n.º 3 do artigo 101.º do TFUE preenche o tipo do n.º 1 do mesmo artigo mas não é proibido, devido à excepção legal do balanço económico. Uma interpretação possível da noção de justificação objectiva é saber se podia ser razoavelmente exigido à empresa em questão que, considerando todas as circunstâncias relevantes, adoptasse um comportamento diferente; nesta linha de pensamento, o comportamento deixa de ser abusivo porque a empresa não dispõe de uma verdadeira margem substancial de apreciação: o seu comportamento é determinado exogenamente por circunstâncias ponderosas e é proporcional à satisfação de um interesse atendível.

Uma das inovações fundamentais das novas orientações da Comissão em matéria de abusos de exclusão é a consagração, sob forma de *soft law*, de uma defesa fundada nos ganhos de eficiência para os casos de abuso de posição dominante. Na óptica da Comissão, existindo a possibilidade de isenção de acordos restritivos com fundamento no n.º 3 do artigo 101.º do TFUE e tendo sido reconhecida a admissibilidade de uma defesa de eficiência em casos de concentração de empresas, a coerência do regime comunitário exige a aplicação de um regime idêntico para os abusos de posição dominante.

Ora, as considerações de eficiência podem, de facto, desempenhar um papel na economia do artigo 102.º. Todavia, a sede adequada para tais considerações é o próprio conceito de abuso e a delimitação das condutas que devem ou não ser subsumidas a essa noção. Sustentar, a exemplo do artigo 101.º, uma isenção para os abusos é uma contradição nos termos. Pela nossa parte, consideramos existirem pelo menos quatro argumentos contra a introdução de tal excepção.

Em primeiro lugar, o conceito de abuso de posição dominante exclui à partida a possibilidade de uma justificação com fundamento num balanço de eficiência positivo, como se comprova, desde logo, pela diferença de redacção entre o artigo 101.º e o artigo 102.º.

Seguidamente, não existe qualquer precedente na jurisprudência comunitária, sendo que os casos citados pela Comissão se reportam apenas à chamada "justificação/necessidade objectiva", a qual se prende com a exigibilidade de a empresa em causa ter adoptado outro comportamento e não com uma excepção de certos comportamentos abusivos.

Em terceiro lugar, a adopção de um balanço de eficiência configura a passagem de um sistema onde alguns comportamentos tendem a ser considerados abusivos *per se* para uma generalização da metodologia da *rule of reason*, sem que seja feito um balanço entre os custos e os benefícios de cada uma das metodologias.

Por último, a existência de um balanço de eficiência em sede do artigo 102.º do TFUE não beneficia da inversão do ónus da prova, consagrada no Regulamento n.º 1/2003 apenas para o n.º 3 do artigo 101.º, pelo que a sua aceitação corresponde a elevar o ónus da prova da infracção de forma a afastar também eventuais argumentos assentes em ganhos de eficiência e numa comparação que se deverá afigurar difícil entre os efeitos restritivos e os danos directos e indirectos para os consumidores, por um lado, e os ganhos de eficiência resultantes de uma conduta, ainda que abusiva, por outro.

4. A CONSAGRAÇÃO DA PROIBIÇÃO DE RECUSA DE ACESSO A INFRA-ESTRUTURAS ESSENCIAIS COMO EXEMPLO DA TENSÃO ENTRE A CLÁUSULA GERAL E O MÉTODO DA TIPOLOGIA EXEMPLIFICATIVA

A questão da existência de uma *essential facilities doctrine* no direito português da concorrência nunca chegou a ser formalmente equacionada no âmbito dos diplomas que antecederam a Lei n.º 18/2003, de 11 de Junho.[5] Todavia, convirá deixar desde já claro que o enquadramento em que se situa a jurisprudência comunitária é totalmente distinto do que vigora em Portugal desde a nossa primeira lei da concorrência. Se o Tribunal de Justiça teve de proceder à criação pretoriana de tal dever, partindo da al. b) do artigo 102.º do TFUE e da própria natureza de cláusula geral do corpo deste artigo, tal deve-se à inexistência de um dever geral de contratar.

Contrariamente ao que sucede no direito comunitário – delimitado pelos princípios da competência de atribuição e da subsidiariedade e, por isso, restrito aos comportamentos susceptíveis de afectar o propósito de integração económica – a legislação portuguesa, inspirada nas leis de outros Estados-

---

5 Tal contrasta com o que aconteceu noutros Estados-membros, onde as autoridades nacionais foram progressivamente consolidando a aplicação desta teoria. Para uma interessante análise do caso italiano, colocado em perspectiva com os desenvolvimentos comunitários e interessantes reflexões sobre a concretização em matéria de determinação de preços e regras de acesso ver (Siragusa, 1998).

-membros, como a França, introduz aqui um princípio de ordem pública económica que limita a autonomia contratual dos agentes económicos.[6]

Assim, o artigo 4.º do Decreto-Lei n.º 370/93, de 29 de Outubro, impõe, no seu n.º 1, a proibição "a um agente económico recusar a venda de bens ou a prestação de serviços a outro agente económico, segundo os usos normais da respectiva actividade ou de acordo com as disposições legais ou regulamentares aplicáveis, ainda que se trate de bens ou de serviços não essenciais e que da recusa não resulte prejuízo para o regular abastecimento do mercado". A esta prática é equiparada a subordinação ou *tying* (n.º 2 do mesmo artigo). A lei reconhece um conjunto amplo de justificações para esta recusa mas o princípio fundamental é o de que, contrariamente ao que sucede no âmbito do direito comunitário, existe um dever geral de venda no direito português.[7]

Essa proibição tem por destinatários os "agentes económicos" sendo, por isso, indiferente qual a sua posição no mercado. O âmbito da proibição alarga-se *expressamente* a casos em que os bens ou serviços *não sejam essenciais* ou em que da recusa *não resulte prejuízo para o regular abastecimento do mercado*. Ou seja, reiteramos que não é possível postular a inexistência de uma obrigação de fornecer, como sucede no direito comunitário; este é, recorde-se, um ordenamento que se sobrepõe mas não substitui os ordenamentos nacionais em matérias que não colidam com aquele.[8]

Ainda de acordo com o artigo 4.º, n.º 1, do Decreto-Lei n.º 370/93, existe, como foi referido, um elenco taxativo de causas justificativas da recusa, cuja prova incumbe ao agente económico vendedor, sendo a última delas "*a ocorrência de qualquer outra circunstância inerente às condições concretas da transacção que, segundo os usos normais da respectiva actividade tornaria a venda do bem ou a prestação do serviço anormalmente prejudicial para o vendedor*" (al. *g)*). Tal disposição poderá, eventualmente, ser interpretada como justificação para uma recusa de venda a um concorrente, desde que daí decorra um prejuízo anormal para o vendedor. Independentemente de saber se a recusa de venda por empresa em posição dominante a um concorrente releva ou não daquele regime, afigura-se que tal comportamento deve ser punido pela Lei

---

6 Esta é uma questão frequentemente ignorada pela doutrina comunitária. Dois autores americanos chamam a atenção para esta particularidade (Venit and Kallaugher 1995).

7 Já no Decreto-Lei n.º 422/83, de 3.12, era proibida a recusa de venda pelo artigo 11.º, n.º 1, enquanto prática dita individual (Martins et al. 1986).

8 Artigo 3.º do *Regulamento(CE) n.º 1/2003 do Conselho, de 16 de Dezembro de 2002,relativo à execução das regras de concorrência estabelecidas nos artigos 81.º e 82.º do Tratado*, J.O. L 1, 4.1.2003, p. 1.

n.º 18/2003, na medida em que tal concurso de contra-ordenações deve ser resolvido pelo critério da especialidade.[9]

Enquanto vigorou o Decreto-Lei n.º 371/93, de 29 de Outubro, houve apenas um caso em que foi feita referência indirecta à teoria das infra-estruturas essenciais, e aí apenas para demonstrar os critérios exigentes que presidem à sua invocação.[10]

Trata-se ainda de uma situação em que a condenação por abuso de posição dominante se estribou nas disposições correspondentes às alíneas *f)* e *g)* do n.º 1 do artigo 4.º da Lei n.º 18/2003 (recusa de venda relativa ao fornecimento de serviços essenciais para o pagamento automático de portagens rodoviárias – note-se que a essencialidade é aqui puramente funcional e não constitui uma qualificação do serviço em termos equiparáveis aos do critério de essencialidade de uma infra-estrutura); é de relevar ainda que o comportamento foi referido como recusa de venda, na medida em que a arguida se recusava a prestar os serviços a não ser enquanto pacote (serviços essenciais e serviços acessórios), quando os mesmos foram qualificados como serviços distintos, desde logo pelo próprio enquadramento que regia as relações entre as empresas envolvidas.

O *obter dictum* onde é referida a teoria das infra-estruturas essenciais diz respeito ao acesso à base de dados de clientes da Via Verde, a qual constituía um *input* dos serviços essenciais e não um serviço prestado em condições de mercado; neste caso estaríamos perante uma verdadeira recusa de "oferta" e

---

9 Já no Decreto-Lei n.º 422/83, de 3.12, era evidente a relação de especialidade entre a proibição da recusa de venda pelo artigo 11.º, n.º 1 e a qualificação da recusa de venda como abuso de posição dominante pela remissão do artigo 14.º, n.º 1 para a al. e) do n.º 1 do artigo 13.º ("recusar, directa ou indirectamente, sem justificação, a compra ou venda de bens e a prestação de serviços, nomeadamente em virtude de discriminação em razão da pessoa do comprador ou do vendedor"), sendo as recusas de venda como práticas individuais puníveis com coima de 25.000$00 a 1.000.000$00 e enquanto abuso de posição dominante com coima de 50.000$00 a 50.000.000$00. A separação da sede dos dois regimes, operada pela reforma de 1993, não nos parece reconfigurar tal relação inter-normativa.

10 Decisão do Conselho da Concorrência (Relator Miguel Moura e Silva) de 31.1.2002, *Práticas anticoncorrenciais no mercado dos serviços para pagamento de portagens rodoviárias*, Relatório de Actividade de 2002, Diário da República – II.ª Série, n.º 200, de 30.8.2003, p. 13.353. A referência consta da nota de rodapé 15. Na decisão que aprovou medidas cautelares, proferida a 22.6.2001, afirma-se que "para uma concessionária da exploração de infra-estruturas rodoviárias com portagem, as empresas que exploram o sistema Via Verde são *'partenaires obligatoires'*, controlando uma verdadeira infra-estrutura essencial, sem a qual não podem concorrer no mercado em condições aceitáveis" (ponto 26). Refira-se, contudo, que essa referência surge apenas no âmbito da qualificação da posição das arguidas como sendo dominante no mercado em causa e que a mesma não é retomada na fundamentação quanto à natureza indiciariamente restritiva da concorrência do comportamento em causa; por último, às arguidas não foi ordenado o acesso a um serviço que por elas não fosse prestado e sim que não interrompessem a prestação dos serviços essenciais no âmbito do serviço Via Verde.

não face a uma recusa de "venda", pois o serviço a adquirir não se apresentava num "mercado" (no entanto, ver a posição crítica do vogal Victor Calvete em declaração de voto anexa à decisão).

Já em termos de recusas de venda enquanto práticas susceptíveis de infringir a proibição de abuso de posição dominante (e, portanto, não apreciadas como meras práticas individuais), temos dois casos a sublinhar.

O primeiro dizia respeito à fase em que surge o primeiro canal privado de televisão em Portugal.[11] O processo foi instruído pela Direcção-Geral da Concorrência e Preços ao abrigo do artigo 14.º do Decreto-Lei n.º 422/83, por remissão para a al. *e)* do n.º 1 do artigo 13.º do mesmo diploma, a qual previa como constituindo ilícito concorrencial o facto de *"recusar, directa ou indirectamente, sem justificação, a compra ou venda de bens e a prestação de serviços, nomeadamente em virtude de discriminação em razão da pessoa do comprador ou do vendedor"*.

Oito meses depois de entrar em funcionamento, a SIC – Sociedade Independente de Comunicação, solicitou, por intermédio da empresa de publicidade FCB Publicidade, à RTC, concessionária em exclusivo da publicidade na RTP, por esta detida em 95,28%, a publicitação, em horário nobre, da sua telenovela "Renascer". A RTC recusou, invocando que a exibição de tais anúncios em horário nobre provocaria uma situação de concorrência "demasiado directa". A construção da decisão do Conselho, proferida dois anos após a ocorrência dos factos (o relatório de instrução só ficou concluído em Janeiro de 1995, a decisão foi tomada em Outubro do mesmo ano) qualifica o enquadramento do litígio como inserido numa questão "política", relativa ao serviço público atribuído à RTP e à alegada desigualdade de condições de concorrência então enfrentadas pelas duas estações privadas.

Escudando-se nas consequências limitadas da recusa em questão, o Conselho parece aceitar a justificação da RTC, enquadrando-a na alínea *f)* do artigo 12.º do Decreto-Lei n.º 422/83 (correspondente à actual al. *g)* do n.º 1 do artigo 4.º do Decreto-Lei n.º 370/93), por poder consubstanciar uma situação anormalmente prejudicial para o vendedor e, eventualmente, entender-se contrária aos "usos normais da actividade".

Estamos perante um caso em que a recusa de venda não era, claramente, susceptível de levar à eliminação da concorrência no mercado principal, cor-

---

11 Decisão do Conselho da Concorrência (Relator Ivo Gonçalves) de 19.10.1995, *Práticas anticoncorrenciais no mercado da publicidade televisiva*, Relatório de Actividade de 1995, p. 64.

rectamente identificado pelo Conselho como o mercado das audiências, onde verdadeiramente se travava a luta entre a denunciante e a RTP, verdadeira visada pela queixa. Perante a complexidade da questão, e não ignorando os candidamente admitidos contornos "políticos", a decisão parece-nos, retrospectivamente, chegar ao resultado certo, ainda que por uma metodologia algo confusa. O que fundamenta a absolvição é, acima de tudo, não a ausência de um comportamento *prima facie* abusivo – aspecto onde o Conselho ficou consideravelmente aquém da letra e do espírito da norma aplicável que qualifica a recusa de venda como abuso – e sim a existência de uma justificação objectiva, fundada na protecção dos interesses comerciais legítimos da empresa dominante; *arguendo* tal auto-tutela poderia ser considerada proporcional na medida em que a SIC dispunha de vários outros meios de publicitar a sua novela (a rádio, a imprensa, os *outdoors*), a que, actualmente, as várias estações recorrem de forma permanente; acresce que – fundadamente ou não, a leitura da decisão não nos habilita a uma pronúncia sólida – a RTC não terá fechado as portas à realização dos anúncios controvertidos, sendo a sua recusa limitada ao período do horário nobre.[12]

O segundo caso é do maior interesse para o desenvolvimento de critérios de análise da natureza abusiva de uma recusa de venda. Referimo-nos ao processo *Infobolsa*.[13]

A Bolsa de Valores de Lisboa fornecia, mediante remuneração, aos chamados *vendors* de informação, como a Bloomberg, Reuters (a denunciante neste processo) e outros, um conjunto de dados gerados pelo sistema de negociação a que só têm acesso os respectivos associados. A informação transmitida correspondia à indicação, por título, da melhor e da pior transacções.

Após uma modificação do sistema informático de negociação entre os seus associados, este passou a estar em condições de fornecer informação sobre as cinco melhores e cinco piores transacções de cada título, também designada informação sobre a profundidade do mercado. O serviço foi introduzido para aumentar o grau de informação disponível aos membros da Bolsa. No

---

12 Numa rara posição favorável à aplicação da proibição do abuso de posição dominante, o Vogal Victor Calvete entendeu ter ocorrido uma recusa punível enquanto abuso por parte da RTC, implicitamente considerando a justificação objectiva invocada como não comprovada nas circunstâncias do caso, pois de acordo com a declaração condenaria a RTC.

13 Decisão do Conselho da Concorrência (Relator Victor Calvete) de 22.2.2001, *Práticas anticoncorrenciais no mercado da informação bolsista*, Relatório de Actividade de 2001, Diário da República – II.ª Série, n.º 189, de 17.8.2002, p. 13.944. Tendo participado nessa deliberação, retomamos aqui as opiniões expressas na declaração de voto de vencido então apresentada e que foi igualmente subscrita pela Vogal Carolina Cunha.

entanto, como a informação gerada no sistema era vendida a outros prestadores de serviços que a faziam chegar a investidores que não participavam do círculo restrito dos associados, o sistema passou a gerar um novo serviço enquanto produto derivado do sistema de *trading*.

Entretanto, no último trimestre de 1997, a Bolsa de Valores de Lisboa lançou um serviço próprio de informação bolsista, que concorria com os diferentes *vendors*. Esta concorrência tem uma particularidade: os interessados em informação bolsista tendem a subscrever pelo menos dois, senão mais serviços, de modo a garantir redundância em caso de falha de um dos fornecedores e manter um fluxo máximo de informação. Nesta perspectiva, os sistemas são não apenas concorrentes em sentido próprio como também complementares entre si. O novo serviço com informação sobre a profundidade do mercado era disponibilizado no Infobolsa mas não foi imediatamente disponibilizado aos *vendors* independentes.

A Reuters apresentou uma queixa, imputando à Bolsa de Valores de Lisboa um abuso de posição dominante por recusa em disponibilizar a informação sobre profundidade do mercado e discriminação relativamente ao serviço Infobolsa.[14]

Em sua defesa, a Bolsa de Valores de Lisboa afirmou nunca ter negado acesso a tal informação, tendo mesmo disponibilizado uma minuta de contrato à Reuters em Outubro de 1998 (um ano após o lançamento do serviço Infobolsa). Na verdade tal acesso só se tornou efectivo em Julho de 1999.

A entidade instrutora qualificou a conduta em causa como um abuso de posição dominante, na acepção das als. *e)* e *f)* do artigo 2.º, aplicável por remissão do artigo 3.º, ambos do Decreto-Lei n.º 371/93, de 29 de Outubro. Ou seja, em causa estaria uma prática de discriminação e uma recusa de venda, respectivamente. Na sequência de diligências complementares levadas a cabo pelo Conselho da Concorrência, a Bolsa de Valores de Lisboa veio invocar igualmente dificuldades técnicas, incluindo a necessidade de dar prioridade ao trabalho dos técnicos de informática na preparação para os problemas que poderia vir a colocar o famoso *bug* do ano 2000.

Um factor que modificou o quadro do litígio foi a celebração de um acordo, em Agosto de 2000, para o fornecimento da informação sobre profundidade

---

14 A queixa assentava igualmente em alegados atrasos de alguns segundos na entrega da informação. Não foi possível confirmar a veracidade de tais alegações.

do mercado, levando a denunciante a considerar "ultrapassadas as razões que levaram esta empresa a apresentar queixa".

Os mercados relevantes eram, por um lado, o de fornecimento da informação sobre o mercado "em bruto". Esta era posteriormente tratada pelos *vendors* e vendida num mercado de informação bolsista. O Conselho da Concorrência decidiu arquivar o processo, considerando igualmente as alegadas justificações da arguida – assumindo assim o ónus de provar a falta de fundamento das mesmas, em clara discrepância com a jurisprudência comunitária em sede de abuso de posição dominante.

A justificação avançada, assente em argumentos técnicos, fundava-se em pressupostos pouco plausíveis. As dificuldades técnicas teriam impedido a transmissão do sinal com a informação sobre a profundidade do mercado durante dois anos a empresas localizadas em Lisboa. Simultaneamente, a mesma informação era fornecida ao sistema Infobolsa. Acresce que, de acordo com os esclarecimentos prestados pela própria Bolsa de Valores de Lisboa, o sistema Infobolsa baseava-se numa solução de *software* fornecida por uma empresa equivalente da Bolsa de Madrid. Quer isto dizer que o sinal com a informação sobre a profundidade do mercado era transmitido de Lisboa para Madrid, aí conformado no conteúdo do Infobolsa e, por sua vez, transmitido por satélite para os clientes localizados em Portugal. Como seria de supor, a Bolsa de Valores de Lisboa não conseguiu explicar porque motivo o fornecimento era possível por transmissão para Madrid, mas não dentro da cidade de Lisboa. Estabelecida a natureza *prima facie* abusiva de uma conduta, cabe à empresa dominante apresentar uma justificação objectiva que seja legítima e proporcional, o que não parece ter sucedido.

Quais são as implicações deste caso? Como sabemos, um abuso de posição dominante pode ocorrer quando uma empresa que detém tal posição de poder de mercado viola os especiais deveres de conduta que decorrem dessa situação de facto em que se encontra. A questão que então se coloca é a de saber se existe ou não um dever de, nas circunstâncias do caso, facultar o acesso em condições de igualdade às informações sobre a profundidade de mercado (relativamente às quais a Bolsa de Valores de Lisboa detinha um monopólio de facto: a informação é um subproduto da actividade de *trading* dos seus membros, assente em soluções informáticas que geram tal resultado em função das necessidades dos associados). Tal dever pode encontrar fundamento na jurisprudência do Tribunal de Justiça das Comunidades Europeias em sede do actual artigo 102.º do TFUE, na linha da jurisprudência examinada na secção precedente.

Apesar dessa fácil subsunção, tratando-se de um caso de aplicação das regras de concorrência a um produto que tem características especiais, a informação, importa, na linha do acórdão *Brönner*, ter em conta o risco de colocar obstáculos ao desenvolvimento da inovação.

Ao contrário do que sucedia com o caso *Magill*, a Bolsa de Valores de Lisboa não detém qualquer exclusivo legal sobre a informação em causa, já que esta escapa ao âmbito de protecção pelos diferentes direitos de propriedade intelectual (mesmo os de justificação mais duvidosa, como direito de autor sobre listas de programas de televisão). Mais, sendo a informação sobre a profundidade do mercado "produzida" pelo e para o mercado de valores onde actuam os associados da Bolsa de Valores de Lisboa, não parece existir o risco de a imposição deste dever impedir a produção e difusão dessa informação. Ou seja, enquanto noutros casos a imposição de um tal dever poderia retirar o próprio incentivo à inovação (o que se pode presumir, pelo menos nos casos em que a lei protege em abstracto determinados tipos de inovação, *e.g.* um novo princípio activo para o fabrico de um medicamento), na presente situação não existia nenhum esforço específico de inovação, actual ou potencial, que mereça ser protegido.

Com efeito, tal como no caso *Magill*, a informação cujo acesso foi reservado em condições de discriminação face às empresas de redifusão é um subproduto necessário da actividade principal (no caso, a partir da introdução de um novo sistema de negociação que permite obter informação sobre a profundidade do mercado). Ao contrário, porém, daquele caso, a informação não recebeu uma discutível tutela pelos direitos de propriedade intelectual. Quer a Bolsa de Valores de Lisboa pudesse ou não prever a imposição de um dever de dar acesso à informação em condições de igualdade, tal em nada influenciaria a decisão de adoptar um sistema de negociação que teria como subproduto necessário a informação sobre a profundidade do mercado.

Note-se ainda que a imposição do dever especial de conduta não teria necessariamente impedido o surgimento de um novo serviço, apenas imporia à Bolsa de Valores de Lisboa que criasse uma plataforma de difusão da informação que não servisse apenas os seus próprios interesses via Infobolsa, mas também os dos restantes *vendors*, seus clientes e dela dependentes para a transmissão de informação sobre a profundidade do mercado, assim permitindo que os serviços pudesse concorrer pelo mérito com o prestado pela arguida.

Infelizmente, o antigo Conselho da Concorrência perdeu esta excelente oportunidade para esclarecer a forma como as regras da concorrência são aplicáveis na chamada "Sociedade da Informação". E, talvez pior, deu (desnecessariamente) razão ao cepticismo do Professor e Juiz Richard Posner nesta matéria:

"*Concern has been expressed recently that U.S. antitrust law may not be well suited to regulating the 'new economy'. (...) The real problem lies on the institutional side: the enforcement agencies and the courts do not have adequate technical resources, and do not move fast enough, to cope effectively with a very complex business sector that changes very rapidly. This problem will be extremely difficult to solve; indeed, I cannot even glimpse the solution*" (Posner, 2001).

5. RECUSA DE VENDA E RECUSA DE ACESSO A INFRA-ESTRUTURAS ESSENCIAIS COMO TIPOS DISTINTOS DE ABUSO

Poder-se-ia pensar, numa leitura mais apressada, particularmente em articulação com o tipo resultante da combinação entre a remissão da alínea *a)* do n.º 3 do artigo 6.º da Lei n.º 18/2003 com a alínea *f)* do n.º 1 do artigo 4.º do mesmo diploma, que o legislador de 2003 veio limitar o alcance deste último tipo de abuso de posição dominante, impondo condições mais exigentes para a recusa de acesso a infra-estruturas essenciais.

Ora, importa considerar que a intenção do legislador nos surge claramente na exposição de motivos da proposta de lei n.º 40-IX, que veio a dar origem à Lei n.º 18/2003, e na qual se pode ler que "(...) a alínea *b)* do n.º 3 artigo 6.º da presente proposta de lei, inspirando-se na lei alemã, consagra a proibição de abuso no acesso a infra-estruturas de carácter essencial (*essential facilities)*". O legislador indica expressamente que a alínea *b)* do n.º 3 do artigo 6.º é a norma na qual se encontra tipificado o comportamento ilícito relativo à recusa de acesso a infra-estruturas essenciais.

Encontramos então duas proibições de comportamentos de uma empresa dominante que se traduzam numa recusa de contratar: primeiro, a recusa de venda ou de compra, configurando abuso de acordo com a alínea *f)* do n.º 1 do artigo 4.º, por remissão da alínea *a)* do n.º 3 do artigo 6.º da Lei n.º 18/2003; segundo, a previsão da alínea *b)* do n.º 3 do artigo 6.º da Lei n.º 18/2003.

Na medida em que a recusa de acesso a uma infra-estrutura essencial pudesse já ser subsumida à actual al. *f)* do n.º 1 do artigo 4.º no âmbito dos diplomas que antecederam a Lei n.º 18/2003, poder-se-ia pensar que estamos perante um tipo qualificado, resultando do preenchimento de requisitos mais exigentes. Julgamos que tal concepção não tem qualquer cabimento. Pois quisesse o legislador introduzir um tipo qualificado, certamente teria daí retirado alguma consequência útil. Ora nada demonstrando, especialmente ao nível das sanções aplicáveis, um maior desvalor deste comportamento por contraposição ao que seria o "tipo simples", *i.e.*, a recusa na acepção da al. *f)* do n.º 1 do artigo 4.º, parece-nos que tal tese é de rejeitar liminarmente por falta de sentido útil.[15]

As dificuldades de interpretação suscitadas pela introdução de uma previsão específica da recusa de acesso a redes e infra-estruturas essenciais decorrem, em nosso entender, de uma compreensão incorrecta do sentido da proibição como abusiva da recusa de compra e de venda, desde a entrada em vigor do Decreto-Lei n.º 422/83. Uma leitura que se quede pelo enunciado daquela alínea e não se dê ao trabalho de a integrar com os restantes elementos que constituem o tipo ilícito pode levar ao receio que uma simples recusa de venda, pontual e a um concorrente ou cliente, seja qualificada como um abuso de posição dominante. Tal medo corresponderá apenas a um erro e não a qualquer fundamento objectivo.

Com efeito, o abuso de posição dominante tipificado na al. *f)* do n.º 1 do artigo 4.º, por remissão da al. *a)* do n.º 3 do artigo 6.º, não configura uma proibição *per se* destas recusas: deve atender-se à diferença de enunciado entre o corpo do artigo 102.º do TFUE e o do n.º 1 do artigo 6.º da nossa lei; esta última exige que a conduta abusiva tenha por objecto ou como efeito impedir, falsear ou restringir a concorrência; assim, o preenchimento do tipo não se basta com a simples prova de uma recusa de venda (ou de compra).

Por outro lado, nada obsta a que, na construção da recusa de venda como comportamento abusivo, se proceda à distinção consoante a recusa se dirija a

---

15 Do mesmo modo também não se encontra apoio para semelhante construção na autonomização decorrente da previsão na al. *b)*; pois significaria isso que as alíneas do n.º 1 do artigo 4.º, para as quais remete a al. a) do n.º 3 do artigo 6.º constituem todas elas igualmente casos de abuso qualificado (na medida em são também objecto de uma tipificação exemplificativa, ainda que, por economia, de forma remissiva). A figura do ilícito "qualificado" surge no direito penal português sempre associada a uma lógica de especial censurabilidade ou perversidade do agente no cometimento do ilícito (casos relacionados com especiais qualidades do agente – designadamente familiares – ou no modo particularmente censurável como o ilícito foi cometido), ou, no que respeita aos crimes patrimoniais, também a uma lógica de valor do bem sobre que incidiu o ilícito (valor elevado). Ora, o que parece existir na alínea *b)* do n.º 3 do artigo 6.º é um "tipo especial" e não um "tipo qualificado". Na alínea *b)* do n.º 3 do artigo 6.º acresce um elemento novo – a própria rede ou infra-estrutura essencial –, e o seu autor só pode ser aquele que detém uma qualificação determinada, isto é, aquele que detém uma rede ou infra-estrutura essencial. Assim, mais do que qualquer contradição com a alínea *f)* do n.º 1 do artigo 4.º, o que existe é uma relação de especialidade.

um concorrente ou a um cliente: é inequívoco que o objecto ou o efeito dessa conduta são distintos, como diversos serão também os factores a ponderar enquanto circunstâncias relevantes para a determinação da coima a aplicar.

Também a integração do tipo configurado pela recusa de venda ao abrigo da al. *f)* e sua articulação como a al. *b)* do n.º 3 do artigo 6.º deve ter em conta a qualificação de condutas que lhes sejam subsumíveis à luz dos critérios desenvolvidos na jurisprudência comunitária, com as adaptações que se revelem necessárias devido ao diferente enunciado das normas em causa bem como a outros elementos sistemáticos específicos de cada ordenamento.[16]

Ora, aqui encontramos uma distinção fundamental. A al. *b)*, n.º 3, artigo 6.º é configurada como abuso de exclusão e nunca como abuso de exploração: um dos elementos constitutivos deste tipo é a existência de uma relação de concorrência entre a vítima e a empresa em posição dominante, seja num mercado a montante ou a jusante; sem essa relação de concorrência não há preenchimento do tipo. Assim sendo, fica limitado o campo de eventual sobreposição das duas alíneas: a al. *f)* do n.º 1 do artigo 4.º poderá configurar, *ex vi*, al. a) do n.º 1 do artigo 6.º, abuso de exploração quando dirigida a um cliente (ou fornecedor) e abuso de exclusão, quando se destine a um pedido de um concorrente.[17] A al. *b)* do n.º 1 do artigo 6.º confina-se à segunda situação descrita.

---

[16] Rejeita-se, pois, a interpretação segundo a qual existiria uma diferença substancial entre os critérios para a punição de uma recusa ao abrigo da al. *f)* e da al. *b)* dos n.ºs 1 do artigo 4.º e 3 do artigo 6.º, respectivamente: no caso de um comportamento não subsumível ao tipo "recusa de acesso a rede ou infra-estrutura essencial", entendemos que os mesmos factos só poderão ser punidos enquanto "recusa de venda" na medida em que estejam preenchidos os requisitos estabelecidos na jurisprudência comunitária relevante, integrados no requisito do objecto ou efeito restritivos da concorrência.

[17] Infelizmente, a má técnica legislativa de tipificação por remissão para normas com pressupostos distintos leva a que possa existir uma sobreposição, quanto aos abusos de exploração, entre a al. *f)*, do n.º 1 do artigo 4.º, por remissão da al. *b)* do n.º 1 do artigo 6.º, por um lado, e o tipo resultante da remissão para a mesma alínea operada pelo artigo 7.º, n.º 2, al. a), quanto ao abuso de dependência económica. O artigo 7.º tem em vista casos puramente verticais ou, na terminologia do artigo 102.º (e 6.º da Lei n.º 18/2003), abusos de exploração, ocorridos em contextos em que não se pode concluir por uma posição dominante no mercado e sim por um estado de dependência económica intersubjectivo (falando alguns em posição dominante absoluta e posição dominante relativa para qualificar os qualidades necessárias do agente, respectivamente, para efeitos do artigo 6.º ou do artigo 7.º). Não parece, pois, que se possa excluir aprioristicamente que tais recusas relevem do artigo 6.º. Por outro lado, a *ratio legis* subjacente às duas normas será distinta, tal como os bens jurídicos tutelados, sendo o enfoque na estrutura do mercado evidente no artigo 6.º porquanto se trata de situação de existência de uma posição dominante, e o enfoque no *funcionamento do mercado ou na estrutura da concorrência* evidente no artigo 7.º. Quanto à nossa crítica da tipificação remissiva ver (Moura e Silva, 2008:579). A fim de evitar conflitos, sobretudo negativos, de competência, veja-se a nossa proposta de harmonização dos artigos 4.º e 6.º da Lei n.º 18/2003 com os artigos 81.º e 82.º Ibid..

Delimitada a questão da concatenação dos dois tipos de ilícito por recusa em contratar aos casos de abuso de exclusão, vejamos então qual a tese que propomos para encontrar a melhor interpretação face aos fins do artigo 6.º. A articulação entre as duas normas é plenamente realizável, quando reconhecemos que existe uma distinção – induzida pelo próprio alcance da responsabilidade especial da empresa dominante – entre uma recusa que interrompe uma relação de fornecimento (recusa subsequente) e uma recusa inicial a um novo cliente.[18]

Quanto à distinção entre recusa subsequente e recusa inicial, é necessário clarificar que a recusa inicial pode abranger duas situações diversas: uma em que se verifica uma discriminação externa (pelo menos potencial), a recusa de acesso a um novo cliente, sendo que a empresa dominante fornece outras empresas; e outra em que a discriminação é interna: a empresa recusa fornecer um *input* que apenas fornece intra-grupo; existe assim uma gradação progressiva em termos de exigência, reflectindo o crescente nível de intervenção jus-concorrencial em decisões empresariais e a maior gravidade do dever imposto à empresa em posição dominante: i) recusa subsequente; ii) recusa inicial quanto a bens ou serviços oferecidos no mercado; e iii) recusa inicial de bens ou serviços que não são oferecidos no mercado.[19]

Segundo a teoria da distinção entre bens e serviços *no* ou *fora do* mercado, poder-se-ia então questionar a *ratio* da previsão da al. *b*), n.º 3, do artigo 6.º. Ora esta encontra a sua razão de ser no facto de ser particularmente difícil subsumir um caso de recusa de acesso a bens ou serviços fora do mercado (acesso a redes ou infra-estruturas essenciais) a uma recusa inicial de venda ou de compra: em última análise, isso significaria que seria uma recusa de venda, *e.g.*, a recusa de prestação de serviços de transporte por uma empresa que dispõe de uma frota própria e que a utiliza apenas no transporte próprio.[20]

Não existindo uma oferta, parece impossível falar-se correctamente em recusa de venda; daí o cuidado do legislador de 2003 em especificar que,

---

18 Na jurisprudência comunitária existe uma configuração distinta do dever de contratar, sendo este mais intenso no caso de relações em curso do que quanto a novos clientes ou antigos clientes, reconhecida pelo acórdão *BP c. Comissão*.

19 Na fundamentação da distinção entre recusa inicial e recusa subsequente é também necessário atender à questão da proporcionalidade: é mais razoável impor um dever de continuar a prestar, ainda que admitindo prova de justificação objectiva da recusa, do que obrigar a contratar *ex novo*.

20 Por razões legais, a empresa em causa apenas poderia prestar serviços a terceiros se obtivesse o correspondente licenciamento para transporte por conta de outrem.

quanto a empresas em posição dominante, existe esse dever acrescido e excepcional e que o mesmo depende de uma condição subjectiva e outra objectiva: a empresa deve deter uma rede ou infra-estrutura essencial e o acesso à mesma deve ser essencial à actuação de um concorrente num mercado a montante ou a jusante. Daí não decorre que os requisitos devam ser distintos mas antes que há um alargamento do tipo *abuso de posição dominante* a condutas que não eram expressamente abrangidas antes da Lei n.º 18/2003, e que, portanto, deveriam à época ser subsumidas à cláusula geral de abuso. Empregando uma expressão oriunda do direito constitucional dos Estados Unidos, o legislador foi buscar a construção da recusa de acesso a infra-estruturas essenciais à "penumbra" da cláusula geral de abuso, ainda que por empréstimo à GWB.

Em síntese, concluímos que a al. *f)* do n.º 1 do artigo 4.º, enquanto tipo exemplificativo de abuso de posição dominante, *ex vi* al. *a)* do n.º 3 do artigo 6.º, e a al. *b)* do n.º 3 do artigo 6.º devem ser interpretadas de acordo com os seguintes princípios:

a) A al. *f)* do n.º 1 do artigo 4.º, enquanto tipo exemplificativo de abuso de posição dominante, *ex vi* al. *a)* do n.º 3 do artigo 6.º, proíbe condutas que se traduzam numa recusa de venda de bens ou serviços *no mercado*, seja ela (na óptica da "vítima") inicial ou subsequente, directa ou indirecta, a um concorrente ou a um cliente e relativa a produtos tangíveis ou intangíveis, desde que preenchidos os restantes requisitos do tipo;[21]

b) A al. *b)* do n.º 3 do artigo 6.º constitui um tipo especial, qualificando como abuso de posição dominante a recusa *inicial* de bens ou serviços *a um concorrente* que *não são oferecidos no mercado*, desde que preenchidos os restantes elementos do tipo; trata-se, no fundo, de obrigar à criação de um mercado num *input* interno ao agente[22] (no caso de recusa sub-

---

21 A título de exemplo, a recusa por uma empresa em posição dominante no mercado de peças sobresselentes para reparação de automóveis da marca XYZ a uma oficina independente seria subsumível a esta previsão, mesmo que ela esteja integrada verticalmente no sector da reparação, desde que tenha criado um mercado nessas peças, *e.g.*, vendendo a determinadas oficinas não integradas mas situadas em localizações geográficas onde ela não está presente.

22 Veja-se também o elemento literal: a infra-estrutura deve ser "controlada" pela empresa dominante, o comportamento consiste na *"recusa de facultar ... acesso", "contra remuneração adequada"*. Dificilmente se compreende esta última expressão no caso de bens no mercado, pois aí existiria um *tertium comparationis*: o preço praticado em condições de mercado; este conceito de "remuneração adequada" serve ainda como instrumento para qualificar como abusiva a recusa indirecta em facultar acesso mediante imposição de uma remuneração excessiva. A hostilidade à *essential facilities doctrine* que caracteriza o acórdão *Trinko* tem justamente que ver com a distinção entre recusas subsequentes (como no acórdão *Aspen*) e recusas iniciais de serviços cujo mercado foi criado por imposição legal. *Verizon Communications Inc. v.*

sequente, estaria então em causa a al. *f)*, do n.º 1 do artigo 4.º, levantando menos reservas a imposição do dever de fornecer uma vez que a empresa já se prevaleceu da possibilidade de criar um mercado no acesso à rede ou infra-estrutura essencial em causa).[23]

CONCLUSÃO

A respeito da recusa de acesso a infra-estruturas essenciais, pensamos que este trabalho mostra um caminho juridicamente sólido para o futuro desenvolvimento da noção, tal como introduzida no nosso ordenamento pelo legislador de 2003. Assim, devem continuar a subsumir-se às recusas de venda os casos onde exista uma oferta do bem ou serviço em causa. As razões que levaram o Tribunal de Justiça a estabelecer um delicado equilíbrio entre duas formas de concorrência (uma assente na rivalidade na produção de activos essenciais e outra baseada na partilha) devem igualmente prevalecer neste caso. Assim, para que se preencha este tipo de abuso por recusa de venda, deverão ser aplicados, *mutatis mutandis*, os princípios enunciados na jurisprudência comunitária como concretizados desde o caso *Commercial Solvents*, sendo certo que a imposição de tal dever será normal no caso de uma recusa subsequente e mais condicionada quanto a recusas iniciais de venda (isto é, a novos clientes), sendo, neste último caso, de dar primazia ao potencial valor acrescentado para o consumidor

---

Law Offices of Curtis V. Trinko, LLP, 540 U.S. 398 (2004), a p. 410. "In the present case, by contrast, the services allegedly withheld are not otherwise marketed or available to the public. The sharing obligation imposed by the 1996 Act created *"something brand new"* – "the wholesale market for leasing network elements." *Verizon Communications Inc.* v. *FCC*, 535 U.S. 574, at 528, 89 L. Ed. 2d 538, 106 S. Ct. 1348. The unbundled elements offered pursuant to § 251(c) (3) exist only deep within the bowels of Verizon; they are brought out on compulsion of the 1996 Act and offered not to consumers but to rivals, and at considerable expense and effort. New systems must be designed and implemented simply to make that access possible – indeed, it is the failure of one of those systems that prompted the present complaint".

23 O caso *IMS* é um bom exemplo disso, pois os direitos de propriedade intelectual sobre a estrutura da quadrícula adoptada por aquela empresa não eram "vendidos" autonomamente no mercado. Antecipando uma eventual objecção, importa deixar claro que o facto de a jurisprudência comunitária não proceder explicitamente à distinção proposta se deve à diferente redacção das normas em comparação (artigo 82.º do Tratado de Roma e artigos 4.º e 6.º da Lei n.º 18/2003). Com uma análise mais detalhada, seria possível demonstrar que a distinção é incorporada ao nível das condições jurisprudenciais de preenchimento do conceito de abuso de posição dominante (*e.g., Magill*, as listas eram fornecidas a jornais e revistas; *Brönner*, o serviço que era comercializado – impressão e distribuição domiciliária – distinguia-se do que o concorrente pretendia – só a distribuição domiciliária). Não sendo necessário, sempre se dirá que o segundo período do n.º 3 do artigo 3.º do Regulamento n.º 1/2003 prevê que "Nos termos do presente regulamento, os Estados-membros não estão impedidos de aprovar e aplicar no seu território uma legislação nacional mais restritiva que proíba actos unilaterais de empresas ou que imponha sanções por esses actos". Note-se, em todo o caso, que, sendo então a prestação desse serviço relativo a uma rede ou infra-estrutura essencial, se poderá colocar a questão do congestionamento da mesma: este problema seria então tratado em sede de justificação objectiva.

de maior concorrência no mercado a jusante. Já quanto às recusas iniciais de bens e serviços não transaccionados no mercado, aí sim aplicar-se-á a al. *b)* do n.º 3 do artigo 6.º da Lei n.º 18/2003.

JURISPRUDÊNCIA

2009 Comunicação da Comissão – Orientação sobre as prioridades da Comissão na aplicação do artigo 82.º do Tratado CE a comportamentos de exclusão abusivos por parte de empresas em posição dominante. *J.O. C 45, de 24.2.2009.*

Acórdão do Supremo Tribunal de Justiça dos Estados Unidos, de 19 de Junho de 1985, *Aspen Skiing, Co. v. Aspen Highlands Skiing Corp.*, 472 U.S. 585 (1985).

Acórdão do Supremo Tribunal de Justiça dos Estados Unidos, de 13 de Janeiro de 2004,*Verizon Communications Inc. v. Law Offices of Curtis V. Trinko, LLP*, 540 U.S. 398 (2004).

Acórdão do TJCE, de 21 de Fevereiro de 1973, *Europemballage Corporation e Continental Can Company Inc. c. Comissão das Comunidades Europeias,*Processo 6/72.

Acórdão do TJCE, de 6 de Março de 1974, *ICI e Commercial Solvents c. Comissão*, Processos Apensos 6 e 7/73.

Acórdão do TJCE, de 29 de Junho de 1978, *BP c. Comissão,* Processo 77/77.

Acórdão do TJCE, de 13 de Fevereiro de 1979, *Hoffmann-La Roche & Co. AG c. Comissão das Comunidades Europeias*, Processo 85/76.

Acórdão do TPI (Segunda Secção), de 6 de Outubro de 1994, *Tetra Pak International SA c. Comissão*, Processo T-83/91.

Acórdão do TJCE, de 6 de Abril de 1995, *Radio Telefis Eireann (RTE) e Independent Television Publications Ltd (ITP) c. Comissão (Magill)*, Processos Apensos C-241/91 P e C-242/91 P.

Acórdão do TJCE (Quinta Secção) de 14 de Novembro de 1996, *Tetra Pak International c. Comissão*, Processo C-333/94 P.

Acórdão do TPI (Terceira Secção Alargada) de 8.10.1996, *Compagnie maritime belge transports SA e o. c. Comissão*, Processos Apensos T-24/93, T-25/93, T-26/93 e T-28/93.

Acórdão do TJCE (Sexta Secção), de 26 de Novembro de 1998, *Oscar Brönner c. Mediaprint,* Processo C-7/97.

Acórdão do TJCE (Quinta Secção), de 29 de Abril de 2004, *IMS Health GmbH & Co OHG c. NDC Health GmbH & Co. KG*, Processo C-418/01.

BIBLIOGRAFIA

Ascensão, J. D. O.
1996 "O princípio da prestação: um novo fundamento para a concorrência desleal?", in *Revista da Ordem dos Advogados*, 56, 5.
Bechtold, R.
2008 *GWB – Kartellgesetz. Gesetz gegen Wettbewerbsbeschränkungen. Kommentar*, Munique: Verlag C.H. Beck.
Joliet, R.
1969 "Monopolisation et abus de position dominante", in *Revue Trimestrielle de Droit Européen*, 645.
Joliet, R.
1976 "Le contrôle des monopoles dans la C.E.E.", in *Journal des Tribunaux*, 91, pp. 217-224.
Marques, M. M. L. & Almeida, J.
2006 Entre a propriedade e o acesso: a questão das infra-estruturas essenciais, in Soares, A. G. & Marques, M. M. L. (eds.), *Concorrência. Estudos*. Coimbra: Almedina.
Martins, M. B., Bicho, M. J. & Bangy, A. R.
1986 *O Direito da Concorrência em Portugal*, Lisboa, s.n.
Mendes, E. F.
1997 Direito da concorrência desleal e direito da concorrência. *In* Ascensão, J. D. O. (ed.) *Concorrência Desleal*, Coimbra: Almedina.
Möschel, W.
2007 § 19. *In:* Immenga, U. & Mestmäcker, E.-J. (eds.) *Wettbewerbsrecht GWB – Komentar*. 4.ª ed. Munique: C.H. Beck.
Moura e Silva, M.
2000 "EC Competition law and the market for exclusionary rights", *In* VV.AA. (ed.) *Estudos Jurídicos e Económicos em Homenagem ao Professor João Lumbrales*, Coimbra: Faculdade de Direito da Universidade de Lisboa – Coimbra Editora.
2008 *Direito da concorrência. Uma introdução jurisprudencial*, Coimbra: Almedina.
Posner, R. A.
2001 "Antitrust in the New Economy" in *Antitrust Law Journal*, 68, 925.
Säcker, F. J., Gosse, G. M. & Wolf, M.
2008 § 19, *In:* Hirsch, G., Montag, F. & Säcker, F. J. (eds.) *Münchener Kommentar zum Europäischen und Deutschen Wettbewerbsrecht (Kartellrecht)*, Munique: C.H. Beck.

SCHULTZ, K.-P.
2006   "Marktbeherrschung, wettbwerbsbeschränkendes Verhalten", *in* BUNTE, H.-J. & LANGEN, E. (eds.) *Kommentar zum deutschen und europäischen Kartellrecht* 10.ª ed. Munique: Luchterhand (Hermann).

SIRAGUSA, M.
1998   "Le *Essential Facilities* nel diritto comunitario ed italiano della concorrenza" in: Raffaelli, E. A. (ed.), *Antitrust between EC law and national law – Antitrust fra diritto nazionale e diritto comunitario,* Bruxelas: Bruylant – Giuffrè.

TEMPLE LANG, J.
1979   "Monopolisation and the Definition of 'Abuse' of a Dominant Position Under Article 86 EEC Treaty", in *Common Market Law Review,* **16,** 345.

VENIT, J. S. & KALLAUGHER, J. J.
1995   "Essential Facilities: A Comparative Approach", *Fordham Corp. L. Inst.,* 1994 (B. Hawk org.), 315.

VOGELENZANG, P.
1976   "Abuse of a Dominant Position in Article 86 – The Problem of Causality and Some Applications", in *Common Market Law Review,* 13, pp. 61-78.

UMA PERSPECTIVA ECONÓMICA SOBRE ABUSO DE POSIÇÃO DOMINANTE – A DISTRIBUIÇÃO DE GELADOS DE IMPULSO A NÍVEL EUROPEU

João E. Gata e Jorge Rodrigues[1]

ABSTRACT: *The entry of Mars Inc. into the European markets during the 1980's triggered the so-called 'impulse ice cream war' in Europe, notably, due to the 'cabinet exclusivity' regime imposed by Mars' dominant competitor Unilever to its brand ice cream products in several EU countries. In March 1998, the European Commission condemned on abuse of dominance Irish Unilever to the complete opening of its ice cream cabinets to its rivals. In the UK, the Department of Trade and Industry (DTI) accepted the January 2000 Competition Commission (CC) recommendations that the UK Unilever (BEW), even though being allowed to continue supply free-on-loan cabinets to retailers, could only impose the reservation of up to 50% of cabinet space for its ice creams, besides barring BEW from engaging in direct distribution of impulse ice creams. Notwithstanding the impositions laid down in both the EC and the DTI decisions, the fact that such exclusivity was considered restrictive raises several questions on the economics of cabinet exclusivity, on whether and when one should regard an ice cream cabinet network as an essential facility and on the optimal percentage of cabinet space that should be opened to rivals. Both cases also highlight the importance of a rigorous ex ante and ex post economic and/or econometric analysis on the impact of the imposed remedies over competition and consumers' welfare.*

SUMÁRIO: 1. Introdução. 2. "Guerra de gelados" ao nível europeu. 2.1 Mercado da venda a retalho de gelados de impulso. 2.1.1 Os gelados em geral e os gelados ditos de "impulso". 2.1.2

---

[1] João E. Gata é director dos Gabinetes de Estudos Económicos e de Acompanhamento de Mercados (GEE/GAM) da Autoridade da Concorrência. Jorge Rodrigues é economista sénior da Autoridade da Concorrência e membro do GEE/GAM. As opiniões expressas neste artigo são da inteira responsabilidade dos dois autores e não reflectem necessariamente as posições e/ou a visão da Autoridade da Concorrência ou de outra qualquer instituição sobre as matérias nele discutidas.

Práticas de exclusividade e mercado relevante. 2.2 Breve resenha da "guerra de gelados" a nível europeu. 2.3 Decisão CE contra a Unilever Irlandesa, de Março de 1998. 3. Apreciação económica. 3.1. Pode a "rede" de arcas da empresa dominante ser considerada uma infra-estrutura essencial? 3.2 Balanço económico da exclusividade da arca à marca dominante. 3.3. Qual a percentagem adequada de cedência do espaço das arcas? 4. Comentários finais.

1. INTRODUÇÃO

Entende-se que uma empresa tem posição dominante num determinado mercado relevante se detiver um poder económico nesse mercado que lhe permita comportar-se de uma forma significativamente independente dos seus concorrentes, clientes e, em última análise, dos consumidores. A esse conceito adiciona-se o conceito de 'abuso de posição dominante'. Ambos os conceitos, embora inexistentes em teoria microeconómica, desempenham um papel central no Direito da Concorrência.

Segundo a lei nacional da concorrência (Lei n.º 18/2003, de 11 de Junho): *"É proibida a exploração abusiva, por uma ou mais empresas, de uma posição dominante no mercado nacional ou numa parte substancial deste, tendo por objecto ou como efeito impedir, falsear ou restringir a concorrência"*, sendo que se entende *"que* [dispõe] *de posição dominante relativamente ao mercado de determinado bem ou serviço: A empresa que actua num mercado no qual não sofre concorrência significativa ou assume preponderância relativamente aos seus concorrentes"* (ex vi, respectivas, alíneas do n.º 3 do artigo 6.º desta lei).

Esta lei elenca, a título exemplificativo, dois tipos de abuso de posição dominante, a saber: *(a)* "[a] *adopção de qualquer dos comportamentos referidos no n.º 1 do artigo 4.º* [relativo a práticas proibidas]" e *(b)* "[a] *recusa de facultar, contra remuneração adequada, a qualquer outra empresa o acesso a uma rede ou a outras infra-estruturas essenciais que a* [empresa em posição dominante] *controla* [...]" (*ex vi* respectivas alíneas do n.º 3 do artigo 6.º desta lei).

Ao contrário do que sucede com esta lei, a figura de "infra-estrutura essencial" não vem tipificada de forma explícita na proibição de abuso de posição dominante pelo Tratado que instituiu as Comunidades Europeias (Tratado CE)[2], no seu artigo 82, embora a mesma se possa enquadrar neste artigo

---

2 De salientar que o Tratado CE corresponde hoje ao Tratado sobre o Funcionamento da União Europeia (TFUE), tendo os seus artigos 81 e 82 sido substituídos pelos artigos 101 e 102 do TFUE respectivamente. Todavia, atento o facto de à data dos processos *infra* analisados se aplicar o então Tratado CE, referir-nos--emos por conveniência da leitura a este último

enquanto "recusa de fornecimento". Para além de referência a práticas proibidas pelo artigo 81(1) do Tratado CE, refere o artigo 82 deste Tratado, ser *"incompatível com o mercado comum e proibido, na medida em que tal seja susceptível de afectar o comércio entre os Estados-Membros, o facto de uma ou mais empresas explorarem de forma abusiva uma posição dominante no mercado comum ou numa parte substancial deste"*.

Os casos ao nível da União Europeia (UE) relativos à rede detida pela empresa dominante na distribuição de gelados de impulso poder-se-ão enquadrar nas proibições previstas pelo artigo 82 do Tratado CE, quer enquanto acordo vertical restritivo da concorrência, quer enquanto recusa de acesso a uma infra-estrutura essencial.

A denominada "guerra de gelados" a nível europeu tem início na década de 1980 com a entrada da norte-americana *Mars Incorporated* (Mars[3]) em diversos mercados europeus na venda dos denominados "gelados de impulso" em embalagens individuais, *i.e.* porções individuais de gelados armazenados em arcas frigoríficas e servidas na altura, destinadas ao consumo imediato no local de aquisição (ponto de venda) ou na sua proximidade. Nas décadas de 1980 e de 1990, a grande maioria dos mercados europeus eram dominados por empresas do Grupo Unilever, *v.g.* os casos da *Langanese-Iglo* na Alemanha, da *HB Ice Cream Ltd* (HB) na Irlanda e da *Birds-Eye Wall Ltd* (BEW) no Reino Unido (RU)[4]. Para além das empresas do Grupo Unilever, operavam nestes mercados empresas dos grupos Nestlé, General Mills (gelados Häagen Dazs), bem como empresas de âmbito mais regional, específicas a cada Estado Membro. De entre os outros operadores neste sector, são de salientar a Nestlé, a General Mills (gelados Häagen Dazs) e a Mars, sendo que alguns destes grupos (*v.g.*, Unilever e Nestlé) optam por diferentes insígnias por Estado Membro.

---

3 A sede europeia da Mars, sedeada em Bruxelas, foi conhecida como *Masterfoods Europe* até 2007, altura em que altera a sua designação para *Mars Europe*. A Masterfoods é uma empresa Australiana fundada em 1947, tendo sido adquirida pela Mars em 1967 (*v.g.*, http://en.wikipedia.org/wiki/Mars,_Incorporated). A Mars é uma empresa familiar, que opera em diversos segmentos da área alimentar (*v.g.*, chocolates, gelados, produtos confeccionados), bem como em alimentos para animais domésticos (*cf.* http://www.mars.com/global/Who-we-are.aspx).

4 A parceria entre a Unilever e o Grupo Jerónimo Martins em Portugal detém desde há uns anos a insígnia de gelados Olá, dominante neste mercado. Para além desta insígnia, operam também em Portugal a Nestlé (gelados Camy), a Menorquina, a Frígida Olhanense (gelados Gelvi) e a Gelados Águia (*cf.* ANIGA – Associação Nacional dos Industriais de Gelados Alimentares).

A principal denúncia da Mars respeitava a prática da empresa dominante de cedência e manutenção gratuita de arcas frigoríficas aos pontos de venda (PV), sendo o espaço de armazenagem (ou cubicagem) da arca exclusivo aos produtos da sua insígnia. Atenta a natureza impulsiva da decisão de consumo daquele tipo de gelados de impulso, a acessibilidade e visibilidade das arcas e respectivos PV constituem factores importantes para a venda destes produtos. Atento, de igual modo, o espaço que cada arca ocupa em cada PV, a denúncia da Mars respeita, assim, a possibilidade daquela prática pela empresa dominante poder constituir um acordo vertical restritivo da concorrência e/ou uma recusa de acesso a uma infra-estrutura essencial, a saber à rede de arcas detida pela empresa dominante. Daqui resultaria, segundo as alegações da Mars, o fecho do mercado e a respectiva consolidação da posição de líder da empresa dominante.

Este estudo pretende avaliar em que medida a prática de cedência e de manutenção gratuita de arcas frigoríficas pela empresa dominante, de cubicagem exclusiva à sua insígnia, pode consubstanciar, em termos económicos, um acordo vertical restritivo da concorrência e/ou uma recusa de acesso a uma infra-estrutura essencial.

Ao nível Comunitário, assume especial relevância a jurisprudência recente estabelecida após a Decisão da Comissão Europeia (CE), de Março de 1998, de condenação da Unilever Irlandesa (HB) por infracção aos então artigos 85(1) e 86 – hoje, respectivamente, artigos 81(1) e 82 – do Tratado CE, respectivamente, por acordo vertical restritivo da concorrência e por abuso de posição dominante (individual). Esta decisão viria a ser confirmada, na sua integralidade, pelas duas instâncias jurisdicionais Comunitárias, ou seja, pelo Tribunal de Primeira Instância (TPI), em Outubro de 2003, e pelo Tribunal de Justiça Europeu, em Setembro de 2006.[5]

Tal decisão justifica-se pelo facto, tal como alegado pela CE, de aquela prática de exclusividade não ser justificada pelas condições de isenção por categoria, previstas no 81(3) do Tratado CE, sendo, assim, considerada como tendo como intuito: *(i)* o fecho do mercado e *(ii)* a consolidação da dominância da Unilever no mesmo.

---

5 *Cf.* Processo CE vs. *Van den Bergh Foods Ltd* ou *HB Ice Cream Ltd (Unilever Irlandesa)*, Decisão CE n.º C (1998) 292, de 11 de Março de 1998, Jornal Oficial n.º L 246, de 04.09.1998; Acórdão do TPI (Quinta Secção), de 23 de Outubro de 2003, relativo ao processo n.º T-65/98, *CE vs. Van den Bergh Foods Ltd* (ou *HB Ice Cream Ltd*); e Despacho do Tribunal de Justiça Europeu (Sexta Secção), de 28 de Setembro de 2006, relativo ao processo n.º C-552/03 P, *CE vs. Van den Bergh Foods Ltd* (ou *HB Ice Cream Ltd*).

Estas alegações de fecho de mercado e de consolidação de dominância, decorrentes da prática de exclusividade *sub judice*, são corroboradas por diversas análises económicas (*v.g.*, Robertson & Williams, 1995 e Aldred & Bamford, 2007), embora sejam, de igual forma, contraditas por outras (*v.g.*, Motta, 2004 e Ridyard, 2005).

Contudo, as argumentações, quer dos estudos em favor daquela Decisão CE, quer da própria Decisão CE, carecem de devida fundamentação económica que aquela prática de exclusividade pela empresa dominante consubstancie, de facto, uma restrição sensível da concorrência ou não preencha todos os requisitos da isenção por categoria.

Por outro lado, nada é referido na condenação da HB pela CE quanto à possibilidade da rede de arcas propriedade desta empresa poder constituir uma infra-estrutura essencial.

O conceito de "infra-estrutura essencial" consta de forma implícita (mas não explicita) da recomendação posterior da *Competition Commission*, (CC) do RU, de Janeiro de 2000, de imposição à BEW a cedência de 50% do espaço das suas arcas à concorrência, bem como o termo do seu sistema de distribuição exclusiva. Esta recomendação viria a ser implementada pelo *Department of Trade and Industry* (DTI).

A literatura económica sobre a matéria, anterior e posterior às decisões CE e da CC, não é unânime quanto, quer à eventualidade da rede de arcas propriedade da empresa dominante poder constituir uma infra-estrutura essencial, quer quanto à cessação, no todo ou em parte, da prática *sub judice* poder fomentar uma maior concorrência e contestabilidade do mercado. Acresce que, porventura, esta eventualidade estará hoje mitigada pela maior eficiência das arcas actuais, quer em termos de espaço que ocupam – hoje de forma vertical em oposição às anteriores de forma horizontal –, quer em termos de consumo energético e dos respectivos custos de manutenção.

O remanescente do estudo é organizado da seguinte forma. Começaremos por apresentar uma breve resenha da "guerra de gelados" a nível europeu, bem como da Decisão CE, de Março de 1998 (secção 2). Analisaremos, de seguida, o enquadramento económico da prática de cedência de arcas de cubicagem exclusiva à insígnia dominante enquanto eventual acordo restritivo da concorrência e/ou recusa de acesso a uma eventual infra-estrutura essencial (secção 3). O estudo é concluído com alguns comentários finais, incluindo a discussão actual sobre as novas orientações da CE relativas à inclusão de critérios de balanço económico na apreciação da proibição de abuso de posição dominante, consagrada no artigo 82 do Tratado CE (secção 4).

2. "GUERRA DE GELADOS" AO NÍVEL EUROPEU

Começaremos por uma breve apresentação das principais características dos mercados de gelados de impulso a nível europeu, que poderão suscitar questões de índole *jus*-concorrencial (subsecção 2.1). De seguida, apresenta-se uma breve resenha da denominada "guerra de gelados" ao nível europeu (subsecção 2.2) e dos principais aspectos da Decisão CE, de Março de 1998, de condenação da HB (subsecção 2.3).

2.1. Mercado da venda a retalho de gelados de impulso

2.1.1. Os gelados em geral e os gelados ditos de "impulso"

Segundo a CE, os gelados podem ser classificados segundo a sua forma de produção e de distribuição, sendo, normalmente, feita a destrinça entre o gelado do tipo artesanal e o gelado do tipo industrial. Enquanto que, em geral, o primeiro tipo é produzido, distribuído e consumido localmente em pequena escala, a produção do segundo tipo destina-se a uma distribuição em grande escala. Embora o gelado de tipo industrial seja o de maior consumo na UE, a sua importância em relação ao gelado do tipo artesanal varia consoante os Estados Membros. De igual modo se verifica que o volume de vendas de gelados de "impulso" (*vide infra*), enquanto percentagem do mercado total do gelado varia, consideravelmente, consoante os Estados Membros.[6]

Os gelados podem, de igual forma, ser classificados segundo o local em que são consumidos, sendo de distinguir entre:[7] *(i)* o gelado dito de "impulso", que consiste em unidades embaladas em porções individuais destinadas ao consumo imediato no local de aquisição ou na sua proximidade; *(ii)* o gelado "familiar", incluindo embalagens múltiplas de porções individuais, blocos, potes, produtos para sobremesa, *etc.*, que se destina ao consumo no lar; e *(iii)* o gelado para restauração, vendido por grosso e para consumo integrado nos hotéis, restaurantes e cafés.

Refere, de igual modo, a CE que as empresas do Grupo Unilever eram, em Março de 1998 (e com grande verosimilhança ainda o serão), líderes de

---

6 *Cf.* Decisão CE (*cit.*, considerandos 10 e 18).

7 *Cf.* Decisão CE (*cit.*, considerando 11).

mercado em todos os Estados Membros da UE15, à excepção da Espanha, Grécia e Finlândia.[8]

2.1.2. Práticas de exclusividade e mercado relevante

O gelado de impulso em embalagens individuais (doravante, "gelados de impulso") é, usualmente, armazenado em arcas congeladoras de "auto-serviço". Atenta a natureza impulsiva da decisão de aquisição deste produto – reflectida pelo facto dos consumidores optarem, em geral, pelo primeiro PV – as arcas congeladoras e os respectivos PV estarão, de preferência, localizados em posições de destaque, sendo a sua acessibilidade e visibilidade factores importantes para a venda deste tipo de produtos. Acresce que os gelados de impulso são, em geral, produtos de marca, apoiados por investimentos consideráveis em publicidade e em outras actividades promocionais.[9]

Estas arcas eram em Março de 1998, em geral em toda a UE, fornecidas pela marca aos retalhistas mediante uma condição de exclusividade, usualmente relacionada com a obrigatoriedade da cubicagem da arca ser exclusiva aos produtos daquela marca, mas sem condicionar o retalhista na possível detenção de outras arcas congeladoras para venda de outras marcas, *i.e.* sem forçar *per se* a exclusividade do PV àquela marca. Esta prática era adoptada pelas empresas do Grupo Unilever, bem como por muitos dos seus concorrentes, tais como a Nestlé e a General Mills.

Atenta a necessidade de visibilidade de cada arca no PV, bem como o espaço que cada arca ocupa, a questão *sub judice* é, assim, de averiguar se estes acordos de distribuição entre uma empresa dominante e os PV que detêm arcas da sua marca em regime de exclusividade consubstanciam, ou não, uma infracção às regras de concorrência, enquanto abuso de posição dominante por acordo vertical restritivo da concorrência por essa empresa.

Dado que a análise tem como enfoque este tipo de acordos de distribuição sujeitos à cláusula de exclusividade do espaço da arca à marca da empresa dominante na venda de gelados de impulso, a CE define o mercado relevante como o da venda de gelados de impulso em embalagens individuais de âmbito geográfico específico a cada Estado Membro.[10] Todavia a definição

---

8 *Cf.* Decisão CE (*cit.*, considerando 19).

9 *Cf.* Decisão CE, (*cit.*, considerando 12).

10 *Cf.* Decisão CE (*cit.*, considerandos 138, 139 e 140).

do mercado do produto relevante tem sido criticada por não ter sido baseada numa análise económica, como seja o teste do monopolista hipotético[11].

2.2. Breve resenha da "guerra de gelados" a nível europeu

Robertson & Williams (1995) apresentam uma resenha dos casos jusconcorrenciais a nível europeu relativos à venda de gelados de impulso, envolvendo as cláusulas de exclusividade de estabelecimento (*"outlet exclusivity"*) e exclusividade do espaço da arca congeladora à empresa detentora da marca que a forneceu (*"freezer exclusivity"*).

A denominada "guerra dos gelados" a nível europeu foi desencadeada com a entrada no mercado europeu do grupo norte-americano Mars. Na sequência de queixas à CE por parte deste grupo relativamente aos acordos de exclusividade praticados pelas empresas Schöller e Langnese-Iglo (subsidiária alemã da Unilever), em Março de 1992 a CE proibiu a imposição de exclusividade de estabelecimento, mas não de exclusividade do espaço das arcas frigoríficas, entendendo a exclusividade de estabelecimento como uma infracção ao então artigo 85(1) do Tratado CE. No entanto, mas sem a proibir, a CE veio a considerar a exclusividade do espaço das arcas frigoríficas como constituindo uma barreira à entrada no mercado de venda a retalho de gelados de impulso.[12]

Posteriormente, a *Monopolies and Merger Commission* do RU investigou o mercado da distribuição de gelados de impulso, tendo produzido um relatório em 1994 condenando a exclusividade de estabelecimento como sendo contrária ao "interesse público" e condenando também a exclusividade de arcas frigoríficas (entenda-se por "exclusividade da cubicagem da arca à marca"), pelo mesmo motivo mas no caso de um fornecedor que se mostrasse incapaz de satisfazer os requisitos dos retalhistas.

Mais tarde, o grupo Mars e a empresa Treats apresentaram ambas queixa ao *Office of Fair Trading* (OFT) sobre alegadas restrições verticais praticadas pela BEW na venda de gelados de impulso. Na sequência desta denúncia, a

---

[11] *V.g.* Motta (2004: 392-395).

[12] Note-se, contudo, que já em 1985, uma carta de conforto tinha sido enviada pela CE à Schöller, em resposta a uma solicitação desta última, afirmando a compatibilidade dos acordos de distribuição deste fornecedor de gelados com o Tratado CE caso a duração dos acordos não excedesse dois anos, assumindo que o acesso por outros fornecedores ao sistema de distribuição estaria assegurado (*cf.* Robertson & William, 1995: 2).

CC abriu uma investigação sobre a distribuição e a venda a retalho de gelados de impulso no RU.

O consequente relatório da CC, de Janeiro 2000[13], concluiu pela existência de efeitos anti-competitivos resultantes das cláusulas de exclusividade impostas pela BEW, quer no que respeita às arcas frigoríficas, quer no que respeita ao seu sistema de distribuição directa de gelados de impulso. Estas recomendações da CC foram implementadas pelo DTI, tendo a BEW sido obrigada a pôr termo ao seu sistema de distribuição e sido autorizada a manter a cedência gratuita de arcas frigoríficas, mas retendo apenas até 50% da cubicagem das mesmas para os produtos de sua marca, podendo o retalhista alocar o restante espaço a gelados de outras marcas, bem como publicitar estas outras no exterior das arcas.

A avaliação *ex post* dos efeitos sobre o mercado resultantes da implementação destas medidas não é consensual. Se por um lado o estudo de Ridyard (2005), encomendado pela BEW,[14] as tenha considerado desnecessárias, outro recente estudo, da Mars (2007) tem uma opinião contrária[15].

Em seguida, analisaremos o caso irlandês.

2.3. Decisão CE contra a Unilever Irlandesa, de Março de 1998

Em 18 de Setembro de 1991, a *Mars* apresentou uma denúncia à CE contra a HB (Unilever Irlandesa), relativamente à cedência gratuita por esta empresa de arcas frigoríficas sujeita a um regime de exclusividade da cubicagem destas

---

13 *Cf.* Relatório da CC, *The supply of impulse ice cream: A report on the supply in the UK of ice cream purchased for immediate consumption*, de 28.01.2000 (http://www.competition-commission.org.uk/ rep_pub/ reports/2000/436ice.htm#full).

14 Ridyard (2005) é crítico das medidas implementadas no RU contra a BEW. Segundo este autor, a evidência *ex post* não sustenta a hipótese que a implementação daquela medida tenha alterado a estrutura de mercado, embora tenha resultado em prejuízos para os retalhistas. Este autor conclui, assim, pela inexistência de efeitos anti-competitivos decorrentes das cláusulas de exclusividade da BEW, não se justificando, assim, a implementação daquelas medidas no RU.

15 O Relatório da Mars (2007) considera que, após os compromissos introduzidos no mercado de gelados de impulso no RU, na sequência das recomendações feitas pela CC: «*(i) Consumers are able to choose between multiple manufacturers' products at most outlets; (ii) Most outlets have one freezer only which contains multiple manufacturers' products; (iii) Retailers own most freezers; (iv) Independent wholesalers and distributors who supply a range of manufacturers' products, (v) Improved efficiency as freezers and distribution networks are open to all manufacturers; (vi) Market is open to competition*». O mesmo Estudo revela que a quota de mercado da BEW em 2005 foi de 68%, tendo sido de 67,2% em 1998, *i.e.* antes das recomendações da CC e que a quota da Mars, tendo sido de 14% em 1998, foi de 11% em 2005. Tal resultado não parece encorajador. No entanto, o estudo da Mars defende que a implementação daquelas medidas contribuiu para um aumento do grau de inovação desde 2000 e para a redução dos preços de venda ao público dos gelados de impulso.

arcas aos produtos de sua marca. A Mars alegou que esta prática a impedia, de forma anticoncorrencial, de aceder aos mercados retalhistas para a venda dos seus gelados de impulso na Irlanda.

Em Março de 1998 a CE condenou a HB por infracção ao então artigo 85(1) do Tratado CE pela prática de acordo vertical restritivo da concorrência tendo, em consequência, imposto o termo imediato da prática de cedência de arcas frigoríficas sujeita àquele regime de exclusividade. Neste sentido, a CE rejeitou o pedido da HB que este regime beneficiasse das isenções por categoria previstas no então artigo 85(3) do Tratado.

Saliente-se, ainda, que a CE condenou também a HB por abuso de posição dominante pela HB – em infracção ao então artigo 86 do Tratado – pela persuasão exercida por esta sobre os retalhistas, que não possuíam uma ou mais arcas congeladoras, quer adquiridas por si próprios quer fornecidas por outro fabricante de gelados, para que estes concluíssem acordos de cedência de arcas da HB em regime de exclusividade.

De acordo com a Decisão CE as arcas da HB são fornecidas no âmbito de um contrato-tipo celebrado entre esta empresa e o retalhista. As principais disposições deste contrato são as seguintes: *(i)* a HB aceita colocar uma arca congeladora à disposição do retalhista, continuando a ser a sua proprietária e comprometendo-se a assegurar a sua manutenção; *(ii)* a arca deverá ser exclusivamente utilizada para armazenar produtos fornecidos pela HB; *(iii)* o acordo é passível de rescisão a qualquer momento, por qualquer uma das partes, mediante um pré-aviso de dois meses; *(iv)* o retalhista compromete-se a colocar a arca congeladora numa posição de destaque nas suas instalações, podendo o material publicitário da HB, mas não das suas rivais, ser afixado no cimo ou nos lados da arca.

Dos factos de maior relevância constantes desta Decisão CE sobre o mercado irlandês de gelados de impulso, são de salientar: *(i)* o mercado relevante foi definido como o de venda, em território irlandês, de gelados de impulso, de fabrico industrial, em embalagens individuais; *(ii)* a HB dispunha de uma posição dominante naquele mercado[16], atentos a sua quota de mercado superar 75%, em valor e em volume, a notoriedade da sua marca e elevada popularidade da sua gama de produtos bem como o grau de integração e elevado

---

16 De salientar que o Tribunal da Relação Irlandês já tinha considerado que a HB detinha uma posição dominante no mercado irlandês dos gelados de impulso, embora tivesse considerado que a política de exclusividade em matéria de arcas [congeladoras] da HB não era abrangida pelos então artigos 85(1) e 86 do Tratado CE (*cf.* Decisão CE, *cit.*, considerando 3).

poder de mercado (internacional) da Unilever noutros mercados de gelados e de bens de consumo em geral; *(iii)* cerca de 83% dos PV possuíam apenas arcas fornecidas em regime de exclusividade, quer por parte da HB, quer por parte de outros fornecedores de gelados de impulso; *(iv)* cerca de 41% dos PV, representando cerca de 40% do mercado relevante, apenas dispunham de arcas HB; *(v)* aqueles acordos de exclusividade eram denunciados, em média, no fim de oito anos, sem prejuízo da sua duração contratual ser bastante limitada (inferior a 1 ano);[17] *(vi)* dos estabelecimentos inquiridos que manifestaram interesse em armazenar outras marcas para além da HB, 82% afirmaram não estarem dispostos a substituir/trocar uma das suas arcas HB por uma arca de um outro fornecedor de gelados, devido à popularidade e à posição líder da HB bem como ao contentamento com o acordo.

De notar, no entanto, que McDowell (1996) com base no modelo de Whinston (1990) avaliou os efeitos desta Decisão CE, tendo concluído que *"não teria sido racional para a Unilever* [Irlandesa] *tentar fechar o mercado através daquelas restrições* (derivadas da exclusividade) *e, por conseguinte, que a decisão da* [CE] *de imposição à Unilever do fim das cláusulas de exclusividade* [do espaço das arcas frigorificas] *não é justificável"*[18].

3. APRECIAÇÃO ECONÓMICA

A prática de exclusividade das arcas frigoríficas à marca da empresa dominante sua sua proprietária poderá ser classificada com uma *restrição vertical*. A literatura económica é clara quanto à possibilidade de restrições verticais promoverem a eficiência económica, sem prejuízo de terem, de igual forma, efeitos anti-competitivos. Nestes termos, dificilmente uma proibição *per se*

---

17 *Cf.* Acórdão do TPI (*cit.*), parágrafo 105.º. De acordo com este parágrafo: «*A HB sublinha que, contrariamente à situação existente noutros Estados-Membros, onde a cláusula de exclusividade é combinada com um compromisso contratual de vários meses ou mesmo de vários anos, a situação no caso irlandês abre aos retalhistas a possibilidade, que a Comissão reconhece, de denunciar a cláusula de exclusividade com um pré-aviso muito curto, quando não quase imediatamente.*». O Acórdão do TPI acrescenta, no mesmo parágrafo, que: «*Um tal argumento poderia ser convincente se esta faculdade se confirmasse na prática e se os estabelecimentos ficassem, portanto, regularmente disponíveis para recém-chegados ao mercado de referência. Ora, como a Comissão demonstrou, não é este o caso, uma vez que os acordos de distribuição da HB são denunciados, em média, ao fim de oito anos. Daqui resulta que o argumento assente na possibilidade de denunciar os acordos de distribuição da HB não é convincente, uma vez que esta possibilidade não tem, na realidade, qualquer papel na diminuição do grau de compartimentação do mercado de referência.*».

18 Tradução nossa de "[...] *it would not have been rational for Unilever to attempt to foreclose the market by means of these restrictions and therefore that the Commission was not justified in obliging Unilever to accept the changes imposed on it*".

de restrições verticais terá justificação económica, devendo ser adoptada uma análise casuística ("*rule of reason*").

Nos casos em apreço, deverá ser feita a destrinça entre exclusividade do estabelecimento e exclusividade da cubicagem das arcas frigoríficas, podendo o balanço económico diferir de forma significativa entre estas duas formas de exclusividade.

Nas suas decisões sobre os efeitos restritivos da prática de exclusividade do espaço das arcas à marca dominante, tanto a CE como a CC parecem sustentá-las com base na presunção de que aquela prática de exclusividade implica a exclusividade do PV à marca dominante. Em particular, a CE fundamenta a sua decisão com base: *(i)* na existência de posição dominante por parte da HB; *(ii)* existência de um efeito cumulativo decorrente do facto de cerca de 83% dos PV estarem, de facto, encerrados a outras marcas (estando subjacente restrições de espaço inultrapassáveis para colocação de uma arca adicional no PV); *(iii)* cerca de 41% de PV estarem encerrados na marca HB; e *(iv)* o vínculo de exclusividade ter uma duração média de 8 anos (*vide supra*).

Ora, se é claro que a HB dispunha de uma posição dominante no mercado definido como relevante, facto este que foi aliás confirmado pelo Tribunal Irlandês antes da Decisão CE (*vide supra*), já não é óbvio que a exclusividade da arca à marca dominante implique a exclusividade do PV à marca – ou mesmo que aqueles quatro factos elencados pela CE sustentem a existência deste último tipo de exclusividade –, a menos que se comprovasse que a "rede" de arcas propriedade da empresa dominante pudesse ser considerada como uma infra-estrutura essencial (subsecção 3.1). Todavia, mesmo caso se comprovasse uma tal tese, poderia mesmo neste caso vir a ser demonstrada a existência de um balanço económico positivo – *i.e.*, de ganhos de eficiência – decorrente da prática de exclusividade da arca à marca dominante (subsecção 3.2). Por fim, a pôr-se termo à exclusividade, coloca-se a questão adicional de saber qual a percentagem óptima de abertura à concorrência da cubicagem das arcas propriedade da empresa dominante (subsecção 3.3).

3.1. Pode a "rede" de arcas da empresa dominante ser considerada uma infra--estrutura essencial?

A denominada "doutrina sobre infra-estruturas essenciais"[19] afirma que uma empresa dominante em determinado mercado (relevante) poderá ser acusada

---
19 Vários autores disputam, inclusive, a existência de uma tal doutrina (*v.g.*, Müller & Rodenhausen, 2008).

de abusar da sua posição dominante se não der acesso a essa infra-estrutura, mesmo se a concorrentes seus, numa base não discriminatória.

Sendo assim, importa, primeiramente, definir o que se entende por infra-estrutura essencial. Uma infra-estrutura essencial, detida por determinada empresa ou conjunto de empresas, é uma infra-estrutura "*bottleneck*" (de esmagamento da possibilidade de entrada) na cadeia de valor (produção/distribuição/comercialização) de um determinado mercado. Pese, embora, a não existência de uma "lista oficial" de características que permitam identificar uma determinada infra-estrutura como essencial, devemos referir que, de acordo com Bishop & Walker (2002)[20], e seguindo a prática decisória da CE, podemos listar cinco condições que deverão ser cumulativamente satisfeitas: *(i)* é impossível, ou não rentável economicamente, para qualquer outra empresa replicar essa infra-estrutura; *(ii)* não existe modo alternativo, e com um custo razoável, de entrar no mercado relevante; *(iii)* a infra-estrutura em causa deverá ter capacidade excedentária; *(iv)* existe, de facto, um nível baixo de concorrência no mercado relevante e uma expectativa fundamentada de que o acesso por terceiros à infra-estrutura em causa aumentará, significativamente, o nível de concorrência nesse mercado; e, *(v)* a empresa, ou grupo de empresas, que detém a infra-estrutura em causa, concorre no mesmo mercado relevante que as outras empresas em causa.

Nos casos em análise, é pouco verosímil que a condição em *(i)* se verifique. De facto, não existe evidência que não seja possível ou economicamente rentável, quer à Nestlé quer à Mars, atenta, nomeadamente, a dimensão destes grupos e o seu elevado grau de integração horizontal e vertical na cadeia alimentar, replicar a rede de arcas frigoríficas que a Unilever possui nos mercados de gelados de impulso em análise.

No que concerne à alínea *(ii)*, dever-se-á referir, desde logo o considerando 197 da Decisão CE, onde se afirma que «*Tal como foi referido acima, o avultado investimento indispensável ao fornecimento de arcas congeladoras significa que os restantes investimentos necessários são preteridos, e que a subsequente afectação de recursos pelos fornecedores poderá conduzir a uma distorção das forças concorrenciais no mercado relevante. Os concorrentes obrigados a investir tão significativamente para conseguirem uma distribuição física, particularmente ao entrarem no mercado, poderão ver-se obrigados a negligenciar outros aspectos da comercialização dos seus produtos. Esta comercialização (publicidade, promoções, etc.) é particular-*

---

20 *Vide*, de igual modo, M. Motta (2004: 66-69).

mente fundamental na fase de entrada no mercado, altura em que o investimento em arcas congeladoras é também mais significativo. Os novos participantes ou os fornecedores que pretendem expandir-se no mercado vêem assim também limitada a sua capacidade de inovar e desenvolver novos produtos, não só em seu detrimento mas também em detrimento dos consumidores, devido ao custo da obtenção ou do aumento dos níveis de distribuição.».

Atenta a elevada notoriedade de marca da Unilever nos mercados considerados e que poderá ser estabelecido como limites ao referido na alínea *(ii)* relativo ao conceito de "custo razoável", poder-se-á afirmar que, não obstante a elevada capacidade financeira – para esforços publicitários e de inovação – de grandes grupos, tais como a Nestlé e a Mars, poderá ser expectável que estes grupos se deparem com dificuldades de crescimento nos mercados em análise, que não lhes permitam desenvolver a sua actividade a "custos razoáveis". Neste sentido e embora a devida aferição desta conclusão devesse ser objecto de uma análise mais aprofundada, poder-se-ia presumir a condição referida na alínea *(ii) supra* como verificada.

No que respeita às demais condições, poder-se-á, desde já concluir pela verificação da condição referida em *(v)*. Em contrapartida, parece aceitável que a condição referida em *(iii)* não se verifica, atenta a probabilidade da abertura das arcas da Unilever à concorrência poder resultar numa remoção parcial dos gelados da marca dominante (da Unilever), pelo menos, nos curto a médio prazos. Quanto à condição referida em *(iv)*, embora da existência de uma empresa em posição dominante se possa presumir que exista, de facto, um nível baixo de concorrência no mercado relevante a jusante, na ausência de uma análise económica e/ou econométrica rigorosa – que parece não ter existido nos casos irlandês e britânico –, não é possível concluir pela existência de uma expectativa fundamentada (e inequívoca) de que o acesso por terceiros à infra-estrutura em causa aumentaria, de forma significativa, o nível de concorrência nesse mercado[21].

Em conclusão, resulta do exposto ser pouco verosímil que a rede de arcas frigoríficas exclusivas à marca da empresa dominante possa constituir uma infra-estrutura essencial.

---

21 Saliente-se, a este propósito, o referido em M. Motta (2004: 397, parágrafo 4).

3.2. Balanço económico da exclusividade da arca à marca dominante[22]

Para que exista um balanço económico positivo, deverá ser demonstrado, de forma inequívoca, que estas práticas de exclusividade não levam ao fecho do mercado, à redução dos incentivos ao investimento (*v.g.*, publicidade e inovação) e à respectiva consolidação da dominância da arguida no mercado relevante. De facto, para efeitos de apreciação *jus* concorrencial, caberia à empresa o ónus de demonstrar que a sua prática de exclusividade seria subsumível às condições de isenção por categoria, previstas no artigo 81(3) do Tratado CE, através da demonstração da existência de um balanço económico positivo.

Segundo esta norma, para que a prática de exclusividade verifique as condições de isenção por categoria, esta deverá, cumulativamente, *(i)* contribuir para melhorar a distribuição de produtos; *(ii)* reservar aos utilizadores (retalhistas e consumidores) uma parte equitativa das vantagens obtidas; *(iii)* ser indispensável para a obtenção das vantagens invocadas (*vide* para a comercialização do produto e para a redução dos custos no retalho e dos preços de venda ao consumidor final); e, *(iv)* não oferecer à empresa dominante a possibilidade de eliminar uma grande parte da concorrência no mercado relevante.

Sem prejuízo do facto deste ónus recair sobre a empresa, não resulta claro da apreciação económica dos casos em análise que os mesmos não se compaginem com o conjunto destas condições, embora a literatura económica não seja unânime quanto a esta questão. Embora alguns estudos rejeitem a existência de um balanço económico positivo (*v.g.*, Robertson & Williams, 1995, e Aldred & Bamford, 2007), outros sugerem que daquelas práticas de exclusividade podem decorrer ganhos de eficiência (*v.g.*, McDowell, 1996; Motta, 2004; e Ridyard, 2005).

Se por um lado, e tal como *supra* referido, a CE e a CC consideram nas suas decisões que atento, nomeadamente, o espaço reduzido de venda dos retalhistas com arcas frigoríficas e a dimensão destas, a exclusividade do espaço da arca a uma marca implica a exclusividade do PV a essa marca, por outro lado, e segundo Motta (2004, pp. 391-398) tal presunção, pelo menos no caso da Decisão CE, terá sido, conjuntamente com a forma *ad hoc* em que o mercado (do produto) relevante foi definido, uma das principais causas de enviesamento daquela decisão.

Enquanto que este autor defende que a apreciação dos eventuais efeitos pró- e anti-competitivos de práticas de exclusividade pode justificar a proibi-

---
22 *V.g.,* M. Motta (2004: 391-398).

ção de cláusulas que imponham a exclusividade do PV, o mesmo sugere que a prática de exclusividade da arca deveria ser permitida atentos os seus ganhos de eficiência e o facto de à mesma estar associado um fraco, se não mesmo inexistente, efeito potencial de fecho de mercado.[23]

Atendendo a esta divergência de posições sobre a existência, ou não, de um balanço económico positivo, importa assim analisar cada uma das condições necessárias para uma isenção por categoria.

No que respeita à alínea *(i)* notemos, primeiramente, que no caso de um bem destinado ao consumo individual imediato no local de aquisição ou na sua proximidade e de fácil acessibilidade, o seu sucesso de vendas depende, de forma crucial, da existência de uma densa rede de PV cujo desenvolvimento, ao implicar elevados investimentos, depende, entre outras condições, da manutenção de um suficiente volume de vendas em cada PV. Ora, a venda de gelados de impulso sob uma condição de exclusividade das arcas frigoríficas num número suficiente de PV poderá constituir uma condição necessária para que sejam garantidos esses volumes de vendas.

No que respeita à alínea *(ii)*, o desenvolvimento de uma densa rede de PV potencia ganhos em economias de escala e gama, que se poderão traduzir em produtos com maior diversidade, menor preço e vendidos em locais mais próximos das necessidades de consumo, para benefício dos retalhistas e dos consumidores. Por outro lado, a CE argumenta que a abertura das arcas da HB aos seus concorrentes permitiria uma maior diversidade de marcas, em benefício do consumidor final, bem como, eventualmente, menores preços em resultado da maior concorrência intermarcas.[24]

Todavia, este argumento da CE é apenas aplicável aos PV onde só existem arcas HB, sem que a Comissão se tenha pronunciado sobre o remanescente da malha de retalho da HB ou devidamente sustentado a por si alegada possibilidade dos PV onde existe uma arca HB poderem colocar uma arca de uma outra marca. Assim, o argumento da CE parece-nos estar enviesado pelo facto da Comissão, na sua decisão, não ter mantido a destrinça entre exclusividade do PV e exclusividade da arca, o que, aliás, parece ter também ocorrido na argumentação da CC no caso BEW. Este enviesamento é tanto mais estranho perante a dimensão reduzida das arcas da Mars à data.

---

23 Em particular, M. Motta (2004: 398) defende que esta prática satisfaz, de facto, o conjunto de todas as condições de isenção por categoria, indo assim contra as conclusões da CE e da CC *supra* referidas.

24 *Cf.* Decisão CE (*cit.*, considerando 239).

No que concerne à alínea *(iii)*, diversos argumentos podem defender esta tese, a saber: *(a)* o problema do *"free-riding"* relacionado com a cedência do espaço da arca, a custo zero, a marcas terceiras de pouca notoriedade junto do consumidor; *(b)* a promoção de entrada ineficiente no mercado; e, *(c)* menores incentivos para o adensamento da malha de retalho.

Ora, tal como referido *supra*, a cláusula de exclusividade das arcas à marca da empresa que as detém deve ser interpretada como a criação de um direito de propriedade que justifica um determinado investimento na produção e distribuição de gelados de impulso. Caso contrário, a rentabilidade desse investimento não estaria garantida *a priori*, pondo em causa a sua realização. Assim, caso esta empresa fosse obrigada a ceder parte do espaço das suas arcas (por si cedidas e mantidas) a outras marcas, estas últimas teriam incentivo em desinvestir neste tipo de prática, com o efeito inevitável de desencorajar a cedência e manutenção de arcas pelas empresas fornecedoras nos PV.

Mesmo que a CE tivesse concluído que a rede de arcas frigoríficas da HB cedidas sob condição de exclusividade constituía uma infra-estrutura essencial – o que não o fez, à semelhança da CC no caso BEW – dificilmente se entende que o acesso à mesma rede pelos rivais da HB pudesse ser feito de forma gratuita. Apenas se exigiria que as condições de acesso à mesma fossem transparentes, não discriminatórias e a um preço considerado razoável.

No que respeita à alínea *(iv)*, porque parecem não estar reunidas as condições necessárias à qualificação da rede de arcas como uma "infra-estrutura essencial" (subsecção 3.1 *supra*), dificilmente se poderá alegar que da prática resulte a consolidação de dominância da empresa. Conforme referido por M. Motta (2004), "não existe qualquer evidência que a exclusividade da arca à marca dominante implique o fecho de mercado, no sentido em que diversos retalhistas teriam espaço para uma arca adicional – eventualmente de menor dimensão [tal como as da Mars, por exemplo] – caso a respectiva marca fosse fortemente valorizada pelo consumidor".[25]

As *supra* expostas divergências de argumentação sublinham a importância de uma análise económica (e/ou econométrica), suficientemente rigorosa, que possa responder às seguintes questões no contexto dos casos em apreço: *(i)* em que condições a existência de exclusividade da arca à marca dominante implica a exclusividade do respectivo PV a essa marca; *(ii)* em que condições pode uma rede de arcas em regime de exclusividade constituir uma infra-

---

25 *cf.* M. Motta (2004: 397, 4.º parágrafo).

estrutura essencial; e *(iii)* caso constitua uma infra-estrutura essencial, em que condições se deve permitir o acesso de terceiros à mesma, incluindo uma possível tarifa de acesso, e qual a percentagem óptima de cubicagem a ceder aos rivais. Ora, não se nos afigura de todo claro que as decisões da CE e da CC de abertura das arcas da empresa dominante, respectivamente, total e a 50%, tenham sido sustentadas com base no tipo de análise *supra* referida que permitisse responder rigorosamente às três questões acima referidas.

De igual modo, as análises de Ridyard (2005) e da Mars (2007), relativas à avaliação *ex post* do impacto da medida imposta pelo DTI de abertura de 50% das arcas da BEW no RU, enfermam das mesmas limitações. De facto, parece carecer de fundamentação a conclusão da Mars de que aquela medida proporcionou ganhos de eficiência, tal como reflectidos pelo aumento dos investimentos em inovação e a queda dos preços de venda ao público dos gelados de impulso, observados no período 2000-2006. Não é linear que estes factos não provenham de outros factores que afectem o comportamento dos consumidores e/ou da concorrência, tais como eventuais alterações ao nível de outros segmentos de gelados, designadamente, os vendidos em embalagens múltiplas e/ou de consumo para o lar.[26] Por seu turno, a análise de Ridyard (2005), aplicada ao mesmo mercado mas no período 2000-2004, conclui, em oposição à análise da Mars, pela redução da procura e um aumento dos preços de venda ao público sem, todavia, se ter questionado quanto à possibilidade de tais resultados não provirem de outros factos que não da alteração do regime de exclusividade da BEW.

Todavia, de ambas estas análises resulta uma ilação comum, a saber que, após o termo parcial da exclusividade das arcas BEW a esta insígnia, esta empresa viu a sua quota aumentar na venda de gelados de impulso no RU em detrimento das demais insígnias, incluindo da própria Mars. Se tal resultado pode provir de um eventual maior esforço de inovação da BEW do que no passado – favorável ao mercado e aos consumidores – o mesmo coloca sérias dúvidas quanto à devida sustentação das anteriores decisões da CE contra a HB e da CC contra a BEW de que a prática de exclusividade das arcas à

---

26 No início do processo CE contra a HB, os gelados em de consumo para o lar já representavam a maior percentagem do consumo global de gelados de impulso na UE15, repartindo-se este último, em milhões de litros, da seguinte forma: 131,8 milhões (30,0%) em embalagens individuais, 26 milhões (6,0%) em embalagens múltiplas, 212 milhões (48,2%) em gelados de consumo para o lar e 69,6 milhões (15,8%) para restauração (*v.g.*, M. Motta, 2004: 391).

marca dominante é restritiva da concorrência porquanto instiga o fecho do mercado e a respectiva consolidação de dominância das empresas em causa.

3.3. Qual a percentagem adequada de cedência do espaço das arcas?

Sem recurso a uma modelização económica e/ou econométrica, averigua-se difícil avaliar, *a priori*, qual a percentagem óptima de cedência da cubicagem das arcas propriedade da empresa dominante (*v.g.*, respectivamente, 100% e 50% nos casos da HB e BEW). De facto, esta análise económica poderia permitir a avaliação de como o *status quo* (exclusividade) se compara com os cenários contrafactuais (de não exclusividade parcial ou total) no que diz respeito ao fecho de mercado, à consolidação da posição dominante da empresa em causa e, em última análise, ao grau de concorrência no mercado relevante e ao nível de bem-estar do consumidor.

Em particular, uma baixa percentagem de cedência da cubicagem das arcas será, em princípio, suficiente para marcas com uma gama limitada de gelados, como a Mars, mas não para outras marcas de gama de gelados mais diversificada, como a Nestlé. Por outro lado, uma baixa percentagem de abertura mitiga o problema do "*free riding*" subjacente à utilização por marcas terceiras de um espaço cedido e mantido pela marca dominante. Em particular, refere Ridyard (2005) que a medida imposta à BEW de cedência de 50% do volume das suas arcas à concorrência levou ao termo da cedência e manutenção gratuita de arcas por aquela empresa a retalhistas. Na determinação do grau de abertura da cubicagem das arcas, deverão ser tomados em consideração, quer o grau de rotatividade dos produtos das diferentes marcas, quer o grau de inovação por marca que poderá resultar de diferentes graus de abertura dessa cubicagem. Em particular, um maior grau de abertura poderá implicar custos acrescidos de distribuição para a empresa dominante bem como aumentar os seus incentivos á inovação, com consequências opostas ao nível do bem-estar do consumidor.

Por último, este tipo de análise económica permitiria averiguar se a cedência da totalidade do espaço das arcas propriedade da empresa dominante a marcas terceiras, tal como a imposta pela CE à HB, na Irlanda, não terá sido excessiva, mesmo considerando que a rede destas arcas constituía uma infra-estrutura essencial (*vide supra*).[27]

---

[27] Acresce que nos termos das leis nacional e Comunitária da concorrência, atento o efeito cumulativo daquela prática respeitar todas as empresas do sector, não é linear do ponto de vista jurídico que a imposição da CE à Unilever de cessação daquela prática, enquanto acordo vertical restritivo da concorrência não devesse, de igual modo, ter abrangido outras empresas do sector que não recaíssem no critério *de*

No entanto, devido à própria dinâmica dos mercados e à complexidade do funcionamento destes, seria desejável que este tipo de análise fosse, de igual modo, realizada *ex post* para avaliação do impacto das medidas propostas relativamente à manutenção do *status quo*, eventualmente complementada por um exercício de acompanhamento do impacto daquelas medidas.

4. COMENTÁRIOS FINAIS

Os acordos entre a Unilever e os vários retalhistas a quem é cedida, a título gratuito e sem custos de manutenção, uma arca frigorífica para armazenamento de gelados de impulso em regime de exclusividade à marca da Unilever são, para efeitos do artigo 81(1) do Tratado CE, "acordos entre empresas".

Têm estes acordos por objecto ou como efeito impedir, falsear ou restringir de forma sensível a concorrência no mercado relevante em causa?

Se por um lado a notoriedade das marcas de gelados de impulso da Unilever nos países onde esta é dominante, a elevada quota desta empresa no mercado relevante, a densa malha de retalho das suas arcas por si cedidas e mantidas gratuitamente, mas em regime de exclusividade, à maioria dos retalhistas no mercado, podem dificultar a entrada e/ou expansão de fornecedores alternativos, há que notar a capacidade financeira de muitos destes – tais como da Nestlé e da Mars –, empresas de dimensão internacional, implantadas em diversos países europeus, bem como a notoriedade das suas marcas, nos gelados e noutros bens de consumo em geral.

Há, de igual modo, que evitar defender não a concorrência neste mercado mas os fornecedores concorrentes da Unilever. Em particular, existe um risco de uma eventual abertura das arcas frigoríficas da Unilever proporcionarem um "*free riding*" a empresas da dimensão da Nestlé ou da Mars, com eventuais consequências negativas no que respeita ao volume de gelados vendidos e à gama de gelados oferecidos aos consumidores finais pela extensa rede de retalhistas existente nos mercados em causa.

Por outro lado, alguns estudos posteriores às decisões da CE (contra a HB na Irlanda) e do DTI (contra a BEW no RU) relativos a uma avaliação *ex post* dos compromissos impostos à BEW, nomeadamente, no que respeita à sua politica de exclusividade do espaço das arcas, concluem pela ausên-

---

minimis (*ex vi* Comunicação CE relativa "Orientações relativas às restrições verticais", Jornal Oficial n.º C 291/01, de 13.10.2000).

cia de efeitos positivos sobre o mercado, quer ao nível da concorrência, quer em termos de bem-estar dos consumidores, em clara oposição ao alegado por aquelas decisões. Em particular, embora as análises da Mars (2007) e de Ridyard (2005) concluam, respectivamente, em favor e contra a medida do DTI, ambas revelam que, após o termo parcial da exclusividade das arcas BEW a esta insígnia, esta empresa viu a sua quota de mercado aumentar em detrimento das demais insígnias, incluindo da própria Mars. Se tal resultado pode provir de um eventual maior esforço de inovação da BEW do que no passado – favorável ao mercado e aos consumidores – o mesmo coloca sérias dúvidas quanto à devida sustentação das referidas decisões da CE e do DTI de que a prática de exclusividade das arcas à marca da empresa dominante é restritiva da concorrência porquanto instiga o fecho do mercado e consolida a dominância da empresa em causa.

Nestes termos, apenas uma análise económica (e/ou econométrica) rigorosa, *ex ante* e/ou *ex post*, pode permitir devidamente aferir, *ex ante*, se a referida prática de exclusividade pela empresa dominante consubstancia, de facto, uma infracção à legislação da concorrência enquanto abuso de posição dominante (*i.e.*, enquanto acordo vertical restritivo da concorrência por uma empresa em posição dominante) ou após condenação por uma tal infracção, para uma reavaliação *ex post* dos efeitos da cessação, na integra ou em parte, da prática de exclusividade sobre o mercado em causa.

Talvez em parte por este motivo esteja ora em discussão a eventual introdução de critérios de balanço económico no actual pacote de modernização das regras de aplicação do artigo 82 do Tratado CE. Aguardamos, com expectativa, que este pacote de modernização consagre a importância de análises económicas *ex ante* e *ex post*, mantendo um saudável cepticismo quanto à capacidade de previsão da ciência económica em geral. Como, aliás, é o caso da própria apreciação jurídica.

BIBLIOGRAFIA

ALDRED & BAMFORD
2007 «Impulse Ice Cream – Frozen in Time», in *European Competition Law Review*, vol. 3, pp. 145-147.
BISHOP, Simon & WALKER, Mike
2002 *The Economics of EC Competition Law*, 2nd ed., London: Sweet & Maxwell.

Mars Inc.
2007 "WHH Impulse Ice Cream Market in the European Union: Paper for the European Commission" (versão não confidencial), Relatório preparado pela empresa Mars Inc. para a CE, datado de 17.09.2007.

McDowell, Moore
1996 «An Ice Cream War: Bundling, Tying, and Foreclosure», in *European Journal of Law and Economics*, vol. 3, pp. 197-220.

Motta, Massimo
2004 *Competition Policy: Theory and Practice*, 1st ed., Cambridge: Cambridge University Press.

Müller, Ulf & Rodenhausen, Anselm
2008 «The Rise and Fall of the Essential Facility Doctrine», in *European Competition Law Review*, vol. 5, pp. 310-329.

Ridyard, Derek
2005 «With the Benefit of Hindsight – the 2000 UK Impulse Ice Cream Investigation», in *European Competition Law Review*, vol. 10, pp. 533-537.

Robertson, Aidan & Williams, Mark
1995 «An Ice Cream War: the Law and Economics of Freezer Exclusivity: Part 1», in *European Competition Law Review*, vol. 16, n.º 1, pp. 7-20.

Whinston, Michael D.
1990 «Tying, Foreclosure and Exclusion», in *American Economic Review*, vol. 80, n.º 4, pp. 837-859.

NETSCAPE IS DEAD:
REMEDY LESSONS FROM THE *MICROSOFT* LITIGATION
Harry First[1]

ABSTRACT: *This article covers the US and the European antitrust cases against Microsoft. The Microsoft litigation is used as a way to explore some of the most critical remedial issues that antitrust faces in monopolization or abuse of dominant position cases, taking into consideration that too often remedies are not properly addressed and evaluated in this type of cases. On the basis of a critical analysis of the US and the EU Microsoft cases it extensively reviews the full panoply of remedial options in monopolization and abuse do dominant position cases. It also analyses the coordination between several public agencies in the crafting and implementation of different remedies in this type of cases.*

SUMMARY: I. Introduction. II. The *Microsoft* Litigation. A. U.S. Government Cases. B. The European Case. C. Private Damages Suits. 1. Consumer Suits. 2. Competitor Suits. III. Remedies in *Microsoft*. A. United States. 1. Trial Court Remedial Decree. 2. Final Settlement Decree. 3. Implementing the Remedy. B. European Union. 1. The Commission's Order. 2. The Effect of the Remedy. a. Unbundling. b. Interoperability. IV. Implications for the Remedies Debate. A. Introduction. B. The Political Economy of Remedies. 1. The Taste for Government Intervention. 2. Jurisdictional Centrism. 3. Jurisdictional Modesty. C. Remedial Options. 1. Fines. 2. Private Damages Claims. 3. Conduct Remedies. 4. Structural Remedies. D. The Craft of Remedies. 1. Ex Ante Decisions v. Sequential Learning. 2. Benchmarking. D. Multiple Enforcement. 1. The Benefits of Diversity. 2. Enforcement Agency Coordination. V. Conclusion.

---

[1] Charles L. Denison Professor of Law, New York University School of Law. I was Chief of the Antitrust Bureau of the New York State Attorney General's Office from May 1999-May 2001, during which time I was responsible for supervising New York's efforts in the Microsoft litigation. I thank Philip Weiser for his very helpful comments on an earlier draft. Research support was provided by a research grant from the Filomen D'Agostino and Max E. Greenberg Research Fund at New York University School of Law. © Harry First 2009.

I. INTRODUCTION

On December 28, 2007, in a blog entry, Netscape announced that AOL would be discontinuing its support for the Netscape browser, which it had acquired for $10.2 billion in 1999. By the time the entry was posted, however, AOL's effort had already dwindled to a "handful of engineers." AOL officially took Netscape off life support on March 1, 2008. Netscape did not live to see its fourteenth birthday.

The report of Netscape's death was greatly exaggerated, however. Netscape actually died in May of 1998, less than a year before AOL foolishly bought it. On May 18, 1998, federal and state government antitrust enforcement agencies filed monopolization cases against Microsoft for its conduct of the "browser wars." The key aspect of the governments' complaints was Microsoft's decision to integrate its own Internet Explorer browser into Windows 98 in a way that made it difficult to remove and substitute a competing alternative. As the plaintiffs were filing their complaints, Microsoft was about to ship the code for Windows 98 to computer manufacturers and the plaintiffs asked the trial judge to preliminarily enjoin the shipment lest the browser market irreversibly tip in Microsoft's favor. Four days later, though, the trial judge denied the motion. As a result, a new generation of "Windows 98 computers" was produced, placing Microsoft's browser and its browser icon on the desktops of millions of computer users. It would take another three years before any relief would be granted for bundling IE into Windows. By then the relief did not matter. IE dominated the marketplace.

Actually, Netscape did not fully die in 1998. Instead, it sowed the technological seeds for a competing browser by making its code into open source. In 2003 AOL spun off the development of this open-source software to the newly-created Mozilla Foundation, which AOL supported financially, and Mozilla then developed an independent browser, Firefox. Firefox and Netscape (based on the same underlying code) began releasing versions with features that were not available in Internet Explorer, thereby gaining users. By 2007 60 percent of users in one survey rated Firefox as the "best browser." Only 11 percent rated IE as the best. By May of 2008 – ten years after the monopolization cases were filed against Microsoft – Firefox had almost 18 percent of the browser market. But IE had nearly 75 percent of the market and Microsoft retained more than 90 percent of the desktop operating system market, the market that in 2000 the district court judge found that Microsoft had illegally monopolized.

Some competitors in the browser market have begun talking of a "second browser war" which will be won not by "monopolistic muscle but by innovation."[2] Others are not so sure that monopolistic muscle is out of the picture. On January 17, 2009, following a complaint from Opera, a commercial browser with less than one percent of the market, the European Commission announced that it had sent a Statement of Objections to Microsoft outlining its "preliminary view" that Microsoft's tying of Internet Explorer to the Windows' operating system was an abuse of dominant position in violation of Article 82.[3] The Commission has also reported that other tying complaints had been filed against Microsoft, including a complaint involving Microsoft's search-engine products, as well as the filing of a complaint that Microsoft was refusing to disclose interoperability information relating to its Office productivity software. The Commission announced that it will be investigating those complaints as well.[4]

From an antitrust standpoint the developments in the browser area are particularly disheartening. After a decade of global antitrust enforcement against Microsoft we seem to be back to where we started, worried about the same products and with Microsoft still holding a monopoly position in the operating system market. It is browser wars 2.0.

The challenge that these developments pose to antitrust is not primarily a challenge of doctrine, however. Courts on both sides of the Atlantic – indeed, relatively conservative courts – have agreed that Microsoft's conduct violated antitrust law. Rather, the challenge is one of remedy.

In this chapter I will use the *Microsoft* litigation as a way to explore some of the remedial issues that antitrust faces in monopolization cases. As a general matter, I think that we have paid too little attention to remedies. My argument is that closer attention requires three things: (1) a greater consideration of potential remedies prior to bringing monopolization cases; (2) use of the full panoply of remedial options; and (3) greater attention to evaluating

---

[2] *See* Brad Stone, Open-Source Upstart Challenges the Big Web Browsers, N.Y. Times, May 26, 2008, C1 (quoting partner in a firm that has invested in a browser start-up).

[3] *See* Commission Confirms Sending a Statement of Objections to Microsoft on the Tying of Internet Explorer to Windows, MEMO/09/15 Jan. 17, 2009, *available at* http://europa.eu/rapid/pressReleasesAction.do?reference=MEMO/09/15&format=HTML&aged=0&language=EN&guiLanguage=en (last viewed May, 2009).

[4] *See* Commission Initiates Formal Investigations Against Microsoft in Two Cases of Suspected Abuse of Dominant Market Position, Memo/08/19, Jan. 14, 2008, *available at* http://europa.eu/rapid/pressReleasesAction.do?reference=MEMO/08/19&format=PDF&aged=0&language=EN&guiLanguage=en (last viewed April, 2009).

remedies, including articulating goals and establishing benchmarks for measuring progress.

II. THE *MICROSOFT* LITIGATION

To give some context to the remedies debate it is useful to review briefly the monopolization litigation brought against Microsoft. There are three sets of cases, the U.S. government cases, the European Commission case, and the U.S. private treble-damages cases.

A. U.S. Government Cases

Two government suits were filed in the United States, each on the same day and each alleging similar facts and legal theories. The United States Justice Department filed one suit, 20 states and the District of Columbia filed the other. Both complaints focused on Microsoft's self-described "'jihad' to win the 'browser war,'" which included its decision to bundle Internet Explorer into the Windows operating system as well as to provide IE along with Windows at no additional charge. The complaints' basic monopolization theory was that Microsoft fought the browser wars to maintain the applications barrier to entry that protected its monopoly in the desktop operating system market. An operating system needs compatible software applications to make the operating system attractive to consumers. At the time, most applications were written to be compatible only with Windows, but Microsoft feared that Netscape, and the Java programming language which Netscape distributed, would be able to operate across platforms. This would make it possible for applications programmers to write programs to Netscape that would run on competing operating systems, not just on Windows. One of the harms from Microsoft's effort to maintain its monopoly position, both complaints alleged, was that innovation in browsers and operating systems would be reduced.

At trial the governments' case broadened out beyond the bundling of Internet Explorer and Windows, showing Microsoft's systematic pattern of behavior aimed at preserving the applications barrier to entry and its operating system monopoly. For the most part the trial judge agreed with the governments' case, finding that Microsoft violated Section 2 of the Sherman Act.[5] Although some of Microsoft's conduct did benefit consumers, the judge

---

[5] The district court's findings of fact and conclusions of law are separately reported. *See* 84 F. Supp. 2d 9 (D.D.C. 1999) (findings of fact), 87 F. Supp. 2d 30 (D.D.C. 2000) (conclusions of law).

found that there was no reason for Microsoft's refusal to offer an unbundled operating system, with the Internet Explorer browser removed, other than its desire to exclude Netscape from the market.

The Court of Appeals for the District of Columbia Circuit, sitting en banc, agreed with the trial judge that Microsoft had violated Section 2 of the Sherman Act.[6] Applying a rule of reason analytical structure, the court examined each allegedly anticompetitive act that had been shown at trial, assessing whether the conduct was anticompetitive and whether there were any pro-competitive justifications.

The court's close examination of each of Microsoft's practices resulted in its finding that most were anticompetitive and lacked any procompetitive justification. With regard to the bundling of IE into Windows, the court condemned Microsoft's decision to commingle browser and operating system code, thereby making it difficult to remove browser code, and condemned Microsoft's failure to provide an "Add/Remove" utility in Windows 98, which would have allowed computer manufacturers to hide IE's functionality, thereby providing a competitive opportunity for other browsers. The court also readily characterized as anticompetitive a variety of contractual practices which resulted in the contracting party's exclusive or near-exclusive use of IE and Microsoft's Java Virtual Machine ("JVM"), to the exclusion of Netscape's Navigator or Sun's JVM. These included agreements with Internet access providers, particularly AOL, to limit distribution of Netscape, and agreements to give independent software vendors preferential access to technical information in return for making IE the default browser for software they developed and for making Microsoft's JVM the default JVM for their software. The court condemned Microsoft's threat to withhold support and updating of Office for the Macintosh unless Apple agreed to bundle IE into its operating system and make it the default browser. Similarly, the court condemned the threats that Microsoft made against Intel to convince Intel to stop developing a fast Sun-compliant JVM. Finally, the court condemned Microsoft's efforts to deceive software developers by not telling them that Microsoft's Java development tools would create programs that were not fully cross-platform with programs developed with Sun's Java tools. This was an effort, in the words of Microsoft's own document, to "'Kill cross-platform Java by growing the polluted Java market.'"

---

6 For the court of appeals' decision, see 253 F.3d 34 (D.C. Cir.), cert. denied, 534 US 952 (2001).

B. The European Case

The European Commission's proceeding against Microsoft involved two distinct issues, the bundling of the Windows media player with the Windows operating system and Microsoft's refusal to provide information about its server protocols to its rival, Sun Microsystems. In its 2004 decision the Commission found that both constituted abuses of dominant position in violation of Article 82.[7]

Microsoft having conceded that it had a dominant position in the PC operating system market, the Commission's analysis of both violations explored the anticompetitive effects of the practices on the operating system market and on adjacent markets, such as the work group server operating systems market, the media player market, and media content related markets. The Commission concluded that Microsoft had followed a "leveraging strategy" to extend its dominance into these related markets. With regard to the refusal to supply violation, Microsoft had exploited "a range of privileged connections" between the PC operating system and its work group server operating system and deprived competitors in the work group server operating systems market of "interoperability information" that was "indispensable" for viable competition. On the tying violation, Microsoft's practice assured ubiquity of its media player, foreclosing the competitive opportunities of rivals and raising the possibility that Microsoft would have the power to take a "toll" on many future content transactions.

For both violations the Commission stressed the impact that Microsoft's behavior had on innovation. Thus, Microsoft's tying of the media player to the operating system "sends signals" to entrepreneurs and investors as to the "precariousness" of investing in potentially complementary software products which Microsoft could "conceivably take interest in" and tie to Windows in the future. Similarly, if Microsoft came to dominate the work group server operating system market, Microsoft's own incentives to innovate would diminish. On the other hand, had Microsoft disclosed interoperability information "the competitive landscape would liven up" as Microsoft would be forced to compete with its rivals.

---

7 For the European Commission's decision, see Case COMP/C-3/37.792 – Microsoft Corp., Commission Decision, 2007 O.J. (L 32) 23, ¶¶ 970, 978-84 (Mar. 24, 2004), *available in full at* http://europa.eu.int/comm/competition/antitrust/cases/decisions/37792/en.pdf (last viewed April, 2009).

The Court of First Instance upheld the Commission on both charges, substantially agreeing with the Commission's finding that the two abuses were a "leveraging infringement."[8] The court agreed that the refusal to supply the requested information was "likely" to eliminate effective competition in the work group server operating system market, pointing out that Microsoft's refusal was "part of an overall strategy" to use its dominant position in the operating system market to "strengthen its dominant position" in that "adjacent market." On the tying claim, the CFI pointed out (taking an approach similar to the U.S. courts) that the problem was not the integration of the media player into the operating system, but Microsoft's refusal to offer a dis-integrated version of Windows. The court also found that the integration offered no "technical efficiencies" and that the operating system would not be "degraded" if the media player were removed. Finally, the CFI also agreed with the Commission's finding that the bundling of the media player and the operating system deters innovation in complementary software products.

C. Private Damages Suits

Numerous private plaintiffs filed treble-damages actions in U.S. federal and state courts against Microsoft for monetary injuries arising out of the conduct at issue in the government litigation (or for similar conduct). A few of these suits were filed before the government litigation began, but most were filed after. Of the latter group, Microsoft estimates that 220 private cases were ultimately filed.[9]

1. Consumer Suits

Consumer class actions accounted for the largest group of the private suits – 182 of the cases, or more than 80 percent. In addition, individuals filed thirty cases and state attorneys general filed two cases seeking damages on behalf of their non-business citizens.

---

8 For the Court of First Instance's decision, see Case T-201/04, Microsoft Corp. v. Comm'n, 2007 E.C.R. II-3601 (Ct. First Instance).

9 Information about the consumer suits filed against Microsoft is based on emails to Harry First and Andrew I. Gavil from Rich Wallis, Associate General Counsel of Microsoft, dated Aug. 9, 2007, and June 11, 2008 (author's files). Class action settlement information is posted on Microsoft's website at http://www.microsoft.com/about/legal/consumersettlements/default.mspx (last viewed June 29, 2009); competitor suit settlement information is posted at http://www.microsoft.com/Presspass/legal_newsroomarchive.mspx?case=Other%20Legal%20Issues (last viewed June 29, 2009).

Consumer cases faced a number of significant substantive and procedural hurdles. One was proving damages. At the government trial, the plaintiffs had not proved how much above the competitive price Microsoft had charged for Windows, and the district court had found that it "is not possible with the available data" to say what the monopoly price of Windows might have been. This meant that plaintiffs arguing that they had been overcharged for Windows would have to prove how much that overcharge was. Another critical problem for the consumer cases was that damages under federal law are available only for direct purchasers. Most consumers were indirect purchasers of computer operating systems and browsers, having bought them preinstalled on their personal computers. This required many of these claims to be brought under state antitrust law in state court. Not every state permitted indirect purchasers to sue, however, and in some states the law was ambiguous, further complicating the litigation. A third problem was that some of those injured consumers were non-U.S. citizens, raising the question whether U.S. law would cover their claims (the claims were eventually denied). Finally, all the class actions faced difficult questions of class certification because of the different circumstances under which end-users acquired Windows.

Microsoft litigated the consumer suits vigorously, winning dismissal in eighteen states and denial of class certification in two. It went to trial in only two of the state cases, settling both before a jury returned a verdict. Settlements were eventually reached in nineteen states plus the District of Columbia. Litigation is pending in only one state (Mississippi).

Settlements of the consumer suits typically provide vouchers to class members that can be redeemed for cash on the purchase of a personal computer and/or software that runs on a personal computer, without regard to the operating system or platform involved. Unclaimed funds are subject to a cy pres distribution in the form of vouchers to poorer K-12 schools in the state. Given the uncertainty of the voucher distribution process, Microsoft indicates that it will be unable to place a cost on the value of any of these settlements until all the distributions are concluded, a process that will take at least until 2012 – more than a decade after the first of these cases was filed and nearly two decades after Bill Gates launched the browser wars.

2. Competitor Suits
The two competitors that were central to the browser wars, Netscape and Sun, both brought private antitrust cases. Netscape's suit was brought by AOL,

which had acquired Netscape's assets, including its legal claims against Microsoft, during the government trial. AOL filed its suit in January 2002. Microsoft and Netscape settled the litigation in 2003, with Microsoft paying AOL $775 million. Sun's complaint, filed in August 2002, included allegations related both to the U.S. government litigation and to the then on-going proceeding in the European Commission, which the Commission had begun, in part, on Sun's complaint in 1998. On April 2, 2004, nine days after the Commission issued its decision, Microsoft and Sun settled Sun's antitrust case for $700 million. The settlement involved all of Sun's antitrust complaints, with Sun reporting that the agreement "satisfied" the "objectives it was pursuing in the EU actions pending against Microsoft."

There was also some evidence at the government monopolization trial indicating that two competing sellers of PC operating systems were harmed by Microsoft's conduct, including Microsoft's effort to maintain the applications barrier to entry. One of these competitors – BeOs – filed suit in February 2002, settling its claim in September 2003 for $23.25 million. The other – IBM – had a more substantial claim relating to its attempt to market an operating system called "OS/2," which it ultimately stopped selling. IBM never filed suit, but in 2005 Microsoft agreed to pay IBM $775 million in satisfaction of all antitrust claims except those relating to server products, which IBM is still free to bring.

Original equipment computer manufacturers ("OEMs") were the direct purchasers of the Windows operating system. If Microsoft, a monopolist, were overcharging for Windows, presumably the OEMs would have the direct claim for damages. In addition, there was substantial evidence introduced at the government trial indicating that Microsoft pressured OEMs in various ways to exclude Netscape, sometimes retaliating when the OEMs did not go along. Nevertheless, only two OEMs pressed claims against Microsoft. One was IBM, whose overcharge claims were included in the $775 million settlement. The other was Gateway, whose claims were settled in 2005 without filing suit, a settlement announced shortly before the IBM settlement. Under the settlement Microsoft paid Gateway $150 million.

Two competitors in markets relating only to the European Commission's proceeding filed suit in the United States for damages. One was Novell, whose antitrust suit related to exclusion from the workgroup server market, in which it had been a major participant with its NetWare server operating system. Novell settled its server claim for $536 million, but the settlement also included Novell's agreement to withdraw from participating in the Commission's case and to not participate as an intervener in Microsoft's appeal to the CFI. The other litigant was RealNetworks, whose media player was the focus of the Commission's tying complaint. RealNetworks sued Microsoft in 2003, alleging that the tie of the media player and the operating system violated Section 1 of the Sherman Act and that Microsoft had attempted to monopolize the market for "digital media," including digital media players, in violation of Section 2. Microsoft and Real settled the antitrust claim in 2005 for $460 million. As in the Novell settlement, Real agreed to withdraw from participating in the European Commission proceeding. In addition, it agreed to withdraw from participating in the Korean Fair Trade Commission's ongoing investigation into the bundling of Microsoft's Instant Messenger into the Windows operating system.

One excluded competitor filed a private antitrust suit outside the United States. In 2004 Daum Communications, a major Korean Internet portal company, sued Microsoft in Korea for 10 billion won ($8.8 million) for bundling Instant Messenger and Windows. Daum had also complained to the Korean Fair Trade Commission, which subsequently found that Microsoft's bundling violated the Korea's antitrust law. In 2005 Microsoft settled Daum's suit for $10 million.

Only one case remains outstanding. Novell's lawsuit against Microsoft not only included claims relating to its NetWare server operating system, but also claims relating to the competitive problems faced by WordPerfect, a word processing software program that Novell owned for two years. Novell's settlement did not include the WordPerfect claim, which Novell has continued to litigate. In 2007 the Court of Appeals for the Fourth Circuit held that Novell has antitrust standing to pursue its claim that Microsoft damaged WordPerfect in a number of ways (including the withholding of interoperability information). Novell's theory is that WordPerfect posed a threat to the applications barrier to entry because its cross-platform capability "could enable an alternative operating system to compete with Windows."[10]

---

10 Novell, Inc. v. Microsoft Corp., 505 F.3d 302, 314 n.22 (4th Cir. 2007), cert. denied, 128 S. Ct. 1659 (2008).

III. REMEDIES IN *MICROSOFT*

A. United States

1. Trial Court Remedial Decree

At the conclusion of the government trial, and following the district court's liability decision, the government plaintiffs proposed a remedial decree with two major provisions. Recognizing that Microsoft's conduct was systemic, and not just related to a single aspect of its operations, the plaintiffs proposed restructuring Microsoft into two separate companies, one to develop, license and promote operating systems for computers, the other to carry on the applications business. The theory was that the new Applications Company would have an incentive either to expand its Word software program into a platform that could challenge Windows or might team up with other operating systems (such as Linux) to challenge Windows. Similarly, the Operating Systems Company would have market incentives to provide interoperability with other office productivity suites (such as WordPerfect). The decree also included transitional conduct provisions, with nine categories of conduct covering broad areas of Microsoft's business and behavior, including the critical issues of bundling and information disclosure. These provisions would be ended once the structural relief became effective.

The trial judge entered the remedial decree that the plaintiffs sought.[11] He noted that the structural remedy was one that he had "reluctantly come to" but which he viewed as "imperative." The court reached this conclusion on a number of grounds: administering injunctive relief was likely to be contentious and ineffective; Microsoft had shown itself in the past to be "untrustworthy"; the government plaintiffs, charged with crafting a decree, were presumed to be acting in the public interest; and the decree carried out the general purposes of antitrust relief including the need to "revive competition in the relevant markets."

The court of appeals subsequently vacated the decree.[12] Although the court did so for a number of reasons, two were most prominent. First, the district court had not held any evidentiary hearings on the proposal, hearings

---

[11] For the district court's final judgment decision, see United States v. Microsoft Corp., 97 F. Supp. 2d 59 (D.D.C. 2000).

[12] *See* United States v. Microsoft Corp., 253 F. 3d 34 (D.C. Cir. 2001).

at which Microsoft wanted to present evidence of the proposal's ill-effects. Second, although the court of appeals affirmed the monopolization charge, it also disagreed with a number of decisions the trial judge had made. Given these changes, the district court needed to rethink whether such a "sweeping" decree was warranted. Any new decree "should be tailored to fit the wrong creating the occasion for the remedy."

2. Final Settlement Decree

On remand of the case to the district court (and the appointment of a new judge) the U.S. Justice Department, nine of the states, and Microsoft arrived at a negotiated settlement decree, which the district court judge approved a year later. The government plaintiffs' decision to settle the case reflected the narrower view of the case that the court of appeals expressed in its opinion, as well as the change in administrations from the Clinton Administration to the Bush Administration. The new administration had less concern about aggressive business behavior by monopoly firms and was more skeptical about the wisdom of structural relief or, indeed, remedial efforts that might become overly regulatory.

The settlement decree placed two basic sets of restrictions on Microsoft's behavior. One set related very specifically to the exact conduct in which Microsoft had engaged and for which the district court had found liability (for example, dealings with OEMs). The other set was more "forward looking." First, Microsoft was required to disclose application programming interfaces ("APIs") that would allow software developers more easily to interoperate with the Windows operating system. Second, Microsoft was required to disclose protocols that Microsoft uses to control communication between desktop PCs and servers. These two provisions were considered forward looking because they did not relate to specific facts proved at trial, but, rather, were an attempt to assist in the development of cross-platform middleware. API disclosure would insure that middleware could interoperate with Windows; server protocol disclosure would do the same for server software.

The settlement decree also provided for the establishment of a three-person "technical committee," to be paid for by Microsoft. The Committee, to be composed of "experts in software design and programming," would help monitor Microsoft's compliance with the decree. Including this provision in the decree recognized that technical issues were bound to arise, given the nature of computer programming and the technical disclosure obligations the decree imposed. Government antitrust lawyers would be at a disadvantage in insuring compliance unless there were experts to assist them.

3. Implementing the Remedy

Compliance with many of the decree's provisions has been relatively uneventful. There have been only a few complaints regarding the provisions enjoining Microsoft from engaging in the specific conduct that had been the focus of the litigation and there appear to have been no complaints regarding Microsoft's compliance with the API disclosure requirement.

Compliance with the protocol disclosure requirement, however, has been a major problem. In 2006 – a year before the original decree was set to expire – the Justice Department and the states complained to the district court judge that Microsoft's performance in documenting the protocols had been "disappointing" and that Microsoft needed to devote more resources to the effort and to rewrite the documentation it had produced thus far. Given this lack of progress, the parties agreed to extend the protocols disclosure part of the decree until 2009, with a possible additional three-year extension if necessary.

In October of 2007 some of the state plaintiffs filed motions to extend the entirety of the companion state decree until November 12, 2012 (the judge had entered a virtually identical decree in the states' case). This motion was opposed not only by Microsoft but by the Justice Department, which filed an amicus supporting Microsoft's position. The district court agreed with the states' arguments, granting a two-year extension of the full decree (although not the five years the states sought) on the ground that Microsoft needed to be in compliance with all the provisions of the decree if the decree were to have a chance of achieving its potential of lowering the barriers to entry into the desktop operating system market.[13] Microsoft's "inexcusable delay" in complying with the protocols disclosure requirements "deprived the provisions of the Final Judgments the chance to operate together as intended [and] is entirely incongruous with the original expectations of the parties and the Court."

Microsoft subsequently failed to meet its new deadline and in April of 2009 the parties agreed to a further extension of the entire decree. This extension is intended to enable the parties to test the adequacy of Microsoft's

---

[13] For the district court's opinion, see New York v. Microsoft Corp., 531 F. Supp. 2d 141 (D.D.C. 2008).

latest protocol disclosures to be certain that they are "sufficiently complete, accurate, and usable." The decree is now set to end on May 12, 2011.

Measuring the effect of the decree is more difficult than assessing compliance with the decree's terms. No doubt there is some gain in having Microsoft comply with the injunctive provisions of the decree, ending Microsoft's retaliatory behavior along with some of the other specific efforts in which it engaged in an effort to disadvantage challengers to its dominance in the PC operating system market. There is no indication, however, that the decree's provisions, as complied with, have had any measurable effect on bringing competition to the browser or operating system markets. Indeed, in 2005, in response to a question from the judge overseeing the decree as to the decree's effect in the marketplace, a Justice Department lawyer stated that there had been "no demonstrable change in the operating system market."[14] Most observers also agree that the browser itself had remained stagnant until the recent challenge from Firefox. To the extent that protocols have been documented and licensed, there is no indication of the emergence of a new server operating system that might challenge Microsoft (media streaming has been the most popular use of the licenses) or of any other middleware program that could serve as the cross-platform function that Netscape's browser had threatened.

Microsoft's share of the PC operating system market remains above 90 percent, a position it has held for nearly two decades. No remedy, not even the reorganization remedy, could assure that there would be competition in this market, of course, but the lack of any change in Microsoft's monopoly position in the seven years that the decree has been in effect is a good sign that the decree has not opened the operating system market to competition.[15]

B. European Union

1. The Commission's Order
The Commission entered three types of remedial orders. First, it fined Microsoft € 497 million. Second, it enjoined Microsoft from repeating the two

---

14 Excerpts from the transcript of the hearing are reproduced in First & Gavil (2006: 742-43).

15 For a fuller review of the decree and its effect, see Shapiro (2009) (concluding that the remedy "did nothing significant to affirmatively restore competition" and that "the remedy in the most prominent antitrust case of our era has failed").

infringements or from engaging in "any act or conduct having the same or equivalent object or effect." Third, it entered two conduct remedies that were directly related to the infringements and whose purpose was to restore competition. Microsoft was ordered ("within 90 days") to offer "a fully-functioning" version of Windows without the Windows Media Player, although it was still permitted to offer a bundled version of Windows. In making its decision the Commission rejected Microsoft's argument that removing Media Player code would "undermine the integrity of the operating system" and cause a "breakdown" in its functionality. Microsoft was also ordered to make available ("within 120 days") the interoperability information it had previously withheld and to license the use of that information on "reasonable and nondiscriminatory terms" for the purpose of "developing and distributing work group server operating system products." The Commission indicated that "reasonable terms" meant that pricing could not reflect the "'strategic value' stemming from Microsoft's market power" either in the PC or work group server operating system markets.

Similarly to the U.S. settlement decree, the Commission established an expert monitoring mechanism, the Monitoring Trustee. The Trustee would be given responsibility to advise the Commission on Microsoft's technical compliance with the Media Player and interoperability orders. Microsoft was required to give the Trustee full access to its technical information and to pay the Trustee's costs, including the Trustee's compensation.

The Court of First Instance upheld the fine and the Commission's remedial orders. The fine was not "excessive" or arbitrarily set (Microsoft had argued that the fine should have been set at zero); the unbundling order was "proportional" to the infringement, particularly given the fact that Microsoft was still allowed to offer a bundled version of Windows and the Media Player; and the scope of the protocols disclosure order was consistent with the interoperability information that Microsoft had refused to supply.

The CFI rejected the appointment of the Monitoring Trustee, the only significant aspect of the Commission's decision with which it disagreed. The CFI pointed out that the Monitoring Trustee is not simply an expert appointed to advise the Commission, something the Commission could have done. Rather, the Trustee was to be independent of the Commission, was given broad power to act on his own initiative and without any time limit, and was to be paid for by Microsoft. The CFI held that the Commission's investigative and enforcement powers did not extend that far.

2. The Effect of the Remedy

a. *Unbundling*

The Commission had difficulty getting Microsoft to implement its unbundling order, and it was nearly a year before Microsoft began shipping an unbundled version of Windows to OEMs (longer before it was available to consumers in Europe). First there was disagreement as to the name for the unbundled product. The Commission vetoed Microsoft's first choice – "Windows XP Reduced Media Edition" – eventually rejecting nine names suggested by Microsoft before deciding to call it "Microsoft Windows XP Home Edition N," the "N" standing for "not with Media Player." Competitors then complained that the initial version had technical problems because Microsoft had deleted certain registry settings when removing the media player. Microsoft did not deny the fact that the new version did not work well (in fact, Microsoft planned to say as much on the packaging for the product), but said that the problems were "a direct result of having to comply with the commission's order." Microsoft quickly agreed to restore the registry settings.

The most important deficiency in the unbundling requirement was not of Microsoft's making, however, but of the Commission's. The original order forbad Microsoft from offering a bundled version at a discount, but it did not forbid pricing the bundled and unbundled version the same. Consequently, Microsoft set the same price for the version of Windows with the Windows Media Player and the version without (Microsoft argued that the Windows Media Player was available for free downloading, so how could it charge more for its inclusion in Windows). This meant that OEMs had no incentive to offer the unbundled version to its buyers, and retail purchasers had no incentive to buy it unless they *really* did not want the Windows Media Player. When the unbundled version finally became available Dell announced that it would not offer it to its customers while Hewlett-Packard said that it would offer it, but expected few takers because of the lack of a price differential. By the time that Microsoft's appeal was argued before the Court of First Instance in April of 2006 the Commission was admitting that its remedy had failed in the marketplace because there was no price difference. Indeed, according to Microsoft's counsel, not one order had been placed by any OEM for the unbundled product and only 1,787 copies had been ordered by computer stores across Europe (which amounted to .005 percent of all sales of Windows XP). Microsoft argued that consumers simply did not want an unbundled version of Windows, but there is no way of knowing whether a reduced-price unbundled version would have been popular.

b. *Interoperability*

As in the United States, the European Commission had a difficult time getting Microsoft to comply with its order to disclose the protocols allowing work group server operating systems to interoperate with Windows server operating systems and the Windows PC operating system. Compliance with the European order was further compounded by disputes over whether the royalties Microsoft sought were reasonable, as required in the Commission's order.

In November 2005, nearly twenty months after its initial decision, the Commission decided that it was necessary to impose fines for Microsoft's failure to comply. Reviewing Microsoft's technical documentation, the Commission found that it was "virtually impossible" to develop interoperable work group server operating system software from the technical documentation that Microsoft had developed.[16] The Commission also set out three principles to be certain that any "non-nominal" licensing rates would not reflect Microsoft's market power: (1) the protocols had to be of Microsoft's own creation, not simply ones taken from the public domain; (2) the protocols had to be "innovative," in the sense that they cannot be "obvious to persons skilled in the art"; and (3) the licensing fees had to be consistent with the market valuation for "comparable" technologies. The Commission then determined that Microsoft's proposed fees were commercially substantial and that Microsoft had not shown adequate justification for the rates, either in terms of the innovative quality of the non-patented protocols or the comparability of pricing of the patented ones.[17] The Commission decided to fine Microsoft € 2 million per day (about $2.6 million) if Microsoft were not in compliance with both parts of the order within a month after the Commission's decision.

The Monitoring Trustee subsequently reviewed Microsoft's documentation. The Trustee concluded that a November 2005 version of Microsoft's technical documentation was "not fit for use by developers, totally insuffi-

---

16 This information is from Commission Decision of 10 November 2005 imposing a periodic penalty payment pursuant to Article 24(1) of Regulation No 1/2003 on Microsoft Corporation (Case COMP/C-3/37.792 Microsoft), *available at* http://ec.europa.eu/comm/competition/antitrust/cases/decisions/37792/art24_1_decision.pdf (last viewed April, 2009).

17 The Commission assumed at this time that the patented technologies were innovative. *See id.* para. 168.

cient and inaccurate for the purpose it is intended, namely to develop work group server operating system products able to viable [sic] compete with Microsoft's own products." Subsequent revisions of the technical documentation fared no better. A December 2005 version failed to fix the "serious deficiencies" found in the November version. A March 2006 version was "fundamentally flawed in its conception, and in its level of explanation and detail." Later documentation submissions only partially revised earlier ones.

In July of 2006 the Commission imposed penalties for Microsoft's failure to make adequate disclosure of the interoperability information.[18] It imposed a € 280 million fine (about $350 million) for non-compliance for the period of December 2005 to June 2006 and then increased the daily fine from € 2 million to € 3 million a day (about $3.8 million at the time) if Microsoft were not in compliance within a month of the decision. The Commission imposed these fines just for Microsoft's inadequate disclosure, leaving for later the question whether there should be an additional fine, dating from December 2005, if the Commission determined that Microsoft's licensing fees were not "reasonable."

Even under the threat of large daily fines it was another fifteen months before Microsoft was in compliance with its obligations. In October of 2007 – three and one-half years after the Commission's initial decision – the Commission announced that the interoperability information "appears to be complete and accurate to the extent that a software development project can be based on it." The Commission also announced that Microsoft had changed its licensing rates: from an initial rate of 5.95% of net revenues for a worldwide license to all the protocols (including patented protocols) to .4% for a patent license, and a one-time payment of € 10,000 for the rest of the protocols (about $14,000).[19] The new rates, the Commission said, were now reasonable and non-discriminatory, as it had originally required. In addition, so as to satisfy open-source competitors that operate under licenses that permit copying and redistribution of software code, Microsoft agreed to

---

18 *See* Commission Decision of 12 July 2006 fixing the definitive amount of the periodic penalty payment imposed on Microsoft Corporation by Decision C(2005)4420 final and amending that Decision as regards the amount of the periodic penalty payment (Case COMP/C-3/37.792 Microsoft), *available at* http://ec.europa.eu/comm/competition/antitrust/cases/decisions/37792/art24_2_decision.pdf (last viewed April, 2009).

19 *See* Press Release, 22 October 2007, IP/07/1567, http://europa.eu/rapid/pressReleasesAction.do?reference=IP/07/1567&format=HTML&aged=1&language=EN&guiLanguage=en (last viewed April, 2009). "Net revenues" are the revenues from the products in which the protocols are implemented.

publish "an irrevocable pledge not to assert any patents it may have over the interoperability information against non-commercial open source software development projects."

Still to be determined were any additional fines for Microsoft's noncompliance with the reasonable royalty order. In February of 2008 the Commission issued a decision reviewing the royalties Microsoft had been charging between June 2006 and October 2007 for licensing the non-patented protocols.[20] Adhering to the "Pricing Principles" originally set out in the November 2005 decision, the Commission first reviewed the innovativeness of the protocols. In a sixty-nine page annex the Commission listed all the protocols, along with an assessment of their innovativeness, concluding that "166 out of 173 protocol technologies disclosed" were not innovative. The Commission then compared the protocol fees to the fees for comparable technology provided by Microsoft and other companies, concluding that such technology is often provided royalty-free. The Commission accordingly concluded that Microsoft's licensing fees for the period had not been "reasonable." The result was a fine of €899.000 (about $1.3 billion), bringing Microsoft's fines for noncompliance with the interoperability order to approximately $1.7 billion – nearly three times the amount that Microsoft was initially fined for its two abuse of dominance violations of Article 82.

As with the unbundling order, however, it is difficult to see a positive effect of the disclosure order on competition, either in the work group server operating system market or in the desktop operating system market. In its 2005 decision reviewing Microsoft's compliance the Commission pointed out that Microsoft's market share in the work group server operating system market had "continued to grow" since the Commission's 2004 violation decision. In its 2008 decision imposing fines for unreasonable royalty rates, the Commission noted that no firm seeking to develop a competing work group server operating system had yet taken a license under the program; the only licenses taken had been for products that did not directly compete with Microsoft's server operating system. In fact, the Commission noted, Microsoft's share of

---

20 See Commission Decision of 27 Feb. 2008, Case COMP/C-3/37.792 Microsoft, *available at* http://ec.europa.eu/comm/competition/antitrust/cases/decisions/37792/decision2008.pdf (last viewed April, 2009). The fines it imposed were only for the period between June 2006 and October 2007 and were only for the protocols available under the non-patent license. The Commission continued to assume that the patented protocols were presumptively innovative. *See id.* para. 132. Microsoft has appealed the fine. See WALL ST. J., May 10, 2008, at A6.

the work group server operating system market had increased in 2006 and in 2007.

IV. IMPLICATIONS FOR THE REMEDIES DEBATE

A. Introduction
The history of the efforts to remedy Microsoft's monopolizing conduct and bring competition to the markets involved is, indeed, disheartening. The effort has been lengthy, marked by Microsoft's intransigence where compliance really mattered, and with little clear payoff for consumers or for innovation.

There are a number of lessons to be drawn from this history. The lessons relate both to fundamental questions of the political aspects of antitrust remedies and to questions of craft. Indeed, the very fact that a number of jurisdictions have attempted to deal with Microsoft's monopoly power in different ways provides us with a window into the utility of various remedial approaches. If nothing else, these lessons show us how little we know about the efficacy of remedies and how much more attention needs to be devoted to their study.

B. The Political Economy of Remedies
There are many reasons for the wide range of remedies applied in *Microsoft*, but behind the variety in remedies lie some important political choices that reflect fundamental views of the nature of antitrust and of government intervention. The *Microsoft* case shows that these views vary not only across jurisdictions but can vary within jurisdictions over time. The fact that we do not know what remedy is "best" is not just a function of what will work. It is also a function of how different jurisdictions think of "best."

1. The Taste for Government Intervention
Antitrust remedies in the United States have often been criticized as being too weak, creating "Pyrrhic victories" for antitrust enforcers.[21] The tradition of such criticism dates back to the earliest days of U.S. antitrust when Louis Brandeis criticized the relief obtained in the original *American Tobacco* monopolization litigation.

---

21 The phrase dates back at least to Adams (1951).

But the real problem may not lie with the weakness of the remedy but with a distaste for the remedy business. Antitrust enforcers have actually been quite willing to propose strong remedies, particularly the remedy of dissolution, in part because such remedies end government intervention. A monopoly firm, once dissolved, can be let loose in the marketplace – competition has been "unfettered" and market processes take over.

What U.S. antitrust enforcers have been hesitant to propose is on-going remedies. Over time the concept has developed in antitrust that the "supreme evil" of remedies is the regulatory decree in which a judge is asked to oversee, perhaps for an indefinite period of time, aspects of the business behavior of a firm or firms that have violated the antitrust laws. U.S. antitrust laws express the political preference for private choice over government control; regulatory decrees run counter to that preference. Better to break up a unitary shoe manufacturing company than to supervise its contracts.[22] As the Supreme Court wrote in *Trinko*, better to withdraw antitrust remedies completely if "effective remediation" would require the court "'to assume the day-to-day controls characteristic of a regulatory agency.'"[23]

This distaste for government intervention certainly shaped the remedies debate over *Microsoft*. One of the major concerns in crafting various remedy proposals was to avoid the regulatory enterprise in which the district court judge overseeing the decree settling the *AT&T* monopolization case had found himself. In that case the parties had agreed to a restructuring of AT&T which included a prohibition on the local Bell operating companies from entering long-distance telephone markets. Almost from the entry of the decree, however, the operating companies sought to avoid this line-of-business restriction, eventually inundating the court with requests for waivers. The judge's ongoing oversight of the industry eventually earned him the title of "communications czar," a pejorative political description indeed. Eventually Congress passed the Telecommunications Act of 1996, vacating the decree to which the government and AT&T had agreed and substituting in its place statutory obligations intended to open local markets to competition.

---

22 See United States v. United Shoe Mach. Corp., 391 U.S. 244 (1968) (discussing need for structural relief involving the monopolist shoe company, after ten years of supervising its business practices had not resulted in any change in the defendant's dominant position).

23 Verizon Commun's Inc. v. Law Offices of Curtis V. Trinko, LLP, 540 U.S. 398, 415 (2004) (quoting Areeda (1989), «Essential Facilities: An Epithet in Need of Limiting Principles», in *Antitrust Law Journal*, vol. 58, pp..841-853). "Professor Areeda got it exactly right," the Court wrote. Id.

The cautious approach to government intervention also reflects the litigation context in which these problems are handled. Antitrust litigation is inherently backward looking, based on a "crime/tort" model in which the plaintiff proves illegal behavior and then seeks, as remedy, some form of correction. In this enterprise, private plaintiffs have the most direct task. They assert injury (else why sue?) and seek to recover damages. Remedy is apparent. But public litigants have a more complex task. Putting aside those antitrust violations that are considered so damaging that criminal punishment is deemed appropriate, government enforcers are engaged in a more regulatory enterprise. Litigation is brought not to punish or to compensate, but to remediate – to deter future violations and to bring markets back to their competitive state. Despite this desire to ensure competition in the future, proof at trial must demonstrate that a defendant's actions caused some violation in the past. Inevitably, remedy must be connected to what the government proves – it is difficult for a court to remedy what is not shown at trial. Thus, the court of appeals in *Microsoft*, when remanding the case for reconsideration of the remedial decree, cautioned the district court judge that the remedy "should be tailored to fit the wrong creating the occasion for the remedy."

Although the need to connect the remedy to the wrong is a natural reflection of the litigation process, it is also a reflection of a deeper political calculus. Litigation requires the government to prove that the law was violated, which is a constraint on arbitrary government conduct in bringing suit. Tying the remedy to what was proved at trial further limits government action because the government cannot use litigation as an occasion to impose its arbitrary view of economic ordering on a defendant. After all, neither federal antitrust regulators nor the judges before whom they appear are elected officials, constrained by the electoral process. But even if courts and enforcers act within this political constraint, political views themselves can shift over time. Thus, courts in the United States have at different times expressed more willingness than current courts to allow remedial orders that impose affirmative obligations on the firms that have violated the antitrust laws.[24] The breadth

---

[24] A good example is the decree entered in the Ford/Autolite merger, which not only required Ford to divest the Autolite spark plug manufacturing assets that it was found to have acquired in violation of the antitrust laws, but also required Ford to buy fifty percent of its requirements from the divested plant for five years. This was intended to insure that the divested company could obtain a foothold in the industry and re-establish its former competitive position. See Ford Motor Co. v. United States, 405 U.S. 562 (1972) (upholding order).

of the permitted remedy may very well reflect shifting views of the utility of government intervention and of the abilities of government enforcement agents to handle the regulatory task.

Taste for government intervention may be stronger in jurisdictions outside the United States. Europe, of course, has a stronger tradition of government planning, central economic control, and government ownership than does the United States. This relatively more positive taste for government intervention has likely affected the way in which the European Commission views antitrust enforcement and its mission. In *Microsoft*, for example, the Commission wrote that imposing liability for a failure to provide interoperability information would be procompetitive in part because enforcing an obligation to share could "liven up competition" in the work group server market. That is, the Commission felt it appropriate to interpret competition law in a way that would increase competition. Compare that to the Supreme Court's view of antitrust intervention expressed in *Trinko*. The Sherman Act, the Court wrote, "does not give judges carte blanche to insist that a monopolist alter its way of doing business whenever some other approach might yield greater competition." That would be a "more ambitious" regulatory approach. "Section 2 of the Sherman Act, by contrast, seeks merely to prevent *unlawful monopolization*." It would be a "serious mistake to conflate the two goals," the Court warned.[25]

2. Jurisdictional Centrism

Approaches to remedy have also been affected by the extent to which various jurisdictions have thought their approach to antitrust law should predominate in the world. This is not necessarily a bad thing, in the sense that such views are a natural aspect of jurisdictional competition. Cartel prosecutions are perhaps the best example of where U.S. views of one particular antitrust remedy – criminal fines and imprisonment – have shaped international policy, convincing many jurisdictions to abandon their tolerance of cartel behavior. Achieving this result, however, took many years and was often met with strong hostility from other jurisdictions.

The *Microsoft* case has had a large dose of this type of jurisdictional centrism from U.S. antitrust enforcers. Although the final settlement decree in *Microsoft* was much-criticized when entered, and despite the difficulties

---

25 *See* Trinko, 540 U.S. at 415 (emphasis in original).

in enforcing key parts of the decree, and despite the apparent lack of any meaningful impact from the decree in terms of Microsoft's market position, U.S. enforcers have felt free to criticize other jurisdictions for imposing remedies that U.S. enforcers considered too interventionist.

A major target has been the European Commission. On the day that the Commission announced its original violation decision the U.S. Department of Justice Antitrust Division issued a critical press release. Asserting that the U.S. settlement "provides clear and effective protection for competition and consumers," it chastised the EC for the amount of the fine and for its unbundling remedy.[26] The statement touted the U.S. settlement's approach of simply prohibiting "anticompetitive manipulation of icons and default settings" as superior to the EC's choice of "code removal." Echoing a major Microsoft argument, the Department asserted that inclusion of media player in Windows was a "product enhancement" and that "[i]mposing antitrust liability on the basis of product enhancements and imposing 'code removal' remedies may produce unintended consequences." It continued: "Sound antitrust policy must avoid chilling innovation and competition even by 'dominant' companies. A contrary approach risks protecting competitors, not competition, in ways that may ultimately harm innovation and the consumers that benefit from it."

The Justice Department statement also criticized the amount of the fine:

> While the imposition of a civil fine is a customary and accepted aspect of EC antitrust enforcement, it is unfortunate that the largest antitrust fine ever levied will now be imposed in a case of unilateral competitive [sic] conduct, the most ambiguous and controversial area of antitrust enforcement. For this fine to surpass even the fines levied against members of the most notorious price fixing cartels may send an unfortunate message about the appropriate hierarchy of enforcement priorities.

The Department broadened its attack on the Commission's case after the CFI's affirmance in 2007, criticizing both the tying decision and the finding of liability for failure to license interoperability information. In a press

---

26 *See* Assistant Attorney General for Antitrust, R. Hewitt Pate, Issues Statement on the EC's Decision in its Microsoft Investigation 1-2 (Mar. 24, 2004), *available at* http://www.usdoj.gov/atr/public/press_releases/2004/202976.htm (last viewed April, 2009). The Justice Department did not criticize the Commission's decision on compulsory protocols disclosure.

release issued the day the CFI's decision was announced, the Assistant Attorney General in charge of the Antitrust Division said:

> We are ... concerned that the standard applied to unilateral conduct by the CFI, rather than helping consumers, may have the unfortunate consequence of harming consumers by chilling innovation and discouraging competition.... U.S. courts recognize the potential benefits to consumers when a company, including a dominant company, makes unilateral business decisions, for example to add features to its popular products or license its intellectual property to rivals, or to refuse to do so."[27]

Similarly, the Department strongly criticized the Korean Fair Trade Commission in December 2005 when the KFTC announced its decision to order significant changes in Microsoft's marketing practices in Korea. After a lengthy investigation, the KFTC had concluded that Microsoft abused its dominant position in violation of the Korean Monopoly Regulation and Fair Trade Act ("MRFTA"). The KFTC cited three specific practices: (1) Microsoft's tying of its Windows Media Service to the Windows Server Operating System, "where Microsoft has market dominance"; (2) tying Windows Media Player to the Windows PC Operating System; and (3) tying its instant messaging program to the Windows PC Operating system."

To remedy these violations, the KFTC ordered a number of changes in Microsoft's server and desktop operating systems. First, it ordered Microsoft to unbundle Windows Media Service from the Windows Server Operating System. Second, it ordered Microsoft to produce two versions of Windows – one with Windows media player and instant messenger stripped out, and a second that would include two new features to be developed: "Media Player Centre" and "Messenger Centre," which would permit consumers to access and download the media players and instant messaging software of their choice.

The Antitrust Division harshly criticized the KFTC's decision to command Microsoft to unbundle its media player:

---

27 See Assistant Attorney General for Antitrust, Thomas O. Barnett, Issues Statement on European Microsoft Decision, Sept 17, 2007. *available at* http://www.usdoj.gov/atr/public/press_releases/2007/226070.pdf (last viewed April, 2009).

The Antitrust Division believes that Korea's remedy goes beyond what is necessary or appropriate to protect consumers, as it requires the removal of products that consumers may prefer. The Division continues to believe that imposing 'code removal' remedies that strip out functionality can ultimately harm innovation and the consumers that benefit from it. We had previously consulted with the Commission on its Microsoft case and encouraged the Commission to develop a balanced resolution that addressed its concerns without imposing unnecessary restrictions. Sound antitrust policy should protect competition, not competitors, and must avoid chilling innovation and competition even by 'dominant' companies. Furthermore, we believe that regulators should avoid substituting their judgment for the market's by determining what products are made available to consumers.[28]

3. Jurisdictional Modesty

The political economy of remedies sometimes leads to the reverse of jurisdictional centrism – jurisdictional modesty. This finds expression in a jurisdiction's concern for over-reaching the boundaries of its power when imposing antitrust remedies that will take effect outside of its borders.

Principles of comity have been developed to mediate the interests of multiple jurisdictions that arise in litigation. These comity concerns have affected the development of U.S. antitrust law, both in judicial decisions and in statutory limitations, specifically, the Foreign Trade Antitrust Improvements Act ("FTAIA"), which narrows the power of U.S. courts to apply antitrust law to extraterritorial conduct unless that conduct has "direct, substantial, and reasonably foreseeable effect" on U.S. commerce.[29]

The U.S. Supreme Court's 2004 decision in *F. Hoffmann-La Roche Ltd. v. Empagran S.A.* shows how a concern about the application of antitrust remedies to parties outside a jurisdiction can affect a court's willingness to apply its substantive antitrust law.[30] In *Empagran* the Supreme Court closed the doors of U.S. courts to claims by foreign plaintiffs for overcharges on vitamins purchases made outside the United States, despite the acknowledged

---

28 Statement of Deputy Assistant Attorney General J. Bruce McDonald Regarding Korean Fair Trade Commission's Decision in its Microsoft Case, December 7, 2005, *available at* http://www.usdoj.gov/atr/public/press_releases/2005/213562.pdf (last viewed April, 2009).

29 *See* 15 U.S.C. § 6a.

30 *See* 542 U.S. 155 (2004).

existence of a worldwide cartel condemned in numerous jurisdictions. The Court pointed out that "several foreign nations" had filed briefs in the case arguing that the application of a U.S. treble-damages remedy "would unjustifiably permit their citizens to bypass their own less generous remedial schemes, thereby upsetting a balance of competing considerations that their own domestic antitrust laws embody."[31] Principles of prescriptive comity counseled against allowing the plaintiffs to collect for their injuries, the Court concluded. "[I]f America's antitrust policies could not win their own way in the international marketplace for such ideas, Congress, we must assume, would not have tried to impose them, in an act of legal imperialism, through legislative fiat."

Empagran involved the international vitamins cartel. No one disputed the cartel's existence, its clear violation of antitrust law in all jurisdictions in which it operated, and its adverse economic effects. If the U.S. was reluctant to extend antitrust remedies in such a case, how much more reluctant would a jurisdiction be to extend remedies in more controversial cases where extra-territoriality was involved? Indeed, experience has borne out this concern in a variety of situations, for example, the unwillingness of any jurisdiction to prosecute the OPEC cartel and the European Commission's mild conduct remedy in the controversial Boeing/McDonnell Douglas merger.[32]

Microsoft illustrates the potential impact that jurisdictional modesty can have on choice of remedies. The European Commission did not choose to impose a structural remedy in the case. Although its power to do so was unclear at the time, a structural remedy would likely have encountered extreme political resistance from the United States. Congressmen were already criticizing the Commission just for asserting jurisdiction over Microsoft; it is hard to imagine the U.S. political response had the Commission attempted to order the restructuring remedy that the Justice Department and the states originally had proposed.

Even apart from the question of structural remedies, however, Microsoft often argued that the European Commission should craft its remedies in light of the remedies already imposed in the United States. For example, Micro-

---

31 *Id.* at 167. Seven countries filed amicus briefs with the Court (United Kingdom, Ireland, Netherlands, Germany, Belgium, Canada, and Japan). The European Commission did not, although soon after the Court's decision it began an effort to increase the use of private antitrust litigation in Europe. See Monti (2004).

32 For further discussion of this problem, see Fox (2005: 583-88).

soft argued that the middleware remedy agreed to in the U.S. settlement (hiding functionality rather than removing code) effectively "unbundled" the Media Player from Windows, thereby obviating the need for any further relief. Both the Commission and the CFI rejected the argument. Microsoft argued before the CFI that the Commission should have imposed a smaller fine to take account of its commitments under the U.S. settlement, but the CFI rejected this argument as well. When considering what a reasonable royalty might be for the work group server protocols, in the context of the Commission's review of Microsoft's compliance with its orders, Microsoft argued that the royalties agreed to in the U.S. settlement were evidence of the market value of such protocols. The Commission rejected this argument, pointing out that the agreed-upon royalties in the United States were quite high.

That the Commission and the CFI resisted treating the U.S. approach as the defining word on appropriate remedies in *Microsoft* shows that jurisdictional modesty may not be a strong constraint. Indeed, there have been other cases in which the Commission has been willing to go against the views of the United States and impose remedies on U.S. companies in the face of different U.S. views. The Commission did so in the 1980s when it rejected the importunings of the head of the Antitrust Division to drop a demand that IBM disclose computer interface specifications.[33] And it did so in the GE/Honeywell merger in the early 2000s when the Commission blocked the merger despite the Justice Department's very different view of the merger's competitive effects and despite the political concerns raised in the United States with regard to the Commission's actions.[34]

With the adoption of the Commission's Modernization Regulation, effective in 2004, it is now clear that the Commission has the legal authority to order structural relief.[35] Indeed, Commissioner Kroes has even mused about the possibility of applying such relief to a company like Microsoft,

---

33 *See* Baxter Urges EC Competition Officials Not to Force Interface Disclosures by IBM, 42 Antitrust & Trade Reg. Rep. (BNA) 278 (1982). See also F.M. Scherer, Microsoft and IBM in Europe, 84 Antitrust & Trade Reg. Rep. (BNA) 65-66 (Jan. 24, 2003).

34 For a thorough discussion of the case, and its political aspect, see Fox(2007).

35 *See* Reg. 1/2003, Art. 7: The Commission "may impose . . . any behavioural or structural remedies which are proportionate to the infringement committed and necessary to bring the infringement effectively to an end. Structural remedies can only be imposed either where there is no equally effective behavioural remedy or where any equally effective behavioural remedy would be more burdensome for the undertaking concerned than the structural remedy."

particularly in light of its failure to comply with the Commission's orders. Nevertheless, restructuring a firm whose major operating facilities are outside the jurisdiction would be a daunting legal and political task. Jurisdictional modesty would thus likely play a stronger role with regard to structural relief than it does for other remedies. There is a big difference between the conduct remedies ordered in IBM, or even a one-time decision to block a merger of two U.S. firms, and a decision to order the restructuring of a company like Microsoft.

B. Remedial Options

1. Fines

The European Commission imposed large civil fines on Microsoft – €497 million for the two abuse of dominance violations and an additional €1.179 billion for Microsoft's failure to comply with the information disclosure order. These were the largest fines the Commission had ever imposed on a single firm, although some cartel fines had come close.[36]

By contrast, the U.S. imposed no monetary penalties on Microsoft. At present the Department of Justice's authority to impose fines is limited to criminal fines, but the United States has not pursued a significant Section 2 case as a criminal matter since the *American Tobacco* prosecution in 1940. Many states do have authority to impose civil penalties for antitrust violations, and the complaint the states filed in 1998 against Microsoft raised the possibility of seeking such penalties. Nevertheless, the states never actively pursued the option.

The purpose of imposing a fine is deterrence. Economic theory supports this remedial approach because one can – in theory – calibrate an optimal fining level. That is, a fine should be set at a level that will "deter inefficient offenses, not efficient ones."[37] This means that the penalty should equal the net harm to persons other than the offender divided by the probability of

---

[36] The Commission subsequently imposed a larger substantive-violation fine on Intel. See Press Release, IP/09/745 (May 13, 2009) €1.06 billion¬), *available at* http://europa.eu/rapid/pressReleasesAction.do?reference=IP/09/745&format=PDF&aged=0&language=EN&guiLanguage=en (last viewed April, 2009).

[37] The theory is set out in Landes (1983). *See also* Becker (1968). The approach is well accepted, at least as a matter of theory, see Connor & Lande(2006: 984 85), although it is highly contested in practice. See WILS(2008: 56-59).

apprehension and conviction.[38] If the violator's gain then exceeds the social cost (that is, if the violation leads to efficiencies that outweigh the harm), the violator should commit the offense and pay the penalty.

Although the economic theory of optimal penalties is straightforward, its application in monopolization cases is problematic. What is the harm that Microsoft caused, for example? Once we get beyond the possible overcharge for Windows (and, perhaps, for work group server operating system software), how would we measure the damage from lost innovation – a harm stressed in both the U.S. and European cases? Equally difficult to calculate would be the "multiplier." Although one might have a rough guess as to the probability of successful detection and prosecution for cartels (and I stress rough), one would be hard pressed to get much beyond saying that the chances of successfully prosecuting cases of monopolization or abuse of dominance is something less than 100 percent (which means that the multiplier would need to be some number greater than one).

The Commission does not follow optimal deterrence theory in setting penalties. Rather, it uses a mixture of economic impact and fault-based factors. In *Microsoft* the Commission first assessed the gravity of the offense, characterizing Microsoft's two violations as "very serious," in part because of their impact on future related markets. The Commission next found that Microsoft's behavior was "particularly anticompetitive in nature" with "significant impact" on markets that are "strategically important" to the information technology sector, affecting the entire European Economic Area. The Commission then set the basic fine at €165,732,101. (Although it did not explain how it arrived at this number, the CFI subsequently explained that the figure was 7.5 percent of Microsoft's EEA turnover in PC and work group server operating systems for the fiscal year 2003.) The Commission next doubled this amount to insure "sufficient deterrent effect," the doubling reflecting the fact that Microsoft "is currently the largest company in the world by market capitalization" and that its resources and profits are "significant." And, finally, it increased that amount by another half to reflect the "long duration" of Microsoft's infringements (five years and five months). Hence the total – €497,196,304.

There is no way of knowing whether this figure is "optimal" from a theoretical standpoint, or, even, whether it is sufficient to deter similar violations

---

38 See Landes (1983: 656 57).

in the future (i.e., for general deterrence) or to deter Microsoft from committing future abuses of dominance (specific deterrence), the basis on which the CFI approved doubling the base fine (rather than basing the increase on Microsoft's financial size, as did the Commission). Perhaps the best that can be said is that the penalty amount might be large enough to get Microsoft's attention,[39] although it was not as large as the $10 billion fine that one commentator argued should have been imposed to "make even Microsoft . . . think twice about committing a similar offense in the future."[40]

But one should approach even the "attention getting" theory cautiously, at least in Microsoft's case. Apparently, the threat of daily fines (that began at €2 million but eventually escalated to €3 million a day) were not sufficient to produce timely compliance, for it took Microsoft 3-1/2 years before the Commission found it had complied.

Even with all the questions raised by the fines that the Commission imposed on Microsoft, the overall theoretical case for using fines as a way to increase deterrence is a good one. Indeed, there a case can be made that U.S. federal enforcement agencies should be given authority to impose such fines in monopolization cases. A fine may not be a stand-alone remedy, but it can be a useful tool for enforcers to have available.[41]

2. Private Damages Claims

Private actions are an important part of the antitrust remedial system, and the private litigation brought against Microsoft (nearly all of which was in the United States) has been substantial. Announced settlements in competitor law suits add up to approximately $3.5 billion. Class actions increase that figure, although it is unclear by how much given the uncertain valuation of

---

39 The "get Microsoft's attention" idea may have played a role in the U.S. trial judge's decision to order Microsoft's restructuring. The trial judge, when discussing the Microsoft break-up with a reporter, allegedly told the following "North Carolina mule trainer" story:

> He had a trained mule who could do all kinds of wonderful tricks. One day somebody asked him: "How do you do it? How do you train the mule to do all these amazing things?" "Well," he answered, "I'll show you." He took a 2 by 4 and whopped him upside the head. The mule was reeling and fell to his knees, and the trainer said: "You just have to get his attention."

United States v. Microsoft Corp., 253 F.3d 34, 111 (D.C. Cir. 2001) (quoting Brinkley & Lohr, U.S. V. MICROSOFT 278 (2001)).

40 *See* White (2001).

41 For further discussion of adopting civil penalties in the United States for monopolization cases, see First (2009).

the vouchers included in many of these settlements, the uncertainties of the distribution process, and the need to calculate the after-tax cost of any payouts (Microsoft can deduct from its income the costs of the settlements).

Private damages suits have two purposes: to compensate those injured by antitrust violations and to deter future violations (deterrence has come to receive the greater stress in the United States). From an optimal penalties theory, any money paid out to plaintiffs, just like money paid to government in the form of a fine, makes an antitrust violation less profitable and, hence, makes it less likely that it will be committed. Deterrence becomes optimal when all the pay-outs add up to the harm caused by the violation divided by the chance of successful detection and prosecution.

It is difficult to determine the extent to which the settlements perform either their compensatory or deterrent function. For example, some of the value of the settlements involving RealNetworks and Novell was "hush money," requiring the plaintiffs to withdraw from their intervention before the European Commission and the KFTC. Such payments are not compensatory and undercut deterrence by depriving decision-makers of the views of those who were harmed by the antitrust violation (we can assume that RealNetworks was harmed given the large payment settling its claim). On the other hand, some of the settlements include licenses to Microsoft technology. To the extent that the licenses have value and are provided royalty-free, that would add to the compensatory value of the settlement.

Even if a "bottom-line" figure cannot be determined, it is clear that the existence of a private action means that victims can receive some amount of compensation for their injuries and that deterrence will be increased. Despite the large absolute value of the settlements, however, it is rash to assume that the cumulated private settlements exceed the damages the plaintiffs suffered. Even though the U.S. private right of action is for treble-damages, most observers believe that assessed damages – even in litigated cases – do not exceed actual damages. This means that if the settlements were the only payments that Microsoft had to make, deterrence would be sub-optimal because, at most, Microsoft would be in the same position it would have been had it not engaged in the illegal conduct. Nevertheless, adding the substantial private settlements to the Commission's large fine at least creates the possibility that the total monetary payments will have some deterrent value, that is, the total might exceed the profitability of the conduct to Microsoft.

3. Conduct Remedies

The United States entered into a detailed settlement agreement which attempted to make clear what Microsoft could and could not do. The form of this settlement was the product of many forces, but a critical aspect was the concern that absent detailed provisions, Microsoft would simply achieve the same results in different ways. It was the classic effort to block off the "untraveled roads" as well as the "worn one."[42] Further, the Justice Department had experienced difficulty enforcing an earlier consent decree against Microsoft, which the Department thought had forbidden Microsoft from bundling the browser into the Windows operating system. The Department's effort to hold Microsoft in contempt for violating the decree ultimately failed, but Microsoft's aggressive position with regard to the earlier decree created a lasting impression that the company could not be trusted to abide by a vaguely worded decree.

The European Commission took a very different approach. Its prohibitory decree is the essence of simplicity – Microsoft was forbidden from engaging in "any act or conduct having the same or equivalent object or effect." So far as appears, this order has gone unremarked, causing neither complaint from the Commission nor leading to any different conduct from Microsoft.

It may be that the form of the remedial orders in the two jurisdictions reflected the different litigation emphases in the two proceedings. The U.S. case was a relatively broad one, in which the browser bundling was but one component; the EC case was more closely focused on two discrete issues. Indeed, although the Commission was generally vague in its prohibitory decree, it ended up being very specific and interventionist with regard to the two specific orders it entered, unbundling the Media Player and providing interoperability information.

The experience in both jurisdictions in enforcing their conduct remedies illustrates two important points. First, the fear of regulatory decrees is exaggerated. Second, there is a substantial problem of information asymmetries between a monopolist and an antitrust enforcement agency, asymmetries which are difficult to overcome.

With regard to the exaggerated fear of regulatory decrees, a review of the experience in both jurisdictions shows that conduct decrees can be enforced, although perhaps with some patience, so long as the enforcement agency is

---

42 *See* International Salt Co. v. United States, 332 U.S. 392, 400 (1947).

willing to devote at least modest resources to policing the decree (modest, at least, in comparison to litigation). Further, the Commission's experience shows that a more interventionist approach can achieve useful results. Particularly dramatic in this regard is the Commission's review of Microsoft's pricing policies for the protocols it was required to license. The U.S. took a negotiation approach, relying in part on licensee complaints and discussions with Microsoft to get Microsoft to reduce its royalties. The Commission, on the other hand, came up with a structured approach to valuing the protocols, eventually publishing a review of the innovativeness of all the non-patented protocols. The result is that the Commission ultimately required Microsoft to license the server-to-server protocols at far lower rates than the U.S. had set – .4 percent of revenues for patented protocols plus a €10,000 fee for the rest, as opposed to the U.S. rate of 4 percent of net revenues.[43]

If the pricing effort shows that a regulatory decree can be implemented, other aspects of the conduct remedies show the difficulties such decrees present, particularly when there is great information asymmetry between the monopolist and the enforcement agency and the monopolist is resistant. Unbundling the Media Player, for example, forced the Commission not only into software engineering questions, but also into marketing issues (at which it failed dismally). More difficult, both for the Commission and the United States, has been protocol disclosure, where the information asymmetry is particularly strong. Many of the protocols had never been documented even by Microsoft and only Microsoft itself could write the protocols (although outside experts, used in both jurisdictions, could evaluate Microsoft's efforts).

The real information problem, however, was deeper than the technical challenge of requiring affirmative disclosures of sensitive corporate information. The real problem was whether the required disclosures mattered competitively. In a sense, the Commission was on firmer footing here than the U.S. because the required disclosures were of a type that the Commission had already found to have mattered competitively. In the U.S., the protocol disclosures were "forward looking"; server-to-desktop links had played no part in the liability phase of the trial. Even so, the disclosure remedy seems

---

43 The Commission was certainly aware of the different results and was, perhaps, implicitly critical of the U.S. approach. *See* EC Fining Decision, Feb. 2008, *supra* note 19, para. 248 ("It is not for the Commission to decide on whether the royalty rates of the [U.S.] MCCP licence agreements which have apparently been agreed upon between the Plaintiffs [the United States and the nine settling states] and Microsoft can be considered reasonable in the context of the [U.S.] Final Judgment.")

not to have made much competitive difference in either jurisdiction. This may indicate that the real problem is not the "doing" of a conduct remedy, but choosing an appropriate remedy to do.

4. Structural Remedies

Structural remedies is the path not taken, or, more accurately, the path sketched but not taken. The question is whether *Microsoft* will now be seen as proof that it is a path that should not be taken. This may have been the implication of the U.S. court of appeals' decision, when it vacated the restructuring decree and required any relief to be "tailored to the wrong" (although the court did not expressly rule out structural relief in the case).

The standard view of restructuring is the one given by Judge Learned Hand when the Justice Department sought to dissolve Alcoa. "Dissolution is not a penalty but a remedy," he wrote; "if the industry will not need it for its protection, it will be a disservice to break up an aggregation which has for so long demonstrated its efficiency."[44] Although this view is often seen as a conservative one in terms of remedy – just because a defendant violated the prohibition on monopolization is no reason to force its reorganization – it is actually better understood as suggesting an affirmative approach to remedy. That is, the question is not whether the firm "deserves" dissolution, in the sense that there is a clear causal connection between the conduct that led to the suit and the defendant's ability to maintain its monopoly. Rather, the question should be how best to "unfetter the market" so that competition is possible. To paraphrase Judge Hand, does the *market* need dissolution "for its protection"?

Looked at this way, monopolizing conduct (or abuse of dominance) becomes a screen for sorting those monopolies about which we need not take action and those monopolies which require government intervention. A finding of liability removes the concern for false positives when examining monopolies – the monopolist has been shown to have engaged in anticompetitive conduct. The enforcement agency can now address the important remedial question – how best to restore competition to the market.

Of course, structural relief can present extreme challenges. Although the governments' proposed approach in *Microsoft* was the product of much deliberation, the exact implementation of the plan was never spelled out and the

---

44 United States v. Aluminum Co. of America, 148 F.2d 416, 446 (2d Cir. 1945).

plan's effects were inevitably speculative. The modern case for structural relief, imposed by judicial decree rather than by settlement, thus remains untested.

C. The Craft of Remedies

1. Ex Ante Decisions v. Sequential Learning

One of the most significant questions that the *Microsoft* litigation poses is whether antitrust enforcers should know what remedy they want before they file suit. Should enforcers take the view that "if you can't fix it, it ain't broke"?

In the U.S. litigation, the Justice Department and the states did have some specific remedies in mind when they filed their complaints. Although there is no requirement that specific remedies be pleaded, government enforcers included in their relief requests a requirement that Microsoft include with Windows both Netscape and Internet Explorer (a "must distribute" requirement), but only for three years; the states also asked that Microsoft be required to share certain interoperability information. The finally developed remedy was much more detailed, however, and made no mention of the must distribute requirement.

Neither complaint sought a structural remedy. This remedy was not really developed until after the government plaintiffs were successful in the liability phase of the litigation. Proposing Microsoft's restructuring was based on the idea that conduct remedies would be inadequate to restore competition and difficult to enforce, and that a more fundamental approach was necessary to address Microsoft's systemic anticompetitive behavior. If this were the case, though, why did it take until the end of the litigation for the plaintiffs to reach this conclusion?

What had happened between the filing of the complaint and the plaintiffs' ultimate remedial proposal was that the plaintiffs learned a substantial amount about Microsoft and its business practices. Once the litigation broadened beyond bundling Netscape into Windows, the initially proposed remedy seemed inadequate to address the competition problem.

Should government enforcers have had their ultimate remedy more definitively fixed before filing suit? On the one hand, it seems inevitable that plaintiffs will refine their case as they learn more in the course of the litigation process. It may be that early notions of the problem and the remedy are misdirected and ill-informed; it would be unfortunate if government antitrust enforcers were locked into a remedial posture at too early a stage in the litigation. This is particularly the case in high technology markets, where technology is complex and technological change can compress the time within which prosecutors need to act (the situation the government plaintiffs faced when filing their initial complaints against Microsoft).

On the other hand, monopolization cases are resource-intensive enterprises. Having some relatively clear idea of remedy prior to bringing suit would seem to be a good way both to check mistakes in instituting such litigation (why bring a case if you can't accomplish anything?) and to help shape the litigation so that the trial shows the need for the remedy that government enforcers seek. After all, in the words of an earlier Justice Department enforcer, the decree is the "*raison d'etre* of the whole lawsuit, for it is the only thing that binds the parties to the litigation and affords relief to an aggrieved public."[45]

Perhaps the clearest thing that the *Microsoft* litigation teaches about crafting remedies is that some balance needs to be struck between having a good idea of the ultimate goal of the litigation and maintaining some flexibility to learn from the course of the proceedings. What is less clear is whether the balance was adequately struck in the case itself. The plaintiffs ultimately did not prevail in their effort to get structural relief. Is it possible that they would have been more successful had they clearly had such a remedy in mind at an earlier stage in the proceedings and structured the litigation accordingly?

2. Benchmarking

Once remedies are imposed, they tend to take on a life of their own. Enforcers need to pay attention to whether they are being carried out and the monopolist needs to comply. Ultimate goals get lost because the question becomes one of compliance rather than effectiveness. This tendency has been in evidence both in the United States and in Europe, although the district court judge in the United States has, on occasion, expressed concern over the effectiveness of the remedies, a concern that played some part in her willingness to extend the decree. It is this tendency for remedies to continue for their own sake that has led to a strong policy in the United States to limit their duration; such a policy has apparently not yet been felt in Europe (the remedial orders in *Microsoft*, for example, have no express ending date).

---

45 Timberg (1950).

More important than end-dates for remedial decrees, however, is setting goals for the remedies in the first place. The need for goals is another aspect of the importance of having some relatively clear idea of the desired remedy when filing a case. In the *Microsoft* litigation one can tease out certain goals in the remedies imposed in the United States and in Europe, but these goals are more related to the exact relief ordered (e.g., providing consumers with Windows with and without the Media Player) rather than related to more substantial competition goals (e.g., jump-start competition by giving consumers a reason to choose a competing media player rather than the Windows Media Player). Further, the goals would have looked quite a bit different depending on who articulated them and when. The current head of the Antitrust Division now describes the goal of the final settlement decree as "protect[ing] consumers by protecting competition in middleware."[46] It is doubtful that the Justice Department would have described this as the goal of the structural decree which it originally proposed (although that decree certainly did seek to advance the ability of middleware software to succeed in the marketplace).

Connected to the failure of the remedy decrees in *Microsoft* to set out clear goals is the failure of the decrees to set benchmarks for measuring success in achieving those goals. For example, if one were to articulate a modest goal in the U.S. case of lowering the applications barrier to entry, one could then try to establish benchmarks for determining the extent to which API and communications protocol disclosure had reduced entry barriers, perhaps by examining the extent to which cross-platform applications had increased in the market. Nothing of this sort has been ventured, however.

Benchmarking not only offers a way to measure the effectiveness of a decree, but also offers a different approach to crafting these decrees in the first place. Both the United States and Europe chose "command and control" remedies – the enforcement agencies chose a specifically defined remedy and Microsoft had to comply. Another approach would have been to set the goals for the remedy and give Microsoft more control over how to reach those goals. This could avoid some of the information asymmetry problems inherent in ordering a monopolist to design a product or manage its business in

---

46 Assistant Attorney General for Antitrust, Thomas O. Barnett, Issues Statement on European Microsoft Decision, Sept. 17, 2007 *available at* http://www.usdoj.gov/atr/public/press_releases/2007/226070.pdf (last viewed April, 2009).

a particular way. To return to the Media Player bundling example, why not provide market share benchmarks for competing players and then let Microsoft figure out a way to get consumers (or OEMs) to install them? Microsoft was quite successful in getting users to take Internet Explorer rather than Netscape, often through providing financial incentives for such decisions. Why not let Microsoft do the same for the competitor that it excluded?

D. Multiple Enforcement

1. The Benefits of Diversity
Commentators have argued that diverse enforcement can increase experimentation and lead to innovation, as different jurisdictions try different approaches to solving similar problems. The *Microsoft* litigation would appear to be a good way to test out this theory.

On the positive side it is clear that the range of remedies would have been far narrower had only one jurisdiction been involved. The United States rejected code removal as a way to deal with the technological bundling; Europe and Korea both ordered it, without any apparent technical problems. There would have been no fines imposed on Microsoft without the European case; on the other hand, recovery for market exclusion and overcharges was possible only under U.S. law. Combining the financial penalties imposed by the two jurisdictions likely increased worldwide antitrust deterrence.

Even in the United States there was some benefit on the remedy side from diversity in enforcement. The states that negotiated the settlement along with the Justice Department were able to secure two significant additions to the settlement decree, neither of which would likely have been in the decree absent their efforts.[47] One was the establishment of the Technical Committee to assist in monitoring compliance with the decree. The judge overseeing the decree has written that the Technical Committee "has truly become one of the most successful aspects of the Final Judgments, because it has been invaluable in facilitating the Plaintiffs' enforcement efforts."[48] The other was the requirement of communications protocol disclosure, which the judge

---

47 Ten of the original state plaintiffs did not join the settlement with Microsoft, but their effort to seek additional relief from the district court failed. See New York v. Microsoft Corp., 224 F. Supp. 2d 76, 240-66 (D.D.C. 2002). For discussion, see First & Gavil (2006: 689-92, 707, 718).

48 *See* New York v. Microsoft Corp., 531 F. Supp. 2d 141, 157 (D.D.C. 2008).

described as "the cornerstone of the Court-ordered and Court-approved remedies and, as the Final Judgments' most forward-looking provision, was the basis on which the parties and the Court aspired to have the applications barrier to entry broken down over time."[49]

Perhaps the most important contribution that multiple enforcement might make to remedies learning and experimentation is in the different approaches toward government intervention followed by the United States and by the European Commission. The European approach was more interventionist in its willingness to dictate results to Microsoft, the U.S. approach more constrained.

The area in which this made the most difference was in the setting of reasonable royalties. Rate regulation is considered antithetical to antitrust remedies (one of the main reasons given for not allowing a defense of reasonableness in price fixing cases is that courts fear the need for continuing rate supervision that such a defense might require). Nevertheless, even the U.S. enforcers were dragged into some consideration of rates by the very fact that it would be useless to order protocol disclosure if Microsoft were then permitted to charge rates that discouraged competitors from using the protocols. U.S. enforcers dealt with the issue through negotiation, so it is difficult to tell how they decided that Microsoft's rates were, in fact, reasonable. The Commission, however, dealt with rates more openly, although even here it is hard to tell how much the articulated principles and their application were more the product of the Commission's power to impose penalties for non-compliance than of reasoned decision-making. In any event, if the Commission's goal were to provide potential competitors with necessary information – and not to be so concerned with whether Microsoft was getting a sufficient reward to incentivize innovation – then the Commission's more activist approach was plainly more successful than the Justice Department's.[50] Rates were far lower and Microsoft pledged not to enforce any intellectual property rights against non-profit open source users (who are the strongest competitors Microsoft faces).

A review of the remedies, however, also shows that the potential benefits of diversity were somewhat muted. For one, despite a remedies debate in

---

49 *See id.* at 170-73.

50 Note that the Commission dealt with the incentives issue by finding that nearly all the non-intellectual property protocols were not innovative. Nevertheless, it also substantially reduced the royalty rates for the patented protocols, which it assumed were innovative.

the United States that provided a rich range of possibilities, the government plaintiffs were ultimately rather conservative in their choices, even, in some ways, in the restructuring proposal itself (for example, not breaking Microsoft up into three competing companies as some suggested). Certainly the failure to pursue a structural remedy, whatever the legal or tactical reasons for that choice, limited the experimental value of diverse enforcement. For another, it is difficult to make great claims for experimentation when there were no hypotheses advanced and nothing was being tested. Indeed, without clearly articulated goals and observable benchmarks, it turns out to be quite difficult to say which of the "experiments" were good ones and which were not. The need for such hypotheses and benchmarks if experimentation is really to be useful is another important lesson to be learned from the remedies in the *Microsoft* litigation.

2. Enforcement Agency Coordination

The *Microsoft* litigation shows how many seekers of antitrust remedies there can be: U.S. government agencies, both federal and state, the European Commission, Korea, Japan, private plaintiffs suing in the United States or elsewhere (Korea in this case, but perhaps more private cases will be filed in the EU in the future). The litigation also shows how uncoordinated this effort was.

In the United States the Department of Justice and the states began their investigations separately and filed separate complaints. The trial judge required the two cases to be tried together, leading the Justice Department and the states to cooperate during the liability phase of the litigation. After the court of appeals decision, vacating the remedial decree, coordination issues again arose, with nine of the states joining the Justice Department settlement and nine continuing to litigate the remedies issues (to no effect). Although all the states have cooperated with the Justice Department in administering the decree (even those who opposed the settlement in the first place), the states again split with the Justice Department over the question whether the decree should be extended (this time the judge agreed with the states' position, not with the Justice Department's).

Europe did not have the same coordination issues with the national competition authorities in *Microsoft* (the national competition authorities could not act individually against Microsoft once the Commission initiated the proceeding), but there is no indication that the Commission coordinated its investigation with the U.S. Justice Department. There is also no indication of coordination in the remedial phase, even though there was likely some overlap in the types of protocols each was requiring.

The reasons for the lack of coordination are not clear. Coordination between the Commission and U.S. enforcement authorities is now routine in merger and cartel cases, but it is not routine in abuse of dominance cases. This may be because abuse cases are more "one-off" affairs, with unique factual settings requiring intensive investigation. Or it may be because Europe and the U.S. had fairly different views about single-firm conduct during the Bush years. Legal differences, however, would not explain the lack of coordination in the early phases of the U.S. and EU investigations of Microsoft, when enforcement positions were more closely in synch.

Whatever the reasons for a lack of coordination, it is hard to argue that the present state of affairs is optimal. Surely antitrust investigators in multiple jurisdictions would benefit from an exchange of information when they are focused on the same dominant firm's conduct. These exchanges will not always prevent jurisdictions from taking different views; indeed, they should not cut off diversity in enforcement or remediation. Early coordination may also make it more difficult for disappointed competitors to forum shop. As the investigation proceeds, the pooling of knowledge can help deal with information asymmetries between enforcers and private firms. It might also allow enforcement agencies to focus more clearly on the international effects of the remedies they are considering, perhaps leading to more effective remedies (or, at least, helping to avoid inconsistent ones).

V. Conclusion

The ghost of Netscape haunts the *Microsoft* litigation. Netscape's competitive position at the start of the litigation underscored the rapidity of technological changes in Microsoft's high tech industry. Even the courts worried about whether the law could move fast enough to deal with the issues under adjudication. "Legal time" was seen as too slow. "Internet Time" was seen as properly fast.[51]

---

51 Before turning to the merits of the case, the court of appeals in *Microsoft* observed (253 F. 3d at 49):

> What is somewhat problematic, however, is that just over six years have passed since Microsoft engaged in the first conduct plaintiffs allege to be anticompetitive. As the record in this case indicates, six years seems like an eternity in the computer industry. By the time a court can assess liability, firms, products, and the marketplace are likely to have changed dramatically. This, in turn, threatens enormous practical difficulties for courts considering the appropriate measure of relief in equitable enforcement actions, both in crafting injunctive remedies in the first instance and reviewing those remedies in the second. Conduct remedies may be unavailing in such cases, because innovation to a large degree has

But, like most specters, the importance of Netscape and its fate is more imagined than real. Antitrust law cannot save competitors. It can only protect the competitive process, keeping it open to new entry and making sure that dominant firms do not exclude their rivals.

In truth, "Legal Time" was actually not so slow in *Microsoft*. The law had enough time to do better to remedy the monopoly problem that Microsoft presented. And "Internet Time" was not so fast. Desktop computers and servers, and operating systems and browsers, are at least as important today as they were a decade ago when the litigation began. Not much has changed in the way these products work.

Much of the recent dominant firm debate has been about substantive law approaches, clearly an important topic. There is still divergence between EC law and U.S. views of Section 2, but the extreme differences from the Bush years will likely moderate as the new Obama administration takes hold.

As important as the debate over the appropriate legal test is, it may be even more important to pay attention to the issue of remedies in dominant firm cases. The *Microsoft* litigation provides a rich case study for this inquiry. From it I think we can take the following lessons:

1. Enforcers should consider remedies first, not last, inverting the analytical pyramid. I do not think this means a definitive rule of "if you can't fix it, it ain't broke," but it does mean that enforcers should not bring a dominant firm case where they have no good idea about the remedy. In *Microsoft*, enforcers did have some ideas about remedy when they filed the case, but the outcome of the litigation might have benefited from greater attention to remedy at an early stage in the enforcement effort.

2. Enforcers should consider all remedial possibilities. Antitrust's distaste for interventionist remedies has likely gone too far. The *Microsoft* litigation shows that ongoing conduct remedies are not impossible to carry out. Government enforcers, with technical assistance, can be effective in making sure that a dominant firm does not continue to engage in illegal practices. And conduct remedies can appropriately be used to increase competition, particularly if they make use of marketplace incentives (such as low prices), thereby reversing the effects of a dominant firm's exclusionary efforts.

---

already rendered the anticompetitive conduct obsolete (although by no means harmless). And broader structural remedies present their own set of problems, including how a court goes about restoring competition to a dramatically changed, and constantly changing, marketplace.

Still, conduct remedies may not be adequate in cases of systemic exclusionary behavior. As Judge Hand wrote in *Alcoa*, dissolution is a remedy, not a penalty, to be employed when the market needs it "for its protection." Business people reorganize firms all the time. Surely it is not beyond antitrust enforcers to draw on that expertise when warranted.

In carrying out any remedies in dominant firm cases, enforcers and courts should, of course, be cautious, but they need not be timid. As an examination of the range of remedies imposed in the *Microsoft* litigation shows, any remedy in a dominant firm case presents unknowns, even the computation of an appropriate fine. Some modesty is appropriate, but excessive deference to the views of outside enforcement authorities is unnecessary.

3. Enforcers need to evaluate the effectiveness of remedies. The evaluative process requires a definition of goals and the articulation of benchmarks for measuring progress and success (or lack of it). Absent this evaluative process, remedies will continue to be haphazard and we will learn little from past efforts.

Benchmarking offers an additional potential benefit. Using benchmarks may enable enforcers to move away from command-and-control regulation to more results-oriented decrees. Rather than worrying about whether a monopolist is carrying out the terms of what may be an ineffective decree, the parties can concentrate on giving incentives to the monopolist to make the remedy effective.

* * *

Drawing on the *Microsoft* litigation to improve future remedial efforts in dominant firm cases will not only improve the effectiveness of antitrust law in dealing with monopoly issues. Closer attention to what is achieved in monopolization cases can also undercut a continuing critique of antitrust itself: that antitrust is an ineffective legal regime benefiting no one except the professionals who run it, or, perhaps, competitors who are protected by it. Proponents of antitrust believe this critique is fundamentally misguided, but it would be helpful to have more empirical support for antitrust's positive results.

REFERENCES

Adams, Walter
1951 «Dissolution, Divorcement, Divestiture: The Pyrrhic Victories of Antitrust», in *Indiana Law Journal*, 27, pp. 1-19.

Becker, Gary
1968 «Crime and Punishment: An Economic Approach», in *Journal of Political Economy*, vol. 76, pp. 169-217.

Connor John M. & Lande, Robert H.
2006 «The Size of Cartel Overcharges: Implications for U.S. and EU Fining Policies», in *The Antitrust Bulletin*, vol. 51, n.º 4, pp. 983-1022.

First, Harry
2009 «The Case for Antitrust Civil Penalties», in *Antitrust Law Journal*, vol. 76, pp. 1501-1520.

First, Harry & Gavil, Andrew I.
2006 «Re-framing Windows: The Durable Meaning of the *Microsoft* Antitrust Litigation», in *Utah Law Review*, N.º 3, pp. 641-723.

Fox, Eleanor M.
2005 «Remedies and the Courage of Convictions in a Globalized World: How Globalization Corrupts Relief», *Tulane Law Review*, vol. 80, n.º 2, pp. 571-594.
2007 «GE/Honeywell: The U.S. Merger that Europe Stopped – A Story of the Politics of Convergence», in Crane, Daniel A. & Fox, Eleanor M. (ed.) *Antitrust Stories*, Foundation Press, pp. 331-355.

Landes, William M.
1983 «Optimal Sanctions for Antitrust Violations», in *The University of Chicago Law Review*, Vol. 50, No. 2, pp. 652-678.

Monti, M.
2004 «Private Litigation As a Key Complement To Public Enforcement Of Competition Rules And The First Conclusions On The Implementation Of The New Merger Regulation», speech n°04/403, in *8th IBA Annual Competition Conference*, Fiesole (Italy).

Shapiro, Carl
2009 «Microsoft: Remedial Failure», in *Antitrust Law Journal, vol. 75*, pp. 739-772.

Timberg, Sigmund
1950 *Equitable Relief under the Sherman Act*, in *University of Illinois Law Forum*, pp. 629.

WHITE, Lawrence J.
2001 «A $10 Billion Solution to the Microsoft Problem», in *J. Cyber Rights, Protection, and Markets*, vol. 32, pp. 69-79.

Wouter, PJ Wils,
2008 *Efficiency and Justice in European Antitrust Enforcement*, Portland: Hart Publishing.

LEGISLAÇÃO

Legislação Nacional – 2009

LEGISLAÇÃO NACIONAL – 2009

elaborado por Fernando Pereira Ricardo e Nazaré da Costa Cabral

CONCORRÊNCIA
Regulamento n.º 120/2009
Aprovado pelo Conselho da Autoridade da Concorrência, a 26 de Fevereiro de 2009 e publicado no D.R., 2.ª série, n.º 53, de 17 de Março de 2009.
Consagra, em anexo, o Formulário de Notificação de Operações de Concentração de Empresas, o qual tem por finalidade definir, ao abrigo do n.º 3 do artigo 31.º da Lei n.º 18/2003, de 11 de Junho, a informação a prestar à Autoridade da Concorrência no quadro das notificações de operações de concentração de empresas, devendo ser acompanhado de todos os documentos nele exigidos.

REGULAÇÃO
GERAL
Portaria n.º 41/2009, de 13 de Janeiro
Branqueamento de capitais – Listagem de países.
Norma habilitante: alínea *8)* do artigo 2.º da Lei n.º 25/2008, de 5 de Junho.

Banco de Portugal
Aviso n.º 9/2009, de 17 de Novembro
Determina que as instituições participantes no Fundo de Garantia de Depósitos devem dispor de um sistema de informação que permita identificar os depósitos abrangidos e excluídos da garantia, bem como os depositantes, e remeter ao Fundo no prazo de dois dias úteis uma relação completa dos respectivos créditos em determinada data.

Aviso n.º 10/2009, de 23 de Novembro
Define o enquadramento regulamentar quanto às matérias relativamente às quais as instituições de pagamento ficam sujeitas à supervisão do Banco de Portugal.

Aviso n.º 11/2009, de 23 de Novembro
Estabelece regras e procedimentos necessários ao cumprimento dos requisitos de segurança dos fundos estabelecidos na alínea *a)* do n.º 1 do artigo 32.º do Decreto-Lei n.º 317/2009, de 30 de Outubro, bem como as condições do contrato de seguro ou garantia equiparada.

Aviso n.º 12/2009, de 2 de Dezembro
Altera o Aviso n.º 6/99, de 6 de Janeiro, reformulando as condições em que a autorização para a realização das operações previstas no n.º 1 do art.º 36.º-A do RJCAM e das cooperativas de crédito agrícola é concedida.

ISP – INSTITUTO DE SEGUROS DE PORTUGAL
Decreto-Lei n.º 2/2009, de 5 de Janeiro
Alteração ao Decreto-Lei n.º 94 -B/98, de 17 de Abril.
Transpõe para a ordem jurídica nacional a Directiva n.º 2005/68/CE, do Parlamento Europeu e do Conselho, de 16 de Novembro de 2005, relativa ao resseguro e que altera as Directivas n.ºs 73/239/CEE e 92/49/ CEE, do Conselho, bem como as Directivas n.ºs 98/78/CE e 2002/83/CE, do Parlamento Europeu e do Conselho.
Procede ainda à revisão pontual do regime jurídico do acesso e exercício da actividade seguradora e resseguradora, em particular quanto às matérias relativas ao sistema de governo e conduta de mercado.
(Nota: o diploma foi objecto de rectificação através da Declaração de Rectificação n.º 17/2009, de 3 de Março).

CMVM – COMISSÃO DO MERCADO DE VALORES MOBILIÁRIOS
Lei n.º 28/2009, de 19 de Junho
Revê o regime sancionatório no sector financeiro em matéria criminal e contra-ordenacional.

Decreto-Lei n.º 185/2009, de 12 de Agosto
Transpõe para a ordem jurídica interna a Directiva n.º 2006/46/CE, do Parlamento Europeu e do Conselho, de 14 de Junho, que altera a Directiva n.º 78/660/CEE, do Conselho, relativa às contas anuais de certas formas

de sociedades, a Directiva n.º 83/349/CEE, do Conselho, relativa às contas consolidadas, a Directiva n.º 86/635/CEE, do Conselho, relativa às contas anuais e às contas consolidadas dos bancos e outras instituições financeiras, e a Directiva n.º 91/674/CEE, do Conselho, relativa às contas anuais e às contas consolidadas das empresas de seguros. Adopta ainda medidas de simplificação para as sociedades comerciais e civis sob a forma comercial.

Regulamento da CMVM n.º 1/2009
Informação e publicidade sobre produtos financeiros complexos sujeitos à supervisão da CMVM.

ANACOM – AUTORIDADE NACIONAL DE COMUNICAÇÕES
Decreto-Lei n.º 20/2009, de 19 de Janeiro
Altera o Decreto-Lei n.º 325/2007, de 28 de Setembro, o qual estabelece as regras, em matéria de compatibilidade electromagnética, referentes à colocação no mercado e entrada em serviço de aparelhos e instalações fixas, transpondo para a ordem jurídica interna a Directiva n.º 2004/108/CE, do Parlamento Europeu e do Conselho, de 15 de Dezembro, relativa à aproximação das legislações dos Estados-membros respeitantes à compatibilidade electromagnética.

Decreto-Lei n.º 62/2009, de 10 de Março
Altera o Decreto-Lei n.º 175/99, de 21 de Maio. Regula a publicidade a serviços de audiotexto e a serviços de valor acrescentado baseados no envio de mensagem.

Decreto-Lei n.º 123/2009 de 21 de Maio
Estabelece o regime aplicável à construção de infra-estruturas aptas ao alojamento de redes de comunicações electrónicas, à instalação de redes de comunicações electrónicas e à construção de infra-estruturas de telecomunicações em loteamentos, urbanizações, conjuntos de edifícios e edifícios.
(Nota: o diploma foi objecto de rectificação através da Declaração de Rectificação n.º 43/2009, de 22 de Junho de 2009).

Decreto-Lei n.º 134/2009, de 2 de Junho
Estabelece o regime jurídico aplicável à prestação de serviços de promoção, informação e apoio aos consumidores e utentes, através de centros telefónicos de relacionamento (*call centers*).

Lei n.º 32/2009, de 9 de Julho
Autoriza o Governo a legislar sobre o regime de acesso aberto às infra-estruturas aptas ao alojamento de redes de comunicações electrónicas e a estabelecer o regime de impugnação dos actos do ICP-ANACOM aplicáveis no âmbito do regime de construção, acesso e instalação de redes e infra-estruturas de comunicações electrónicas.

Lei n.º 99/2009, de 4 de Setembro
Aprova o regime quadro das contra-ordenações do sector das comunicações. Define como contra-ordenação neste sector, para efeitos da presente lei, todo o facto ilícito e censurável que preencha um tipo legal correspondente à violação de disposições legais e regulamentares relativas ao sector das comunicações, para as quais se comine uma coima, cujo processamento e punição seja da competência do ICP-ANACOM.
(Nota: o diploma foi objecto de rectificação através da Declaração de Rectificação n.º 75/2009, de 7 de Setembro de 2009).

Decreto-Lei n.º 258/2009, de 25 de Setembro
O presente decreto-lei, no uso da autorização legislativa dada pela Lei n.º 32/2009, de 9 de Julho, estabelece um regime de acesso aberto às infra-estruturas aptas ao alojamento de redes de comunicações electrónicas, detidas ou geridas pelas empresas de comunicações electrónicas e pelas entidades que detenham infra-estruturas aptas ao alojamento de redes de comunicações electrónicas que sejam utilizadas por aquelas, determinando a aplicação a estas entidades do regime previsto no Decreto-Lei n.º 123/2009, de 21 de Maio. Altera o regime de impugnação dos actos do ICP – Autoridade Nacional de Comunicações (ICP-ANACOM), previsto na Lei das Comunicações Electrónicas, aprovada pela Lei n.º 5/2004, de 10 de Fevereiro. Altera os artigos 2.º, 37.º, 38.º, 41.º, 42.º, 43.º, 67.º, 69.º, 74.º, 76.º, 86.º e 89.º do Decreto-Lei n.º 123/2009, de 21 de Maio, que passam a ter a redacção prevista no artigo 4.º.

Decreto-Lei n.º 264/2009, de 28 de Setembro
Altera o Decreto-Lei n.º 151-A/2000, de 20 de Julho, que estabeleceu o regime aplicável ao licenciamento de redes e estações de radiocomunicações e à fiscalização da instalação das referidas estações e da utilização do espectro radioeléctrico, bem como à definição dos princípios aplicáveis às taxas radio-

eléctricas, à protecção da exposição a radiações electromagnéticas e à partilha de infra-estruturas de radiocomunicações.

Portaria n.º 469/2009, de 6 de Maio
Estabelece os termos das condições técnicas e de segurança em que se processa a comunicação electrónica para efeitos da transmissão de dados de tráfego e de localização relativos a pessoas singulares e a pessoas colectivas, bem como dos dados conexos necessários para identificar o assinante ou o utilizador registado, nos termos previstos na Lei n.º 32/2008, de 17 de Julho.

Portaria n.º 567/2009, de 27 de Maio
Altera a Portaria n.º 1473-B/2008, de 17 de Dezembro, de modo a reflectir as modificações operadas, quer pelo Decreto -Lei n.º 53/2009, quer pelo Decreto-Lei n.º 63/2009. Aprova as taxas devidas pela emissão das declarações comprovativas dos direitos, pelo exercício da actividade de fornecedor de redes e serviços de comunicações electrónicas, pela atribuição de direitos de utilização de frequências e de números, pela utilização do espectro radioeléctrico e demais taxas devidas ao ICP – Autoridade Nacional de Comunicações (ICP -ANACOM).

Portaria n.º 1307/2009, de 19 de Outubro
Altera a Portaria n.º 1473-B/2008, de 17 de Dezembro.

Portaria n.º 915/2009, de 18 de Agosto
Cria um período experimental de cerca de três meses no sentido de aprofundar e incrementar a funcionalidade e usabilidade da aplicação informática assim como permitir uma adaptação gradual dos profissionais a novos procedimentos de trabalho. Durante esse período experimental, as comunicações podem ser efectuadas electronicamente através da aplicação, ou pela via usual, mantendo, contudo, os requisitos de segurança da autenticidade dos dados e dos ficheiros transmitidos.

Regulamento n.º 99/2009, publicado no D.R. n.º 37 (Série II), de 23 de Fevereiro
Disponibilização às autoridades responsáveis pelos serviços de emergência das informações sobre a localização da pessoa que efectua a chamada para o número único de emergência europeu 112.

**Regulamento n.º 256/2009, Diário da República, 2.ª série – N.º 119
23 de Junho de 2009**
Regras relativas à identificação e sinalização de estações de radiocomunicações.

**Regulamento n.º 300/2009, publicado no D.R. n.º 135 (Série II),
de 15 de Julho**
Regulamento de liquidação e cobrança de taxas devidas ao ICP – ANACOM.

**Regulamento n.º 372/2009, publicado no D.R. n.º 167 (Série II – Parte E),
de 28 de Agosto**
Regulamento de alteração ao Regulamento n.º 46/2005, de 14 de Junho (Regulamento sobre qualidade de serviço).

**Regulamento n.º 427/2009, publicado no D.R. n.º 210 (Série II – Parte E),
de 29 de Outubro**
Regulamento do Leilão para a Atribuição de Direitos de Utilização de Frequências para o Acesso de Banda Larga Via Rádio (BWA).

ERC – ENTIDADE REGULADORA PARA A COMUNICAÇÃO SOCIAL
Decreto-Lei n.º 70/2009, de 31 de Março
Altera o Decreto-Lei n.º 103/2006, de 7 de Junho, que aprova o Regime de Taxas da Entidade Reguladora para a Comunicação Social (ERC).
(Nota: o diploma foi objecto de rectificação através da Declaração de Rectificação n.º 36/2009, de 28 de Maio de 2009).

ERS – ENTIDADE REGULADORA DA SAÚDE
Decreto-Lei n.º 127/2009, de 27 de Maio
Procede à reestruturação da Entidade Reguladora da Saúde (ERS), definindo as suas atribuições, organização e funcionamento.

IMTT – INSTITUTO DA MOBILIDADE E DOS TRANSPORTES TERRESTRES

Transportes rodoviários e ferroviários
Decreto-Lei n.º 76/2009, de 1 de Abril
Procede à terceira alteração ao Decreto-Lei n.º 354/86, de 23 de Outubro, que estabelece normas relativas ao exercício da indústria de aluguer de veículos automóveis sem condutor.

Decreto-Lei n.º 114/2009, de 18 de Maio
Altera o Decreto-Lei n.º 394/2007, de 31 de Dezembro, que transpôs parcialmente para a ordem jurídica interna a Directiva n.º 2004/49/CE, do Parlamento Europeu e do Conselho, de 29 de Abril, relativa à segurança dos caminhos de ferro da Comunidade, estabelecendo o regime de investigação técnica de acidentes e incidentes ferroviários.

Decreto-Lei n.º 126/2009, de 27 de Maio
Transpõe para a ordem jurídica interna a Directiva n.º 2003/59/CE, do Parlamento Europeu e do Conselho, de 15 de Julho, alterada pela Directiva n.º 2004/66/CE, do Conselho, de 26 de Abril, e pela Directiva n.º 2006/103/CE, do Conselho, de 20 de Novembro, relativa à qualificação inicial e à formação contínua dos motoristas de determinados veículos rodoviários afectos ao transporte de mercadorias e de passageiros.

Decreto-Lei n.º 136/2009, de 5 de Junho
Procede à segunda alteração ao Decreto-Lei n.º 257/2007, de 16 de Junho, aplicável ao regime jurídico do acesso à actividade e ao mercado dos transportes rodoviários de mercadorias, por meio de veículos com peso bruto igual ou superior a 2500 kg, e regula as operações de cabotagem em território nacional.

Decreto-Lei n.º 137-A/2009, de 12 de Junho
Aprova o regime jurídico aplicável à CP – Comboios de Portugal, E. P. E. (CP, E. P. E.). São igualmente aprovados os estatutos da CP, E. P. E., publicados como anexo I do presente decreto-lei e que dele fazem parte integrante.

Decreto-Lei n.º 148-A/2009, de 26 de Junho
Aprova o regime jurídico aplicável ao Metropolitano de Lisboa, E. P. E. (ML, E. P. E.). São igualmente aprovados os Estatutos do ML, E. P. E., publicados no anexo I do presente decreto-lei e que dele fazem parte integrante.

Decreto-Lei n.º 169/2009, de 31 de Julho
Define o regime contra-ordenacional aplicável ao incumprimento das regras relativas à instalação e uso do tacógrafo estabelecidas no Regulamento (CEE) n.º 3821/85, do Conselho, de 20 de Dezembro, alterado pelo Regulamento (CE) n.º 2135/98, do Conselho, de 24 de Setembro, e pelo Regulamento (CE) n.º 561/2006, do Parlamento Europeu e do Conselho, de 15 de Março.

Portaria n.º 1016/2009, de 9 de Setembro
Estabelece as condições de reconhecimento das entidades formadoras e dos cursos de formação de capacidade profissional para o exercício da actividade de transporte rodoviário de mercadorias, bem como as condições de obtenção e de validade do certificado de capacidade profissional, e aprova os regulamentos de reconhecimento e organização dos cursos de formação e de exames da capacidade profissional.

Despacho normativo n.º 32/2009, de 17 de Setembro
Utilização da aplicação SIGGESC pelos operadores de transporte público rodoviário de passageiros que operam ao abrigo do RTA.

INAC – INSTITUTO NACIONAL DE AVIAÇÃO CIVIL
Portaria n.º 1360/2009, de 27 de Outubro
Altera a Portaria n.º 541/2004, de 21 de Maio, que fixa o valor das taxas de segurança dos serviços prestados aos passageiros no transporte aéreo.

Regulamento n.º 368/2009, publicado no Diário da República,
2.ª série – N.º 161 – 20 de Agosto
Transporte aéreo de mercadorias perigosas.

Regulamento n.º 363/2009, publicado no Diário da República,
2.ª série – N.º 159 – 18 de Agosto de 2009
Aprovação de Modelo de Certificado de Matrícula de Aeronave.

Regulamento n.º 191/2009, publicado no Diário da República,
2.ª série – N.º 94 – 15 de Maio de 2009
Operação de aeronaves de voo livre.

Regulamento n.º 40/2009, publicado no Diário da República,
2.ª série – N.º 13 – 20 de Janeiro de 2009
Normas relativas à emissão de declaração para efeitos de isenção de IVA, nos termos da alínea *c)* do n.º 1 do artigo 13.º e da alínea *g)* do n.º 1 do artigo 14.º do Código do IVA.

JURISPRUDÊNCIA

Comentário de Jurisprudência Comunitária

Jurisprudência Geral

Jurisprudência Temática de Referência

COMENTÁRIO DE JURISPRUDÊNCIA COMUNITÁRIA

ACÓRDÃO DO TRIBUNAL DE PRIMEIRA INSTÂNCIA (TERCEIRA SECÇÃO ALARGADA) DE 8 DE JULHO DE 2008 PROCESSO T-99/04
OS CONCEITOS DE AUTOR E CÚMPLICE DE UMA INFRACÇÃO AO ARTIGO 81.º TCE

João Matos Viana

I – INTRODUÇÃO

No Acórdão datado de 8 de Julho de 2008[1], o Tribunal de Primeira Instância das Comunidades Europeias (adiante TPI ou Tribunal) analisou os conceitos de autor e cúmplice de uma infracção ao artigo 81.º TCE.

Tratava-se de uma situação em que uma empresa de consultoria tinha «auxiliado», através da prestação dos seus serviços profissionais, a execução de um acordo escrito, celebrado entre concorrentes do mercado dos peróxidos orgânicos, com o objectivo de preservar as quotas de mercado desses produtores e coordenar os aumentos de preços.

Nessa medida, o Tribunal avaliou «*se os conceitos de acordo e de empresa que constam do artigo 81.º, n.º 1, CE se baseiam numa concepção "unitária", que engloba qualquer empresa que tenha contribuído para o cometimento de uma infracção, independentemente do sector económico em que exerce normalmente a sua actividade, ou, como sustenta a recorrente, numa concepção "bipolar", que distingue as empresas "autoras" das empresas "cúmplices" da infracção*» (parág. 117).

Este Acórdão assume um carácter inovador. Por um lado, nas próprias palavras do Tribunal, «*até à data, o juiz comunitário ainda não se pronunciou, de*

---

1 O Acórdão pode ser encontrado em www.curia.eu, sob a identificação de Processo T-99/04.

modo expresso» sobre aquela questão². Por outro lado, a Comissão das Comunidades Europeias (adiante Comissão) utilizou este processo para, em termos de prevenção geral, transmitir uma mensagem para os operadores económicos, no que diz respeito à qualidade das empresas que, no futuro, poderiam vir a ser punidas por *cartelização*. Assim, depois de ter concluído que a referida empresa de consultoria tinha sido autora de uma violação das regras de concorrência, a Comissão fez um comunicado de imprensa onde, entre o mais, fazia a seguinte advertência: «*A sanção aplicada* [à recorrente] *é de um montante limitado devido à novidade da política seguida nesta matéria. A mensagem é, porém, clara: quem organizar ou facilitar os cartéis, ou seja, não só os seus membros, deve esperar, de ora em diante, ser descoberto e ser objecto de aplicação de sanções muito pesadas.*».

Em termos sumários, a matéria de facto do Acórdão resume-se da seguinte forma: o cartel teve início em 1971, com a celebração de um acordo escrito, entre os três produtores de peróxidos orgânicos. Tal acordo foi alterado em 1975. Eram regularmente realizadas reuniões, para garantir o bom funcionamento do cartel. No âmbito do cartel, a referida empresa de consultoria estava incumbida, na sequência de contratos de serviços profissionais celebrados com os três produtores de peróxidos orgânicos, nomeadamente, de guardar nas suas instalações determinados documentos confidenciais relativos ao cartel, como o acordo de 1971, de proceder à recolha e análise de determinados dados relativos à actividade comercial dos três produtores de peróxidos orgânicos e de lhes comunicar os números analisados, bem como de levar a cabo tarefas de ordem logística e de secretariado associadas à organização de reuniões, nomeadamente em Zurique (Suíça), entre os referidos produtores, como a reserva das instalações e o reembolso das despesas relativas às viagens dos seus representantes.

A empresa de consultoria não exerce a sua actividade no mercado visado pelo acordo restritivo da concorrência (não era um produtor de peróxidos orgânicos), pelo que, por definição, não condicionou, nem tentou condicionar, o seu próprio comportamento comercial, nem o comportamento comercial dos seus concorrentes. Ainda assim, tal empresa de consultoria acabou por ser condenada como autora de uma violação do artigo 81.º TCE, sendo sancionada com uma coima de 1.000 euros.

---

2 Em 2004, Tiedemann (2004: 134) afirmava que, até à data, ainda não tinha sido aplicada qualquer sanção a empresas que auxiliavam os cartéis.

Para chegar a tal conclusão, o Tribunal sustentou – pelo menos aparentemente – uma «*concepção "unitária" do autor de uma infracção, na acepção do artigo 81.º, n.º 1, CE*» (parág. 137).

Ou seja, o Tribunal vem defender que, para se imputar a uma empresa, a título de autoria, a violação do artigo 81.º do TCE, basta que se demonstre que essa mesma empresa: *(i)* participou em reuniões no decurso das quais foram concluídos acordos restritivos da concorrência, sem a isso se ter manifestamente oposto, *(ii)* tinha conhecimento dos comportamentos materiais perspectivados ou postos em prática por outras empresas na prossecução dos objectivos comuns do cartel, ou que, razoavelmente, os podia prever e estava disposta a aceitar o risco e *(iii)* manifestou a sua vontade, ainda que tacitamente, no sentido de subscrever os objectivos do cartel.

Tal conclusão será válida – acrescenta o Tribunal – independentemente de a empresa em causa assumir, ou não, a qualidade de concorrente no mercado relevante e independentemente do papel principal/essencial ou secundário/acessório desempenhado por essa mesma empresa no âmbito do cartel. Tais circunstâncias, na óptica do Tribunal, são «*no entanto, susceptíveis de influenciar a apreciação da (…) extensão e da (…) gravidade* [da infracção] *e, portanto, a determinação da sanção*» (parág. 132).

Em termos sintéticos – e recorrendo à dogmática penal – a concepção *unitária* de autor não faz qualquer distinção entre as diversas contribuições (causais) para o evento criminoso. Nessa medida, serão considerados autores todos os agentes que realizem qualquer contribuição causal para o preenchimento do facto típico, independentemente da importância que essa mesma contribuição possa assumir dentro da *lógica* e da *economia* do evento criminoso. Basta uma conexão causal entre a contribuição material de um determinado sujeito e o facto típico para se concluir que esse mesmo sujeito é autor, sendo irrelevante analisar a função (*papel/rol*) concretamente desempenhada pelo sujeito em causa [3] [4]. Esta teoria baseia-se na concepção da equivalência de todas as condições[5]. A teoria unitária de autor implica, por um lado,

---

3 Jescheck & Weigend (2002: 694); Jakobs (1997:718); García del Blanco (2006:196); Conlledo (1991: 65); Boléa Bardón (2000: 75), Valdágua (1986: 19).

4 Valdágua (1986: 19) dá conta da existência de um modelo mitigado de autoria unitária, designado por «*sistema funcional de autor unitário*».

5 Roxin (2000: 24), o qual apresenta a seguinte citação (exemplificativa) de von Liszt: «*como todas as condições do resultado são equivalentes, não existe qualquer diferença conceptual entre cada um daqueles que participam na produção do resultado*» (tradução nossa). Como é óbvio, uma concepção que defenda

a supressão de qualquer diferenciação entre as formas de comparticipação criminosa, determinando a aplicação de uma igual medida legal da sanção a todos os comparticipantes [6] (podendo haver distinções ao nível da determinação concreta da sanção[7]) e, por outro lado, implica a negação da relevância do princípio da acessoriedade[8].

A teoria unitária de autor esteve sujeita a críticas severas[9].

II – ANÁLISE DOS FUNDAMENTOS DO ACÓRDÃO

(i) A alegada consonância das normas dos ordenamentos jurídicos nacionais a propósito de uma concepção *restrita* de autoria

O presente processo chegou à apreciação do TPI, na sequência de um recurso interposto pela empresa de consultoria, o qual tinha por objecto a decisão condenatória da Comissão. Nesse recurso, veio a Recorrente invocar que a

---

a equivalência de todas as condições (causas) do resultado, terá de negar a diferença, pelo menos qualitativa, entre autores, cúmplices e instigadores, suportando, ao invés, uma concepção unitária de autoria.

6 Valdágua (1986: 19).

7 Valdágua (1986: 21).

8 Jakobs (1997: 719). Exemplar na explicação da razão pela qual o conceito unitário de autor é incompatível com o princípio da acessoriedade da participação, é Peñaranda Ramos (1990: 259, 321 e 322).

9 Por um lado, este modelo conduz a uma excessiva ampliação linguística do sentido literal dos conceitos que são utilizados, na Parte Especial do Código Penal, para descrever as diversas acções executivas. Por exemplo, «*aconselhar alguém a caluniar um terceiro não é, por si mesmo, afirmar ou difundir factos desonrosos*» – Jakobs (1997: 719). Tal circunstância poderá constituir uma agressão ao princípio da legalidade, na sua vertente de tipicidade. Por outro lado, ao equiparar, no plano da causalidade, os diversos contributos para a realização do evento criminoso, este modelo favorece a excessiva ampliação das molduras penais associadas a cada tipo penal para, dessa forma, ao nível da determinação da medida concreta da pena, permitir sancionar de forma mais grave as contribuições (causais) essenciais e de forma menos grave as contribuições (causais) secundárias. Mais uma vez, tal excessiva ampliação é dificilmente compatível com um Direito Penal baseado no princípio da tipicidade – Valdágua (1986: 21). Para além disso, o modelo unitário de autoria ampliava excessivamente a punição da tentativa – Valdágua (1986: 21) – na medida em que, considerando como autores todos os comparticipantes, permite tratar como tentativa de autoria (punível), actos que, no âmbito de uma concepção restrita de autoria, apenas poderiam ser tratados ao nível da tentativa de participação, a qual, de acordo com o Código Penal, fica impune. Por fim (e esta é um crítica formulada por Jakobs (1997: 720) – no âmbito dos crimes específicos, o conceito unitário de autor deixaria por explicar a que título é admissível a punição dos comparticipantes que não têm as qualidades especiais exigidas para a autoria. Com efeito, se um tipo penal (por exemplo, o crime de peculato) exige determinadas características pessoais do respectivo autor, então, para ser consequente, o modelo da autoria unitária deveria exigir que todo e qualquer "autor unitário" reunisse essas mesmas características pessoais. Por exemplo, também o cúmplice num crime de peculato deveria estar especial e pessoalmente obrigado como "autor unitário de um crime de peculato". Caso contrário, e é neste ponto que se centra a crítica de Jakobs (1997), se for admitida a punição de um comparticipante num crime específico que não reúne as características pessoais exigidas para a autoria, o fundamento de tal punição só pode ser «*a relação com o facto alheio*» e, como tal, o princípio da acessoriedade. Um agente que realiza um contributo causal num crime específico, mas que não reúne as respectivas características pessoais para a autoria, só pode ser considerado autor «*através da acessoriedade em relação a um ilícito alheio*».

adopção de uma «*concepção "unitária" do autor de uma infracção, na acepção do artigo 81.º, n.º 1, CE*» viola princípios gerais de Direito comunitário, na medida em que a distinção entre, por um lado, autores e, por outro lado, instigadores e cúmplices de uma infracção, é adoptada generalizadamente pelos ordenamentos jurídico-sancionatórios dos diversos Estados-membros (parág. 81), os quais reconhecem o conceito *restritivo* de autor.

Note-se que o conceito *restritivo* de autor caracteriza-se por considerar autor, não todo aquele que merece receber a pena do autor, nem sequer todo aquele que dá um contributo causal à infracção, mas antes, e apenas, aquele que realiza o próprio facto típico. De entre todos os agentes que deram um contributo causal para a infracção, apenas serão autores aqueles cujo contributo corresponda à realização pessoal da essência do ilícito previsto no tipo[10]. Assim, os ordenamentos nacionais que consagram o conceito restritivo de autor, distinguem entre o contributo que ainda realiza o facto típico (contributo próprio da autoria) e o contributo que, não cabendo já na descrição típica, se limita a «auxiliar» ou «determinar» o comportamento típico (contributo próprio da participação). A concepção restritiva de autor tem duas consequências fundamentais.

Por um lado, tendo em consideração que se distingue entre a realização do facto típico e o «auxílio» ou «determinação» do facto típico, conclui-se que estes últimos comportamentos apenas serão punidos, em obediência ao princípio da tipicidade, se estiverem previstos em cláusulas de extensão da punibilidade, ou seja, cláusulas que estendam a punibilidade, para além da realização do tipo, aos comportamentos (atípicos) de mero «auxílio» ou «determinação» do facto típico[11] [12]. No presente processo, este era um dos argumentos da Recorrente, que afirmava que, na medida em que o seu comportamento era de mera cumplicidade e o direito comunitário não tem uma cláusula de punição desta modalidade comparticipativa, então, o seu comportamento era atípico e insusceptível de ser punido (parág. 82).

Por outro lado, o «auxílio» ou a «determinação» do facto típico são punidos porque traduzem uma contribuição prestada ao facto do autor principal. Assim, o «auxílio» e a «determinação» assumem um carácter acessório, «*uma vez que o seu conteúdo de ilícito é determinado e deriva essencialmente do facto*

---

10 Figueiredo Dias (2007: 763).

11 Tais cláusulas, no âmbito do direito penal, estão previstas nos artigos 26.º, segmento final, e 27.º do Código Penal.

12 Jescheck & Weigend (2002: 697).

praticado pelo autor principal, pelo que representa um conceito subordinado ao da autoria[13]. Serve isto para concluir que a cumplicidade e a instigação, nos sistemas que consagram o conceito *restritivo* de autor, em princípio, ficam sujeitos ao *princípio da acessoriedade*, mediante o qual só serão punidos se o autor principal iniciar a execução de um facto típico e ilícito[14].

A este propósito – ou seja, sobre a alegada aceitação pacífica da concepção *restritiva* de autoria pelos ordenamentos nacionais –, o TPI respondeu à empresa de consultoria (Recorrente) da seguinte forma: «*a recorrente não pode alegar validamente que essa interpretação é contrária às normas comuns aos Estados-Membros em matéria de responsabilidade pessoal que fazem uma distinção entre autores e cúmplices da infracção. Com efeito, as normas referidas pela recorrente (v. n.º 81 supra) são apenas normas de direito penal nacional e a recorrente não explicou se e em que medida essas normas são também aplicáveis, nos respectivos ordenamentos jurídicos nacionais, em matéria de repressão administrativa e, em particular, de repressão das práticas anticoncorrenciais*». Considerou portanto que tal argumento era improcedente.

Neste ponto, a conclusão do Tribunal é irrepreensível. Com efeito, não é certo que os ordenamentos jurídico-sancionatórios dos diversos Estados-membros aceitem, de forma generalizada e pacífica, um conceito *restritivo* de autor.

Em primeiro lugar, mesmo no estrito campo do Direito penal, alguns ordenamentos jurídicos nacionais adoptam uma concepção *unitária* de autoria. É o caso do Direito penal italiano[15] e do Direito penal austríaco, o qual consagra a *autoria unitária funcional*[16].

---

13 Morão (2006: 36).

14 Conlledo (1991: 408) afirma que o principio da acessoriedade é «a peça chave do sistema restritivo de autoria».

15 O CP italiano não apresenta uma definição expressa do conceito de autor, sendo certo que o respectivo artigo 110.º limita-se a estabelecer um princípio de equiparação, no plano sancionatório, da responsabilidade de todos aqueles que intervieram no facto típico. Dessa forma, no sistema jurídico-penal italiano, a distinção entre autoria e participação deixa de se analisar ao nível da tipicidade (ou seja, ao nível da realização típica dos elementos constitutivos do tipo) e passa a ser apenas um problema de determinação da medida concreta da pena, através da ponderação de diversas circunstâncias agravantes e atenuantes, expressamente prevista na lei, que reflectem a diferente importância do contributo de cada interveniente para o evento criminoso. Neste domínio, a doutrina italiana desenvolveu a teoria da «*fattispecie plurisoggettiva eventuale*», a qual permite combinar os tipos incriminadores da parte especial com as disposições sobre o concurso de pessoas (artigos 110.º a 119.º do CP italiano). Através de tal combinação, torna-se possível sancionar comportamentos que seriam atípicos ao abrigo da «*fattispecie monosoggetive*» (tipo de autoria individual) – cfr. Boléa Bardón (2000: 89); Peñaranda Ramos (1990: 288 e segs.).

16 O artigo 12.º do Código Penal austríaco distingue diversas formas de intervenção num facto típico, mas qualifica todas elas como formas de autoria. Assim, distingue-se entre "autoria imediata" (*Unmittelbare*

Em segundo lugar, ainda no estrito campo do direito penal, mesmo os ordenamentos jurídicos nacionais que adoptam uma concepção *restritiva* de autoria, muitas das vezes, não o fazem de forma pacífica e isenta de dúvidas. Veja-se, por exemplo, o caso alemão (artigos 25.º e ss. StGB)[17]. Veja-se, por exemplo, em Espanha, a concepção objectivo-formal (muito em voga) de Conlledo (1991)[18].

Em terceiro lugar, mesmo os ordenamentos jurídicos nacionais que, no âmbito do Direito penal, adoptam uma concepção *restritiva* de autoria, muitas das vezes, adoptam concepção diferente noutros domínios do Direito san-

Täterschaft), "autoria por determinação" (*Bestimmungstäterschaft*) e "autoria por colaboração" (*Beitragstäterschaft*). Em termos de paralelismo com as figuras conhecidas pelo ordenamento jurídico-penal português, poder-se-ia afirmar que a "autoria imediata" incluiria a nossa autoria imediata, autoria mediata e co-autoria; a "autoria por determinação" corresponderia à nossa instigação; e a "autoria por colaboração" corresponderia à nossa cumplicidade. De acordo com o entendimento de Kienapfel, a distinção entre as diversas formas de autoria seria meramente conceptual pois todas elas pertenceriam à mesma categoria e seriam valorativamente idênticas, enquanto realização de um injusto equivalente. No entanto, alguma doutrina austríaca contesta que o regime previsto nos artigos 12.º e segs., do CP, consagre um sistema unitário funcional de autoria, sustentando antes a consagração de um sistema unitário reduzido, pois não se verifica a equiparação valorativa de todas as formas de autoria – por todos, veja-se Boléa Bardón (2000: 79 e segs.) e Peñaranda Ramos (1990: 288 e segs.).

17 Em texto publicado no *Livro em Homenagem a Lampe*, datado de 2003, Jakobs (2003: 570 e 571) vem defender, de forma explícita, um conceito unitário de autoria. Nesse texto, Jakobs vem expressamente defender que a contraposição entre autoria e participação revela, apenas, uma diferença ao nível da graduação da medida da pena, não revelando qualquer diferença de natureza qualitativa. Por exemplo, não existiria nenhuma diferença qualitativa entre co-autor e cúmplice (para além da mera diferença quantitativa, que se reflecte na medida da pena). Assim, as contribuições (puníveis) para o evento criminoso serão todas aquelas que, tendo sido prestadas na fase preparatória ou na fase executiva do mesmo, estejam unidas por uma mesma *unidade de sentido delituoso*. Esta unidade de sentido delituoso não admite distinções qualitativas entre os vários intervenientes. Qualitativamente, todos os intervenientes contribuíram para essa mesma *unidade de sentido*, pelo que a execução do facto típico será sempre, para todos os intervenientes, mesmo aqueles que não realizaram actos de execução, a concretização de uma *obra* própria, de uma ilicitude própria. Trata-se de um critério puramente objectivo, baseado no sentido comunicacional das prestações de cada interveniente para o facto típico.

18 Conlledo (1991: 530 e segs. e 677 e segs.). De acordo com esta doutrina, será autor apenas aquele que realize a acção típica nuclear, ou seja, aquela que mais directamente realize o desvalor típico (que seja o centro do ilícito), aquela que a lei tem mais necessidade e urgência de proibir, aquela que mais directamente lesione ou ponha em perigo o bem jurídico, não sendo suficiente, para se ser autor, a realização de uma acção executiva não típica, nem sequer a realização de uma acção típica não nuclear, naqueles casos em que o tipo descreva mais do que uma acção. Conlledo (1991) dá o exemplo do indivíduo que imobiliza a vítima para que um terceiro a esfaqueie, causando a morte, concluindo que este é autor, por dominar positivamente o facto, enquanto aquele é mero participante, pois ainda que pudesse fazer fracassar o evento criminoso, recusando a sua colaboração, nunca o poderia realizar, pois o seu contributo não é idóneo para o efeito. Roxin (2006: 721) critica este entendimento frontalmente, e com razão no nosso entender. Primeiro porque reduz a co-autoria à sobreposição de autorias imediatas, esgotando totalmente a utilidade daquela. Depois, aquele que imobiliza a vítima também tem domínio positivo, daí o outro (aquele que apunhala depender do contributo do primeiro). Não existe – isso seria um absurdo – um domínio puramente negativo. Este é sempre o reverso de uma contribuição positiva essencial para o sucesso do plano.

cionatório, como seja o ilícito de mera ordenação social. Na Alemanha, por exemplo, onde a autoria nos ilícitos de mera ordenação social vem regulada no artigo 14.º do *Ordnungswidrigkeitengesetz*, é possível sustentar o seguinte entendimento: «*o §14 determina sem mais distinções que comete a contra-ordenação cada um dos que nela comparticipam, independentemente da forma por que contribui para a realização do facto*»[19], valendo assim um conceito de autor unitário, cuja delimitação porém suscita controvérsia.

Em conclusão: não é correcto afirmar que, em termos de construção jurisprudencial, o TPI está vinculado a adoptar uma concepção *restritiva* de autoria, para efeitos de infracção ao artigo 81.º TCE, por força das soluções adoptadas pelos ordenamentos jurídico-sancionatórios nacionais, a propósito do conceito de autoria.

(ii) A alegada exigência de características especiais dos participantes dos acordos restritivos da concorrência

Na sequência do argumento anterior – ou seja, da defesa da adopção de um conceito *restritivo* de autoria –, no seu recurso, a Recorrente vem sustentar que «*a letra e a finalidade do artigo 81.º, n.º 1, CE, que se destina a proteger a concorrência, fazem depender a qualidade de autor da questão de saber se a empresa em causa é um concorrente, sujeita ao jogo da concorrência e está, por conseguinte, obrigada a adoptar um determinado comportamento concorrencial. Só a empresa sujeita a essa obrigação específica ligada ao objectivo da livre concorrência é destinatária dessa norma. Com efeito, um acordo restritivo da concorrência só pode ser celebrado entre empresas que tenham, no mercado em causa, a qualidade de concorrente, vendedor ou comprador*» (parág. 87 e 89)

Ou seja, a empresa de consultoria (Recorrente) entende que apenas pode ser autor de uma infracção ao artigo 81.º, n.º 1, TCE a empresa que tiver certas «*qualidades ou relações especiais*»[20]. Nomeadamente, a empresa que tiver a qualidade de concorrente no mercado afectado pelo acordo restritivo da concorrência.

Conclui a Recorrente que qualquer empresa que, não tendo aquela «*qualidade ou relação especial*», ainda assim auxilie a formação ou funcionamento de um cartel, apenas poderá ser considerada cúmplice, não podendo ser punida,

---

19 Göhler (1998: 103).

20 Por mera comodidade de linguagem, utilizamos aqui a expressão constante do artigo 28.º do Código Penal português e do artigo 16.º do Regime Geral das Contra-ordenações e Coimas.

uma vez que não existe qualquer disposição normativa, quer no Tratado CE, quer no Regulamento, que permita a punição do cúmplice («*em contrapartida, é cúmplice não punível quem, sem preencher os requisitos relativos à constituição de uma infracção, na acepção do artigo 81.º, n.º 1, CE, facilite conscientemente, por ajuda ou assistência, a preparação ou o cometimento da infracção*» – parág. 87).

O TPI responde a esta objecção sustentando que, de acordo com «*uma interpretação literal, contextual e teleológica do artigo 81.º, n.º 1, CE*», uma empresa de consultoria pode ser considerada autora de uma violação desta disposição comunitária, ainda que não exerça uma actividade económica no mercado relevante afectado pela restrição da concorrência (não seja «concorrente» nesse mercado) e/ou só de forma subordinada e acessória tenha contribuído para a formação ou execução do cartel.

No que diz respeito à interpretação literal do artigo 81.º, n.º 1, TCE, o Tribunal entendeu que a expressão «acordo de empresas» revela um conceito amplo, que permite designar qualquer «*comportamento coordenado/colusório e restritivo da concorrência, ou mesmo um acordo em sentido amplo, em que participam pelo menos duas empresas distintas que exprimiram a sua vontade comum de se comportar no mercado de determinada maneira*» (parág. 118 e jurisprudência aí citada). Ou seja, para haver «acordo de empresas» basta que duas ou mais empresas revelem uma vontade concordante, no sentido de actuarem no mercado de forma concertada e restritiva da concorrência.

Tal conceito amplo – que literalmente resulta do artigo 81.º, n.º 1, do TCE – não pode ser limitado pela exigência de que as empresas que participam em tal acordo pertençam todas ao mesmo sector de actividade específico (actuem todas no mesmo mercado), de modo a que assumam, entre si, a qualidade de concorrentes. Para o demonstrar, o Tribunal avança três argumentos. Por um lado, o artigo 81.º, n.º 1, TCE, aplica-se não só aos acordos «horizontais» entre empresas que exercem actividade comercial no mesmo mercado de produtos ou de serviços, mas igualmente aos acordos «verticais», que implicam a coordenação de um comportamento entre empresas activas a níveis distintos da cadeia de produção e/ou de distribuição e, portanto, que operam em mercados de produtos ou de serviços distintos (parág. 120 e jurisprudência aí citada). Por outro lado, para ser abrangido pela proibição prevista no artigo 81.º, n.º 1, TCE, basta que o acordo em causa restrinja a concorrência em mercados vizinhos e/ou emergentes em que pelo menos uma das empresas participantes (ainda) não esteja presente, pelo que por definição, ainda não assumiu efectivamente o estatuto de concorrente (parág. 121 e jurisprudência aí citada). Por fim, o facto de a proibição constante do artigo 81.º, n.º 1, TCE, acolher (também) o critério do acordo que tem por «objecto» restringir a concorrência no mercado comum, autoriza a conclusão de que uma empresa pode violar tal proibição quando o seu comportamento, coordenado com o de outras empresas, tenha por finalidade restringir a concorrência num específico mercado relevante, sem que isso pressuponha necessariamente que ela própria exerça a sua actividade no referido mercado (parág. 122).

No que diz respeito à interpretação contextual e teleológica do artigo 81.º, n.º 1, TCE, o Tribunal entendeu que o «acordo de empresas» não implicava que cada um dos participantes nesse acordo limitasse a sua própria autonomia comercial em relação aos seus concorrentes e violasse assim a exigência de autonomia subjacente ao artigo 81.º, n.º 1, TCE, segundo a qual os operadores económicos devem determinar de modo autónomo a política que pretendem praticar no mercado comum[21][22]. Por um lado, afirma o TPI que a exigência de autonomia em relação aos concorrentes foi trabalhada pela jurisprudência comunitária, não a propósito da questão de saber se as empresas que restringem a sua liberdade comercial exercem, ou não, a sua actividade no mesmo sector ou no mesmo mercado relevante, mas antes a propósito da distinção entre práticas concertadas proibidas e comportamentos paralelos lícitos. Por outro lado, entende o Tribunal que o argumento da autonomia de uma empresa em relação aos concorrentes não pode ser sobre-valorizado pois «*a este respeito, o Tribunal declarou que não há que considerar, de forma completamente abstracta e indistinta, que qualquer acordo que restrinja a liberdade de acção das partes ou de uma delas cai necessariamente sob a alçada da proibição enunciada no artigo 81.º, n.º 1, CE, antes sendo necessário, para efeitos da análise da aplicabilidade dessa disposição a um acordo, tomar em consideração o quadro concreto em que se insere, nomeadamente o contexto económico e jurídico em que operam as empresas em causa, a natureza dos produtos e/ou serviços visados por*

---

21 Note-se que a concepção subjacente às disposições relativas às regras de concorrência implica que qualquer operador económico deve determinar de forma autónoma a política que pretende seguir no mercado – a este propósito, veja-se os Acórdãos de 16 de Dezembro de 1975, «Suiker Unie», processos apensos 40 a 48, 50, 54 a 56, 111, 113 e 114/73, ECR, p. 1663, n.º 173, de 14 de Julho de 1981 «Züchner», processo 172/80, Recueil, p. 2021, n.º 13, de 31 de Março de 1993, «Ahlstroem Osakeyhtioe e o. / Comissão», processos apensos C-89/85, C-104/85, C-114/85, C-116/85, C-117/85 e C-117/85 a C-129/85, Colect. 1993, p. I-1307, n.º 63 e de 28 de Maio de 1998, «Deere / Comissão», processo C-7/95-P, Colect. I-3111, n.º 66.

22 Note-se que, no caso dos autos, a empresa de consultoria não limitou a sua própria autonomia comercial em relação aos seus concorrentes, pois não assumia a qualidade de concorrente no mercado relevante afectado pelo acordo restritivo.

esse acordo e as condições reais de funcionamento e de estrutura do mercado» (parág. 126 e jurisprudência aí citada)[23].

O TPI acabou por considerar improcedente o argumento da Recorrente, segundo o qual uma empresa de consultoria não pode ser considerada autora de uma infracção ao artigo 81.º, n.º 1, do TCE, pelo facto de, por um lado, não exercer uma actividade económica no mercado relevante afectado pela restrição da concorrência e, por outro, só de forma subordinada e acessória ter contribuído para a execução do cartel.

(iii) A eventual adopção, por parte do TPI, de uma determinada concepção de autoria

Tendo em consideração o que se deixou exposto anteriormente, é possível retirar duas conclusões essenciais da análise do presente Acórdão.

Em primeiro lugar, não obstante o TPI ter expressamente utilizado a expressão «*concepção "unitária" do autor*» (parág. 117 e 137), e ter concluído que não se justificava fazer distinção entre autor e cúmplice, é nossa opinião que, em rigor, não é possível afirmar que o Tribunal pretendeu acolher a concepção *unitária* de autor, tal como a mesma se encontra *acima* descrita, e é acolhida pela doutrina alemã, no seio dos ilícitos de mera ordenação social (não pretendendo igualmente acolher uma concepção *extensiva* de autor).

Com efeito, o TPI entendeu que a «essência do ilícito»[24] previsto no artigo 81.º, n.º 1, do TCE, abarcava e incluía todas as situações em que uma empresa participasse num acordo restritivo da concorrência, independentemente de essa empresa ser, ou não, concorrente (vendedora ou compradora) no mercado visado por tal acordo restritivo. A *esfera de protecção da norma* incluía, indistintamente, as duas situações.

Como tal, em rigor, o TPI não afirma que a empresa de consultoria deve ser punida como autora porque deu um contributo causal para o facto típico, ou porque o seu comportamento foi causa operativa da infracção.

---

23 Neste ponto, parece-nos que o TPI não tem razão. Com efeito, o que está em causa não é saber se todas as limitações da autonomia de uma empresa em relação aos concorrentes redundam em violação do artigo 81.º, n.º 1, TCE (aí tem razão o TPI quando dá uma resposta negativa). O que está em causa é o problema inverso. É saber se todas as violações do artigo 81.º, n.º 1, do TCE dependem de uma limitação da autonomia das empresas que são parte nesse acordo, de tal forma que uma empresa de consultoria não pode praticar a infracção em causa, na medida em que não subordinou/coordenou a sua politica comercial com ninguém.

24 Palavras de Figueiredo Dias (2007:763).

Ao invés, o TPI afirma que a empresa de consultoria deve ser punida como autora porque, ela mesma, realizou directa e imediatamente o facto típico (e violou o dever que sobre si impendia e que resultava do artigo 81.º, n.º 1, TCE).

O TPI entendeu que tanto realiza o facto típico previsto no artigo 81.º, n.º 1, TCE, aquela empresa que limita a sua autonomia comercial face aos seus concorrentes, no mercado visado pelo acordo restritivo (neste caso, os três produtores de peróxidos orgânicos), como a empresa que, participando nesse acordo, não pode limitar a sua autonomia porque não é concorrente dos demais (neste caso, a empresa de consultoria). Do ponto de vista da infracção do dever constante do artigo 81.º, n.º 1, TCE, e da realização da acção desvaliosa aí prevista, não há distinção entre ambas as situações.

Nessa medida, quando o TPI sustenta, de seguida, que todas aquelas empresas podem responder como autoras da infracção, quer as primeiras, quer a segunda, em rigor, não pode isso significar que o Tribunal esteja a acolher uma concepção *unitária* (ou extensiva) da autoria. Se a autoria da empresa de consultoria resulta da própria realização do facto típico (e não de um mero contributo causal para esse mesmo facto típico), então, pelo menos em tese, tal autoria poderia ser compatível com uma concepção *restritiva* de autoria.

E isto porque, de acordo com a delimitação (elaborada pelo próprio TPI) da ilicitude típica prevista no artigo 81.º, n.º 1, do TCE, não foi elevado à categoria de autor um agente (a empresa de consultoria) que «auxiliou» ou «determinou», de forma acessória e subordinada, um facto típico (principal) alheio. Antes foi elevado à categoria de autor um agente (a empresa de consultoria) que violou imediatamente o dever – que sobre si impendia – previsto no artigo 81.º, n.º 1, do TCE, e realizou, ele mesmo, a acção desvaliosa directamente prevista nesse tipo.

Como tal, e como primeira conclusão, dir-se-ia que o Acórdão sob comentário (não obstante aparentar o inverso) não pode ser invocado, em geral, como demonstração categórica da implementação da concepção *unitária* (ou *extensiva*) de autoria, no âmbito da jurisprudência comunitária sobre infracções anti-concorrenciais.

Em segundo lugar, se é certo que o Acórdão sob comentário não permite revelar a adopção de uma concepção *unitária* (ou *extensiva*) de autoria, também é certo – e manifestamente evidente – que não permite revelar a adopção de uma concepção *restritiva* de autoria. Nada no Acórdão permitiria sustentar tal conclusão.

Como tal, e como segunda conclusão, dir-se-ia que o Acórdão sob comentário revela uma neutralidade dogmática, face ao problema da concepção relevante de autoria.

Note-se que o facto de o normativo comunitário não prever expressamente a punição do cúmplice, em si mesmo, não é um argumento decisivo e conclusivo, no sentido de afirmar a concepção *unitária* (ou *extensiva*) de autor. Com efeito, pelo menos em tese, tal ausência de previsão poderia ser justificada por uma intenção normativa de não punição da cumplicidade nos acordos e práticas restritivas da concorrência, e não pela adopção de uma determinada concepção (*unitária* ou *extensiva*) de autoria.

III – O CASO DOS PRESENTES AUTOS NO ORDENAMENTO JUS-CONCORRENCIAL PORTUGUÊS

(i) Introdução

No sistema jurídico português, o regime jurídico da concorrência, incluindo a sua dimensão contra-ordenacional, vem previsto na Lei n.º 18/2003, de 11 de Junho. Tal instrumento normativo não estabelece critérios gerais para a determinação da autoria (e participação) nas infracções anti-concorrencias[25], pelo que deverá ser aplicada a regra constante do artigo 16.º do Regime Geral das Contra-ordenações e Coimas (adiante RGCOC), cuja epigrafe é "*Comparticipação*"[26].

De seguida, propõe-se então o seguinte percurso argumentativo, o qual será necessariamente breve: *(i)* caracterização do sistema de autoria (e participação) no âmbito do direito de mera ordenação social português, *(ii)* adopção de uma posição pessoal sobre tal caracterização e *(iii)* confronto entre a

---

[25] O artigo 47.º da referida lei é aquele que mais se aproxima desta problemática. No n.º 1, estabelece-se o princípio da equiparação, para efeitos de responsabilidade contra-ordenacional, entre pessoas singulares, pessoas colectivas e sociedades e associações sem personalidade jurídica (equiparação esta que, não obstante a actual formulação do artigo 11.º do Código Penal, continua a não ser aceite em direito penal). No n.º 2, estabelece-se os termos em que a pessoa colectiva e as entidades que lhe são equiparadas podem responder por uma infracção anti-concorrencial. No n.º 3, estabelece-se a responsabilidade dos titulares do órgão de administração da pessoa colectiva ou entidade equiparada que, conhecendo ou devendo conhecer a prática da infracção, não adoptem as medidas adequadas para lhe pôr termo imediatamente, cominando-se a sanção prevista para o autor, especialmente atenuada.

[26] De acordo com o artigo 22.º da Lei n.º 18/2003, «*os processos por infracção ao disposto nos artigos 4.º, 6.º e 7.º regem-se pelo disposto na presente secção, na secção I do presente capítulo e, subsidiariamente, pelo regime geral dos ilícitos de mera ordenação social*».

jurisprudência do TPI acima analisada e o sistema de autoria (e participação) no âmbito do direito de mera ordenação social português.

(ii) O sistema português – breve caracterização

Historicamente, a primeira versão do artigo 16.º do RGCOC não procedia a qualquer autonomização do cúmplice (sendo certo que tal autonomização, actualmente, existe por força do respectivo n.º 3). Tal circunstância levou Figueiredo Dias (1998: 30) a afirmar, ao abrigo daquela redacção, que tal disposição legal introduzia uma concepção *unitária* e *extensiva* de autoria.

O conceito *extensivo* de autor considera suficiente para a imputação do facto ao agente – a título de autoria – a simples identificação de um nexo causal entre a conduta deste e o facto previsto no tipo de ilícito contra-ordenacional. Ou seja, todo o agente que preste um contributo causalmente relevante para a realização de um tipo legal é considerado autor[27]. Dito desta forma, parece não existir diferença entre o *conceito unitário* e o *conceito extensivo de autor*. Mas essa diferença existe e reside no facto de o conceito *extensivo* de autor admitir que, na Parte Geral, os códigos penais restrinjam o âmbito da autoria, excluindo dela os participantes, enquanto que o conceito *unitário* de autor rejeita tal restrição[28].

Entretanto, o DL 244/95, de 14 de Setembro, introduziu o actual n.º 3, no artigo 16.º do RGCOC. Tal alteração veio excluir e afastar, imediatamente, o conceito *unitário* de autor do universo das contra-ordenações, uma vez que a lei passa a reconhecer uma efectiva distinção entre o contributo do autor e do cúmplice, impondo uma atenuação especial da sanção para o segundo.

Contudo, actualmente, a doutrina continua a discutir se o artigo 16.º do RGCOC adopta uma concepção *extensiva* de autoria ou se, ao invés, adopta (ou pode adoptar) uma concepção *restritiva* de autoria. Costa Pinto (1998: 221) entende que «*a referência base do sistema compartipativo no Direito de Mera Ordenação Social continua a ser a primeira proposição do artigo 16.º, n.º 1, inalterado pela revisão de 1995, que acolhe um conceito extensivo de autor*»[29]. Brito (2009: 85), pelo contrário, entende que «*a necessidade de um conceito restritivo de autor, vinculado à realização do peculiar conteúdo de ilícito vertido*

---

27 Correia (1965: 246 e segs.).

28 Valdágua (1986: 19), acrescentando ainda que o conceito unitário assenta sempre num conceito extensivo de autor, mas este não conduz necessariamente àquele.

29 Costa Pinto (1998: 221).

no tipo, nos impõe a diferenciação entre as diversas formas de comparticipação no facto, também em sede de DMOS. Para esse efeito podemos e devemos recorrer aos artigos 26.º e 27.º do Código Penal. Dir-se-ia que, nesta matéria, o DMOS não se afasta do Direito Penal»[30].

(iii) Posição pessoal

De uma forma muito sumária, pretendemos nesta sede tomar posição na discussão doutrinária acima referenciada.

Em nossa opinião, mesmo no âmbito do ilícito de mera ordenação social, o sistema *restritivo* de autoria é aquele que melhor satisfaz o princípio da tipicidade (impedindo um alargamento desproporcionado dos limites semânticos do tipo legal) e o princípio da *auto-responsabilidade*, o qual determina que a responsabilidade de cada pessoa é limitada pela respectiva actuação própria, donde cada um apenas poderá responder pelo seu próprio comportamento, não podendo responder por comportamento alheio[31].

Assim, o sistema *restritivo* de autoria permite diferenciar, de forma analítica, contributos com dignidade diferente, em particular, permite diferenciar contributos que preenchem o ilícito típico e contributos que apenas o facilitam.

Acresce que a ideia de causalidade (que suporta toda a concepção *extensiva* de autor), mesmo no âmbito do ilícito de mera ordenação social, apresenta fragilidades relevantes. Nomeadamente, deparando-se com a necessidade de distinguir entre autoria e cumplicidade, para efeitos de aplicação do artigo 16.º, n.º 3, do RGCOC, esta concepção acaba por cair na ideia de *causalidade necessária*, que limita a cumplicidade às formas de apoio não necessário para a realização do tipo, isto é, aquelas condutas sem as quais o ilícito teria sido igualmente realizado, embora em circunstâncias de tempo, lugar e modo eventualmente diferentes («*entre nós têm no entanto de ser autonomizadas em relação à autoria as formas de apoio não necessário para a realização do facto que*

---

30 Brito (2009: 85).

31 Boléa Bardón (2000: 118) sustenta que este princípio tem três vertentes principais. Por um lado, constitui o corolário do princípio da autonomía individual, o qual impõe a separação entre esferas organizativas autónomas. Por outro lado, e em consequência da separação de esferas de organização, implica uma separação de esferas de responsabilidade. Por fim, fundamenta e limita a responsabilidade à conduta própria. Renzikowski (1997: 71) entende que «*a separação entre esferas jurídicas implica que cada um apenas possa responder pelas consequências que resultam da organização da sua esfera jurídica*» (tradução nossa).

se traduzem em casos de mera cumplicidade»[32]). A este propósito, acolhemos as críticas de Figueiredo Dias (2007: 762), nomeadamente, quando afirma que a existência ou inexistência de uma *causalidade necessária*, as mais das vezes, radica em puro acaso, traduz um critério impraticável e deixa por explicar por que razão o agente é considerado autor ou cúmplice apenas com base na circunstância de ser possível, ou não, um contributo causal substitutivo.

Por fim, nem a letra, nem a *ratio* do artigo 16.º do RGCOC impõem uma concepção *extensiva* de autoria.

No que diz respeito à letra do artigo 16.º do RGCOC, acompanhamos Brito (2009: 85) quando afirma que «*a primeira parte do artigo 16.º, n.º 1, RGIMOS* («*se vários agentes comparticiparem no facto, qualquer deles incorre em responsabilidade contra-ordenacional*»), *além de introduzir o regime de comunicação das qualidades ou relações especiais pessoais entre os comparticipantes, tem o mesmo alcance da expressão «é punível como autor» com que abre o artigo 26.º do Código Penal*». Assim, tal formulação literal não impõe a adopção de uma concepção *extensiva* da autoria.

No que diz respeito à *ratio* do artigo 16.º do RGCOC, não nos parece que as razões tradicionalmente apontadas para justificar uma concepção *extensiva* de autoria (e para afastar a *teoria do domínio do facto*[33]) sejam procedentes. São estas fundamentalmente duas.

Em primeiro lugar, invoca-se o facto de, no âmbito do ilícito de mera ordenação social, grande parte das infracções serem praticadas «dentro e através de estruturas societárias». Tal circunstância impediria a aplicação da *teoria do domínio do facto* e aconselharia a adopção de uma concepção *extensiva* de autor[34].

Em nossa opinião, a responsabilidade contra-ordenacional das pessoas colectivas, a título de autoria, não é impeditiva de uma concepção *restritiva* de autoria.

Por um lado, a versão actual do artigo 11.º do Código Penal, coloca o mesmo problema no direito penal, sem que entretanto o conceito *extensivo* de autor tenha sido reabilitado.

---

32 Costa Pinto (1998: 230).

33 A teoria do *domínio do facto* está intimamente ligada à concepção *restritiva* de autor e, actualmente, recolhe larga adesão na doutrina e na jurisprudência (Roxin, 2006: 546).

34 Costa Pinto (1998: 226).

Por outro lado, embora a interposição de uma pessoa colectiva introduza complexidade adicional e especial na resolução de problemas de comparticipação[35], também é certo que a ideia de *domínio* tem revelado aptidão para resolver os mesmos. A esse propósito, veja-se a posição de Schünemann (2000: 631, 2002: 18), que defende uma forma de co-autoria entre o dirigente da empresa que decide a comissão de uma infracção e os subordinados que são os executores materiais da mesma[36]. Veja-se também a posição de Silva Dias (2008: 224)[37], que defende um *dominio-da-organização-para-a-execução-do-facto* «*que inclui na co-autoria os responsáveis pelo sector da organização empresarial complexa em que o facto teve lugar e exclui os dirigentes máximos e todos aqueles que, embora tenham participado na deliberação do órgão directivo, nenhum envolvimento ou ligação efectivos tiveram com a execução do facto*».

Para além disso, actualmente, no que diz respeito à responsabilidade das próprias empresas, vai ganhando adeptos o modelo da *auto-responsabilidade* empresarial, o qual se caracteriza por identificar, na própria empresa, os elementos constitutivos da responsabilidade, identificando, por exemplo, uma culpa da própria empresa (que é, portanto, diferente da culpa dos indivíduos que a constituem)[38]. Este modelo contrapõe-se ao modelo de *hetero-respon-*

---

35 Dentro das pessoas colectivas, co-existe uma pluralidade de indivíduos, cada um com a sua *esfera* de competência e responsabilidade própria, os quais relacionam-se entre si, conforme os casos, de acordo com regras de colaboração ou subordinação. Esta co-existência plurisubjectiva traduz-se, em termos práticos, no fenómeno da dissociação entre a actuação material que preenche um tipo penal e a decisão formal de praticar esse mesmo acto material. Ou seja, o indivíduo que toma a decisão de praticar um determinado comportamento criminoso é titular do órgão de gestão ou administração da empresa, pelo que não o executa de mão própria. Por sua vez, o indivíduo que executa aquele comportamento por mão própria pertence aos *quadros técnicos* da empresa, pelo que apenas concretizou uma decisão alheia – Schünemann, (1988: 531), Buján Pérez (2007: 488); Martin (1995: 84).

36 Entende Schünemann, por um lado, que o dirigente empresarial detém uma posição de garante. Por outro lado, realiza uma contribuição activa para o facto típico (ao adoptar a decisão de comissão de uma infracção). Tal co-autoria resulta assim da «*participação dupla de um garante (ao mesmo tempo como participante na omissão e como participante activo)*». Ou seja, uma vez que o dirigente tem posição de garante, então, «*através da sua contribuição activa para o facto*» (ao tomar a decisão criminosa), adquire um domínio sobre o evento criminoso de tal forma intenso que, contribuições que isoladamente apenas podiam ser valoradas como instigação, na sua soma, apenas podem ser verdadeiramente captadas através da figura da co-autoria. Para crítica, ver Roxin (2006: 717).

37 Silva Dias entende que as ordens dadas pelo *midle management* não só conformam um sector da organização para a execução do facto, como são actualizadas nessa execução, na medida em que cabe àquele responsável supervisionar e acompanhar todo o processo produtivo.

38 Jara Díez (2005: 52); Heine (2006: 47, 2001: 37).

sabilidade empresarial[39]. Ora, o modelo de *auto-responsabilidade* reduz significativamente a complexidade nas situações de concurso de pessoas (quando concorrem pessoas colectivas), pois permite que tal concurso seja resolvido sem necessidade de apreciar, previamente, nas pessoas físicas que constituem a empresa, os elementos constitutivos da responsabilidade[40].

Por fim, as dificuldades que resultam da existência de responsabilidade contra-ordenacional das pessoas colectivas também podem ser desvalorizadas, na medida em que, entre a própria pessoa colectiva, e as pessoas individuais que a representam, não existe relação de comparticipação. Com efeito, como explica Faria Costa (1998: 515), entre a pessoa colectiva e os seus representantes falta a diversidade de pessoas ou o relacionamento «ad alterum» que caracteriza a comparticipação.

Em segundo lugar (para efeitos de afirmação da concepção *extensiva* de autoria e crítica do *domínio do facto*, no direito de mera ordenação social) invoca-se o facto de, no âmbito contra-ordenacional, ser muito frequente a existência de infracções de violação de dever [41], sendo certo que a doutrina penal tem colocado reservas à serventia da teoria do *domínio do facto* nessas situações.

---

39 O modelo de *hetero-responsabilidade* empresarial caracteriza-se por identificar os elementos constitutivos da responsabilidade penal no *indivíduo concreto* que actua por conta da empresa, procedendo de seguida, e de forma mediata, à sua transposição para a empresa. – cfr. Heine (2006: 34, 2001: 34). É portanto um modelo de responsabilidade antropomórfico pois determina uma imputação à empresa da responsabilidade das pessoas físicas que a constituem.

40 Tiedemann (2004: 134) sustenta que, no âmbito das violações da concorrência, no mercado comum, a Comissão tem aceite a ideia de auto-responsabilidade da própria empresa.

41 Para Roxin (2003: 106), o legislador utiliza dois métodos diferentes para descrever um facto típico. O primeiro consiste na descrição pormenorizada das acções socialmente intoleráveis que ele pretende ameaçar com pena: de homicídio, de danos corporais, de fraude, entre outros. Trata-se dos crimes de domínio; neles, a figura central – ou figuras centrais – do evento criminoso, estando envolvidas várias pessoas, é determinada pelo domínio do facto. O segundo método consiste na identificação de deveres que se encontram concretizados nos diversos campos da ordem jurídica (extra-penais), e cuja integridade se pretende manter, ameaçando a respectiva violação com pena. O legislador utiliza este segundo método, sobretudo, quando não lhe interessa tanto a natureza exterior do comportamento do autor, uma vez que o motivo da sanção reside no facto de alguém infringir as exigências de um papel (dever) social por ele assumido. Em tais casos, e havendo vários participantes, a figura central do acontecimento é aquele que, sendo titular do dever, o viola, sendo certo que a medida da participação exterior no resultado (se há ou não *domínio do facto*) é irrelevante. Trata-se aqui de crimes de violação de dever. Por exemplo, um delito de mera violação de dever paradigmático é a infidelidade (§ 266 do StGB e artigo 224.º do CP), que pune a violação do «dever de defender interesses patrimoniais alheios» quando o autor deste modo «cause prejuízo àquele, de cujos interesses patrimoniais deve cuidar». Esta violação do dever que prejudica o património pode acontecer por acções diversas e também por omissão, as quais são irrelevantes para o preenchimento do elemento constitutivo de delito, pois, de acordo com as referidas disposições legais, é autor quem viola aquele dever específico, por forma a prejudicar o património.

É verdade que, por regra, o ilícito de mera ordenação social visa garantir a funcionalidade (a ordem e a disciplina) de uma certa actividade social, no âmbito da qual o agente desempenha um determinado "papel". No domínio rodoviário, o agente desempenha o "papel" de condutor, no domínio da publicidade, o agente desempenha o "papel" de anunciante, no domínio da negociação de valores mobiliários, o agente desempenha o "papel" de intermediário financeiro, e assim sucessivamente. Esse "papel" é concretizado e densificado pelo conjunto de deveres que traduzem a disciplina jurídica (as *regras do jogo*, o *guião*) daquela actividade social.

Contudo, no que diz respeito à contraposição entre o critério do *domínio* e o critério da violação de dever, muitos autores contestam que possa existir uma separação rigorosa entre os mesmos[42]. Por exemplo, Serra (1992: 343) sustenta que o critério da violação do dever extra-penal é insuficiente para explicar as regras do artigo 28.º do CP (e, bem assim, também o será para explicar o artigo 16.º, n.º 1, parte final, do RGCOC), sendo necessário uma co-existência simultânea com o critério do domínio do facto. Diz a Autora que tal disposição legal não faz sentido se não puder existir «*uma pré--compreensão dos papéis comparticipativos dos intervenientes que, justamente, são candidatos, face a este artigo, a um rebaptizar das suas funções*»[43]. Recentemente, Roxin (2003), ainda sem pôr em causa o papel central da violação do dever extra-penal na *ratio essendi* dos crimes específicos, acaba por concluir que «*os elementos constitutivos do crime pressupõem, por regra, também para os delitos específicos, que o autor qualificado execute uma determinada acção e, em relação à questão de saber se ele a praticou, não podem ser válidos quaisquer outros critérios senão os habituais (no "delito de domínio"). Contentar-se neste ponto com quaisquer contributos para o facto viola o princípio "nullum crimen sine lege"*» [44] [45]. Ou

---

42 Schünemann (2005: 981 e segs.) defende que todas as formas de autoria – nos crimes de comissão por acção ou de comissão por omissão e nos crime comuns ou específicos – são justificadas, e explicadas, por um mesmo princípio material, a saber, o *domínio sobre a causa do resultado*. Nessa medida, Schünemann contesta a profunda distinção realizada por Roxin, ao nível do fundamento e das características da autoria, entre *crimes de domínio* e *crimes de violação de dever*.

43 Com efeito, se o artigo 28.º do CP abrange situações de co-autoria e autoria com participação, a sua aplicação implica que sejam pensadas (obviamente, fora da lógica da mera violação do dever, e antes na lógica do domínio ou do condomínio do facto), num momento prévio, situações que seriam de autoria ou co-autoria se os intervenientes tivessem as qualidades típicas exigidas, servindo o artigo 28.º, exactamente, para colmatar essa falta.

44 Roxin (2003: Rn. 281).

45 Idêntica conclusão sustenta Figueiredo Dias (2007: 771), que afirma ser dificilmente concebível a existência de um delito específico que renuncie totalmente à descrição de uma acção desvaliosa.

seja, vem introduzir uma concessão à ideia de *domínio*, também nas infracções de violação de dever.

Face ao exposto, concluímos que «*a necessidade de um conceito restritivo de autor, vinculado à realização do peculiar conteúdo de ilícito vertido no tipo, nos impõe a diferenciação entre as diversas formas de comparticipação no facto, também em sede de DMOS. Para esse efeito podemos e devemos recorrer aos artigos 26.º e 27.º do Código Penal. Dir-se-ia que, nesta matéria, o DMOS não se afasta do Direito Penal*»[46].

(iv) O caso da consultora ao abrigo do sistema português

Dito isto, e para concluir, é necessário perspectivar qual a solução que o caso judicial sob comentário mereceria – nomeadamente tendo em conta a matéria de facto relevante – se estivesse a ser julgado, não pelas instâncias comunitárias, mas antes pelas instâncias nacionais.

Antes de iniciar tal raciocínio, é necessário fazer uma advertência, no sentido de prevenir qualquer contradição entre o que se escreveu antes e se escreverá a seguir.

No Capítulo II do presente comentário constatámos que, tendo em conta a forma como delimitou o ilícito típico previsto no artigo 81.º, n.º 1, do TCE, o TPI qualificou a actuação da empresa de consultoria (Recorrente) como autoria, na medida em que considerou que esta traduzia a realização directa e imediata do facto típico, e não a participação acessória em facto alheio (a título de cumplicidade).

No seguimento desta constatação, afirmámos que, sendo assim, o Acórdão não se compromete dogmaticamente com nenhuma das concepções de autoria, não obstante a terminologia utilizada pelo Tribunal poder sugerir a adopção da concepção *unitária* de autoria.

Nessa medida, no Capítulo II do presente comentário não nos pronunciámos sobre a bondade ou méritos da jurisprudência do TPI. Dissemos apenas que tal jurisprudência não podia valer como prova da implementação da concepção *unitária* (ou *extensiva*) de autoria, nas contra-ordenações jus-concorrenciais.

Ora, se este caso estivesse a ser julgado pelas instâncias nacionais, as mesmas teriam de entrar em linha de conta com uma disposição normativa que não encontra paralelo nos instrumentos normativos utilizados pelas instân-

---

[46] Brito (2009: 85).

cias comunitárias. Trata-se do artigo 16.º, n.º 3, do RGCOC que exige que os comportamentos que constituam cumplicidade sejam diferenciados, entre o mais, para efeitos de atenuação especial da sanção.

Assim: tendo em conta *(i)* a matéria de facto relevante no Acórdão, *(ii)* que o Acórdão não impõe, nem se compromete com nenhuma das concepção de autoria conhecidas, *(iii)* que, ao contrário das instâncias comunitárias, as instâncias nacionais têm à sua disposição uma norma de extensão da punibilidade ao comportamento do mero cúmplice, *(iv)* que o critério da autoria no direito de mera ordenação social nacional, deve ser *restritivo*, levando em linha de conta a *teoria do domínio*, então, é possível retirar duas conclusões.

Por um lado, que seria possível imputar a violação do artigo 4.º da Lei n.º 18/2003 (o qual correspondente, na legislação nacional, ao artigo 81.º, n.º 1, do TCE), a uma empresa de consultoria que tivesse participado num acordo restritivo da concorrência, nos termos factuais dados como provados pelo TPI, no Acórdão agora sob comentário.

Por outro lado, que o comportamento da empresa de consultoria, nos termos em que o mesmo foi dado como provado no Acórdão do TPI [47], integra-se, de forma mais confortável, no conceito de cumplicidade, previsto no artigo 16.º, n.º 3, do RGCOC.

Com efeito, convocando a ideia de *domínio*, e tendo em conta que este é um delito de concertação, em que a acção isolada de uma empresa nada pode, e apenas tem relevância a acção conjunta de todos os intervenientes, verifica-se que a empresa de consultoria não "governava" todo o facto típico.

Por um lado, nos casos de cartelização entre empresas, em especial quando o objectivo é a fixação de preços, sempre que uma das empresas conluiadas decide "romper" o acordo e desalinhar a sua politica comercial daquela que foi combinada, por regra, o cartel dissolve-se, pois os demais concorrentes reagem à alteração das condições de mercado. No caso da empresa de consultoria, esta não tem qualquer capacidade para colocar em crise o acordo restritivo da concorrência (salvo denúncia às autoridades competentes), pois não

---

47 Recorde-se que, no âmbito do cartel, a empresa de consultoria estava incumbida, na sequência de contratos de serviços profissionais celebrados com os três produtores de peróxidos orgânicos, nomeadamente, de guardar nas suas instalações determinados documentos confidenciais relativos ao cartel, como o acordo de 1971, de proceder à recolha e análise de determinados dados relativos à actividade comercial dos três produtores de peróxidos orgânicos e de lhes comunicar os números analisados, bem como de levar a cabo tarefas de ordem logística e de secretariado associadas à organização de reuniões, nomeadamente em Zurique (Suíça), entre os referidos produtores, como a reserva das instalações e o reembolso das despesas relativas às viagens dos seus representantes.

assume uma função essencial no âmbito do mesmo (não tem domínio *negativo*), nomeadamente não tem *competência* para alinhar ou desalinhar preços.

Por outro lado, nos casos de cartelização entre empresas, em especial quando o objectivo é a fixação de preços, o perigo para a concorrência resulta do facto de os concorrentes eliminarem a incerteza das condições de mercado, através da concertação[48]. No caso da empresa de consultoria, esta não tem qualquer capacidade para eliminar a incerteza do mercado pois não é ela que, em última análise, vai decidir se prossegue unilateralmente a política comercial no âmbito do mercado em causa ou se vai concertar tal política com os demais concorrentes (não tem domínio *positivo*).

Assim, convocando a ideia de *domínio* positivo e negativo (especialmente relevante no âmbito da co-autoria)[49], concluímos que o papel da empresa de consultoria, caso fosse apreciado ao abrigo da legislação nacional, adequava-se melhor à figura da cumplicidade.

Repete-se que esta conclusão não contradiz as conclusões constantes do Capítulo II do presente comentário pois aí apenas se pretendeu demonstrar que a argumentação do TPI (que conclui tratar-se de uma situação de autoria) não estava comprometida com nenhuma concepção de autoria.

BIBLIOGRAFIA

BOLÉA BARDÓN, Carolina
2000   *Autoria mediata en derecho penal*, Valencia: Tirant lo Blanch.
BRITO, Teresa Quintela de
2009   *A determinação das responsabilidades individuais no quadro de organizações complexas,"* in Palma, Maria Fernanda & Silva Dias, Augusto & Sousa Mendes, Paulo de (org.), *Direito Sancionatório das Autoridades Reguladoras*, Coimbra: Coimbra Editora, pp. 75-106.
BUJÁN PÉREZ, Carlos
2007   *Derecho penal económico y de la empresa – Parte General*, 2.ª edição, Valencia: Tirant lo Blanch.
CONLLEDO, Miguel
1991   *La Autoría en Derecho Penal*, Barcelona: PPU.

---

48 Ritter & Braun (2005: 167).

49 Roxin (2006: 277 e segs).

CORREIA, Eduardo (com colaboração de Figueiredo Dias)
1965   *Direito Criminal II*, Coimbra: Coimbra Editora.
COSTA PINTO, Frederico da
1998   "*O ilícito de mera ordenação social e a erosão do princípio da subsidariedade*", in *Direito Penal Económico e Europeu: Textos Doutrinários*, Vol. I, Coimbra: Coimbra Editora.
FIGUEIREDO DIAS, Jorge de
1998   "O movimento da descriminalização e o ilícito de mera ordenação social", in *Direito Penal Económico e Europeu: Textos Doutrinários, Vol. I*, Coimbra: Coimbra Editora.
2007   *Direito penal. Parte geral. Tomo I. Questões Fundamentais. A doutrina geral do crime*, Coimbra: Coimbra Editora.
FARIA COSTA, José de
1998   "A responsabilidade jurídico-penal da empresa e dos seus órgãos", in *Direito Penal Económico e Europeu: Textos Doutrinários*, Vol. I, Coimbra: Coimbra Editora, pp. 507-524
GARCÍA DEL BLANCO, Victoria
2006   *La coautoría en Derecho penal*, Valencia: Tirant lo Blanch.
GÖHLER, Erich
1998   *Ordnungswidrigkeitengesetz*, 12.ª edição, München: Beck.
HEINE, Günter
2001   "Europäische Entwicklungen bei der stafrechtlichen Verantwortlichkeit von Wirtschaftsunternehmen und deren Führungskräften", in *ZStrR* n.º 119, pp. 22 ss.
2006   "Modelos de responsabilidad jurídico-penal originaria de la empresa", in *Modelos de autorresponsabilidad penal empresarial*, Carlos Gomez-Jara Diez (ed.), Pamplona: Editorial Aranzadi, pp. 25 ss.
JAKOBS, Günther
1997   *Derecho penal. Parte general. Fundamentos y teoria de la imputación.* Contreras, Joaquin Cuello e Murillo, José Luís Serrano Gonzalez de (trads.), 2.ª ed., Madrid: Marcial Pons.
2003   *Beteiligung*, in Festschrift fur Ernst-Joachim Lampe zum 70. Geburtstag, Berlim: Duncker & Humblot.
JARA DÍEZ, Carlos
2005   *La culpabilidad penal de la empresa*, Madrid: Marcial Pons.
JESCHECK, Hans-Heinrich & WEIGEND, Thomas
2002   *Tratado de Derecho Penal. Parte General*, 5.ª ed., Granada: Comares.

MARTIN, Luis Gracia
1995   "La responsabilidad penal del directivo, órgano y representante de la empresa en el Derecho Penal español: estudio específico de los problemas dogmáticos y político criminales que plantea el delito cometido a partir de una «actuación en lugar de otro", in Zapatero, Luis Arroyo (et al.), *Hacia un derecho penal económico europeo / Jornadas en Honor del Profesor Klaus Tiedemann*. Madrid: Universidad Autónoma de Madrid, pp. 81-124.

MORÃO, Helena
2006   *Da instigação em cadeia. Contributo para a dogmática das formas de comparticipação na instigação*, Coimbra: Coimbra Editora.

PEÑARANDA RAMOS, Enrique
1990   *La participación en el delito y el principio de acessoriedade*, Madrid: Tecnos.

ROXIN, Claus
2000   *Autoria y Dominio del Hecho en Derecho Penal*, Joaquín Cuello Contreras e José Luis Serrano González de Murillo (trad.), Madrid / Barcelona: Marcial Pons.
2003   *Allgemeiner Teil Vol. 2: Besondere Erscheinungsformen der Straftat*, München, Beck.
2006   *Täterschaft und Tatherrschaft*, 8.ª edição, Berlim: De Gruyter Recht.

RENZIKOWSKI, Joachim
1997   *Restriktiver Täterbegriff und fahrlässige Beteiligung*, Tübingen: Mohr.

RITTER, Leonnart & BRAUN, W. David
2005   *European Competition Law: A Practitioner's Guide*, Third Edition, Haia: Kluwer Law.

SCHÜNEMANN, Bernd
1988   *Cuestiones básicas de dogmática jurídico-penal y de politica criminal acerca de la criminalidad de empresa*, Madrid: ADPCP.
2000   *Unternehmenskriminalität*, 50 Jahre Bundesgerichtshof, Festgabe aus der Wissenschaft, Vol. IV, Munique: Beck, p. 631.
2002   *Responsabilidad penal en el marco de la empresa. Dificultades relativas a la individualización de la imputación*, Madrid: ADPCP.
2005   "El dominio sobre el fundamento del resultado: base lógico-objetiva común para todas las formas de autoria incluyendo el actuar en lugar de otro", in *Homenaje al Profesor Dr. Gonzalo Rodriguez Mourullo*, Civitas, pp. 981-997.

SERRA, Teresa
1992   "A estrutura da autoria nos crimes de violação de dever – Titularidade versus domínio do facto?" in *Revista Portuguesa de Ciência Criminal*, Ano 2, Fasc. 3, pp. 337- 352.

Silva Dias, Augusto
2008   *Ramos emergentes do Direito Penal relacionados com a protecção do futuro*, Coimbra: Coimbra Editora.

Tiedemann, Klaus
2004   *Wirtschaftsstrafrecht,* Einführung und Allgemeiner Teil, Heymann.

Valdágua, Conceição
1986   *Início da tentativa do co-autor – contributo para a teoria da imputação do facto na co-autoria*, Lisboa: Danúbio.

JURISPRUDÊNCIA GERAL

JURISPRUDÊNCIA NACIONAL DE CONCORRÊNCIA – 2009
elaborado por André Forte

Sentença do Tribunal de Comércio de Lisboa (2.º Juízo) de 16.04.2009, proferida no âmbito do Processo n.º 187/09.7TYSLB (recurso de contra-ordenação).
Recorrente: *Digal – Distribuição e Comércio, S.A.*
Sumário: inadmissibilidade do recurso da decisão da AdC de arquivamento do processo instaurado na sequência de uma denúncia apresentada pela recorrente.
Normas relevantes: arts. 49.º e 50.º da LdC e arts. 55.º e 59.º do RGIMOS.

Sentença do Tribunal de Comércio de Lisboa (3.º Juízo) de 07.05.2009, proferida no âmbito do Processo n.º 233/09.4TYLSB (recurso de contra-ordenação).
Recorrente: *ZON Multimédia – Serviços de Telecomunicações e Multimédia, S.G.P.S., S.A.*
Sumário: extinção do recurso por inutilidade superveniente da lide (cessação de medida cautelar por decurso do tempo).
Normas relevantes: art. 27.º da LdC; art. 287.º, al. *e)* do CPC; art. 4.º do CPP e art. 41.º do RGIMOS.

Sentença do Tribunal de Comércio de Lisboa (3.º Juízo) de 16.06.2009, proferida no âmbito do Processo n.º 412/09.4TYLSB (recurso de contra-ordenação).
Recorrente: *ANTRAM – Associação Nacional de Transportadores Rodoviários de Mercadorias.*
Sumário: inadmissibilidade do recurso da decisão da AdC que declarou a existência de uma prática restritiva da concorrência.

Normas relevantes: arts. 4.º, 19.º, 22.º, 28.º, n.º 1, al. b), 49.º e 50.º da LdC e arts. 55.º e 59.º do RGIMOS.

Sentença do Tribunal de Comércio de Lisboa de 28.07.2009 (2.º Juízo), proferida no âmbito do Processo n.º 648/09.8TYLSB (recurso de contra--ordenação).
Recorrente: *SODEXO Portugal, Restauração e Serviços, S.A.*
Sumário: julga improcedente o recurso da decisão da AdC de indeferimento do pedido da recorrente para assistir à audição oral da co-arguida.
Normas relevantes: arts. 13.º, 20.º e 32.º, n.º 10 da CRP; arts. 19.º, 22.º, 26.º, 49.º e 50.º da LdC; arts. 61.º, alíneas *a)* e *f)* e 97.º, n.º 5 do CPP; art. 7.º do CPA e arts. 41.º, 55.º, 58.º e 59.º do RGIMOS.

Acórdão do Tribunal da Relação de Lisboa (9.ª Secção Criminal) de 05.11.2009, proferido no âmbito do Processo n.º 412/09.4TYLSB (recurso de contra-ordenação).
Recorrente: *ANTRAM – Associação Nacional de Transportadores Rodoviários de Mercadorias.*
Sumário: julga procedente o recurso da Sentença do TCL e ordena a substituição do despacho recorrido por outro que admita o recurso da decisão da AdC que declarou a existência de uma prática restritiva da concorrência (decisão que, embora não aplicando uma coima, traduz uma verdadeira condenação).
Normas relevantes: art. 268.º, n.º 4 da CPR; arts. 28.º, n.º 1, alínea b), e 50.º, n.ºs 1 e 2 da LdC e arts. 55.º, n.ºs 1 e 2, e 59.º do RGIMOS.

Acórdão do Tribunal Constitucional (1.ª Secção) n.º 632/2009, de 03.12.2009, proferido no âmbito do Processo n.º 103/08.
Recorrente: *Ordem dos Médicos.*
Sumário: não toma conhecimento do objecto do recurso na parte que se refere às questões reportadas aos arts. 1.º, 17.º, 19.º, 22.º e 43.º da LdC;
nega provimento ao recurso na parte que dele conhece: questões reportadas aos art. 50.º da LdC (face ao alcance da reserva constitucional da jurisdição administrativa) e art. 75.º do RGIMOS (inexistência de um duplo grau de recurso em matéria de facto em processo contra-ordenacional).
Normas relevantes: arts. 20.º, n.ºs 1 e 4, 32.º, n.º 1, 211.º, n.º 1 e 212.º, n.º 3 da CRP; arts. 70.º, n.º 1, alínea *b)* e 72.º, n.º 2, da Lei do Tribunal Constitucional; arts. 1.º, 17.º, 19.º, 22.º, 43.º e 50.º da LdC; art. 75.º do RGIMOS.

JURISPRUDÊNCIA NACIONAL DE REGULAÇÃO - 2009
elaborado por Renato Gonçalves

CMVM
Sentença do Tribunal de Pequena Instância Criminal de Lisboa (2.º Juízo, 2.ª Secção) de 02.02.2009, proferida no âmbito do Processo n.º 4786//07.3TFLSB.
Recorrente: *BPN Imofundos – SGFII, SA.*
Tipo de ilícito: deveres de integridade, transparência e equidade do mercado e supervisão dos organismos de investimento colectivo.
Sumário: confirmou parcialmente a decisão condenatória da CMVM.

Sentença do Tribunal de Pequena Instância Criminal de Lisboa (1.º Juízo, 1.ª Secção) de 06.03.2009, proferida no âmbito do Processo n.º 5523//07.8TFLSB.
Recorrente: *Miguel Maria de Sá Pais do Amaral.*
Tipo de ilícito: difusão de informação.
Sumário: deu provimento ao pedido e absolveu o arguido.

Sentença do Tribunal de Pequena Instância Criminal de Lisboa (1.º Juízo, 3.ª Secção) de 22.04.2009, proferida no âmbito do Processo n.º 500/08.4TFLSB.
Recorrente: *António José da Silva Veiga.*
Tipo de ilícito: participações qualificadas.
Sumário: confirmou parcialmente a decisão da CMVM.

Sentença do Tribunal de Pequena Instância Criminal de Lisboa (2.º Juízo, 1.ª Secção) de 05/06/2009, proferida no âmbito do Processo n.º 3155//07.0TFLSB.
Recorrente: *Finanser – Sociedade Financeira de Corretagem, SA.*

Tipo de ilícito: intermediação financeira não autorizada e deveres dos intermediários financeiros.
Sumário: arquivamento do processo.

Decisão sumária do Tribunal Constitucional (3.ª Secção) de 14.08.2009, proferida no âmbito do Processo n.º 540/09.
Recorrente: *Inapa - Investimentos, Participações e Gestão, SA.*
Tipo de ilícito: difusão de informação.
Sumário: não toma conhecimento do recurso do Acórdão do Tribunal da Relação de Lisboa de 05/05/2009, que confirmara a rejeição do recurso, por intempestividade, da Sentença de 21/11/2008 do Tribunal de Pequena Instância Criminal de Lisboa (1.º Juízo, 3.ª Secção), a qual negara provimento ao pedido e confirmara a decisão condenatória da CMVM.

Despacho do Tribunal da Relação de Lisboa (5.ª Secção) de 14.08.2009, proferido no âmbito do Processo n.º 4907/06.3TFLSB.L1.
Recorrente: *LJ Carregosa - Sociedade Financeira de Corretagem, SA.*
Tipo de ilícito: intermediação financeira não autorizada e deveres dos intermediários financeiros.
Sumário: homologa a desistência do recurso pela arguida, LJ Carregosa - Sociedade Financeira de Corretagem, SA, da Sentença de 08/04/2009 do Tribunal de Pequena Instância Criminal de Lisboa (1.º Juízo - 2.ª Secção) que a condenara pela violação do dever de segregação patrimonial. Seguiu-se ao Acórdão de 04/12/2008 do Tribunal da Relação de Lisboa (9.ª Secção) que revogou a sentença de 21/01/2008 do Tribunal de 1.ª Instância (Tribunal de Pequena Instância Criminal de Lisboa, 1º Juízo, 2.ª Secção), que declarara a invalidade da decisão condenatória da CMVM por questões respeitantes à validade da prova, ficando prejudicada a apreciação do mérito do recurso.

Sentença do Tribunal de Pequena Instância Criminal de Lisboa (1.º Juízo, 3.ª Secção) de 06.11.2009, proferida no âmbito do Processo n.º 2243/08.0TFLSB.
Recorrente: *Sporting - Sociedade Desportiva de Futebol, SAD.*
Tipo de ilícito: difusão de informação.
Sumário: deu provimento ao pedido e absolveu a arguida.

JURISPRUDÊNCIA COMUNITÁRIA DE CONCORRÊNCIA – 2009

elaborado por Catarina Anastácio e Fernando Pereira Ricardo

Acordos, decisões e práticas concertadas
Acórdão do TJCE de 19.03.09, proferido no âmbito do Processo C-510/06 P.
Partes: *Archer Daniels Midland Co* / Comissão.

Acórdão do TPI de 31.03.09, proferido no âmbito do Processo T-405/06.
Partes: *ArcelorMittal Luxembourg SA* e o. / Comissão.

Acórdão do TJCE de 02.04.09, proferido no âmbito do Processo C-260/07 (pedido de decisão prejudicial).
Partes: *Pedro IV Servicios SL / Total España SA.*

Acórdão do TPI de 30.04.09, proferido no âmbito do Processo T-12/03.
Partes: *Itochu Corp.* / Comissão.

Acórdão do TPI de 30.04.09, proferido no âmbito do Processo T-13/03.
Partes: *Nintendo Co., Ltd* e *Nintendo of Europe GmbH* / Comissão.

Acórdão do TPI de 30.04.09, proferido no âmbito do Processo T-18/03.
Partes: *CD-Contact Data GmbH* / Comissão.

Acórdão do TPI de 06.05.09, proferido no âmbito do Processo T-116/04.
Partes: *Wieland-Werke AG* / Comissão.

Acórdão do TPI de 06.05.09, proferido no âmbito do Processo T-122/04.
Partes: *Outokumpu Oyj y Luvata Oy* / Comissão.

Acórdão do TPI de 06.05.09, proferido no âmbito do Processo T-127/04.
Partes: *KME Germany AG* e o. / Comissão.

Acórdão do TJCE de 04.06.09, proferido no âmbito do Processo C-8/08 (pedido de decisão prejudicial).
Partes: *T-Mobile Netherlands BV* e o. / *Raad van bestuur van de Nederlandse Mededingingsautoriteit*.

Acórdão do TPI de 01.07.09, proferido no âmbito do Processo T-24/07.
Partes: *ThyssenKrupp Stainless AG* / Comissão.

Acórdão do TJCE de 09.07.09, proferido no âmbito do Processo C-511/06 P.
Partes: *Archer Daniels Midland Co* / Comissão.

Acórdão do TJCE de 03.09.09, proferido no âmbito dos Processos apensos C-322/07 P, C-327/07 P e C-338/07 P.
Partes: *Papierfabrik August Koehler AG* e o. / Comissão.

Acórdão do TJCE de 03.09.09, proferido no âmbito do Processo C-534/07 P.
Partes: *William Prym GmbH & Co. KG* e *Prym Consumer GmbH & Co. KG* / Comissão.

Acórdão do TJCE de 10.09.09, proferido no âmbito do Processo C-97/08 P.
Partes: *Akzo Nobel NV* e o. / Comissão.

Acórdão do TJCE de 24.09.09, proferido no âmbito dos Processos apensos C-125/07 P, C-133/07 P, C-135/07 P e C-137/07 P.
Partes: *Erste Group Bank AG* e o. / Comissão.

Acórdão do TPI de 30.09.09, proferido no âmbito do Processo T-161/05.
Partes: *Hoechst GmbH* / Comissão.

Acórdão do TPI de 30.09.09, proferido no âmbito do Processo T-168/05.
Partes: *Arkema SA* / Comissão.

Acórdão do TPI de 30.09.09, proferido no âmbito do Processo T-174/05.
Partes: *Elf Aquitaine SA* / Comissão.

Acórdão do TPI de 30.09.09, proferido no âmbito do Processo T-175/05.
Partes: *Akzo Nobel NV* e o. / Comissão.

Acórdão do TJCE de 06.10.09, proferido no âmbito dos Processos apensos C-501/06 P, C-513/06 P, C-515/06 P e C-519/06 P.
Partes: *GlaxoSmithKline Services Unlimited* e o. / Comissão.

Acórdão do TJCE de 12.11.2009, proferido no âmbito do Processo C-564/08 P.
Partes: *SGL Carbon AG* / Comissão.

Acórdão do TJCE de 12.11.2009, proferido no âmbito do Processo C-554/08 P.
Partes: *Le Carbone-Lorraine SA* / Comissão.

Acórdão do Tribunal Geral de 17.12.09, proferido no âmbito do Processo T-58/01.
Partes: *Solvay SA* / Comissão.

Abuso de posição dominante
Acórdão do TJCE de 26.03.09, proferido no âmbito do Processo C-113/07 P.
Partes: *SELEX Sistemi Integrati SpA* / Comissão.

Acórdão do TJCE de 02.04.09, proferido no âmbito do Processo C-202/07 P.
Partes: *France Télécom SA* / Comissão.

Acórdão do TJCE de 16.07.09, proferido no âmbito do Processo C-385/07 P.
Partes: *Der Grüne Punkt - Duales System Deutschland GmbH* / Comissão.

Acórdão do TPI de 09.09.09, proferido no âmbito do Processo T-301/04.
Partes: *Clearstream Banking AG* e *Clearstream International SA* / Comissão.

Acórdão do Tribunal Geral de 17.12.09, proferido no âmbito do Processo T-57/01.
Partes: *Solvay SA* / Comissão.

Acordos, decisões e práticas concertadas/abuso de posição dominante/ /auxílios de Estado

Acórdão do TJCE de 05.03.09, proferido no âmbito do Processo C-350/07 (pedido de decisão prejudicial).
Partes: *Kattner Stahlbau GmbH/ Maschinenbau-und Metall-Berufsgenossenschaft*.

Acórdão do TJCE de 23.04.09, proferido no âmbito do Processo C425/07 P.
Partes: *AEPI Elliniki Etaireia pros Prostasian tis Pnevmatikis Idioktisias AE* / Comissão.

Artigo 86 TCE (actual artigo 106 TFUE)
Acórdão do TJCE de 15.10.09, proferido no âmbito do Processo C-196/08 (pedido de decisão prejudicial).
Partes: *Acoset SpA / Conferenza Sindaci e Presidenza Prov. Reg. ATO Idrico Ragusa* e o.

Regulamento n.º 1/2003
Acórdão do TJCE de 11.06.09, proferido no âmbito do Processo C-429/07 (pedido de decisão prejudicial).
Partes: *Inspecteur van de Belastingdienst / X BV*.

Operações de concentração de empresas
Acórdão do TPI de 04.02.09, proferido no âmbito do Processo T-145/06.
Partes: *Omya AG.* / Comissão.

Acórdão do TPI de 07.05.09, proferido no âmbito do Processo T-151/05.
Partes: *Nederlandse Vakbond Varkenshouders (NVV)* e o. / Comissão.

Acórdão do TPI de 19.06.09, proferido no âmbito do Processo T-48/04.
Partes: *Qualcomm Wireless Business Solutions Europe BV* / Comissão.

Acórdão do TJCE de 16.07.09, proferido no âmbito do Processo C-440/07 P.
Partes: Comissão / *Schneider Electric SA*.

Auxílios de Estado
Acórdão do TPI de 10.02.09, proferido no âmbito do Processo T-388/03.
Partes: *Deutsche Post AG* e *DHL International* / Comissão.

Acórdão do TPI de 11.02.09, proferido no âmbito do Processo T-25/07.
Partes: *Iride SpA e Iride Energia SpA* / Comissão.

Acórdão do TPI de 04.03.09, proferido no âmbito do Processo T-424/05.
Partes: *Itália* / Comissão.

Acórdão do TPI de 04.03.09, proferido no âmbito do Processo T-445/05.
Partes: *Associazione italiana del risparmio gestito e Fineco Asset Management SpA* / Comissão.

Acórdão do TJCE de 05.03.09, proferido no âmbito do Processo C-222/07 (pedido de decisão prejudicial).
Partes: *Unión de Televisiones Comerciales Asociadas (UTECA)* / *Administración General del Estado*.

Acórdão do TPI de 10.03.09, proferido no âmbito do Processo T-68/05.
Partes: *Aker Warnow Werft GmbH e Kvaerner ASA* / Comissão.

Acórdão do TPI de 11.03.09, proferido no âmbito do Processo T-354/05.
Partes: *Télévision française 1 SA (TF1)* / Comissão.

Acórdão do TJCE de 02.04.09, proferido no âmbito do Processo C-415/07 (pedido de decisão prejudicial).
Partes: *Lodato Gennaro & vs. SpA* / *Istituto nazionale della previdenza sociale (INPS) e SCCI*.

Acórdão do TJCE de 02.04.09, proferido no âmbito do Processo C-431/07 P.
Partes: *Bouygues SA e Bouygues Télécom SA* / Comissão.

Acórdão do TJCE de 30.04.09, proferido no âmbito do Processo C-494/06 P.
Partes: Comissão / *Itália* e *Wam SpA*.

Acórdão do TJCE de 07.05.09, proferido no âmbito do Processo C-504/07 (pedido de decisão prejudicial).
Partes: *Associação Nacional de Transportadores Rodoviários de Pesados de Passageiros e o.* / *Conselho de Ministros, Companhia Carris de Ferro de Lisboa SA e Sociedade de Transportes Colectivos do Porto SA*.

Acórdão do TPI de 09.06.09, proferido no âmbito do Processo T-152/06.
Partes: *NDSHT Nya Destination Stockholm Hotell & Teaterpaket AB* / Comissão.

Acórdão do TPI de 11.06.09, proferido no âmbito do Processo T-292/02.
Partes: *Confederazione Nazionale dei Servizi (Confservizi)* / Comissão.

Acórdão do TPI de 11.06.09, proferido no âmbito do Processo T-297/02.
Partes: *ACEA SpA* / Comissão.

Acórdão do TPI de 11.06.09, proferido no âmbito do Processo T-300/02.
Partes: *Azienda Mediterranea Gas e Acqua SpA (AMGA)* / Comissão.

Acórdão do TPI de 11.06.09, proferido no âmbito do Processo T-301/02.
Partes: *AEM SpA* / Comissão.

Acórdão do TPI de 11.06.09, proferido no âmbito do Processo T-309/02.
Partes: *Acegas-APS SpA* / Comissão.

Acórdão do TPI de 11.06.09, proferido no âmbito do Processo T-189/03.
Partes: *ASM Brescia SpA* / Comissão.

Acórdão do TPI de 11.06.09, proferido no âmbito do Processo T-222/04.
Partes: *Itália* / Comissão.

Acórdão do TPI de 01.07.09, proferido no âmbito dos Processos apensos T-273/06 e T-297/06.
Partes: *ISD Polska sp. z o.o.* e *Industrial Union of Donbass Corp.* / Comissão.

Acórdão do TPI de 01.07.09, proferido no âmbito do Processo T-288/06.
Partes: *Regionalny Fundusz Gospodarczy SA* / Comissão.

Acórdão do TPI de 01.07.09, proferido no âmbito do Processo T-291/06.
Partes: *Operator ARP sp. z o.o.* / Comissão.

Acórdão do TPI de 01.07.09, proferido no âmbito dos Processos apensos T-81/07, T-82/07 e T-83/07.
Partes: *Jan Rudolf Maas* / Comissão.

Acórdão do TJCE de 07.07.09, proferido no âmbito do Processo C-369/07.
Partes: Comissão / *Grécia*.

Acórdão do TPI de 04.09.09, proferido no âmbito do Processo T-211/05.
Partes: *Itália* / Comissão.

Acórdão do TPI de 08.09.09, proferido no âmbito do Processo T-303/05.
Partes: *AceaElectrabel Produzione SpA* / Comissão.

Acórdão do TPI de 09.09.09, proferido no âmbito dos Processos T-30/01 a T-32/01 e T-86/02 a T-88/02.
Partes: *Territorio Histórico de Álava* e o. / Comissão.

Acórdão do TPI de 09.09.09, proferido no âmbito dos Processos T-227/01 a T-229/01, T-265/01, T-266/01 e T-270/01.
Partes: *Territorio Histórico de Álava* e o. / Comissão.

Acórdão do TPI de 09.09.09, proferido no âmbito dos Processos T-230/01 a T-232/01 e T-267/01 a T-269/01.
Partes: *Territorio Histórico de Álava* e o. / Comissão.

Acórdão do TPI de 09.09.09, proferido no âmbito do Processo T-369/06.
Partes: *Holland Malt BV* / Comissão.

Acórdão do TPI de 10.09.09, proferido no âmbito do Processo T-75/03.
Partes: *Banco Comercial dos Açores, SA* / Comissão.

Acórdão do TJCE de 17.09.09, proferido no âmbito do Processo C-519/07 P.
Partes: Comissão / *Koninklijke FrieslandCampina NV*.

Acórdão do TJCE de 17.09.09, proferido no âmbito do Processo C-520/07 P.
Partes: Comissão / *MTU Friedrichshafen GmbH*.

Acórdão do TPI de 06.10.09, proferido no âmbito do Processo T-08/06.
Partes: *FAB Fernsehen aus Berlin GmbH* / Comissão.

Acórdão do TPI de 06.10.09, proferido no âmbito do Processo T-21/06.
Partes: *Alemanha* / Comissão.

Acórdão do TPI de 06.10.09, proferido no âmbito do Processo T-24/06.
Partes: *Medienanstalt Berlin-Brandenburg (MABB)* / Comissão.

Acórdão do TJCE de 17.11.09, proferido no âmbito do Processo C-169/08 (pedido de decisão prejudicial).
Partes: *Presidente del Consiglio dei Ministri / Regione Sardegna.*

Acórdão do TPI de 18.11.09, proferido no âmbito do Processo T-375/04.
Partes: *Scheucher-Fleisch GmbH* e o. / Comissão.

Acórdão do TPI de 30.11.09, proferido no âmbito dos Processos apensos T-427/04 e T-17/05.
Partes: *França* e *France Télécom SA* / Comissão.

Acórdão do TJCE de 02.12.09, proferido no âmbito do Processo C-89/08 P.
Partes: Comissão / *Irlanda* e o.

Acórdão do Tribunal Geral de 15.12.09, proferido no âmbito do Processo T-156/04.
Partes: *Électricité de France* (EDF) / Comissão.

JURISPRUDÊNCIA TEMÁTICA DE REFERÊNCIA

DIREITO AO SILÊNCIO
elaborado por Catarina Anastácio

Jurisprudência nacional
Sentença do Tribunal de Comércio de Lisboa (3.º Juízo) de 28.07.2006, proferida no âmbito do Processo n.º 187/09.7TYSLB, em que é recorrente a *AGEPOR- Associação dos Agentes de Navegação de Portugal;*
Acórdão do Tribunal da Relação de Lisboa de 15.03.2007, proferido no âmbito do Processo n.º 172/07.9 – confirmou a sentença.

Sentença do Tribunal de Comércio de Lisboa (3.º Juízo) de 08.05.2007, proferida no âmbito do Processo n.º 205/06.0TYLSB, em que são recorrentes *Moagem Ceres, S.A.* e outros.

Sentença do Tribunal de Comércio de Lisboa (3.º Juízo) de 10.08.2007, proferida no âmbito do Processo n.º 205/06.0TYLSB, em que são recorrentes *SIC – Sociedade Independente de Comunicação, S.A., PT Multimedia – Serviços de Telecomunicações e Multimédia, SGPS, S.A.* e *CATVP – TV Cabo de Portugal, S.A.;*
Acórdão do Tribunal da Relação de Lisboa de 25.11.2008, proferido no âmbito do Processo n.º 6057/08-5 – confirmou a sentença.

Sentença do Tribunal de Pequena Instância Criminal de Lisboa (1.º Juízo, 2.ª Secção) de 11.01.2008, proferida no âmbito do Processo n.º 4907/06.3 TFLSB, em que é recorrente *LJ Carregosa - Sociedade Financeira de Corretagem, SA;*
Acórdão do Tribunal da Relação de Lisboa de 30.10.2008, proferido no âmbito do Processo n.º 2140/08-9 – revogou a sentença.

Despacho do Tribunal de Comércio de Lisboa (1.º Juízo) de 08.04.2008, proferido no âmbito do Processo n.º 350/08.8TYLSB, em que são recorrentes *Abbott Laboratórios, Lda.* e outros.

Jurisprudência comunitária

Acórdão do TJCE de 18.10.1989, *Orkem*, S.A. vs. Comissão, Processo 374/87.

Acórdão do TPI de 20.02.2001, *Mannesmannröhren-Werke* AG vs. Comissão, Processo T-112/98.

Acórdão do TJCE de 15.10.2002, Limburgse Vinyl Maatschappij NV (LVM) (C-238/99 P), DSM NV e DSM Kunststoffen BV (C-244/99 P), Montedison SpA (C-245/99 P), Elf Atochem SA (C-247/99 P), Degussa AG (C-250/99 P), Enichem SpA (C-251/99 P), Wacker-Chemie GmbH e Hoechst AG (C-252/99 P) e Imperial Chemical Industries plc (ICI) (C-254/99 P) vs. Comissão - *PVC*.

Acórdão do TPI de 29.04.2004, *Tokai Carbon* Co. Ltd e o. vs. Comissão, Processos apensos T 236/01, T 239/01, T 244/01 a T 246/01, T 251/01 e T 252/01.

Acórdão do TJCE de 29.06.2006, Comissão vs. *SGL Carbon AG*, Processo C 301/04P.

Acórdão do TJCE de 24.09.2009, *Erste Bank* e outros vs. Comissão, Processos C-125/07 P, C-133/07 P, C-135/07 P e C-137/07 P.

Jurisprudência do TEDH

Acórdão de 25.02.1993, *Funke* vs. França.

Acórdão de 25.01.1996, *John Murray* vs. Reino Unido.

Acórdão de 17.12.1996, *Saunders* vs. Reino Unido.

Acórdão de 20.10.1997, *Serves* vs. França.

Acórdão de 21.12.2000, *Heaney e McGuinness* vs. Irlanda.

Acórdão de 03.052001, *J.B.* vs. Suiça.

Acórdão de 08.04.2004, *Weh* vs. Austria.

Acórdão de 04.102005, *Shannon* vs. Reino Unido.

Acórdão de 11.07.2006, *Jalloh* vs. Alemanha.

Acórdão de 29.06.2007, *O'Halloran and Francis* vs. Reino Unido.

Acórdão de 30.06.2008, *Gäfgen* vs. Alemanha.

Acórdão de 21.01.2009, *Bykov* vs. Russia.

Acórdão de 21.07.2009, *Martinnen* vs. Finlândia.

ABUSO DE POSIÇÃO DOMINANTE
elaborado por João Pateira Ferreira

Jurisprudência comunitária
Acórdão do TJCE de 18.02.1971, Processo 40/70, *Sirena* vs. *Eda*.

Acórdão do TJCE de 08.06.1971, Processo 78/70, *Deutsche Grammophon* vs. *Metro*.

Acórdão do TJCE de 21.02.1973, Processo 6/73, *Europemballage Corporation e Continental Can Company Inc.* vs. *Comissão* ("Continental Can").

Acórdão do TJCE de 30.01.1974, Processo 127/13, *Belgische Radio en Televisie* vs. *SV SABAM e NV Fonior* ("BRT vs. SABAM I").

Acórdão do TJCE de 06.03.1974, Processos apensos 6/73 e 7/73, *Istituto Chemioterapico Italiano e Commercial Solvents* vs. Comissão.

Acórdão do TJCE de 13.11.1975, Processo 26/75, *General Motors* vs. *Comissão*.

Acórdão do TJCE de 16.12.1975, Processos apensos 40 a 48/73, 50/73, 54 a 56/73, 111/73, 113 e 114/73, *Suiker Unie e o.* vs. Comissão.

Acórdão do TJCE de 14.02.1978, Processo 27/76, *United Brands Company e United Brands Continental* vs. Comissão.

Acórdão do TJCE de 29.06.1978, Processo 77/77, *BP e o.* vs. Comissão.

Acórdão do TJCE de 13.02.1979, Processo 85/76, *Hoffmann–La Roche & Co. AG* vs. Comissão.

Acórdão do TJCE de 31.05.1979, Processo 22/78, *Hugin* vs. Comissão.

Acórdão do TJCE de 09.11.1983, Processo 322/81, *NV Nederlandsche Banden-Industrie-Michelin* vs. *Comissão* ("Michelin I").

Acórdão do TJCE de 03.10.1985, Processo 311/84, *Centre Belge d'études de marché - Télémarketing (CBEM)* vs. *Compagnie luxembourgeoise de télédiffusion (CLT) e Information publicité Benelux (IPB)*.

Acórdão do TJCE de 11.11.1986, Processo 226/84, *British Leyland* vs. Comissão.

Acórdão do TJCE de 10.05.1988, Processo 247/86, *Alsatel* vs. *SA Novasam*.

Acórdão do TJCE de 05.10.1988, Processo 53/87, *Consorzio italiano della componentistica di ricambio per autoveicoli e Maxicar* vs. *Régie nationale des usines Renault* ("CIRCA vs. Renault").

Acórdão do TJCE de 13.07.1989, Processos apensos 110/88, 241/88 e 242/88, *Lucazeau e o.* vs. *SACEM e o.* ("SACEM III").

Acórdão do TJCE de 03.07.1991, Processo C-62/86, *AKZO Chemie BV* vs. Comissão.

Acórdão do TJCE de 10.12.1991, Processo C-179/90, *Merci convenzionali porto di Genova SpA* vs. *Siderurgica Gabrielli SpA* ("Porto di Genova").

Acórdão do TPI de 12.12.1991, Processo T-30/89, *Hilti* vs. Comissão.

Acórdão do TPI de 10.03.1992, Processos apensos T-68, T-77 e T-78/89, *Società Italiana Vetro SpA e o.* vs. Comissão.

Acórdão do TJCE, de 31.03.1993, Processos apensos C-89, C-104, C-114, C-116, C-117 e C-125 a C-129/85, *A. Ahlström Osakeyhtiö e o.* vs. Comissão.

Acórdão do TJCE de 02.03.1994, Processo C-53/92 P, *Hilti* vs. Comissão.

Acórdão do TJCE de 27.04.1994, Processo C-393/92, *Gemeent Almelo e o.* vs. *Energiebedrijf IJsselmij NV*.

Acórdão do TPI de 06.10.1994, Processo T-83/91, *Tetra Pak* vs. Comissão ("Tetra Pak II").

Acórdão do TJCE de 15.12.1994, Processo C-250/92, *Gøttrup-Klim e.a. Grovvareforeninger* vs. *Dansk Landbrugs Grovvareselskab.*

Acórdão do TJCE de 06.04.1995, Processos apensos C-241/91 P e C-242/91 P, *Radio Telefis Eireann (RTE) e Independent Television Publications Ltd (ITP)* vs. *Comissão* ("Magill").

Acórdão do TJCE de 14.11.1996, Processo C-333/94 P, *Tetra Pak International* vs. Comissão ("Tetra Park II").

Acórdão do TPI de 12.06.1997, Processo T-504/93, *Tiercé Ladbroke* vs. Comissão.

Acórdão do TJCE de 31.03.1998, Processos apensos C-68/94 e C-30/95, *França e SCPA e EMC* vs. *Comissão* ("Kali und Salz").

Acórdão do TPI de 17.07.1998, Processo T-111/96, *ITT Promedia* vs. *Comissão.*

Acórdão do TPI de 15.09.1998, Processos apensos T-374, T-375, T-384 e T-388/94, *European Night Services e o.* vs. Comissão.

Acórdão do TJCE de 26.11.1998, Processo C-7/97, *Oscar Bronner* vs. *Mediaprint Zeitungs- und Zeitschriftenverlag, Mediaprint Zeitungsvertriebsgesellschaft e Mediaprint Anzeigengesellschaft* ("Bronner").

Acórdão do TPI de 07.10.1999, Processo T-228/97, *Irish Sugar* vs. *Comissão.*

Acórdão do TJCE de 16.03.2000, Processos apensos C-395/96 P e C-396/96 P, *Compagnie maritime belge e o.* vs. Comissão.

Acórdão do TPI de 06.06.2002, Processo T-342/99, *Airtours Plc* vs. *Comissão*
Acórdão do TPI de 30.09.2003, Processo T-203/01, *Michelin* vs. *Comissão* ("Michelin II").

Acórdão do TPI de 30.09.2003, Processos apensos T-191/98, T-212/98, T-213/98 e T-214/98, *Atlantic Container Line e o.* vs. Comissão.

Acórdão do TPI de 23.10.2003, Processo T-65/98, *Van den Bergh Foods* vs. Comissão.

Acórdão do TPI de 17.12.2003, Processo T-219/99, *British Airways* vs. *Comissão*.

Acórdão do TJCE de 29.04.2004, Processo C-418/01, *IMS Health GmbH & Co OHG* vs. *NDC Health GmbH & Co. KG* ("IMS Health").

Acórdão do TPI de 26.01.2005, Processo T-193/02, *Laurent Piau* vs. Comissão.

Acórdão do TJCE de 31.05.2005, Processo C-53/03, *Syfait e o.* vs. *GlaxoSmithKline*.

Acórdão do TJCE de 11.07.2006, Processo C-205/03 P, *FENIN* vs. Comissão.

Acórdão do TPI de 27.09.2006, Processo T-168/01, *GlaxoSmithKline* vs. Comissão.

Acórdão do TPI de 30.01.2007, Processo T-340/03, *France Télécom* vs. Comissão ("Wanadoo").

Acórdão do TJCE de 15.03.2007, Processo C-95/04 P, *British Airways* vs. Comissão.

Acórdão do TPI de 17.09.2007, Processo T-201/04, *Microsoft* vs. Comissão

Acórdão do TPI de 10.04.2008, Processo T-271/03, *Deutsche Telekom AG* vs. Comissão.

Acórdão do TJCE de 16.09.2008, Processos apensos C-468/06 a C-478/06, *Sot. Lélos kai Sia e o.* vs. *GlaxoSmithKline*.

Acórdão do TJCE de 02.4.2009, Processo C-202/07 P, *France Télécom* vs. Comissão ("Wanadoo").

BIBLIOGRAFIA

Recensões

RECENSÕES

Silke Brammer, *Co-Operation between National Competition Agencies in the Enforcement of EC Competition Law*, Oxford / Portland: Hart Publishing, 2009.
elaborado por Cristina Camacho

A AUTORA
Silke Brammer, doutorada pela *Katholieke Universiteit Leuven*, é *affiliated senior researcher* do *Centre for a Common Law of Europe* da Faculdade de Direito da *Katholieke Universiteit Leuven*, na Bélgica. É autora do artigo científico «*Concurrent jurisdiction under regulation 1/2003 and the issue of case allocation*», publicado na *Common Market Law Review*, vol. 42, n.º 5, 2005, pp. 1383-1424.

SINOPSE DA OBRA
Em *"Co-Operation Between National Competition Agencies in the Enforcement of EC Competition Law"*, Silke Brammer analisa os aspectos de cooperação horizontal no âmbito da Rede Europeia de Concorrência (comummente denominada por ECN – *European Competition Network*). A Autora distingue as relações horizontais na rede ECN entre Autoridades Nacionais de Concorrência (doravante ANC) da relação vertical entre a Comissão Europeia e as ANC. Com efeito, se a completa descentralização da aplicação dos actuais artigos 101.º e 102.º do Tratado sobre o Funcionamento da União Europeia (doravante TFUE)[1] aproximou os papéis desempenhados pelas autoridades de concorrência em todo o espaço comunitário, a Autora

---
1 Anteriores artigos 81.º e 82.º do Tratado que institui a Comunidade Europeia (doravante Tratado CE).

entende que a Comissão Europeia preserva um papel mais preponderante do que um *"primus inter pares"*.

A obra inicia-se por uma sintética descrição das principais motivações que conduziram à substituição do sistema de notificação prévia, instituído pelo Regulamento n.º 17[2], pelo sistema de excepção legal introduzido pelo Regulamento (CE) n.º 1/2003[3], situando o tema do ponto de vista histórico.

Em seguida, são descritas as principais características do Regulamento (CE) n.º 1/2003, centrando-se, sobretudo, nos papéis que o novo instrumento jurídico atribui à Comissão Europeia, às ANC e aos tribunais nacionais, referindo-se ainda aos mecanismos de cooperação estabelecidos. Prosseguindo a descrição do sistema de aplicação do direito comunitário da concorrência instituído pelo Regulamento (CE) n.º 1/2003, a autora reflecte sobre a arquitectura da rede ECN, que integra autoridades de concorrência com uma estrutura institucional muito diversa entre si.

Uma vez percorrido o enquadramento jurídico, a Autora apresenta o modo de funcionamento de um ponto de vista prático da rede ECN, referindo-se à hierarquia de *fora* de discussão da rede, que incluem as reuniões de Directores-Gerais, as reuniões Plenárias e as reuniões de grupos de trabalho horizontais e subgrupos sectoriais. Neste âmbito, a Autora assinala com maior desenvolvimento os mecanismos de troca de informação entre autoridades de concorrência e as suas implicações para a repartição de competências na prossecução de uma investigação (artigo 11, n.º 3 do Regulamento (CE) n.º 1/2003) e para as investigações das autoridades de concorrência. Na obra são assinaladas "deficiências" no sistema de alocação de casos respeitantes a conflitos de competência, *"forum shopping"*, pedidos de clemência, incerteza sobre as sanções e falta de transparência e de controlo judicial.

No que respeita às regras sobre a repartição de casos entre os membros da rede ECN, a Autora exprime veementes críticas à ausência de um verdadeiro mecanismo de resolução de conflitos de competências. Apesar de reconhecer que, em muitos casos, não haverá divergências sobre a autoridade mais bem posicionada para prosseguir uma investigação, a Autora assinala insuficiên-

---

2 Regulamento n.º 17: Primeiro Regulamento de execução dos artigos 85.º e 86.º do Tratado, Jornal Oficial n.º P 13, de 21.2.1962, pp. 204-211, com alterações posteriores.

3 Regulamento (CE) n.º 1/2003 do Conselho de 16 de Dezembro de 2002 relativo à execução das regras de concorrência estabelecidas nos artigos 81.º e 82.º do Tratado, Jornal Oficial das Comunidades Europeias n.º L 1, de 4.1.2003, pp. 1-25.

cias no sistema, que podem conduzir a uma ineficiente utilização dos recursos pelas ANC em procedimentos paralelos com impacto para as empresas envolvidas. Assim, são enumerados criticamente factores que podem conduzir a conflitos de competência positivos ou negativos, assinalando que este último tipo de conflito não encontra resposta no Regulamento (CE) n.º 1/2003 e na Comunicação da Comissão sobre a cooperação no âmbito da rede de autoridades de concorrência[4].

No atinente à diversidade de programas de clemência, a Autora critica a ausência de força jurídica vinculativa do parágrafo 39 da Comunicação sobre a cooperação no âmbito da rede de autoridades de concorrência, admitindo que as autoridades da concorrência possam violar as regras aí estabelecidas.

Também do ponto de vista do controlo jurisdicional sobre o processo de alocação de casos, a Autora considera que todo o sistema padece de falta de transparência, baseando-se em decisões das autoridades da concorrência, em regra, irrecorríveis judicialmente, na medida em que serão consideradas meros actos preparatórios no processo, tornando todo o sistema dificilmente compatível com a *Comunidade de Direito*.

Em seguida, a Autora aborda os mecanismos de troca de informação entre os membros da rede ECN, nos termos do disposto no artigo 12.º do Regulamento (CE) n.º 1/2003. Foca, com maior detalhe, aspectos relativos à troca de informação entre jurisdições com sanções distintas (civis ou penais), bem como a questão de aferir o nível idêntico de protecção dos direitos de defesa das pessoas singulares, a que alude o n.º 3 do referido artigo 12.º. Como exemplo da complexidade que a Autora atribui à comparação de graus de protecção de diferentes jurisdições, é referida a questão do direito à não autoincriminação, em particular atendendo ao artigo 6.º da Convenção Europeia para a Protecção dos Direitos do Homem e das Liberdades Fundamentais (doravante CEDH). Conclui, assim, que, face às dificuldades práticas em estabelecer tal equivalência, o n.º 3 do artigo 12.º do Regulamento (CE) n.º 1/2003 terá uma utilização diminuta. Ainda no que respeita à troca de informação, a Autora identifica três áreas de especial preocupação: a falta de transparência da troca de informação, a garantia de "*due process*" e o receio que a livre circulação de informação conduza a uma erosão dos níveis de protecção dos direitos de defesa na UE. Em resposta às dificuldades apontadas, em particular tendo em vista a salvaguarda dos direitos das empresas e das

---

4 Jornal Oficial da União Europeia n.º C 101, de 27.4.2004, pp. 43-53.

pessoas singulares visadas por processos de aplicação dos artigos 81.º e 82.º do Tratado CE, a Autora sugere medidas concretas para aumentar a sindicabilidade da transmissão de informação entre autoridades de concorrência ou para garantir um nível mínimo de tutela dos direitos de defesa.

Como mecanismo que visa assegurar a uniformidade de interpretação e coerente aplicação do direito comunitário da concorrência, a Autora refere as consultas entre ANC e Comissão Europeia antes da adopção da decisão final, à luz do artigo 11.º, n.º 4 do Regulamento (CE) n.º 1/2003. Discute, com detalhe, a questão do acesso das partes às observações efectuadas pela Comissão Europeia sobre os projectos de decisões das ANC, à luz da jurisprudência do Tribunal Europeu dos Direitos do Homem.

Em seguida, são referidos alguns aspectos sobre procedimentos paralelos, tais como a aplicação do princípio *"ne bis in idem"*. No que respeita ao princípio *"ne bis in idem"*, a Autora considera que a sua aplicação impede a existência de casos paralelos em certas circunstâncias, baseando-se, entre outros argumentos, no artigo 50.º da Carta dos Direitos Fundamentais da União Europeia e no artigo 4.º do Protocolo n.º 7 à CEDH, bem como na análise da jurisprudência comunitária.

Explora, ainda, as consequências que decorrem da aplicação do princípio da cooperação consagrado no artigo 10.º do Tratado CE para o sistema de competências paralelas instituído pelo Regulamento (CE) n.º 1/2003. Considera que, daquele princípio, é possível extrair uma obrigação de reconhecimento mútuo e de execução de decisões das ANC noutros Estados Membros. Além disso, o mesmo princípio implica um dever de tomar em consideração as decisões adoptadas por outras ANC, excepto se a decisão da outra ANC for *"manifestamente infundada"*. Finalmente, a Autora considera que cada ANC deve sancionar as infracções tomando também em consideração o seu impacto fora do território do seu país (efeitos extraterritoriais), uma vez que o objectivo do sistema de repartição de competências é o de que apenas uma ANC prossiga cada caso, pelo que só assim se assegura um nível de sanções adequado.

Como conclusão geral, a Autora considera que existem muitas imperfeições no sistema de aplicação do direito da concorrência da União e, mais concretamente, na cooperação no âmbito da ECN, sobretudo no que respeita à protecção dos direitos de defesa das empresas e indivíduos. Estes podem ser limitados pela inexistência de um sistema vinculativo de repartição de casos, a ausência de um princípio de "balcão único" e a possibilidade de existir uma livre circulação de informação e provas na rede ECN. Entende que a Comissão Europeia subestimou a dimensão de "direitos fundamentais" deste sistema, uma vez que muitos dos problemas mais relevantes decorrem da CEDH. A Autora considera que o funcionamento da ECN não deve sobrepor-se à protecção garantida pelos ordenamentos jurídicos nacionais às empresas e indivíduos em procedimentos de concorrência, defendendo o aperfeiçoamento técnico do sistema no sentido de serem estabelecidos níveis de protecção mínimos relativos aos direitos de defesa. Além disso, defende uma aproximação entre os direitos processuais dos Estados-Membros, tendo em vista a tutela da confiança e igualdade de tratamento, entre outros aspectos. A execução de decisões das ANC no território de outros Estados-Membros deveria ser também facilitada.

Apesar das críticas, a Autora reconhece que a plataforma de cooperação entre as ANC e a Comissão Europeia é um feito inquestionável, ao afastar-se da abordagem de cooperação intergovernamental. A ECN aproximou as ANC e a Comissão, aumentando o conhecimento sobre os diferentes ordenamentos jurídicos, assim como a confiança mútua, essenciais para a aplicação do direito da concorrência. Neste aspecto, a Autora espera que esta experiência possa ter um efeito de externalidade para outras áreas do direito e política comunitários.

Como epílogo, a Autora aborda as perspectivas para convergência no seio da rede ECN. Regista o contraste entre a ausência de convergência de normas adjectivas no que respeita aos processos de aplicação do direito comunitário da concorrência e o desejo da Comissão Europeia de uniformização dos regimes jurídicos aplicáveis às acções de indemnização civil. A autora considera que, no domínio do denominado *"private enforcement"*, é necessária uma maior investigação sobre as verdadeiras causas que subjazem ao número diminuto de acções propostas a nível da União. Neste sentido, poderá ser prematuro concluir que o *"private enforcement"* pode ser estimulado somente através da harmonização de certos aspectos do regime jurídico da responsabilidade civil.

COMENTÁRIO

"Co-Operation Between National Competition Agencies In The Enforcement Of EC Competition Law" é uma interessante obra de Silke Brammer, que explora tantos os aspectos de enquadramento jurídico como a implementação prática do sistema de cooperação entre autoridades de concorrência a nível da União

Europeia, instituído pelo Regulamento (CE) n.º 1/2003. Além disso, a obra tem o mérito de realizar, não só uma profunda análise das normas relativas à aplicação dos actuais artigos 101.º e 102.º do TFUE, como também de conter interessantes propostas de aperfeiçoamento do sistema, baseadas numa análise crítica e exposta de forma clara de diversos aspectos da descentralização da aplicação do direito da concorrência da União.

A relevância da obra é reforçada pelo facto de a experiência de cinco anos da aplicação do Regulamento (CE) n.º 1/2003 estar actualmente em avaliação, que se iniciou com a publicação pela Comissão Europeia do seu Relatório sobre o Funcionamento do Regulamento n.º 1/2003, em Abril de 2009[5]. Mais recentemente, o projecto de Programa do Conselho para as Presidências Espanhola, Belga e Húngara, que abrangem o ano de 2010 e o primeiro semestre de 2011, refere que, no seguimento daquele Relatório da Comissão, *"poderá eventualmente proceder-se à sua revisão* [do Regulamento (CE) n.º 1/2003] *durante o exercício das três Presidências"*.

Neste contexto, o levantamento crítico e sistemático de aspectos que podem ser aperfeiçoados no sistema realizado por Silke Brammer constitui um contributo relevante para a discussão sobre a experiência na aplicação do Regulamento (CE) n.º 1/2003 e sobre a eventual necessidade de proceder à sua revisão.

As críticas da Autora ao sistema de cooperação da Rede ECN radicam, fundamentalmente, na discordância face à flexibilidade e ausência de regras injuntivas sobre alocação de casos, bem como na ausência de harmonização das regras adjectivas a nível nacional para aplicação das regras de concorrência da União. Estes aspectos são reconhecidos como aspectos que merecem maior reflexão pela própria Comissão Europeia no seu Relatório e no *"Working Paper"* que o acompanha[6], existindo, todavia, a necessidade de respeitar a autonomia processual dos Estados Membros. Como a Autora assinala, a tensão entre convergência e autonomia processual encontra-se ainda patente nas discussões sobre o denominado *"private enforcement"*.

Constituindo uma reforma legislativa recente, regista-se um número diminuto de decisões do Tribunal de Justiça sobre o Regulamento (CE) n.º 1/2003,

---

5 Comunicação da Comissão ao Parlamento Europeu e ao Conselho "Relatório sobre a aplicação do Regulamento n.º 1/2003", COM (2009) 206 final, 29.4.2009.

6 Commission Staff Working Paper accompanying the Report on the functioning of Regulation 1/2003, SEC (2009) 574 final, 29.4.2009.

que possam constituir um contributo significativo para dissipar muitas das dúvidas interpretativas ainda existentes sobre a aplicação do presente sistema. Não obstante, existem outras áreas do direito da União que poderão contribuir para uma melhor compreensão dos princípios gerais aplicáveis, como é o caso da área da liberdade, segurança e justiça. Neste domínio assinala-se a aplicação do princípio *"non bis in idem"* no âmbito penal, que conduziu a relevantes acórdãos do Tribunal de Justiça e diversas iniciativas discutidas nas instituições comunitárias, entre as quais uma proposta de Decisão-Quadro do Conselho relativa à aplicação do princípio *"ne bis in idem"* e de um Livro Verde da Comissão Europeia. Noutro plano também focado pela Autora, o da execução das decisões de autoridades de concorrência noutros Estados--Membros, refira-se a Decisão Quadro n.º 2005/214/JAI, do Conselho, de 24 de Fevereiro, relativa à aplicação do princípio do reconhecimento mútuo às sanções pecuniárias, cujo âmbito de aplicação inclui também as decisões adoptadas por autoridades administrativas em processos contra-ordenacionais.

Apesar de não concordarmos com todas as críticas enunciadas na obra, é indiscutível que existem aspectos dos mecanismos de cooperação consagrados no Regulamento (CE) n.º 1/2003 que podem ser aperfeiçoados ou clarificados, assumindo, nesta reflexão, uma grande relevância a garantia dos direitos de defesa das empresas e dos indivíduos envolvidos numa investigação. Pode mesmo afirmar-se que a importância dos direitos de defesa, pelo menos de um ponto de vista formal, foi recentemente reforçada com a entrada em vigor do Tratado de Lisboa, uma vez que, como é sabido, foi conferido o mesmo valor jurídico que os Tratados à Carta dos Direitos Fundamentais da União Europeia, sendo ainda afirmado que a União Europeia adere à CEDH (artigo 6.º do Tratado da União Europeia).

Não obstante as preocupações suscitadas pela Autora, a experiência na aplicação do Regulamento (CE) n.º 1/2003 tem demonstrado que as regras sobre alocação de casos tão criticadas pela Autora não têm gerado problemas excessivos, registando-se, pelo contrário, que, na maioria dos casos, as investigações são prosseguidas por uma única autoridade de concorrência. Refira-se, a este respeito, que o sistema de alocação de casos procura uma divisão eficiente de trabalho, instituindo mecanismos flexíveis e, em regra, facultativos de modo a proporcionar uma utilização racional de recursos escassos. O sistema instituído escapa, deste modo, à lógica "tradicional" de sistemas de resolução de conflitos habitualmente instituídos no caso de competências concorrentes entre diferentes jurisdições.

Além disso, e no que respeita à ausência de uma harmonização das regras processuais, em particular no atinente aos programas de clemência, importa realçar que é do interesse de cada autoridade da concorrência preservar a confiança das empresas e das pessoas singulares nos programas de clemência nacionais, sob pena de o seu efeito útil ser prejudicado de forma permanente. Nessa medida, o esforço de convergência voluntária, que se traduziu no Programa Modelo da ECN, é assinalável, enquanto reflexo das preocupações dos Estados-Membros em minimizar os encargos para os requerentes de clemência decorrentes das notificações múltiplas.

Sem prejuízo dos aspectos a aperfeiçoar, certo é que a rede ECN constitui um exemplo único de sucesso na cooperação entre os Estados Membros e a Comissão Europeia, cuja complementaridade de actuações implica uma estreita e intensa colaboração para assegurar uma aplicação coerente e uniforme do direito da concorrência da União, bem como para uma utilização racional de recursos. De facto, a Rede ECN transformou-se num curto espaço de tempo num *forum* de debate e difusão de conhecimento sobre questões processuais e substantivas de interesse para todas as autoridades participantes, o que tem contribuído para uma convergência voluntária de metodologias de trabalho e por vezes também legislativa. O actual debate sobre o funcionamento do Regulamento (CE) n.º 1/2003 poderá contribuir para o incremento dessa convergência.

Eugène Buttigieg, *Competition Law: Safeguarding the Consumer Interest – A Comparative Analysis of US Antitrust Law and EC Competition Law* – International Competition Law Series, vol. 40, Alphen aan den Rijn: Wolters Kluwer Law & Business, 2009.

elaborado por Fernando Pereira Ricardo

O AUTOR

Ph.D. em *Competition Law* pela *University of London* (UK), *Visiting Fellow in European Law* no *British Institute of International and Comparative Law*, em Londres, entre 2004 e 2007, e membro da *UK Association for European Law*, da *UK's Competition Law Association*, da *Competition Law Scholars Forum* e da *International Association of Consumer Law*, *Eugène Buttigieg* é um autor prolífico nas áreas da sua especialidade, sendo de realçar o Suplemento n.º 45 do *International Encyclopaedia of Laws – Intellectual Property*, de 2008, o *Competition Cases from the European Union*, de 2008, com *Silvio Meli*, e o *Merger Control Worldwide*, de 2005, revisto em 2008, com *Lino Briguglio*. *Eugène Buttigieg* é Professor Associado no Departamento de Direito Europeu e Comparado da Universidade de Malta e consultor nas áreas do Direito Europeu, Direito do Consumidor, Direito da Concorrência e Propriedade Intelectual.

SINOPSE DA OBRA

Eis a tese do autor: o critério do bem-estar do consumidor deve ser, senão o único, pelo menos o objectivo primacial do Direito da Concorrência. O Direito da Concorrência deve ser aplicado atendendo directa e especialmente ao interesse do consumidor, exigindo-se que a actividade em causa não seja susceptível de ter um impacto negativo sensível nas condições de transacção, mormente no preço (p. xi). Trata-se de acolher o critério do bem-estar do consumidor, considerando-se a transferência de excedente ou de poder de compra dos consumidores para os vendedores, decorrente da criação ou do reforço de um poder de mercado significativo, sinónimo de capacidade de influência sobre as condições de transacção, como um efeito anticoncorrencial a evitar, por oposição ao critério do bem-estar total típico da Escola de Chicago, centrado na eficiência económica, ao qual subjaz a ideia de que a transferência de excedente dos compradores para os vendedores é económica e socialmente neutra (pp. 1-3). Trata-se não só de maximizar as eficiências produtiva e dinâmica, mas também de proteger o consumidor (pp. 42.45). Na génese do *Sherman Act*, de 1890, esteve a convicção de que os *trusts* abusavam do poder de mercado, em detrimento dos consumidores e da sociedade em geral (pp. 21-22,47). O consumidor é tido como a parte fraca da relação (o agente não profissional), necessitando de protecção contra o poder de mercado significativo e as falhas de mercado (pp. 1-2, 26).

Há, no entanto, a possibilidade de os benefícios de longo prazo sobrepujarem os efeitos imediatos negativos para os consumidores. Uma concentração de empresas, por exemplo, pode conduzir a um aumento o preço. A prazo, contudo, as eficiências podem acarretar benefícios para o consumidor em parâmetros como a qualidade ou a inovação. Assim, não obstante a transferência de poder de compra para o vendedor no imediato, a prática em apreço não merecerá censura à luz do Direito da Concorrência, em razão da probabilidade de benefícios mediatos para o consumidor, se (i) for susceptível de lograr eficiências substanciais, se (ii) não existir alternativa menos lesiva dos interesses imediatos do consumidor e se (iii) a concorrência não for substancialmente eliminada. As condições (i) e (ii) visam assegurar a escassa relevância do prejuízo imediato para o consumidor, o qual deve ser largamente sobrepujado pelos ganhos de eficiência. A condição (iii) visa assegurar a transmissão ao consumidor de parte significativa desses ganhos (p. 46).

Considera *Eugène Buttigieg* que, tal como é interpretado e aplicado actualmente nos EUA e na Comunidade Europeia (CE), o Direito da Concorrência não salvaguarda senão de forma incidental o interesse do consumidor. Nos EUA, prevalece o objectivo da eficiência económica, devido à influência da Escola de Chicago, com a desconsideração da transferência de excedente do consumidor para o vendedor (pp. 19-20). Na CE, prevalece o objectivo da integração económica, como se depreende do Preâmbulo e dos artigos 2.º e 3.º, n.º 1, alínea *g)*, do Tratado da Comunidade Europeia (TCE), o que pode conduzir a decisões contrárias aos interesses dos consumidores (p. 49). Concretizando, ao insistir na proibição *per se*, ou quase, das restrições às importações paralelas entre os Estados-Membros, a Comissão, refere *Buttigieg*, confunde os sintomas com as causas. Na decisão *Distillers Red Label* (JO L 50/16, de 1978), a Comissão considerou que os contratos da *Distillers* com os seus distribuidores no Reino Unido, prevendo descontos substanciais para as transacções domésticas, violavam o disposto no artigo 81.º do TCE, ao mitigarem o incentivo para o comércio paralelo entre os Estados-Membros. A empresa invocou os pesados investimentos em *marketing* e publicidade no Continente, necessários para enfrentar a concorrência local, como justificação para o diferencial de preços (preços mais elevados no Continente do que no Reino Unido, país no qual a concorrência nos preços era particularmente intensa). O Tribunal de Justiça confirmou, no entanto, a decisão da Comissão, uma vez que o acordo não havia sido notificado. Na sequência, a *Distillers* acabou por retirar do mercado doméstico as marcas que desejava promover no Continente, com prejuízo claro para os consumidores no Reino Unido (pp. 51, 114-115). Embora a importância relativa do desiderato da integração dos mercados vá diminuindo à medida que o Mercado Comum se vai consolidando, *Buttigieg* considera improvável que este objectivo seja alguma vez substituído por um critério de eficiência económica e interesse do consumidor (p. 75).

Na CE há, além disso, refere *Buttigieg*, a tendência para proteger os concorrentes da concorrência agressiva de empresas com um poder de mercado significativo. No plano do artigo 82.º do TCE (abuso por exclusão), a Comissão sopesa sobretudo o dano infligido aos concorrentes, em detrimento dos benefícios para os consumidores, tendência atribuível à influência da Escola de Freiburg e do Ordoliberalismo alemão, com a adopção de um conceito amplo de barreiras à entrada (concepção de *Joe Bain*), por oposição à concepção de *George Stigler* (p. 67). Os consumidores também saem prejudicados quando a Comissão intervém para proteger os concorrentes menos eficientes no quadro do controlo das concentrações, tal como na decisão *GE/Honeywell* (JO L 48, de 2004), refere *Buttigieg*. Neste caso, a Comissão considerou que a venda conjunta dos produtos das empresas envolvidas na concentração conduziria, a prazo, à exclusão dos concorrentes, uma vez que estes não conseguiriam igualar tais condições de venda. A eficiência acrescida funcionou, pois, em desfavor das empresas. Nos EUA, a mesma concentração havia sido autorizada com fundamento no benefício para os consumidores, que pesou mais do que a possível marginalização dos concorrentes de menor dimensão (p. 69).

COMENTÁRIO

Na verdade, a importância do interesse do consumidor na interpretação e aplicação do Direito da Concorrência dificilmente pode ser sobrestimada. A generalidade das legislações de defesa da concorrência reconhece a relação umbilical com os interesses dos consumidores: "[a] *concorrência efectiva traduz-se em benefícios para os consumidores, tais como preços reduzidos, produtos de elevada qualidade, uma vasta escolha de bens e serviços e inovação*" [Orientações para a apreciação das concentrações horizontais nos termos do regulamento do Conselho relativo ao controlo das concentrações de empresas, ponto 8 (JO C 31, de 5.2.2004)] (ver, também, as *Horizontal Merger Guidelines*, ponto 0.1).

A despeito do acima exposto, o Direito da Concorrência não visa directa e imediatamente o bem-estar do consumidor. O Direito da Concorrência visa salvaguardar o mecanismo de mercado (a mão invisível, de *Adam Smith*) como critério de afectação de recursos e de satisfação de necessidades. Com efeito, só a *concorrência não falseada* (artigo 3.º, n.º 1, alínea *g)*, do TCE)[7] pode garantir um elevado grau de eficiência económica, que se atinge quando as empresas maximizam a sua produção a partir de uma dada alocação de recursos (eficiência produtiva ou técnica), produzem até ao ponto em que o custo e a utilidade marginais se equivalem – sinónimo de produção abundante e preços não inflacionados – (eficiência alocativa) e inovam e progridem tecnologicamente a um ritmo acelerado (eficiência dinâmica). Tal como *Michael Porter* observou ao analisar os factores subjacentes à competitividade das empresas no plano internacional, a pressão concorrencial nos mercados domésticos constitui um factor absolutamente decisivo da produtividade e da competitividade das empresas no plano internacional e, por consequência, da qualidade de vida no espaço económico considerado.

Enquanto mecanismo de afectação de recursos produtivos e de racionalização no acesso aos bens, o mercado é tanto mais virtuoso quanto menor o poder de mercado existente. A esta luz, práticas que parecem beneficiar o consumidor no imediato podem configurar-se como prejudiciais a prazo. Por exemplo, uma operação de concentração que permita a uma empresa com um poder de mercado substancial um acesso privilegiado a tecnologia de ponta ou a *inputs* ou matéria-prima essenciais dificilmente pode ser autorizada. Os

---

[7] O Tratado que institui a Comunidade Europeia (agora Tratado sobre o Funcionamento da União Europeia) foi alterado pelo Tratado de Lisboa, que entregou em vigor a 1 de Dezembro de 2009. Todavia, por razões de coerência com os textos comentados, mantemos a referência ao TCE.

ganhos de eficiência de uma empresa com um poder de mercado muito significativo são eminentemente estáticos, sujeitos a uma elevada taxa de desconto, dada a perspectiva de redução, a prazo, das eficiências produtiva e dinâmica, por via da eliminação ou da mitigação substancial da concorrência efectiva (ineficiência-X).

A desconsideração das práticas com alcance estratégico das empresas com um poder de mercado substancial resulta, em grande medida, do acolhimento de um conceito redutor de barreira à entrada e da quase profissão de fé na contestabilidade dos mercados, que caracterizam a Escola de Chicago. De facto, a posição dominante pode ser instrumentalizada com vista a excluir os concorrentes do mercado relevante (abusos anticoncorrenciais). Por exemplo, os descontos de lealdade praticados por uma empresa em posição dominante, diferentemente dos meros descontos de quantidade, baseados na redução dos custos, são susceptíveis de impedir os revendedores de escolher, a todo o momento e atendendo às condições de mercado, a melhor fonte de aprovisionamento, dificultando, ainda, em grande medida, o acesso ao mercado por parte dos seus concorrentes. As empresas em posição dominante devem evitar as práticas comerciais susceptíveis de distorcerem ainda mais a concorrência no mercado comum (acórdão *Michelin*, de 1983, considerandos 57 e 85).

O facto de o artigo 82.º do TCE não ter uma cláusula semelhante ao n.º 3 do artigo 81.º do TCE impede a Comissão de considerar os efeitos benéficos que para o consumidor poderiam resultar de práticas tipicamente consideradas de exclusão (tais como as vendas subordinadas e agrupadas). Se o benefício para o consumidor fosse um objectivo de primeira linha na aplicação do artigo 82.º do TCE, refere *Buttigieg*, tais práticas não seriam proibidas na base do presumido ou inferido intuito de exclusão, sopesando-se os eventuais benefícios para o consumidor (pp. 250-251).

Indo, em parte, ao encontro das pretensões de *Buttigieg*, a Comunicação da Comissão sobre as prioridades na aplicação do artigo 82.º do TCE a comportamentos de exclusão abusivos por parte de empresas em posição dominante [C (2009) 864 final], adoptada em 09.02.2009, vem alargar o âmbito das possíveis justificações para um comportamento conducente ao encerramento do mercado. Trata-se de um aprofundamento do conceito de justificação ou necessidade objectiva. À empresa em posição dominante poderá não ser exigível a adopção de outro comportamento, caso em que o não há abuso de posição dominante. A empresa pode demonstrar que o comportamento em causa produz ganhos de eficiência substanciais que compensam qualquer efeito anticoncorrencial a nível dos consumidores (ponto 28). No entanto, a empresa em posição dominante deve, por norma, demonstrar, com um grau de probabilidade suficiente e com base em provas verificáveis, que estão preenchidas várias condições cumulativas, designadamente que o comportamento em causa não é susceptível de eliminar uma concorrência efectiva através da supressão de todas ou parte das fontes actuais ou potenciais de concorrência. Ou seja, atendendo ao desiderato de proteger o mercado enquanto mecanismo de afectação de recursos e de satisfação de necessidades, quanto não subsista concorrência residual ou, pelo menos, ameaça provável de entrada, o comportamento de exclusão da empresa em posição dominante não pode deixar de ser proibido à luz do artigo 82.º do TCE, apesar do balanço positivo para o consumidor e dos possíveis ganhos de eficiência (Comunicação atrás referida, ponto 30).

Eugène Buttigieg dissocia a legislação *antitrust* de objectivos vagos e indeterminados como a protecção da lealdade e honestidade no trato comercial e a igualdade de oportunidades (p. 30), colocando o enfoque nos efeitos económicos dos comportamentos (no bem-estar do consumidor). A preservação da liberdade de iniciativa e da igualdade de oportunidades, em particular das PME perante as empresas com um poder de mercado significativo, é, no entanto, acessória do objectivo de salvaguardar o mecanismo de mercado. Na verdade, o controlo do poder de mercado (e do poder económico) e a salvaguarda de uma concorrência baseada no mérito, que estão na génese do direito *antitrust*, são o anverso e o reverso da mesma moeda. Não obstante a maior margem de manobra reconhecida às empresas em posição dominante na justificação dos seus comportamentos, a intervenção da Comissão no âmbito dos comportamentos de exclusão ainda tem sobretudo em vista a salvaguarda da concorrência no mercado interno e a garantia de que as empresas que detêm uma posição dominante não excluirão os seus rivais através de outros meios que não sejam a concorrência com base no mérito dos produtos que fornecem (Comunicação atrás referida, ponto 6).

Orit Dayagi-Epstein, "The Evolution of the Notion of Consumer Interest in the Light of the Modernization of Article 82 EC", in *Article 82 EC: Reflections on its Recent Evolution* (ed. Ariel Ezrachi) – Studies of the Oxford Institute of European and Comparative Law, Vol. 12, Oxford/Portland: Hart Publishing, 2009, pp. 67-86.
elaborado por Fernando Pereira Ricardo

A AUTORA

Ph.D. pelo *King's College* de Londres e investigadora no *Centre for Competition Law and Policy* da Universidade de *Oxford*, *Orit Dayagi-Epstein* é advogada e consultora em Israel.

SINOPSE DA OBRA

A Comunicação da Comissão sobre as prioridades na aplicação do artigo 82.º do TCE a comportamentos de exclusão abusivos por parte de empresas em posição dominante (C (2009) 864 final) (doravante, Comunicação), adoptada em 09.02.2009, anuncia uma nova abordagem na interpretação e aplicação do artigo 82.º do TCE. A interpretação deste artigo pela Comissão tem sido largamente influenciada pelo Ordoliberalismo, uma alternativa quer à economia liberal, quer à economia centralizada. Em resultado desta influência, o artigo 82.º do TCE tem sido interpretado e aplicado no sentido de garantir uma estrutura concorrencial de mercado e a liberdade de iniciativa económica, sobretudo das pequenas e médias empresas face às empresas com um poder de mercado substancial. Um dos traços marcantes da Escola Ordoliberal é, com efeito, a ênfase na preservação da liberdade económica dos indivíduos, na igualdade de oportunidades e na liberdade para competir com base no mérito (pp. 67-69). No caso *Instituto Chemioterapico Italiano S.p.A. et Commercial Solvents Corporation* (joint cases C-6/73 e C-7/73), de 1974, o grupo CSC detinha uma posição dominante no mercado das matérias-primas necessárias ao fabrico de *etambutol*, fármaco utilizado no tratamento das infecções microbacterianas, nomeadamente a tuberculose. Tendo decidido avançar para a produção de *etambutol*, o grupo CSC deixou de fornecer a matéria-prima aos seus clientes. O Tribunal de Justiça das Comunidades Europeias considerou que tal recusa de fornecimento era injusta, que havia que proteger as legítimas expectativas de um concorrente, não se admitindo a alteração das regras do jogo sem uma justificação objectiva. O Tribunal de Justiça ignorou, contudo, a possibilidade de o grupo CSC ser mais eficiente que a empresa queixosa, caso em que o consumidor poderia sair beneficiado, em virtude dos possíveis ganhos de eficiência (pp. 72-73). Os comportamentos das empresas em posição dominante são tidos como abusivos e prejudiciais para os consumidores à luz dos efeitos previsíveis sobre a estrutura do mercado, independentemente dos efeitos directos sobre o bem-estar daqueles. Quando uma empresa em posição dominante pratica preços inferiores aos custos variáveis médios, arrostando com prejuízos, o seu intuito só pode ser o de excluir os concorrentes (acórdão *AKZO Chemie BV*, de 1991, considerando 71). No caso *Hilti AG*, de 1994, bastou a prova de que a liberdade de escolha dos consumidores havia sido afectada pelas vendas agrupadas para se considerar abusiva a conduta, sem se examinar os reais efeitos da mesma no bem-estar do consumidor (pp. 69-70). O Tribunal de Justiça coloca sobre as empresas em posição dominante a especial responsabilidade de não restringirem ainda mais a concorrência efectiva, o que atesta a prioridade concedida à estrutura concorrencial do mercado sobre o desempenho das empresas (possíveis ganhos de eficiência). Basta a prova de que a conduta da empresa em posição dominante é susceptível de restringir a concorrência para se considerar provada a infracção (Tribunal de Primeira Instância, acórdão *Michelin II*, de 2003, considerando 239) (p. 72).

As críticas à abordagem apriorística levaram a *DG Competition* a iniciar um processo de modernização do artigo 82.º do TCE. O *DG Competition discussion paper on the application of Article 82 of the Treaty to exclusionary abuses*, de Dezembro de 2005, reflecte, segundo a Autora, a vontade de mudar o paradigma – de uma abordagem estrutural para uma abordagem económica, centrada nos efeitos sobre o bem-estar do consumidor (p. 74). O bem-estar ou excedente do consumidor corresponde à diferença entre o preço efectivamente cobrado e o preço que o consumidor estaria disposto, no limite, a pagar pelo produto. Ao eleger o critério do bem-estar do consumidor, obstando à degradação das condições de transacção, mormente a um aumento do preço, resultante do poder de mercado significativo, o Direito da Concorrência previne quer a perda absoluta de bem-estar ou de excedente, decorrente da saída do mercado dos consumidores cuja disposição a pagar seria inferior ao preço, quer a transferência para os vendedores do excedente dos consumidores cuja disposição a pagar seria ainda igual ou superior ao preço. A esta nova luz, a conduta só será abusiva se afectar negativamente o bem-estar dos consumidores (p. 75). Por outras palavras, as condutas antes aprioristicamente catalogadas de exclusão (os acordos exclusivos, as vendas subordinadas e agrupadas, as recusas de fornecimento e a compressão de margens, por exemplo) só constituirão uma violação do artigo 82.º do TCE se se provar um efeito adverso no preço, não suficientemente contrabalançado por melhorias no produto (p. 75). Na linha do *discussion paper*, a Comunicação atrás referida parece sufragar, no ponto 19, esta mudança de perspectiva. Além do efeito de encerramento do mercado, a conduta de exclusão tem um impacto negativo no bem-estar dos consumidores, efeitos cumulativos distintos (pp. 76-77).

COMENTÁRIO

As considerações de eficiência podem, de facto, desempenhar um papel na economia do artigo 82.º do TCE, ao nível da delimitação do conceito de conduta abusiva. O que está em causa na Comunicação é o aprofundamento (e eventual alargamento) do conceito de justificação objectiva das condutas das empresas dominantes. Considerando todas as circunstâncias relevantes, poderá não ser objectivamente exigível à empresa em posição dominante a adopção de outro comportamento. O comportamento não é abusivo, apesar dos seus efeitos, se for determinado em função de circunstâncias ponderosas e proporcional à satisfação de um interesse atendível. A aplicação do conceito de justificação objectiva e proporcionada não é, todavia, isenta de dificuldades. Saber se uma recusa de fornecimento, por exemplo, é, ou não, objectivamente justificada e proporcionada depende do peso relativo dado aos valores em confronto: à integração dos mercados, à liberdade de iniciativa, à igualdade de oportunidades e à estrutura concorrencial do mercado, aos ganhos de eficiência produtiva e dinâmica e ao bem-estar do consumidor (no curto e no longo prazos).

Ao contrário do que é sugerido pela Autora, a Comunicação não consagra, a despeito da mitigação da abordagem ordoliberal, uma alteração de paradigma. O ponto 28 refere que o comportamento é objectivamente justificado quando produz ganhos de eficiência que compensam qualquer efeito anticoncorrencial a nível dos consumidores. Ou seja, ao invés de se presumir que a redução adicional da concorrência resulta em prejuízo para os consumidores, admite-se que a eficiência redunde em benefício destes no caso concreto. As condutas típicas de exclusão evitam deste modo a catalogação automática como abuso de posição dominante, sopesando-se os possíveis ganhos para os consumidores. Há um aumento do espaço de afirmação do desempenho à custa da estrutura concorrencial do mercado. Cada caso passa a ser julgado pelos seus méritos. Evitam-se assim os falsos positivos quando as empresas dominantes adoptam estratégias comerciais inovadoras. Exemplo típico será a crescente penetração dos supermercados em mercados antes dominados por empresas mais especializadas. Não obstante a maior margem de manobra reconhecida às empresas em posição dominante na justificação dos seus comportamentos, a intervenção da Comissão no âmbito dos comportamentos de exclusão tem ainda em vista, em grande medida, a salvaguarda da concorrência no mercado e a garantia de que as empresas que detêm uma posição dominante não excluirão os seus rivais através de outro meio que não seja a concorrência com base no mérito dos produtos que fornecem (Comunicação, ponto 6). Em conformidade, a empresa em posição dominante deve, por norma, demonstrar, com um grau de probabilidade suficiente e com base em provas verificáveis, que estão preenchidas várias condições cumulativas, designadamente que o comportamento em causa não é susceptível de eliminar uma concorrência efectiva através da supressão de todas ou parte das fontes actuais ou potenciais de concorrência. Ou seja, atendendo ao desiderato de proteger o mercado como mecanismo de afectação de recursos e de satisfação de necessidades, quanto não subsistir concorrência residual nem ameaça provável de entrada, o comportamento de exclusão da empresa em posição dominante não pode deixar de ser proibido à luz do artigo 82.º do TCE, apesar dos possíveis ganhos de eficiência (Comunicação, ponto 30).

Compreende-se perfeitamente que não haja mudança de paradigma. Atender apenas ao interesse do consumidor no curto prazo e desconsiderar a evolução provável do mercado seria autismo. Só em concorrência efectiva os ganhos de eficiência são sinónimo de bem-estar do consumidor. Tendo em conta o desiderato da maximização do lucro, a redução dos custos marginais predispõe a empresa para a redução do preço. Mantendo-se a elasticidade da procura da empresa, o ponto de intercepção da nova curva dos custos marginais com a curva dos rendimentos marginais corresponderá a uma produção superior. Admitindo, todavia, que a elasticidade diminui na sequência da eliminação de um concorrente (actual ou potencial) – o poder de mercado é inversamente proporcional à elasticidade da procura –, a transmissibilidade dos ganhos de eficiência ao consumidor é concomitantemente afectada. Quanto menor a sensibilidade dos consumidores em relação a alterações nas condições de transacção, menor o grau de transmissão de ganhos ao consumidor. A própria redução do custo marginal é extremamente sensível à elasticidade da procura. É a elasticidade da procura que induz a empresa a aumentar a sua produtividade.

Chegados a este ponto, fará sentido admitir que uma empresa dominante reforce a sua posição invocando ganhos de eficiência? A posição dominante, recorde-se, corresponde a uma posição de poder económico de que goza determinada empresa e que lhe permite evitar uma concorrência efectiva em determinado mercado, ao dar-lhe o poder de ter uma conduta, em larga medida, independente dos seus concorrentes, dos seus clientes e mesmo dos consumidores. A empresa em posição dominante não está sujeita a uma pressão concorrencial suficientemente eficaz, gozando de um poder de mercado considerável e duradouro. As decisões da empresa são, em grande medida, insensíveis às acções e reacções dos concorrentes, dos clientes e mesmo dos consumidores. No entanto, a ausência de pressão concorrencial efectiva não significa a inexistência de pressões concorrenciais. Um certo grau de concorrência real ou potencial poderá subsistir (Comunicação, pontos 10-11). Mas, havendo um poder de mercado tão significativo, poderá a eficiência acrescida justificar a redução adicional da concorrência, sabendo-se que, quanto menor a pressão concorrencial existente, menor o grau de transmissibilidade dos ganhos ao consumidor?

O n.º 3 do artigo 81.º do TCE – dispositivo que foi transposto, *mutatis mutandis*, para o ponto 30 da Comunicação – alude à não eliminação da concorrência como um dos requisitos para a concessão de uma isenção à proibição do n.º 1 do mesmo artigo. No acórdão *Atlantic Container*, de 2002, o Tribunal de Primeira Instância refere que a eliminação da concorrência é diferente da criação ou reforço de uma posição dominante (considerando 330). Assim, um acordo restritivo pode criar ou reforçar uma posição dominante para os seus membros sem eliminar a concorrência. Tal como se retirava do critério material de apreciação das operações de concentração do Regulamento n.º 4064/89, artigo 2.º, n.º 3 – "[d]evem ser declaradas incompatíveis com o mercado comum as operações de concentração que criem ou reforcem uma posição domi-

nante de que resultem entraves significativos à concorrência efectiva no mercado comum ou numa parte substancial deste" –, da criação ou do reforço de uma posição dominante não resulta necessariamente um entrave significativo à concorrência efectiva. A concorrência é um processo dinâmico e a avaliação das pressões concorrenciais a que a empresa está sujeita não pode basear-se exclusivamente na situação de mercado existente (Comunicação, ponto 16). É também importante o potencial impacto da expansão dos concorrentes actuais ou a entrada de potenciais concorrentes. O objectivo do TCE é manter no mercado uma concorrência actual *ou* potencial, mesmo nos casos em que se admitem excepções (Tribunal de Justiça, acórdão *Continental Can*, de 1973, considerando 25, itálico nosso).

Os concorrentes da empresa em posição dominante só merecem protecção se tal for necessário para o bem-estar do consumidor a prazo. É a estrutura concorrencial de mercado que merece protecção, não os concorrentes (os autores ligadas à Escola de Chicago associam o Direito da Concorrência comunitário à protecção dos concorrentes menos eficientes, em detrimento da protecção da dinâmica concorrencial). A estrutura concorrencial do mercado está mais relacionada com o grau de abertura do mercado, com a facilidade de entrada. Quando se analisa o efeito da conduta da empresa dominante na estrutura concorrencial é o impacto no grau de contestabilidade do mercado que é determinante. O dano para o consumidor não resulta tanto do afastamento dos concorrentes actuais da empresa dominante, mas, sobretudo, do grau de encerramento do mercado a novas entradas. Em mercados com barreiras à entrada muito significativas, todavia, a sorte dos concorrentes actuais da empresa dominante não pode deixar de pesar mais. Não podemos esquecer que os ganhos de eficiência da empresa dominante podem ser, eles próprios, barreiras à entrada, susceptíveis, portanto, de eliminar a concorrência no mercado relevante. As barreiras à entrada podem assumir diferentes formas, inclusive as vantagens específicas da empresa em posição dominante, tais como economias de escala e de gama, acesso privilegiado a meios de produção ou recursos naturais essenciais, tecnologias importantes ou uma rede estabelecida de distribuição e venda. Para que uma entrada seja provável esta tem de ser suficientemente lucrativa tendo em conta factores como as barreiras à entrada, as reacções prováveis da empresa alegadamente em posição dominante e os riscos e custos de fracasso. O próprio comportamento da empresa em posição dominante pode criar barreiras à entrada, por exemplo quando realizou investimentos significativos que os concorrentes ou as novas empresas teriam de igualar ou quando celebrou contratos de longo prazo com os seus clientes que têm efeitos apreciáveis de encerramento do mercado (ponto 17 da Comunicação). Tal como refere o Presidente do Tribunal de Justiça no despacho no caso *IMS Health Inc.*, de 11 de Abril de 2002, considerando 84, a protecção dos interesses dos concorrentes está associada, de facto, à salvaguarda de uma estrutura de mercado concorrencial (ver também o acórdão *Microsoft*, de 2007, do Tribunal de Primeira Instância, considerando 664), sobretudo quando as barreiras à entrada são muito significativas.

ACTUALIDADES

ACTUALIDADES
elaborado por Cristina Camacho e Nazaré da Costa Cabral

EVENTOS E CONFERÊNCIAS
Nacionais

AUTORIDADE DA CONCORRÊNCIA
III Conferência de Lisboa sobre o Direito e a Economia da Concorrência
Lisboa, 14 e 15 de Janeiro de 2010
A Autoridade da Concorrência vai reunir, no Centro de Conferências da Fundação Calouste Gulbenkian, em Lisboa, especialistas de renome internacional em Direito e Economia da Concorrência, no âmbito da III Conferência de Lisboa, que decorre nos dias 14 e 15 de Janeiro de 2010.

A III Conferência de Lisboa destina-se ao mundo político e empresarial, reguladores e a todos os profissionais interessados nas questões de concorrência, nomeadamente magistrados, advogados, académicos e comunicação social.

Mais informação sobre a III Conferência de Lisboa pode ser encontrada no sítio Web da Autoridade da Concorrência em www.concorrencia.pt.

The Case COMP/M.4980 – ABF / GBI Business: An Analysis of Coordinated Effects
Lisboa, 1 de Fevereiro de 2010
Num Seminário organizado pela Autoridade da Concorrência, Miguel de La Mano, *Deputy Chief Economist* da Direcção-Geral da Concorrência da Comissão Europeia, irá discutir a problemática dos efeitos coordenados no âmbito da apreciação de operações de concentração de empresas. O Seminário realiza-se nas instalações da Autoridade da Concorrência, em Lisboa.

Mais informação disponível em: www.concorrencia.pt.

Excessive Pricing in Competition Law and Economics
Lisboa, 5 de Abril de 2010
No âmbito dos Seminários organizados pela Autoridade da Concorrência, o Professor Doutor João Pearce de Azevedo, Economista Sénior da Divisão

de Concorrência da Direcção para Assuntos Financeiros e Empresarias da OCDE e da AdC, irá abordar o tema de preços excessivos à luz do direito e da economia da concorrência. O Seminário realiza-se nas instalações da Autoridade da Concorrência, em Lisboa.

Mais informação disponível em: www.concorrencia.pt.

INSTITUTO DE DIREITO ECONÓMICO, FINANCEIRO E FISCAL DA FACULDADE DE DIREITO DE LISBOA (IDEFF)
7.º Curso de Pós-Graduação de Especialização em Direito da Concorrência e da Regulação 2009/2010
No ano lectivo de 2009-2010, está já a decorrer o 7.º Curso de Pós-Graduação de Especialização em Direito da Concorrência e da Regulação organizado pelo IDEFF.

Como novidade, saliente-se o facto de o Curso surgir integrado em Projecto Científico no domínio da Regulação Económica que corresponde à CÁTEDRA JEAN MONNET atribuída em Julho de 2009 ao Professor Doutor Luís Morais. O curso – de que é coordenador e que tem por consultor científico o Professor Doutor Miguel Moura e Silva –, pretende proporcionar uma formação especializada nos domínios tecnicamente complexos do Direito da Concorrência e da Regulação.

Mais informação disponível em: www.ideff.pt.

Pós-Graduação em Mercados Financeiros 2009/2010
A Pós-Graduação sobre Mercados Financeiros tem lugar pela primeira vez, sob coordenação do Professor Doutor Eduardo Paz Ferreira. Associados à Pós-Graduação, realizar-se-ão Seminários sobre Temas de Gestão Bancária, tais como: Resposta à Crise, Gestão do risco, Moeda e Crédito, Derivados.

Pretende-se, com estas iniciativas, estimular a criação de um grupo de profissionais altamente qualificados na área financeira, dotando-os dos instrumentos fundamentais para o exercício de qualquer tipo de actividade nas instituições de crédito e afins, bem como nas entidades reguladoras respectivas.

Mais informação disponível em: www.ideff.pt.

Curso de Pós-Graduação Avançada em Parcerias do Estado e das Autarquias Locais
Decorre já mais um Curso de Pós-Graduação Avançada em Parcerias do Estado e das Autarquias locais, sob a coordenação da Professora Doutora

Nazaré da Costa Cabral. Este curso procura concentrar-se nas experiências sectoriais de parcerias público-privadas e parcerias público-públicas, celebradas quer pelo Estado, quer pelas autarquias locais e analisar as suas implicações orçamentais e contabilísticas.

O Curso é dirigido não apenas a funcionários e dirigentes dos serviços da Administração Pública, central e local, e aos estudiosos das finanças públicas, mas também a todos os que se relacionem com a Administração Pública no desempenho das respectivas actividades profissionais, nomeadamente gestores de empresas, advogados e consultores, entre outros.

Mais informação disponível em: www.ideff.pt.

Regulação e Concorrência no Sector dos Transportes – Em Especial nos Transportes Ferroviários
Lisboa, em data a definir (1.º trimestre de 2010)
Esta Conferência, a proferir por Russel Pitman da *Anti-Trust Division* do *Department of Justice* dos EUA, terá lugar no primeiro trimestre de 2010, na Faculdade de Direito de Lisboa. A Conferência insere-se no Ciclo Anual de Conferências organizado pelo IDEFF em articulação com o 7.º Curso de Pós-Graduação em Direito da Concorrência e da Regulação.

OUTROS
Seminário "Reutilização de águas residuais"
Lisboa, 20 de Janeiro de 2010
Este seminário, co-organizado pela Entidade Reguladora dos Serviços de Águas e Resíduos (ERSAR) e pelo Instituto Superior de Engenharia de Lisboa (ISEL), pretende divulgar o guia técnico de reutilização de águas residuais, publicado por aquelas instituições, sendo ainda discutidos aspectos técnicos, legais e económicos relativos à implementação de projectos de reutilização de águas residuais tratadas.

Mais informação disponível em: http://www.isel.pt/reutilizacao.html.

Workshop "Risco e Inovação"
Lisboa, 22 de Janeiro de 2010
O workshop sobre "Risco e Inovação" é co-organizado pela European Network and Information Security Agency (ENISA) e pela Autoridade Nacional de Comunicações (ANACOM), com especial enfoque para os riscos de segurança da informação.

Mais informação disponível em: http://www.anacom.pt/render.jsp?contentId=1000839.

10.º Congresso da Água
Alvor, 22 a 24 de Março de 2010
A Associação Portuguesa dos Recursos Hídricos organiza o 10.º Congresso da Água, que terá lugar de 22 a 24 de Março de 2010, no Algarve. Sob o tema "Marcas d'Água", o Congresso pretende divulgar, analisar, debater e reflectir sobre as problemáticas relacionadas com os recursos hídricos.
Mais informação disponível em: http://www.aprh.pt/congressoagua2010/introducao.html.

Internacionais

EC Competition Law: Is there a gap in the enforcement of Article 82?
Londres, 18 de Janeiro de 2010
Ioannis Kokkoris, do *Office of Fair Trading* e Visiting Professor na Universidade *Bocconi*, Richard Whish, Professor no *King's College* de Londres e Jorge Padilla, *CEO Europe* da *LECG*, debatem questões suscitadas no recente livro de Ioannis Kokkoris intitulado *"A Gap in the Enforcement of Article 82"*, que será lançado neste Seminário.

Neste Seminário presidido por Philip Marsden, *Senior Research Fellow* e Director do *Competition Law Forum* do *British Institute of International and Comparative Law*, os oradores irão debater as implicações de uma aparente lacuna do artigo 102.º do TFUE para a política de concorrência na UE, bem como se deveria ser consagrado no ordenamento jurídico da UE uma norma semelhante à secção 5 do *US Federal Trade Commission Act* que proíbe *"unfair methods of competition"*.

Mais informação disponível em: http://www.biicl.org/events/view/-/id/464/.

Fifth Annual EU Energy Law & Policy Conference
Bruxelas, 27 e 28 de Janeiro de 2010
Esta Conferência aborda diversos temas relacionados com a energia, incluindo as mais recentes iniciativas como as Directivas relativas à segurança do aprovisionamento de petróleo e gás, a implementação prática do terceiro pacote

sobre o mercado interno da energia e a Directiva sobre energias renováveis, assim como os novos casos comunitários de práticas restritivas da concorrência, concentrações de empresas e auxílios de Estado. Os oradores são peritos em matéria de energia, incluindo representantes da Comissão Europeia, indústria, advogados e académicos.

Mais informação disponível em: www.euenergyconference.com.

Next Generation of Antitrust Scholarship Conference
Nova Iorque, 29 de Janeiro de 2010
Co-organizada por Harry First (NYU School of Law), Ilene Knable Gotts (Wachtell, Lipton, Rosen & Katz), Edward Cavanaugh (St. John's School of Law) e D. Daniel Sokol (University of Florida Law Levin College of Law NYU School of Law), é a primeira Conferência para a nova geração de académicos de concorrência. A Conferência visa dar à nova geração de professores de direito da concorrência uma oportunidade de apresentar a sua investigação mais recente, que será comentada por académicos e práticos do direito da concorrência de reconhecido mérito.

Mais informação disponível em: http://www.law.nyu.edu/conferences/next genantitrust/index.htm.

GCR'S 2010 Dominance and Unilateral Conduct
Bruxelas, 9 de Fevereiro de 2010
A Conferência, organizada pela *Global Competition Review*, é dedicada às mais recentes evoluções no domínio das condutas unilaterais, tanto na União Europeia como nos E.U.A.

Mais informação disponível em: http://www.globalarbitrationreview.com/events/789/gcrs-2010-dominance-unilateral-conduct/.

ABA International Cartel Workshop
Paris, 10 a 12 de Fevereiro de 2010
A American Bar Association (ABA) organiza o seu *International Cartel Workshop* anual, onde serão abordados de forma prática diversos assuntos relacionados com cartéis internacionais, desde a detecção, coordenação de investigações de diferentes jurisdições, cooperação com autoridades de concorrência e litigância e *"settlement"* de indemnizações civis com compradores nos EUA, Canadá e outros países.

Mais informação disponível em: http://www.abanet.org/antitrust/cartel 2010.html.

Special Experts' Forum on European State Aid Law 2010
Dublin, 12 de Fevereiro de 2010
Organizada pela *Lexxion*, a Conferência irá abordar diversificados temas sobre Auxílios de Estado, tais como os auxílios de Estado e o sector bancário no contexto da crise, a entrada em vigor do Regulamento (CE) n.º 1370/2007 relativo aos serviços públicos de transporte ferroviário e rodoviário de passageiros e a recuperação de auxílios através dos Tribunais Nacionais.
Mais informação em http://www.lexxion.de/experts-forum-estal2010.

New Frontiers of Antitrust
Paris, 15 de Fevereiro de 2010
A Revista *Concurrences* co-organiza a Conferência *"New Frontiers of Antitrust"*, que abordará temas como a convergência na aplicação do direito da concorrência num mundo globalizado, inquéritos sectoriais e economia comportamental. Participarão na Conferência representantes de autoridades de concorrência, académicos e advogados da União Europeia e E.U.A.
Mais informação disponível em: http://www.concurrences.com/invitation_2010-02-15_IDC.html.

Dominance & Pricing in Europe 2010
Bruxelas, 25 de Fevereiro de 2010
A Conferência pretende ser o principal *forum* de discussão sobre os mais recentes desenvolvimentos no domínio da aplicação do artigo 102.º TFUE, abordando as práticas decisórias das instituições europeias e as implicações decorrentes das Orientações da Comissão sobre as prioridades na aplicação do artigo 102.º TFUE. No plano substantivo, serão discutidas questões relacionadas com propriedade intelectual, preços predatórios, fixação dos preços de revenda, descontos e recusas de fornecimento.
Mais informação disponível em: http://www.iir-events.com/IIR-conf/LawCompliance/EventView.aspx?EventID=2554

Conference on Single European Sky
Madrid, 25 e 26 de Fevereiro de 2010
A Conferência sobre *Céu Único Europeu* é um evento organizado sob a Presidência de Espanha da União Europeia.
Mais informação disponível em: http://ec.europa.eu/transport/air/events/2010_02_25_ses_en.htm

Training Programme for National Judges in EC Competition Law
Oxford, 22 a 26 de Março de 2010
O *Training programme for national judges in EC competition law* é co-organizado pelo University of Oxford Centre for Competition Law and Policy (CCLP) e University of Oxford Institute of European and Comparative Law (IECL), com o apoio da Comissão Europeia. O Curso dirige-se, entre outros, a juízes nacionais da União Europeia, Membros do EEE ou Países candidatos.
Mais informação disponível em: http://denning.law.ox.ac.uk/news/eventdetail.php?events_ID=2874.

Cartel Risks & Compliance 2010
Bruxelas, 25 de Março de 2010
A Conferência tem como objectivo fornecer orientações práticas e actualizadas sobre cartéis, incluindo clemência, procedimentos de transacção, acções de indemnização e criminalização, a nível da UE.
Mais informação disponível em: http://www.iir-events.com/IIR-conf/LawCompliance/EventView.aspx?EventID=2554

19th Annual Advanced EU Competition Law
Londres, 21 e 22 de Abril de 2010
Com uma agenda bastante abrangente, na Conferência serão abordados os desenvolvimentos mais significativos de 2009/2010, nas áreas do combate aos cartéis, as prioridades e políticas futuras da Comissão Europeia, artigos 101.º e 192.º TFUE, concentrações de empresas e empresas comuns, propriedade intelectual e auxílios de Estado, entre outros.
Mais informação em: http://www.iir-events.com/IIR-conf/LawCompliance/EventView.aspx?EventID=2572.

58th ABA Section of Antitrust Law Annual Spring Meeting
Washington, 21 a 23 de Abril de 2010
Neste evento serão abordados os temas mais relevantes sobre concorrência e protecção do consumidor nos EUA e a nível internacional. Inclui ainda um *"mock jury trial"* que pretende mostrar a forma de funcionamento deste tipo de julgamentos.
Mais informação em: http://www.abanet.org/antitrust/spring2010/.

OUTRAS INFORMAÇÕES
Nacional

Prémio ERSE Regulação 2010
A Entidade Reguladora dos Serviços Energéticos (ERSE) lançou o "Prémio ERSE – Regulação", que terá a sua primeira edição em 2010. O prémio visa contribuir para a promoção do estudo dos temas da regulação dos sectores da electricidade e do gás natural, distinguindo anualmente os autores dos melhores trabalhos académicos e de investigação neste domínio.

O Júri do Prémio é constituído pelos Senhores Eng. Luís Mira Amaral, Professor Doutor Diogo Leite de Campos e Professor Doutor Pedro Pita Barros. Os trabalhos da edição de 2010 devem ser apresentados até 31 de Janeiro de 2010, nos termos do respectivo Regulamento.

Mais informação disponível em: http://www.erse.pt/pt/premioerseregulacao/Paginas/premioregulacao.aspx.

Internacional

Aprovação da nova legislação europeia para o Sector das Telecomunicações
Em 25 de Novembro de 2009, o denominado "pacote das telecomunicações" foi assinado pelo Conselho de Ministros e pelo Parlamento Europeu. A nova legislação europeia para o sector das telecomunicações, aprovada na sequência de uma proposta apresentada pela Comissão em 2007, visa reforçar os direitos dos consumidores e impulsionar a concorrência no sector. As novas regras prevêem, ainda, garantias de acesso à Internet, a protecção dos dados pessoais e uma gestão mais moderna do espectro radioeléctrico.

Consulta Pública sobre o futuro enquadramento jurídico de concorrência aplicável ao Sector Automóvel
A Comissão Europeia submeteu a consulta pública um projecto de *Regulamento relativo à aplicação do artigo 101.º, n.º 3, do Tratado a certas categorias de acordos verticais e práticas concertadas no sector automóvel* (regulamento de isenção por categoria), bem como um projecto de *Orientações complementares relativas às restrições verticais nos acordos de venda e reparação de veículos a motor e de distribuição de peças sobresselentes para veículos a motor*.

A consulta pública decorre de 21.12.2009 a 10.02.2010.

Ambos os documentos podem ser consultados no seguinte URL: http://ec.europa.eu/competition/consultations/2010_motor_vehicles/index.html

Consulta Pública sobre *Best practices in antitrust proceedings, Best practices on submission of economic evidence e Hearing Officers' guidance paper*
A Comissão Europeia iniciou no dia 6 de Janeiro de 2010 a consulta pública dos projectos de Boas Práticas relativas à condução dos procedimentos de aplicação dos artigos 101.º e 102.º TFUE e à submissão de prova económica e recolha de informação em casos de práticas restritivas da concorrência e de concentrações de empresas, bem como do projecto de Orientações sobre os procedimentos dos Auditores em processos de aplicação dos artigos 101.º e 102.º TFUE.

A consulta pública decorre até 03.03.2010.

Os documentos podem ser consultados no seguinte URL: http://ec.europa.eu/competition/consultations/2010_best_practices/index.html.

Comissão Europeia lança novo motor de busca para decisões de concorrência
A Comissão Europeia lançou recentemente um novo motor de busca de decisões proferidas em casos de concorrência que permite a pesquisa de decisões sobre práticas restritivas da concorrência, operações de concentrações de empresas e auxílios de Estado.

O motor de busca está disponível em: http://ec.europa.eu/competition/elojade/isef/index.cfm#.

A Revista de Concorrência e Regulação aceita informação sobre actualidades para divulgação, que pode ser remetida através do endereço electrónico:
revista@concorrencia.pt.

NOTAS CURRICULARES

ANTÓNIO FERREIRA GOMES
Exerce, desde 2007, as funções de Director do Departamento de Controlo de Concentrações da Autoridade da Concorrência, sendo Professor Auxiliar do Departamento de Economia, Gestão e Engenharia Industrial da Universidade de Aveiro. Desempenhou, entre 2005 e 2007, as funções de Economista Sénior da Autoridade da Concorrência. Foi Director da Licenciatura em Economia da Universidade de Aveiro (Setembro a Dezembro de 2004) e Vice-Director da referida Licenciatura (2001-2005). É doutorado em Economia (2005) pela Universidade de York (Reino Unido), com uma tese na área da Macroeconomia da Concorrência Imperfeita na Banca, sob orientação do Prof. Huw Dixon. Obteve ainda o MSc in Economics pela Universidade de York (1997), na área da Microeconomia da Banca (Economia Industrial), tendo concluído a Licenciatura em Economia na Faculdade de Economia da Universidade de Coimbra (1995).
Director of the Merger Department at the Portuguese Competition Authority (since 2007) and Assistant Professor at the Department of Economics, Management and Industrial Engineering of the University of Aveiro, Portugal. Between 2005 and 2007, he was a Senior Economist at PCA's Merger Department. He was Director of the Licenciatura (first degree) in Economics at the University of Aveiro, Portugal (September 2004 – December 2004) and Deputy Director of the same degree course (2001-2005). He holds a Ph.D. in Economics (2005) from the University of York (UK), with a thesis, under the supervision of Huw Dixon, in the area of Macroeconomics of Imperfect Competition in the Banking Sector. He also holds a M.Sc. in Economics from the University of York (1997), in the area of Microeconomics of Banking (Industrial Economics), and graduated in Economics at the Faculdade de Economia da Universidade de Coimbra (1995).

AUGUSTO SILVA DIAS
Mestre em Direito pela Faculdade de Direito da Universidade de Lisboa (1985). Doutor em Direito pela Faculdade de Direito da Universidade de Lisboa (2004). Professor Associado da Faculdade de Direito da Universidade

de Lisboa (2008). Vice-Presidente do Instituto de Direito Penal e Ciências Criminais da Faculdade de Direito da Universidade de Lisboa (2008).

Master in Law from the University of Lisbon Law School (1987). Doctor in Law from the University of Lisbon Law School (2006). Professor of the University of Lisbon Law School. Vice-president of the Portuguese Institute of Penal Law and Criminal Sciences (2008).

CATARINA ANASTÁCIO

Licenciada em Direito pela Faculdade de Direito da Universidade de Coimbra (1994) e Mestre em Direito pela Faculdade de Direito da Universidade de Lisboa (1999), onde leccionou Direito Processual Civil, Direito das Obrigações e Direitos Reais (1997-2005). Advogada (inscrição suspensa). Foi Jurista do quadro do Banco de Portugal (1995-1998) e da Comissão do Mercado de Valores Mobiliários (CMVM) (1999-2003) e Adjunta do Secretário de Estado do Tesouro e Finanças nos XIV e XV Governos Constitucionais (2001-2003). É desde 2003 Jurista na Autoridade da Concorrência.

Law graduate from University of Coimbra Law School (1994) and Master in Law from the University of Lisbon Law School (1999) where she lectured Civil Procedure Law, Contract Law and Property Law (1997-2005). Solicitor (suspended registry at the law society). Was previously a lawyer at the Portuguese Central Bank (Banco de Portugal) (1995-1998) and at the Portuguese Securities Market Commission (CMVM) (1999-2003) as well as Member of the Cabinet of the Secretary of State of Treasury and Finance on the XIV and XV Constitutional Governments (2001-2003). Is a lawyer at the Portuguese Competition Authority since 2003.

EDUARDO PAZ FERREIRA

Professor Catedrático da Faculdade de Direito da Universidade de Lisboa (FDUL). É Presidente do Instituto de Direito Económico Financeiro e Fiscal da FDUL (IDEFF) e Vice-Presidente do Instituto Europeu da FDUL. Entre outras actividades profissionais, foi membro do Conselho Superior do Ministério Público e desempenha actualmente as funções de Presidente do Conselho Fiscal da Caixa Geral de Depósitos e de membro da Comissão de Acompanhamento das Reprivatizações. Advogado e Jurisconsulto. É autor de numerosas publicações nos domínios do Direito Financeiro e do Direito da Economia.

Professor at the University of Lisbon Law School (FDUL), where he holds a Tenure of Financial Law. He is President of the Institute of Economic Financial and Tax Law of FDUL (IDEFF) and Vice-President of the European Institute of FDUL. Among other professional engagements he has been a member of Portuguese Superior Council of the Ministry of Public Prosecutors and is currently President of the Supervisory Board of Caixa Geral de Depósitos (CGD) and a member of the Privatization Commission. Attorney-at-Law and Legal Consultant. He has published extensively in the fields of financial and economic Law.

HARRY FIRST
Professor Catedrático da Faculdade de Direito da Universidade de Nova Iorque (NYU) e Director do Programa de Regulação do Comércio Internacional da NYU. Entre outras actividades profissionais, foi Director do Divisão 'Antitrust' do Gabinete do 'Attorney General' de Nova Iorque, membro da Divisão 'Antitrust'-Departamento de Justiça (Washington) e Professor Adjunto na Faculdade de Direito da Universidade de Tóquio. Intervém regularmente em Conferências e Programas Académicos nas áreas de 'antitrust' e comércio internacional e é autor de numerosas publicações nesses domínios.

Charles Denison Professor of Law of New York University (NYU) and Director of the Trade Regulation Program of NYU. Among other professional engagements, he has been Chief of the Antitrust Bureau at the Office of the Attorney General of the State of NY, Attorney at the Antitrust Division-Department of Justice (Washington) and Adjunct Professor of Law at the School of Law of Tokyo University. He is a frequent speaker at conferences and academic programs in the fields of antitrust and trade regulation and author of numerous publications in such areas.

JOÃO E. GATA
Doutorado em Economia pela Universidade de Minnesota/Twin Cities/EUA. Foi docente na Universidade de Minnesota, na Universidade de York no Reino Unido, no Instituto Superior de Gestão em Lisboa e na Universidade de Aveiro, onde ainda é docente. É actualmente Director do Gabinete de Estudos Económicos e do Gabinete de Acompanhamento de Mercados da Autoridade da Concorrência (AdC), tendo também desempenhado funções de Economista-Chefe na AdC, bem como de economista sénior no Departamento de Operações de Concentração da AdC. Foi também Director-Geral do Departamento de Prospectiva e Planeamento do MAOTDR. Tem publicações em aplicações de teoria dos jogos. Os seus interesses actuais na investigação abrangem questões gerais em economia da concorrência e em economia institucional.

Ph.D. in Economics from the University of Minnesota/Twin Cities/USA, has been Director of the Bureau of Economic Studies and Market Monitoring at the Portuguese Competition Authority (PCA) since August 2008, where he also worked as chief-economist from August 2007 until August 2008. Before that he worked as director-general at the Ministry for the Environment, and previously, as senior economist at the PCA Merger Department. Before that he held faculty positions at the University of Aveiro, where he still teaches, at the Instituto Superior de Gestão in Lisbon, at the University of York in the UK and at the University of Minnesota. He has publications on applied game theory. His current research interests are on economics of competition policy and on institutional economics.

JOÃO ESPÍRITO SANTO NORONHA
Licenciado em Direito pela Faculdade de Direito de Lisboa (1989). Mestre em Direito pela mesma Faculdade (1998). Docente universitário desde 1989 nas áreas de Introdução ao Estudo do Direito, Direito Comercial e Direito Societário. Co-Director da Associação Portuguesa de Gestão da Cópia Privada (AGECOP) entre 2001 e 2008. Vogal da Autoridade da Concorrência de Portugal.

Law graduate from the University of Lisbon Law School (1989) and Master in Law from the same University (1998). University teacher since 1989, lecturing Introduction to Law, Commercial Law and Corporate Law. Co-Director of the Portuguese Private Copy Management Association (AGECOP) between 2001 and 2008. Board Member of the Portuguese Competition Authority.

JOÃO MATOS VIANA
Licenciou-se na Faculdade de Direito da Universidade de Universidade de Lisboa, no ano de 2001, onde concluiu, em 2008, o Curso de Mestrado, em Ciências Jurídico-Criminais. É Assistente da Faculdade de Direito da Universidade de Lisboa, onde lecciona desde 2005. É Advogado na Sociedade de Advogados Morais Leitão, Galvão Teles, Soares da Silva e Associados. Na advocacia e na sua actividade académica tem-se dedicado preferencialmente ao Direito Penal, Processual Penal e Contra-ordenacional.

Graduated, in 2001, from the University of Lisbon Law School, he obtained, in 2008, in that same University, the Master Degree in Criminal Studies. He is a lecturer at the Law School of the University of Lisbon, where he has taught since 2005. He is also a Lawyer at firm Morais Leitão, Galvão Teles, Soares da Silva e

Associados. In his academic activity and as a lawyer, João Matos Viana has worked, mainly, in Criminal Law, Regulatory Law and Criminal Procedural Law.

JORGE RODRIGUES
Doutorado e Mestre em Economia – com especialização em Econometria – pela Universidade Livre de Bruxelas, trabalhou no Banco Central Europeu de Outubro de 2002 a Maio de 2003 e é Economista Sénior na Autoridade da Concorrência desde Outubro de 2003. Tem publicações nas áreas da economia do trabalho e da política de concorrência. Os seus interesses actuais na investigação abrangem questões gerais de índole jusconcorrencial e assuntos mais específicos relativos aos sectores do petróleo e derivados, produtos agro-alimentares e da grande distribuição alimentar.

Ph.D. and Master in Economics – with a specialization on Econometrics – from the Free University of Brussels, worked at the European Central Bank from October 2002 to May 2003, and is a Senior Economist at the Portuguese Competition Authority since October 2003. He has publications on labour economics and on the field of competition policy. His current research interests range from general antitrust issues to specific sector issues related to oil and fuels, food commodities, and large food retailing groups.

LUÍS SILVA MORAIS
Professor Associado da Faculdade de Direito da Universidade de Lisboa (FDUL). É Vice-Presidente do Instituto de Direito Económico Financeiro e Fiscal da FDUL (IDEFF) e Vice-Presidente do Instituto da Cooperação da FDUL. Entre outras actividades profissionais, foi Vogal do Conselho Directivo do Instituto de Seguros de Portugal e é actualmente membro do Conselho Superior de Economia e Finanças do Ministério das Finanças. Advogado e Jurisconsulto. É autor de numerosas publicações nos domínios do Direito da Economia, do Direito da Concorrência e do Direito da EU.

Professor of the University of Lisbon Law School (FDUL). He is Vice-President of the Institute of Economic Financial and Tax Law of FDUL (IDEFF) and Vice-President of the Institute for Cooperation of FDUL. He holds an 'Ad Personam' Jean Monnet Chair in economic regulation. Among other professional engagements, he has been a Member of the Board of Directors of the Portuguese Supervisory Authority of Insurance and Pension Funds and is currently Member of Economic and Financial Council of the Ministry of Finance. Attorney-at-Law and Legal Consultant. He has published extensively in the fields of economic Law, competition Law and EU Law.

MANUEL SEBASTIÃO

Presidente do Conselho da Autoridade da Concorrência desde Março de 2008, nomeado para um mandato de 5 anos. Antes, foi Administrador do Banco de Portugal entre 2000 e 2008, instituição onde começou a desempenhar funções em 1986. Foi ainda vogal do Conselho Directivo do Instituto de Seguros de Portugal de 1998 a 2000, Administrador do Banco de Fomento e Exterior de 1992 a 1996 e economista do Fundo Monetário Internacional de 1988 a 1992. Exerceu funções docentes em diversas fases da sua vida profissional. Licenciou-se em Economia pela Universidade Técnica de Lisboa em 1973 e concluiu o doutoramento de 3º ciclo em Planeamento Económico pela Universidade de Paris em 1978 e o doutoramento em economia (Ph.D.) pela Universidade de Columbia em Nova Iorque em 1986.

President of the Portuguese Competition Authority, appointed in March 2008 for a term of five years. Prior to this appointment, he was a member of the Board of Directors of the Portuguese Central Bank, the Banco de Portugal, from 2000 to 2008, having joined the institution as a staff member in 1986. He was a member of the Board of the Portuguese Insurance and Pension Funds Supervisory Authority from 1998 to 2000, a member of the Board of Directors of the state-owned bank Banco de Fomento e Exterior from 1992 to 1996, and an economist with the International Monetary Fund from 1988 to 1992. He has been a lecturer in economics and finance at various Lisbon Universities during his career. Mr. Sebastião has an undergraduate degree from the School of Economics, Technical University of Lisbon 1973, a Doctorate 3ème cycle from Université de Paris I, Panthéon-Sorbonne 1978, and a Pd.D in economics from Columbia University in the city of New York 1986.

PAULO DE SOUSA MENDES

Licenciado em Direito (1981), Mestre em Direito (1987) e Doutor em Direito (2006). Professor Auxiliar da Faculdade de Direito da Universidade de Lisboa. Ensina Direito Penal, Direito Processual Penal, Direito Probatório e Criminologia. Director do Departamento Jurídico e do Contencioso da Autoridade da Concorrência. Membro da Direcção do Instituto de Direito Penal e Ciências Criminais (IDPCC). Foi professor na Academia Militar (2006-2009). Foi membro do Conselho de Fiscalização dos Serviços de Informação da República Portuguesa (1998-1999). Foi membro do Conselho da Unidade de Missão para a Reforma Penal (2005-2007). Foi jurista na Comissão do Mercado de Valores Mobiliários (CMVM) (1998-2006).

Graduate in Law (1981), Master in Law (1987) and Doctor in Law (2006). Assistant Professor of the University of Lisbon Law School. Has taught Criminal Law, Criminal Procedural Law, Criminology and Evidence Law. Director of the Legal Department of the Portuguese Competition Authority. Member of the Board of Directors of the Portuguese Institute of Penal Law and Criminal Sciences. Former Professor at the Military Academy. Former Member of the Supervision Committee for the Portuguese Intelligence Services (1998-1999). *Former Member of the Portuguese Committee for the Reformation of the Penal Code and the Penal Procedural Code* (2005-2007). *Former Jurist of the Portuguese Securities & Exchange Commission* (1998-2006).

VÂNIA COSTA RAMOS

Concluiu o Mestrado em Ciências Jurídico-Criminais na Faculdade de Direito da Universidade de Lisboa, onde é doutoranda e Assistente Convidada. Fez o seu estágio e iniciou a carreira como advogada na Germano Marques da Silva e Associados. Actualmente colabora com o Dr. Carlos Pinto de Abreu, tendo como áreas preferenciais o Direito Penal Económico, o Direito Penal Internacional e Europeu e a cooperação judiciária internacional em matéria penal. É membro do Conselho Consultivo da European Criminal Bar Association.

Earned her Master's Degree in Criminal Law at the University of Lisbon Law School, where she is currently guest lecturer and has recently been admitted as PhD student. She started practicing as a lawyer at Germano Marques da Silva e Associados. Presently she is working as a lawyer at Carlos Pinto de Abreu's law firm where she specializes in International and European Criminal Law and Economic Criminal Law and is responsible for the mutual cooperation cases. Is a member of the European Criminal Bar Association Advisory Board.

Colaboração com a
REVISTA DE CONCORRÊNCIA E REGULAÇÃO

1. A *Revista de Concorrência e Regulação* (C&R) está aberta à colaboração dos seus Leitores, pelo que aceita para publicação artigos, estudos ou comentários de jurisprudência que se enquadrem na temática geral do Direito e Economia da concorrência e regulação e na temática específica de cada número, de acordo com um duplo critério de interesse informativo e qualidade científica.

2. Todos os textos a publicar na C&R são da responsabilidade exclusiva dos seus Autores. A publicação dos textos não significa a concordância da C&R com as posições neles expressas.

3. Os textos a publicar devem ser inéditos e podem ser apresentados em português, espanhol, francês ou inglês, sendo publicados na língua em que foram redigidos. Em casos excepcionais, poderão ser aceites textos não inéditos, devendo então o Autor indicar onde foram publicados anteriormente.

4. Os textos devem estar formatados em *Word* e não exceder, em regra, 40 mil caracteres. Devem também ser acompanhados de um resumo ("*abstract*"), com um máximo de 100 (cem) palavras, em inglês.

5. Aos textos, os Autores devem ainda juntar uma breve nota curricular em português e inglês, morada e endereço electrónico.

6. A informação sobre as normas formais aplicáveis aos textos a submeter à *Revista de Concorrência e Regulação* deve ser solicitada, antes do envio do texto, através do endereço electrónico revista@concorrencia.pt.

7. Os trabalhos devem ser remetidos em formato digital para o endereço electrónico revista@concorrencia.pt ou para a morada: Autoridade da Concorrência – Avenida de Berna, 19, 1050-037 Lisboa, ao cuidado de Catarina Anastácio.

8. As provas tipográficas dos textos aprovados para publicação serão enviadas ao Autor para a morada ou endereço electrónico por si indicados, para revisão.

Collaboration with
REVISTA DE CONCORRÊNCIA E REGULAÇÃO

1. *Revista de Concorrência e Regulação* (C&R) welcomes submissions for publication from its readers, including papers, studies or case comments, related to Competition and Regulation Law and Economics and the specific theme of each issue, according to the interest and scientific quality of each contribution.

2. Authors are exclusively responsible for their papers. Publication of papers does not mean that C&R endorses the views expressed therein.

3. Papers must not have been published elsewhere and can be submitted in Portuguese, Spanish, French or English. Papers will be published in the original language. In exceptional cases, papers that have already been published may be accepted. In such circumstances the Author will be required to indicate where the paper has been published previously.

4. Texts must be processed in Word, should not exceed 40,000 characters, and must also be accompanied by an abstract, with a maximum of 100 words, in English.

5. Authors must provide a short CV in Portuguese and English, as well as mailing and email addresses.

6. Further information on the formal rules for submission of materials to the C&R must be requested in advance, by contacting revista@concorrencia.pt.

7. Contributions must be sent in digital format to the email address revista@concorrencia.pt or to the address: Autoridade da Concorrência – Avenida de Berna, 19, 1050-037 Lisboa – Portugal, to the attention of Ms. Catarina Anastácio.

8. Prior to publication, proofs will be sent to the Authors, to the mailing address or email address previously indicated.

ÓRGÃOS SOCIAIS

DIRECÇÃO
João Espírito Santo Noronha/Luís Silva Morais

CONSELHO CIENTÍFICO
Presidentes: Eduardo Paz Ferreira/Manuel Sebastião

Membros:

Augusto Silva Dias
António Avelãs Nunes
António Menezes Cordeiro
Carlos Pinto Correia
Danilo Lobato
David Berger
Donald Baker
Douglas Rosenthal
Eleanor Fox
Fernando Borges Araújo
François Souty
Frederic Jenny
Gerhard Dannecker
Geraldo Prado
Germano Marques da Silva
Giorgio Monti
Harry First
Heike Schweitzer
Ioannis Kokkoris
João Ferreira do Amaral
Jorge Braga de Macedo
Jorge de Figueiredo Dias
José António Veloso
José de Faria Costa
José de Oliveira Ascensão
José Lobo Moutinho
José Manuel Sérvulo Correia
Jürgen Wolter
Keiichi Yamanaka
Klaus Rogall
Laurence Idot
Luís Cabral
Luís Greco
Manuel da Costa Andrade
Manuel Lopes Porto
Marco Bronckers
Maria Fernanda Palma
Mario Siragusa
Mark Zöller
Miguel Moura e Silva
Miguel Poiares Maduro
Nicolas Charbitt
Patrick Rey
Paulo Câmara
Paulo de Pitta e Cunha
Paulo Pinto de Albuquerque
Pedro Pitta Barros
Philip Marsden
Piet Jan Slot
René Smits
Richard Wish
Robert Pitofsky
Rosa Greaves
Thomas Rosch
Vasco Pereira da Silva
William Kovacic
Wouter Wils

CONSELHO REDACTORIAL

Presidente: Paulo de Sousa Mendes

Comissão Coordenadora:

Ana Perestrelo
André Forte
Catarina Anastácio
Cristina Camacho

Fernando Pereira Ricardo
Nazaré da Costa Cabral
Renato Gonçalves
Sérgio Gonçalves do Cabo

Editores:
Concorrência e Regulação – Geral
Fernando Xarepe Silveiro/João Pateira Ferreira/Marco Ferreira

Direito comunitário e comparado da concorrência
Carlos Pinto Correia/Miguel Gorjão-Henriques

Concentrações
António Gomes

Direito contra-ordenacional e processual penal
João Matos Viana/Vânia Costa Ramos

Regulação e concorrência no sector financeiro
Luís Máximo dos Santos

Regulação e concorrência no sector das comunicações electrónicas
Ana Amante

Regulação e concorrência no sector energético
Gonçalo Anastácio

Regulação e concorrência no sector dos transportes terrestres
António Mendonça Mendes

Regulação e concorrência no sector da aviação civil
António Moura Portugal

Regulação no sector da protecção ambiental
António Sequeira Ribeiro/Carla Amado Gomes

Sector empresarial público/gestores públicos/privatizações
Tânia Cardoso Simões

Contratos económicos/contratos públicos
Nuno Cunha Rodrigues

Economia
António Pedro Santos/João Gata/Paulo Gonçalves

Econometria
Jorge Rodrigues

Secretariado Executivo:

Lurdes Morgado
Natália Leite